中国不可移动文物保护研究·贵州系列

贵州省文物保护研究中心 策划

贵州省
长江流域文物资源保护研究

Research on the Protection of Cultural Relics Resources in the Yangtze River Basin of Guizhou Province

石斌 娄清 主编

同济大学出版社
·上海·

图书在版编目（CIP）数据

贵州省长江流域文物资源保护研究/石斌，娄清主编.－－上海：同济大学出版社，2024.11
（中国不可移动文物保护研究.贵州系列）
ISBN 978-7-5765-1012-6

Ⅰ.①贵… Ⅱ.①石…②娄… Ⅲ.①文物保护－研究－贵州 Ⅳ.①K872.73

中国国家版本馆CIP数据核字(2023)第244111号

中国不可移动文物保护研究·贵州系列

贵州省长江流域文物资源保护研究

石斌　娄清　主编

出 品 人　金英伟
策划编辑　由爱华
责任编辑　由爱华
责任校对　徐春莲
装帧设计　张　微

出版发行　同济大学出版社 www.tongjipress.com.cn
　　　　　（地址：上海市四平路1239号　邮编：200092　电话：021-65985622）
经　　销　全国各地新华书店
印　　刷　上海雅昌艺术印刷有限公司
开　　本　889mm×1194mm　1/16
印　　张　23.75
字　　数　588 000
版　　次　2024年11月第1版
印　　次　2024年11月第1次印刷
书　　号　ISBN 978-7-5765-1012-6
定　　价　246.00元

本书若有印装质量问题，请向本社发行部调换　　版权所有　侵权必究

丛书编委会

主　任　　董　欣
委　员　　石　斌　　吴小华　　杨　雪　　唐秀成　　杨雨燃

本书编委会

主　编　　石　斌　　娄　清
编写组（以姓氏笔画为序）

王　月	邓义镔	石　斌	刘多山	李　梅
李　翠	李宝旭	杨　雪	杨仁炯	杨传江
杨雨燃	杨荣建	吴小华	吴文华	何　烨
辛加巧	陈　会	陈　燕	周　娟	郑远文
胡巍巍	娄　清	贺　云	耿秀福	聂凯华
徐艳慧	唐秀成	董　欣	谢开然	蒙富春

总序　立足田野调研，保存文物信息

贵州省文物保护研究中心（以下简称"文保中心"）长期关注贵州省域不可移动文物的田野调查及其相关研究，在完成繁重文物保护工程勘察设计和工程监理任务的基础上，长期坚持开展田野调查和研究工作。文保中心早期主要结合大型基本建设工程涉及的文物抢救保护工作开展文物调研，如乌江水系和沅江水系梯级电站建设的文物考古调查工作。2007年以后，持续参与5个年度的第三次全国不可移动文物普查工作，发现、考察和记录了大量重要文物。2011年，文保中心承担"贵州古代驿道线性文化遗产保护研究"任务后，又继续参与第七批全国重点文物保护单位"茶马古道"贵州省内遗存的现状调查及资料收集工作。2016年，为了调查、记录贵州地面不可移动文物影像资料，文保中心与安顺市文物局、贵州保利文物古建有限公司共同启动了"贵州传统建筑文化影像记忆工程"，该工程现仍在持续进行中。2018年以来，应地方政府邀请，文保中心每年都会就一镇、一乡乃至一村的文化遗产资源进行调查，先后完成德江县枫香溪镇、楠杆土家族乡和碧江区漾头镇茶园山村的调查任务。2020年以来，文保中心相继承担了贵州石窟寺和摩崖造像专项调查工作，以及贵州省长江流域文物资源调查工作。通过20多年辛勤的田野调查和资料整理，文保中心积累了大量不可移动文物资料，将这些调查资料整理刊布，不仅能够向社会展现贵州地面不可移动文物的主要概况，而且可以为文物保护和相关研究提供翔实的一手资料。正是基于这种考虑，2021年，在中国共产党成立100周年之际，文保中心决定对历次田野调查所获大量资料进行系统整理和科学总结，将相关成果编辑出版为"中国不可移动文物保护研究·贵州系列"丛书。

本系列丛书第一期计划出版5分册，包括《贵州省长江流域文物资源保护研究》《贵州石窟寺和摩崖造像保护研究》《贵州传统村落文化遗址保护与发展研究：铜仁遗珍》《三门塘刘氏宗祠保护研究》《黔路纪行：一个文物保护工作者的田野调查笔记》。这5分册基本反映了文保中心自成立以来，20多年5个发展阶段中调查记录贵州省不可移动文物的工作历程，也是文保中心在这个领域工作和研究成果的集中体现。

《贵州省长江流域文物资源保护研究》以第三次全国文物普查结果为基础，以长江经济带国家战略发展区域为调查范围，在田野调查基础上，全面总结贵州省长江流域相关文物资源的分布、保存、利用情况，该书通过对贵州省长江流域分布区域内极具代表性的史前文化、独具特色的洞穴文化、别具一格的山地建筑文化、辉煌百年的红色文化等贵州省长江文化中特色文物资源的梳理和研究，系统提炼长江文化的核心价值，明确贵州省在长江文化中的地位和特色，形成科学全面的研究体系，阐明其对长江文化的支撑和承载作用。

《贵州石窟寺和摩崖造像保护研究》全面记录了贵州现存的25处石窟寺和摩崖造像分布状况，阐述了石窟寺和摩崖造像地理位置、地质状况、历史沿革、石窟（造像）概况。同时，对石窟寺和摩崖造像外观特征、内部细节、所面临的风险以及可能导致损害的因素进行了深入分析。该书细致梳理了其保护管理和安全防范状况，汇总与分析了调查数据，揭示了保护工作的发展态势，探讨了调查成果与文物保护事业、经济社会发展之间的相互关系。基于这些分析，进一步提出了一系列具有针对性的保护规划建议，希望这些建议能够引起相关领域的关注和讨论，从而推动实际的保护工作。

《贵州传统村落文化遗址保护与发展研究：铜仁遗珍》是文保中心对铜仁市德江县枫香溪镇、楠杆土家族乡，碧江区漾头镇茶园山村三地开展文化遗产调查的工作成果梳理。通过对三地的不可移动文物与遗存现状、非物质文化遗产形态、特色产业发展路径及自然资源作详尽记录、访谈、采样，文保中心获海量第一手图文资料，经资料整理、考辨、分类、溯源、评析等，形成该书主体内容。在此基础上，该书亦对照当地文化遗产保护现实发展需要，为不可移动文物本体保护、修缮及展示利用，传统村落文化遗产保护与利用等，提供切实可行的文化遗产活化利用实施策略，并为构建多方协调、多层联动的文化遗产保护管理系统，形成示范带动、整体连贯的村落文化遗产展示利用体系，全面提升区域性文物本体保存水准，带来具有指导意义的参考文本。

《三门塘刘氏宗祠保护研究》以刘氏宗祠建筑为研究对象，从其赋存的自然环境条件、村落缘起、建筑群的形成、宗祠的建成等进行溯源分析梳理，厘清宗祠建成的历史背景。通过对建筑的选址理念、空间布局、形制样式、结构方式、装饰手法、艺术风格、文化内涵、使用功能、外形变化、载体价值等方面的剖析性研究，解析刘氏宗祠的建筑历史文化内涵和建筑价值。通过对建筑保存状况、修缮方案制定、工程实施过程、工程后效果等描述，展现宗祠保护工作的开展过程，分享保护成果。

《黔路纪行：一个文物保护工作者的田野调查笔记》是一个在贵州从事文物保护工作40年的从业者近5年的田野调查笔记，收录的主要是作者自2017—2022年参与贵州"茶马古道""龙场九驿""丝绸之路"南亚廊道的古代西部出海通道部分，以及长江流域文物资源等专项调查工作的内容。内容涉及文献研究、实地调查、碑文识读和考证，是作者在行走贵州各地进行田野调查的基础上，对贵州文化遗产资源的所见所闻及相关历史信息的真实记录。

本系列丛书对历次田野调查所获大量资料进行科学概括，综合反映文保中心田野调查工作的学术研究成果和新发现，不仅是文物保护、管理和研究的一项重要基础工作，也是文保中心专业技术人员与基层文物保护工作者通力协作的科学研究成果。本系列丛书的出版将为科学研究工作者提供重要的第一手材料，为政府部门进行文物保护、管理和研究的长远战略决策与政策法规制定提供有益参考，为贵州省国民经济建设部门规划、选址和设计提供可靠依据，以尽可能避免在生产过程中造成对文物的破坏。

期待本系列丛书能够得到读者广泛认可，也希望文保中心今后能继续立足田野调查，持续进行贵州省不可移动文物研究的深入探索，挖掘更多珍贵且详尽的文物信息，编写出版更多专题鲜明、内容丰富的不可移动文物研究专著，进一步推动文化遗产保护研究事业的发展。

是为序。

北京大学考古文博学院教授
泉州文化遗产研究院院长
三星堆研究院学术院长
2024年10月5日

前言

2020年11月14日，习近平总书记在江苏省南京市主持召开"全面推动长江经济带发展座谈会"时的重要讲话强调，要贯彻落实党的十九大和十九届二中、三中、四中、五中全会精神，坚定不移贯彻新发展理念，推动长江经济带高质量发展。长江造就了从巴山蜀水到江南水乡的千年文脉，是中华民族的代表性符号和中华文明的标志性象征，是涵养社会主义核心价值观的重要源泉。要把长江文化保护好、传承好、弘扬好，延续历史文脉，坚定文化自信。

根据贵州省文化和旅游厅安排，2021年3月15日贵州省文物保护研究中心和贵州省文物考古研究所联合完成《贵州省长江流域文物资源调查工作方案》。2021年9月18日，《国家文物局关于开展长江流域文物资源调查工作的批复》（文物保函〔2021〕1033号）同意贵州所报长江流域文物资源调查工作计划。贵州省文化和旅游厅组织贵州省文物保护研究中心和贵州省文物考古研究所对《贵州省长江流域文物资源调查工作实施方案》进行修改。2021年10月11日，贵州省文化和旅游厅组织召开"特色文化遗产调研"专题会议，明确要求按照《贵州省长江流域文物资源调查工作方案》和国家文物局的批复要求，扎实推进长江流域文物资源调查工作并形成纪要。2021年10月28日，国务院办公厅《"十四五"文物保护和科技创新规划》（国办发〔2021〕43号）中指出，要"加强长江文物和文化遗产保护"。

2021年11月1日，根据国家文物局工作部署，贵州省文化和旅游厅下达《关于开展贵州省长江流域文物资源调查工作的通知》（黔文旅办发〔2021〕66号），决定组织开展贵州省长江流域文物资源调查，同时明确，将丝绸之路南亚廊道贵州段调查，纳入贵州省长江流域文物资源调查工作统筹推进。本次调查工作明确了以习近平总书记关于长江文化保护传承弘扬的重要讲话精神为指引，深刻认识长江是中华民族的代表性符号和中华文明的标志性象征，将长江文物资源调查作为贵州省文物保护利用的一项重点工作予以积极推进，以长江经济带战略发展区域为调查范围，深入研究长江文化的丰富内涵，系统提炼长江文化的核心价值，明确贵州省在长江文化中的地位和特色，形成科学全面价值体系的总体目标。

经过前期筹备，2021年11月11日，在贵州省各地相继提供初步调查数据的基础上，贵州省文物保护研究中心针对以长江流域为主的线性文化、岩溶地区沿水系分布的城镇和村落文化、革命文物、民族文物等文物资源的调查工作正式启动。2022年4月，根据贵州省各市州上报，贵州省文物考古研究所和贵州省文物保护研究中心联合各市州组建了贵州长江流域文物资源调查工作专班和专家组。

2022年年初，由于各地新冠疫情多发，各市州防疫措施严格，对长江流域文物调查工作造成很大影响。贵州省文物保护研究中心积极面对，调整计划，克服困难，应相关县市邀请进行实地调查。先后赴贵阳市南明区、花溪区、清镇市，六盘水市六枝特区，遵义市凤冈县、务川仡佬族自治县、仁怀市，安顺市平坝区，毕节市金沙县、赫章县，铜仁市石阡县，黔南布依族苗族自治州都匀市、福泉市、贵定县等进行实地调查。原定2022年7月至9月与贵州省文物考古研究所协作完成《贵州省长江流域文物资源调查工作报告》的计划被迫延期。9月3日，调查组队员们按照分工，根据各地州上报的材料，居家整理完成贵州省行政区划内长江流域分布、流域面积及各水系文物保护单位分布表与统计表14份。10月中旬，相关县级文化和旅游主管部门的大力支持，应邀派出六盘水市六枝特区文化遗产保护中心副主任杨荣建，铜仁市碧江区文化资产保护研究中心副主任贺云，黔东南苗族侗族自治州文物事业发展中心副主任胡巍巍、三穗县文物局副局长耿秀福、麻江县文体广电旅游局干部聂凯华（副科级），黔南布依族苗族自治州都匀市文物保护研究中心主任蒙富春等专班成员，先后赴贵州省文物保护研究中心报到，全力参与《贵州省长江流域文物资源调查工作报告》的编写工作。

《贵州省长江流域文物资源保护研究》就是基于调查报告形成的成果。全书分六章，涉及以贵州省地形骨架形成的长江流域各水系区域分布概况、贵州省长江流域文物资源统计，突出介绍了文物类别齐全且独具特色的洞穴文化遗存、别具一格的山地建筑文化遗存、分布广泛的红色文化遗存，阐述了贵州文物资源在长江文化中的地位及保护建议等内容。本书展示了贵州省长江流域丰富的文物资源，既有中国史前文化遗存，又有丰富的历史文化遗存，既有长江文化中的特色文物资源，又有茶马古道等具有历史文化价值的重要遗产，这些文物资源不仅是贵州历史文化的瑰宝，也是全人类共同的财富。希望本书的出版，能为读者提供深入了解贵州省历史文化和文物资源的途径，为我国不可移动文物保护研究提供贵州样本，为我国历史文物保护研究提供借鉴与参考。

目录

总序   005
前言   007

第一章 贵州省长江流域概况   013
    一、贵州省长江流域形成的地形骨架   014
      （一）乌蒙山山脉   014
      （二）苗岭山脉   015
      （三）大娄山山脉   016
      （四）武陵山山脉   017
    二、贵州省地形骨架中长江流域的水系   018
      （一）乌江水系   018
      （二）沅江水系   020
      （三）赤水河綦江水系   020
      （四）牛栏江横江水系   021
    三、贵州省长江流域的区域分布   022

第二章 贵州省长江流域文物资源统计   023
    一、贵州省长江流域文物保护单位分布情况   024
    二、贵州省长江流域文物保护单位数量统计   024
      （一）贵州省长江流域文物保护单位总量   024
      （二）贵州省长江流域文物保护单位统计   025
      （三）长江流域各水系文物保护单位数量   028
      （四）贵州省长江流域文物保护单位类别   034
      （五）贵州省长江流域文物保护单位保存和利用情况   039

第三章 贵州省独具特色的洞穴文化遗存   057
    一、古遗址   058
      （一）洞穴址   058
      （二）驿站古道遗址   060
      （三）其他类型遗址   062
    二、古墓葬   063
    三、古建筑   065
      （一）镇远青龙洞   065

（二）黄平飞云崖古建筑群　065
　　（三）织金古建筑群—保安寺　067
四、石窟寺及石刻　068
　　（一）石窟寺和摩崖造像　068
　　（二）摩崖石刻　071
五、近现代重要史迹及代表性建筑　076
　　（一）利用洞穴军事防御　076
　　（二）利用洞穴修建工厂和电站　077
　　（三）利用洞穴进行羁押　079
　　（四）利用洞穴存放国宝典籍　080
　　（五）利用洞穴进行三线建设　081

第四章　贵州省别具一格的山地建筑文化遗存　083

一、乌江水系　085
　　（一）交通类文化遗存　085
　　（二）军事类文化遗存　094
　　（三）礼制和文教类文化遗存　099
　　（四）宗教类文化遗存　112
　　（五）商贸类文化遗存　122
　　（六）建筑群　124
二、沅江水系　142
　　（一）交通类文化遗存　142
　　（二）军事类文化遗存　147
　　（三）礼制和文教类文化遗存　154
　　（四）宗教类文化遗存　160
　　（五）商贸类文化遗存　164
　　（六）建筑群　167
三、赤水河綦江水系　201
　　（一）交通类文化遗存　201
　　（二）军事类文化遗存　205
　　（三）礼制和文教类文化遗存　207
　　（四）宗教类文化遗存　209
　　（五）商贸类文化遗存　210
四、牛栏江横江水系　212
　　（一）交通类文化遗存　212
　　（二）礼制和文教类文化遗存　213
　　（三）宗教类文化遗存　215
　　（四）商贸类文化遗存　215

第五章　贵州省分布广泛的红色文化遗存　217
    一、长征文物　218
        （一）全国重点文物保护单位　218
        （二）省级文物保护单位　234
    二、抗战文物　236
        （一）全国重点文物保护单位　236
        （二）省级文物保护单位　239
    三、三线文物　240
    四、其他革命文物　241
        （一）息烽集中营旧址　241
        （二）贵阳达德学校旧址　241
        （三）王若飞故居　242

第六章　贵州文物资源在长江文化中的地位和保护建议　243
    一、贵州文物资源在长江文化中的地位和特色　244
        （一）贵州是人类早期文明的发祥地之一　244
        （二）贵州文物资源是中华文明多元一体、统一多民族国家形成和发展
            的重要实证　244
        （三）贵州洞穴文化在长江文化中独具特色　249
        （四）贵州各民族传承的生态文化保护观念有重大现实意义和借鉴作用　250
        （五）贵州革命文物见证中国共产党的辉煌奋斗历程　252
    二、贵州文物资源保护相关建议　253
        （一）开展长江流域岩溶洞穴文化专题调查　253
        （二）加大省级及以下不可移动文物保护资金投入　253

附录　254
    附录一　贵州省行政区划内长江流域分布及流域面积统计　255
    附录二　贵州省长江流域乌江水系文物保护单位分布统计　262
    附录三　贵州省长江流域沅江水系文物保护单位分布统计　321
    附录四　贵州省长江流域赤水河綦江水系文物保护单位分布统计　356
    附录五　贵州省长江流域牛栏江横江水系文物保护单位分布统计　365
    附录六　贵州省长江流域文物调查工作纪事　366

参考文献　375
后记　377

第一章

贵州省长江流域概况

贵州是长江和珠江流域人类早期文明的发祥地之一。

贵州省简称"黔"或"贵"，位于东经103°36′~109°35′、北纬24°37′~29°13′，地处我国西南腹地，是连片喀斯特地区的东亚片区中心，是气候宜人的养生天堂、生物多样性的基因宝库、矿产资源富集之地，作为长江、珠江上游的重要生态屏障，是全国拥有世界自然遗产地最多的省份。同时，贵州是"一带一路"中国西部重要陆海连接线，是首个国家级大数据综合试验区，是内陆开放型经济试验区，是推动形成新发展格局的重要生力军，是长江上游地区唯一的国家生态文明试验区，是长江经济带11个省市之一。

贵州省全境均系山岭与山间盆地构成的独特山地地貌，在全省17.6万平方千米国土面积中，山地和丘陵占92.5%，盆地及河流阶地仅占3%。它也是世界上溶岩地貌发育最典型的地区之一，溶岩分布广泛，具有特殊的溶岩生态系统，被称为"沉积岩王国"。

贵州是长江流域和珠江流域人类早期文明的发祥地之一。贵州至今是多民族的省份，少数民族人口占贵州省总人口的36.44%。在贵州56个民族中，世居少数民族有苗族、布依族、侗族、土家族、彝族、仡佬族、水族、回族、白族、瑶族、壮族、畲族、毛南族、蒙古族、仫佬族、满族、羌族等17个。其中布依族、仡佬族、水族人口均占国内本民族人口总数的90%以上，苗族、侗族人口占国内本民族人口总数的一半。筚路蓝缕，贵州省各族人民在共同开发贵州高原的历史发展过程中，创造了别具一格的历史文化，为丰富中华民族的文化宝库作出了独特的贡献。

贵州省长江流域四大水系分布的"长江文物"，包含全流域范围内的史前文物、古代文物、近代文物及革命文物等。

一、贵州省长江流域形成的地形骨架

贵州省属于中国西南部高原山地，区域内山脉众多，重峦叠嶂，绵延纵横，山高谷深，绝大部分都是山地和丘陵，仅有少量的山间小盆地零星分布，共有125.8万个大小山头。贵州是世界上岩溶地貌发育最典型的地区之一，喀斯特出露面积占全省总面积的1.94%，碳酸盐岩地层的累计厚度达20000米，分布面积10.90万平方千米，峡谷洞穴及奇峰异石数不胜数。

贵州省平均海拔在1110.08米左右。西部高耸的乌蒙山山脉上，"贵州屋脊"赫章县境内的韭菜坪海拔2901米。乌蒙山东北，大娄山山脉自西向东北斜贯贵州北部，川黔要隘娄山关海拔1444米。乌蒙山东部，苗岭山脉横亘，主峰雷公山海拔2179米。大娄山东北，武陵山脉的主峰凤凰山高2572米。因此，西部的乌蒙山、横亘中部的苗岭、北部的大娄山、东北部的武陵山四大山脉，不仅构成了贵州高原的地形骨架，也是贵州省长江流域形成的地形骨架。

（一）乌蒙山山脉

乌蒙山是中国西南部云贵高原上主要山脉之一，位于贵州高原西北部和滇东高原北部，呈东北—西南走向，系由断层抬升形成的年轻山地，大部分由上古生界石灰岩组成。绵延

乌蒙山

乌蒙山东南支梅花山

于贵州威宁、赫章等地后延伸入云南，海拔一般在 2000～2600 米，平均海拔约 2080 米。乌蒙山多山间盆地和深切谷地。喀斯特地貌发育，残丘峰林、溶蚀洼地、石灰岩溶蚀盆地、灰岩槽状谷地及溶洞、地下河等广布。

通常泛称的乌蒙山，是不同走向的三支山脉。西支在威宁草海以西，以西凉山为主脉，向北延伸至云南昭通市境内，海拔 2600 米以上，是长江流域牛栏江横江水系、乌江水系与珠江流域北盘江水系的分水岭。东北支过草海东侧，经威宁恒底，跨云南镇雄，穿越毕节、大方后抵金沙白泥窝大山，海拔一般为 1800～2400 米，是长江流域赤水河綦江水系赤水河与乌江水系的分水岭。东南支则插入水城、六枝，呈西北—东南走向，是长江流域乌江水系三岔河与珠江流域北盘江的分水岭，海拔一般为 1300～2600 米。位于东南支山脉西北端的韭菜坪，海拔 2901 米，是乌蒙山山脉海拔最高的山峰，也是贵州省的最高峰。

（二）苗岭山脉

苗岭山脉，因是苗族集中聚居区，故名。苗岭山脉初指从惠水以东至雷公山，长约 180 千米、宽约 50 千米的断续绵延山地，东西断续绵延。今指西起六枝，东达锦屏，贵阳以南、独山以北的分水岭高地。东西横亘于贵州中部，是长江流域乌江水系、沅江水系，珠江流域红水河水系、柳江水系的分水岭。

1. 云雾山

云雾山，因多云雾，故名。云雾山位于贵州省中部，为苗岭山脉中部山系，主峰斗篷山海拔 1961 米。沅江水系源流清水江即发源于斗篷山。

2. 雷公山

雷公山是苗岭山脉主峰，地处黔东南苗族侗族自治州雷山县、台江县、剑河县、榕江县四县之间，海拔2179米，森林覆盖率达88%，动植物种类丰富，山中各种生物达2000多种，被联合国教科文组织称为"当今人类保存最完好的一块未受污染的生态文化净地"。

（三）大娄山山脉

大娄山山脉西起贵州省毕节市，东北延伸至四川省，为东北—西南走向，并呈现向南东凸出的弧形，是长江流域乌江水系和赤水河綦江水系的分水岭，也是贵州高原与四川盆地的界山。

因最早为娄姓先民徙居于此，得名大娄山，又称娄山。大娄山由三支并列的山脉组成，西支位于桐梓与习水之间，呈东北—西南走向，南起四川古蔺，经贵州而北入重庆綦江，海拔一般为1300～1500米，在贵州省境内的最高峰1661米，是长江流域赤水河綦江水系习水河与桐梓河的分水岭。中支由仁怀市经桐梓县向北延伸至四川省，是长江流域赤水河綦江水系綦江与乌江水系芙蓉江的分水岭，海拔一般为1400～1600米，有1900米以上的高峰，在贵州省境内的最高峰是箐坝大山，高2028米，山势南陡北缓而成不对称山岭。东支由金沙县向东北遵义市、桐梓县延伸至四川省，是长江流域乌江水系芙蓉江与洪渡河的分水岭，

云雾山

雷公山

大娄山东支地貌

夕照娄山关

有一系列海拔在 1600 米以上的山峰，该支脉在贵州省境内的最高峰仙人峰，高 1795 米。娄山关，又名娄关、太平关，正处于大娄山主脉的脊梁上，是一个沿裂隙溶蚀而成的隘口，海拔 1226 米，古称天险，"北拒巴蜀，南扼黔桂"，自古为兵家必争之地。

（四）武陵山山脉

武陵山自北向南分为三支，贵州省境内接大娄山山脉，向东延伸进入湖南省为南支，是武陵山山脉的主脉，系长江流域沅江水系与澧水水系的分水岭。

梵净山是武陵山脉主峰之一，位于贵州省铜仁市的江口、松桃、印江三县交界处，得名于"梵天净土"。其最高峰凤凰山海拔 2494 米，占地面积 567 平方千米。梵净山入选世界自然遗产名录，遗产地面积 402.75 平方千米，是世界生物圈保护区之一。

武陵山梵净山老金顶

武陵山德江枫铺地貌

武陵山梵净山新金顶

二、贵州省地形骨架中长江流域的水系

贵州省境内区域，在西部的乌蒙山、横亘中部的苗岭、北部的大娄山、东北部的武陵山构成的地形骨架中，按河流分属长江流域和珠江流域。大致以乌蒙山、苗岭为分水岭，以北属长江流域，面积约占全省总面积2/3，以南属珠江流域，面积约占全省总面积1/3。

贵州省多年平均年降水量为1159.2毫米，多年平均地下水资源量为249.63亿立方米，多年平均水资源总量为1041.84亿立方米。全省降水较多，但时空分布不均，地区差异较大。河流水量靠降雨补给，降水量对地表径流量起着决定性作用，全省水资源量丰富。地下水以降水入渗补给为主，地下水时空变化与降水和径流变化基本一致。贵州省河流是典型的"易涨易落"的雨季河流。

贵州省境内长江流域有四大水系，分别为乌江水系、沅江水系、赤水河綦江水系、牛栏江横江水系。

（一）乌江水系

乌江，古称内江水、涪陵水、延江等，亦称黔江，是长江上游右岸的最大支流，也是贵州最大的河流。南源发源于贵州省西北部乌蒙山东麓的威宁县炉山乡银洞村，北源发源

审图号：黔S（2024）021号

贵州省长江流域和珠江流域水系分布图

审图号：黔 S（2024）020 号

贵州省长江流域水系图

于贵州省西北部乌蒙山东麓的赫章县辅处彝族苗族乡兴旺村，习惯上以三岔河为乌江干流。乌江横贯贵州省，干流流经地段不同，名称不一，分别称六冲河（北源）、三岔河（南源）、鸭池河、六广河和乌江，在重庆市涪陵区汇入长江，六冲河汇口以上为上游，汇口至思南为中游，思南以下为下游。其干流全长 1037 千米，在贵州省境内河长 889 千米，全河段总落差 2123.5 米，平均比降 2.05‰。乌江支流众多，呈羽状分布，两岸较均匀。流域面积大于 50 平方千米的大小支流共有 380 条，包含一级支流 70 条、二级支流 193 条、三级支流 104 条、四级支流 13 条。乌江所经地形以高原、山原、中山及低山丘陵为主。由于地势高差较大，切割强烈，自然景观垂直变化明显。以流急、滩多、谷狭而闻名于世，号称"天险"。

乌江中游凤冈与石阡交界河段

乌江北源

源出斗篷山的清水河

沅水支流洪州河

（二）沅江水系

沅江又称沅水，是长江流域洞庭湖支流。

清水河亦称清水江，是沅江干流上源，发源于贵州省都匀市斗篷山，在都匀称剑江，都匀以下称马尾河（龙头江），至岔河口重安江汇入后始称清水江，至天柱县瓮洞镇雷打颈汇入湖南省，入湖南省境后称沅江。沅江流域在贵州境内面积30250平方千米，主要支流有潕阳河、洪州河、锦江、松桃河。清水江贵州省境内河长459千米，落差1275米，平均比降2.8‰。流域面积大于50平方千米的大小支流数量共计188条，包含一级支流39条、二级支流94条、三级支流49条、四级支流6条。河流穿过贵州省主要林区，是以木筏形式外运木材的重要航道。

（三）赤水河綦江水系

赤水河、綦江均为长江上游南岸的一级支流，贵州省境内包括直接汇入长江上游段的中等河流赤水河和綦江上源松坎河。

1. 赤水河

赤水河自西南向东北流，至四川省合江县城东汇入长江。干流全长444.5千米，其中贵州省境内河长320千米，全河总落差1588米，平均比降3.57‰。赤水河水系发育呈树枝状展布，流域面积大于50平方千米的河流有78条，包含一级支流30条、二级支流36条、三级支流11条、四级支流1条。桐梓河是赤水河的一级支流，干流发源于桐梓县石板塘乡北面。

2. 綦江

綦江发源于贵州省桐梓县闵风垭，经松坎至木瓜河口进入重庆市境，至赶水以后始称綦江，于重庆市江津区顺江场江口注入长江，全长205千米，河源至赶水为綦江上游段，称松坎河，

赤水河大丙滩河段

綦江松坎河黄鱼洞河段

在贵州省境内河长56千米，落差620米，比降11.1‰。松坎河，古名"夜郎溪"，滩多浪急、水量适中。綦江水系内流域面积大于50平方千米的河流共计24条，綦江的支流有23条，包含一级支流11条、二级支流11条、三级支流1条。

（四）牛栏江横江水系

牛栏江、横江均系金沙江一级支流，该水系在贵州省境内位于西部威宁彝族回族苗族自治县和赫章县的高原山区。

1. 牛栏江

牛栏江发源于云南嵩明县杨林海子，河长439.6千米，在贵州省境内河长70千米，落差1768米，平均比降4.4‰。水系发育主要支流有马过河、西泽河、哈喇河等，其中流域面积大于50平方千米的支流有16条，包括牛栏江一级支流6条、二级支流9条、三级支流1条。

2. 横江

横江发源于贵州省威宁彝族回族苗族自治县草海，位于威宁高原面上的草海是贵州最大的天然淡水湖，也是一个典型的高原湿地生态系统。横江上游称洛泽河，在贵州省境内120千米。横江水系内流域面积大于50平方千米的一级支流共11条、二级支流6条。

横江源头威宁草海

三、贵州省长江流域的区域分布

贵州省行政区域总面积为176167.7平方千米，其中。长江流域行政区域面积115747.4平方千米，珠江流域行政区域面积60420.3平方千米。长江流域行政区域面积占贵州省行政区域总面积的65.7%。

贵州省有6个地级市、3个自治州；16个市辖区、10个县级市、50个县、11个自治县、1个特区，共88个县级行政区；364个街道、831个镇、122个乡、192个民族乡，共1509个乡级行政区，其中长江流域包括除黔西南布依族苗族自治州以外的贵阳市、六盘水市、遵义市、安顺市、毕节市、铜仁市、黔东南苗族侗族自治州（下文简称"黔东南州"）、黔南布依族苗族自治州（下文简称"黔南州"）8个地级行政区中的70个县级行政区所辖1123个乡级行政区（详见附录一《贵州省行政区划内长江流域分布及流域面积统计》）。

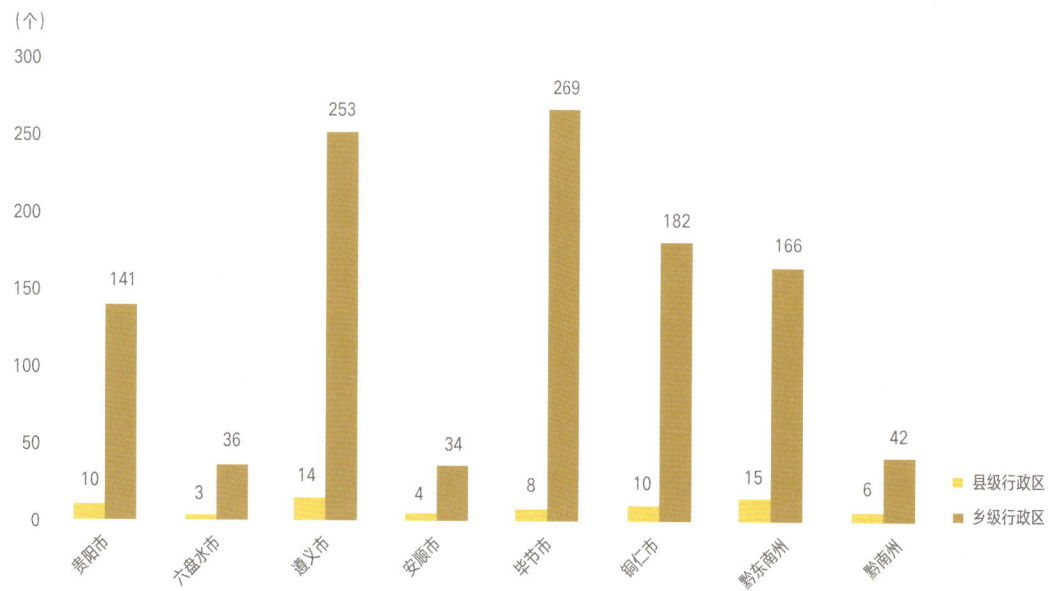

贵州省长江流域行政区划统计

第二章

贵州省长江流域文物资源统计

根据《国家文物局关于开展长江流域文物资源调查工作的批复》（文物保函〔2021〕1033号）"调查工作应以第三次全国文物普查结果为基础，以长江经济带国家战略发展区域为调查范围，全面摸清区域内与长江文化有关文物资源的分布、保存、利用情况"，以及"调查工作应在一年内完成"的要求，结合贵州实际情况，决定采取以市县级文物保护单位为重点进行调查。

经各市州梳理，摸清了贵州省长江流域分布范围内市县级文物保护单位的分布、保存和利用情况。

一、贵州省长江流域文物保护单位分布情况

贵州省长江流域不可移动文物中的市县级以上（含市县级）文物保护单位，广泛分布在长江流域乌江水系、沅江水系、赤水河綦江水系、牛栏江横江水系四大水系中，包括贵阳市、六盘水市、遵义市、安顺市、毕节市、铜仁市、黔东南州、黔南州8个地级行政区中的70个县级行政区、1123个乡级行政区内。贵州省长江流域文物保护单位分布情况详见附录二《贵州省长江流域乌江水系文物保护单位分布统计》、附录三《贵州省长江流域沅江水系文物保护单位分布统计》、附录四《贵州省长江流域赤水河綦江水系文物保护单位分布统计》、附录五《长江流域牛栏江横江水系文物保护单位分布统计》。

二、贵州省长江流域文物保护单位数量统计

（一）贵州省长江流域文物保护单位总量

据贵州省第三次全国文物普查结果，全省登记文物保护单位2681处，其中全国重点文物保护单位39处，省级文物保护单位342处，市县级文物保护单位为2300处。

10年后，截至2021年12月31日，贵州省仅长江流域分布范围内，共有文物保护单位3082处，其中包括57个全国重点文物保护单位共190处，省级文物保护单位411处，市县级文物保护单位2481处。

其中，保护级别"全国重点"子项中，"单位"以全国重点文物保护单位公布名称首次出现时进行统计。"点"指的是跨行政村或社区的全国重点文物保护单位中经核准的文物清单内的文物点。整体分布在1个行政村或社区的全国重点文物保护单位未单独统计文物点。

保护级别中，由设区的市、自治州和县级人民政府核定公布的市级和县级文物保护单位，整体以"市县级"纳入统计。

各级文物保护单位统计时间截至2021年12月31日。1个文物保护单位仅以最高级别进行统计。

各级文物保护单位所在行政区划为此次调查各地最新提供。

统计数据不包括尚未核定公布为文物保护单位的不可移动文物。

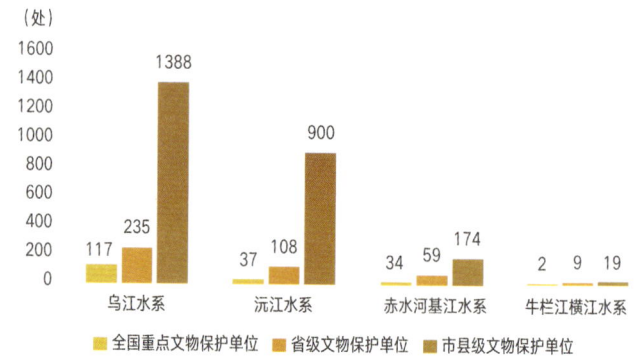

贵州省长江流域各水系文物保护单位统计

（二）贵州省长江流域文物保护单位统计

贵州省长江流域文物保护单位统计表

水系	保护级别				行政区划	
	全国重点		省级（处）	市县级（处）		
	单位（个）	单位（处）				
乌江水系	—	1	2	50	贵阳市	清镇市
	1	2	3	20		修文县
	1	2	15	37		云岩区
	1	2	6	29		南明区
	—	1	—	8		白云区
	—	—	4	21		花溪区
	—	—	—	13		观山湖区
	—	—	2	26		乌当区
	1	1	5	41		开阳县
	1	2	—	23		息烽县
	3	5	18	40	遵义市	播州区
	2	8	6	13		红花岗区
	2	2	3	13		汇川区
	—	—	7	30		绥阳县
	1	1	3	64		正安县
	1	9	4	36		湄潭县
	1	1	4	63		凤冈县
	1	1	8	67		务川仡佬族苗族自治县
	—	—	3	8		道真仡佬族苗族自治县
	—	—	3	19		余庆县
	—	—	5	23	六盘水市	钟山区
	—	—	3	24		六枝特区
	—	—	1	2		水城区
	—	—	1	1	毕节市	威宁彝族回族苗族自治县
	1	2	1	21		赫章县
	1	5	7	18		七星关区

续表

水系	保护级别				行政区划	
	全国重点		省级（处）	市县级（处）		
	单位（个）	单位（处）				
乌江水系	—	—	2	39	毕节市	纳雍县
	1	4	8	95		大方县
	1	2	8	13		黔西市
	—	—	1	—		黔西市和清镇市
	1	25	1	43		织金县
	—	1	6	50		金沙县
	—	—	1	—		金沙县和息烽县
	1	1	2	21	安顺市	普定县
	2	3	1	29		西秀区
	3	3	3	12		平坝区
	3	9	7	51	铜仁市	石阡县
	1	7	5	47		思南县
	1	8	19	48		德江县
	—	4	13	79		印江土家族苗族自治县
	—	4	23	26		沿河土家族自治县
	—	—	—	7	黔东南州	黄平县
	—	—	—	5		施秉县
	—	—	—	2		镇远县
	—	—	6	11	黔南州	龙里县
	—	—	3	35		贵定县
	—	—	1	2		福泉市
	1	1	9	63		瓮安县
	—	—	2	—		长顺县
小计	—	117	235	1388	合计	1740 处
沅江水系	1	1	12	87	铜仁市	松桃苗族自治县
	—	—	8	33		江口县
	1	20	4	23		碧江区
	1	1	3	10		万山区

续表

水系	保护级别				行政区划	
	全国重点		省级（处）	市县级（处）		
	单位（个）	单位（处）				
沅江水系	—	—	1	23	铜仁市	玉屏侗族自治县
	—	—	3	28		麻江县
	—	—	1	41		凯里市
	—	—	3	67		丹寨县
	4	4	5	57		黄平县
	—	—	4	23		施秉县
	4	4	11	40		镇远县
	—	—	2	57		岑巩县
	1	1	1	5	黔东南州	雷山县
	—	—	8	42		台江县
	—	—	4	48		剑河县
	—	—	1	1		榕江县
	—	—	4	32		三穗县
	1	1	18	21		黎平县
	2	2	5	72		锦屏县
	1	1	5	157		天柱县
	—	—	2	14	黔南州	都匀市
	2	2	3	19		福泉市
小计	—	37	108	900	合计	1045处
赤水河綦江水系	1	9	12	14	遵义市	仁怀市
	—	15	8	52		习水县
	1	2	17	23		赤水市
	—	—	—	5		播州区
	—	—	—	5		汇川区
	1	1	16	35		桐梓县
	1	1	2	11	毕节市	七星关区
	—	—	1	7		大方县
	1	6	3	22		金沙县
小计	—	34	59	174	合计	267处

续表

水系	保护级别				行政区划	
	全国重点		省级（处）	市县级（处）		
	单位（个）	单位（处）				
牛栏江横江水系	1	2	8	19	毕节市	威宁彝族回族苗族自治县
	—	—	1	—		赫章县
小计	—	2	9	19	合计	30 处
总计	—	190	411	2481	总计	3082 处

（三）长江流域各水系文物保护单位数量

1. 乌江水系

贵州省长江流域乌江水系分布范围内涉及贵阳市、遵义市、六盘水市、毕节市、安顺市、铜仁市、黔东南州和黔南州，共有文物保护单位1740处，包括33个全国重点文物保护单位共117处，省级文物保护单位235处，市县级文物保护单位1388处。

（1）贵阳市

贵阳市乌江水系分布范围内共有文物保护单位316处，包括5个全国重点文物保护单位共11处，省级文物保护单位37处，市县级文物保护单位268处。

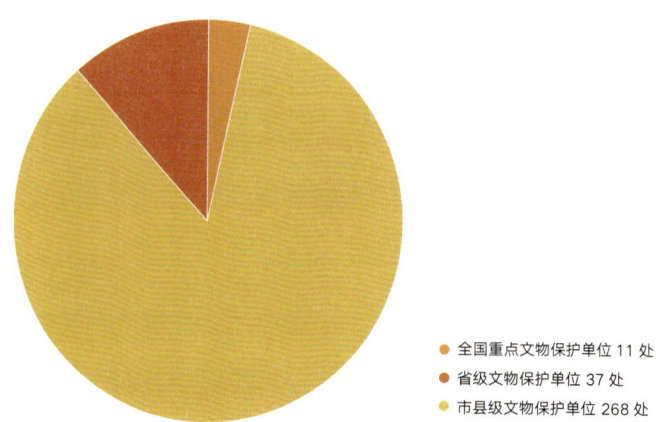

贵阳市乌江水系文物保护单位统计

（2）遵义市

遵义市乌江水系分布范围内共有文物保护单位 439 处，包括 11 个全国重点文物保护单位共 27 处，省级文物保护单位 59 处，市县级文物保护单位 353 处。

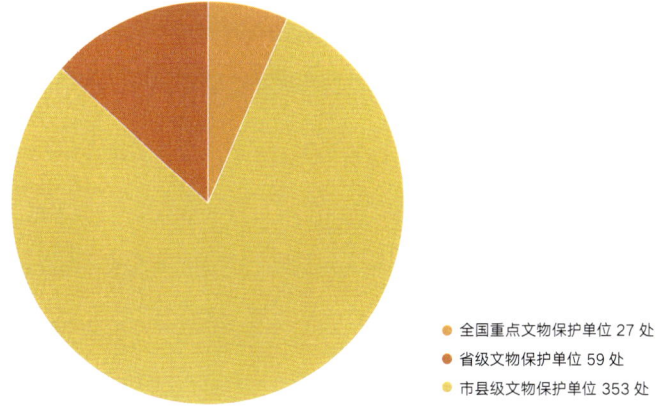

遵义市乌江水系文物保护单位统计

（3）六盘水市

六盘水市乌江水系分布范围内共有文物保护单位 58 处，包括全国重点文物保护单位 0 处，省级文物保护单位 9 处，市县级文物保护单位 49 处。

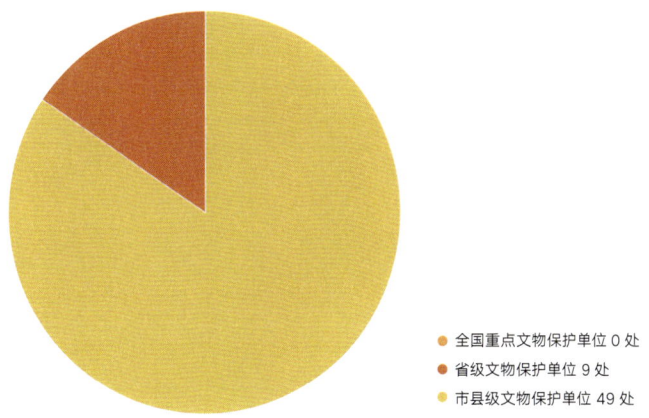

六盘水市乌江水系文物保护单位统计

（4）毕节市

毕节市乌江水系分布范围内共有文物保护单位 355 处，包括 5 个全国重点文物保护单位共 39 处，省级文物保护单位 36 处，市县级文物保护单位 280 处。

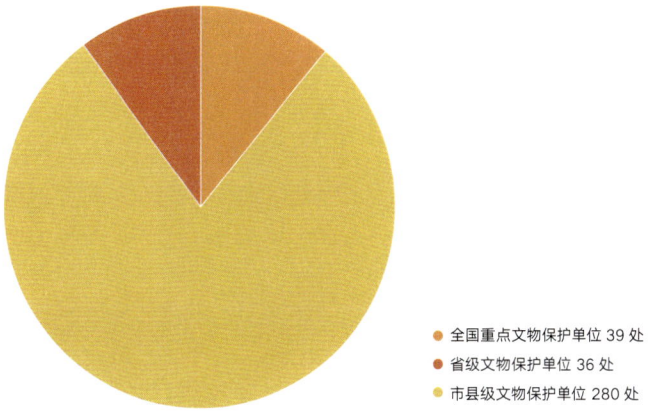

毕节市乌江水系文物保护单位统计

（5）安顺市

安顺市文物保护单位乌江水系分布范围内共有文物保护单位75处，包括6个全国重点文物保护单位共7处，省级文物保护单位6处，市县级文物保护单位62处。

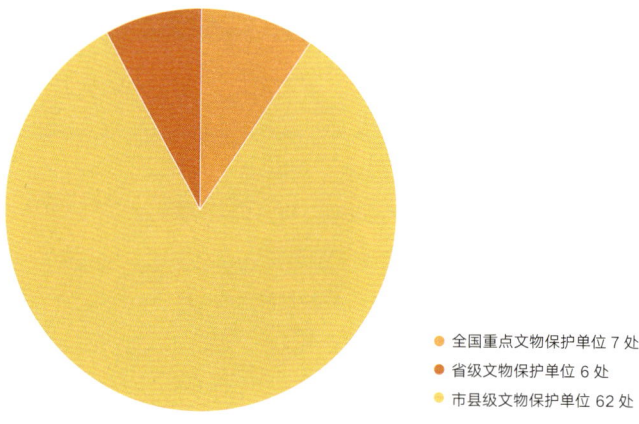

安顺市乌江水系文物保护单位统计

（6）铜仁市

铜仁市乌江水系分布范围内共有文物保护单位350处，包括5个全国重点文物保护单位共32处，省级文物保护单位67处，市县级文物保护单位251处。

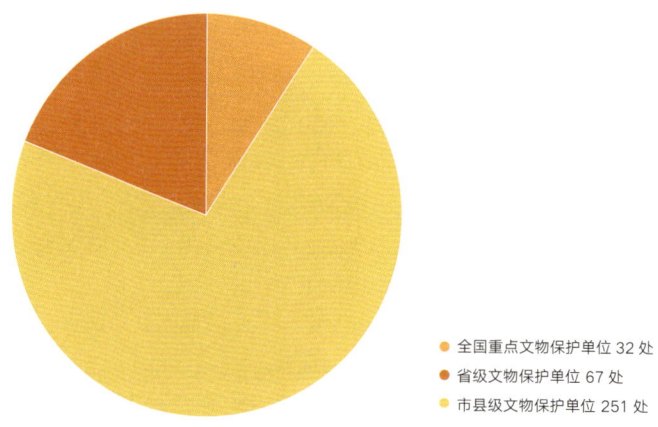

铜仁市乌江水系文物保护单位统计

（7）黔东南苗族侗族自治州

黔东南州乌江水系分布范围内共有文物保护单位14处，包括全国重点文物保护单位0处，省级文物保护单位0处，市县级文物保护单位14处。

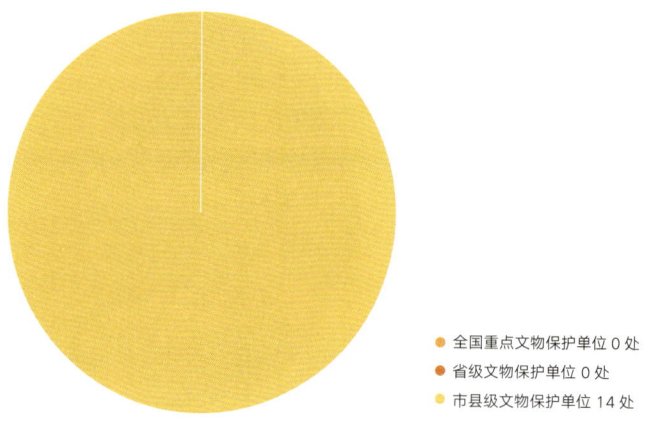

黔东南州乌江水系文物保护单位统计

（8）黔南布依族苗族自治州

黔南州乌江水系分布范围内共有文物保护单位 133 处，包括 1 个全国重点文物保护单位共 1 处，省级文物保护单位 21 处，市县级文物保护单位 111 处。

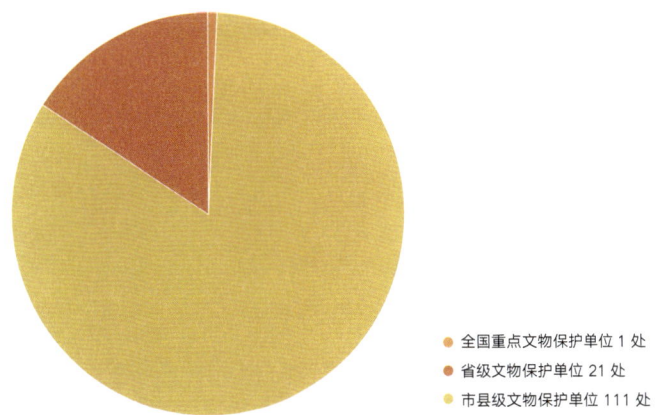

黔南州乌江水系文物保护单位统计

2. 沅江水系

贵州省长江流域沅江水系分布范围内涉及铜仁市、黔东南州和黔南州，共有文物保护单位 1045 处，包括 18 个全国重点文物保护单位 37 处，省级文物保护单位 108 处，市县级文物保护单位 900 处。

（1）铜仁市

铜仁市沅江水系分布范围内共有文物保护单位 226 处，包括 3 个全国重点文物保护单位共 22 处，省级文物保护单位 28 处，市县级文物保护单位 176 处。

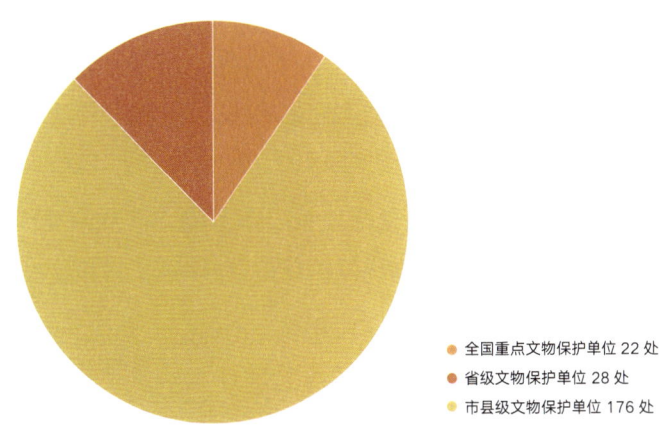

铜仁市沅江水系文物保护单位统计

（2）黔东南苗族侗族自治州

黔东南州沅江水系分布范围内共有文物保护单位779处，包括13个全国重点文物保护单位共13处，省级文物保护单位75处，市县级文物保护单位691处。

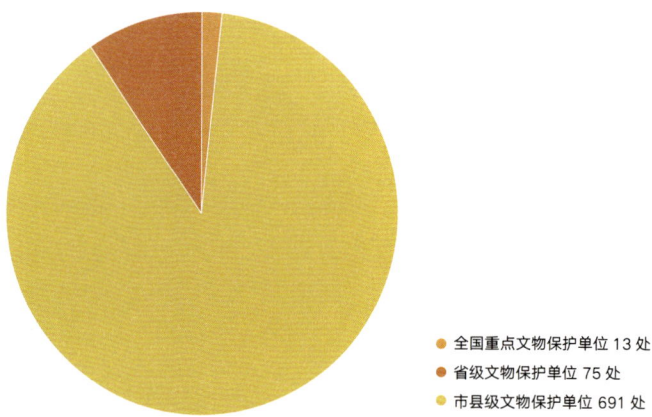

黔东南州沅江水系文物保护单位统计

（3）黔南布依族苗族自治州

黔南州沅江水系分布范围内共有文物保护单位40处，包括2个全国重点文物保护单位共2处，省级文物保护单位5处，市县级文物保护单位33处。

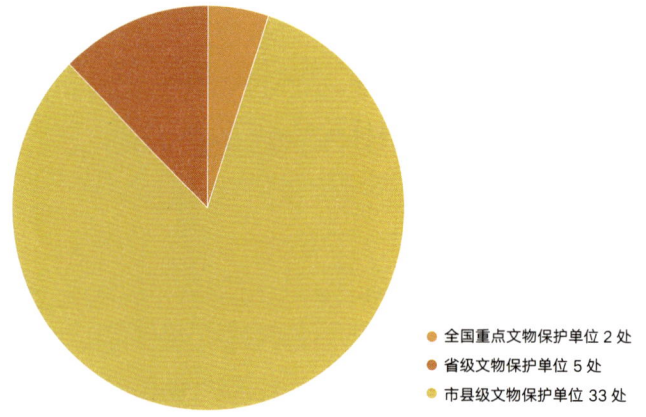

黔南州沅江水系文物保护单位统计

3. 赤水河綦江水系

贵州省长江流域赤水河綦江水系分布范围内涉及遵义市和毕节市，共有文物保护单位267处，包括5个全国重点文物保护单位共34处，省级文物保护单位59处，市县级文物保护单位174处。

（1）遵义市

遵义市赤水河綦江水系分布范围内共有文物保护单位214处，包括3个全国重点文物保护单位共27处，省级文物保护单位53处，市县级文物保护单位134处。

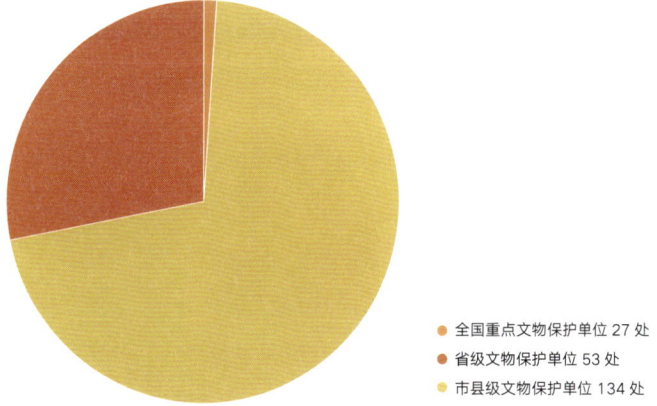

遵义市赤水河綦江水系文物保护单位统计

（2）毕节市

毕节市赤水河綦江水系分布范围内共有文物保护单位53处，包括2个全国重点文物保护单位共7处，省级文物保护单位6处，市县级文物保护单位40处。

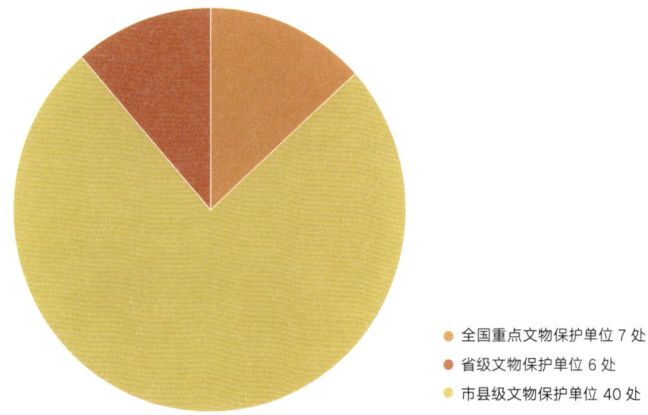

毕节市赤水河綦江水系文物保护单位统计

4. 牛栏江横江水系

贵州省长江流域牛栏江横江水系仅分布在毕节市的威宁彝族回族苗族自治县和赫章县部分行政区域，分布范围内共有文物保护单位30处，包括1个全国重点文物保护单位共2处，省级文物保护单位9处，市县级文物保护单位19处。

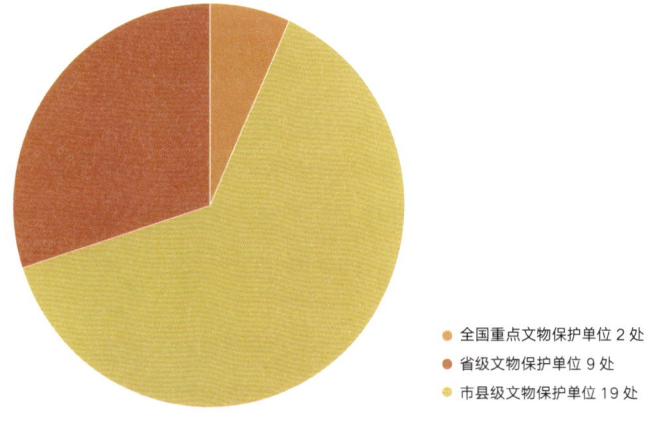

毕节市牛栏江横江水系文物保护单位统计

（四）贵州省长江流域文物保护单位类别

贵州省长江流域四大水系分布范围内共有3082处文物保护单位，包括古遗址、古墓葬、古建筑、石窟寺及石刻、近现代重要史迹及代表性建筑和其他6类。

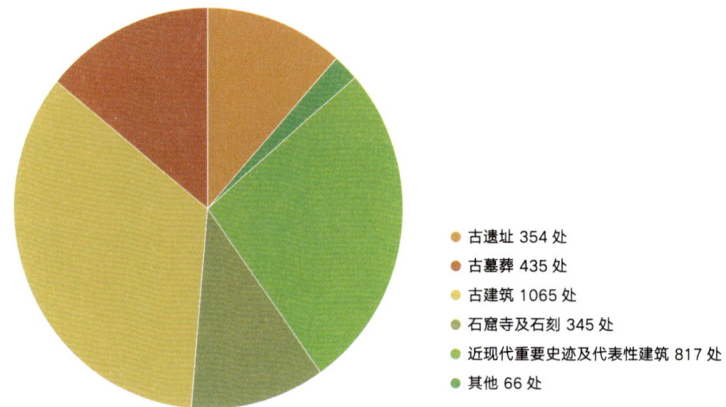

贵州省长江流域文物分类统计

1. 贵阳市

贵阳市长江流域内仅分布在乌江水系。该水系范围内共316处文物保护单位，包括古遗址57处，古墓葬43处，古建筑98处，石窟寺及石刻28处，近现代重要史迹及代表性建筑88处，其他2处。

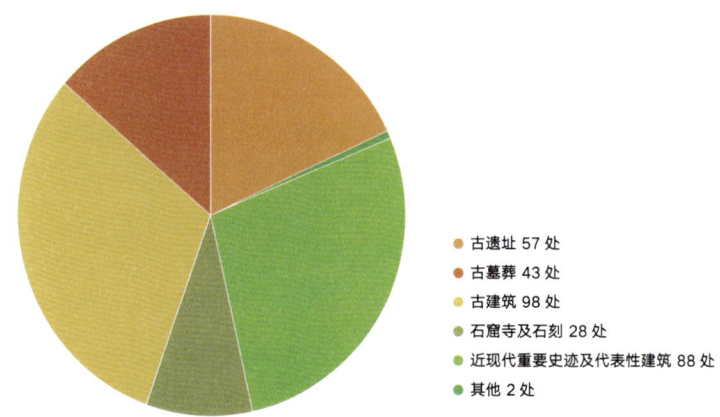

贵阳市长江流域文物分类统计

2. 六盘水市

六盘水市长江流域内仅分布在乌江水系。该水系范围内共58处文物保护单位，包括古遗址13处，古墓葬6处，古建18处，石窟寺和石刻7处，近现代重要史迹及代表性建筑14处，其他0处。

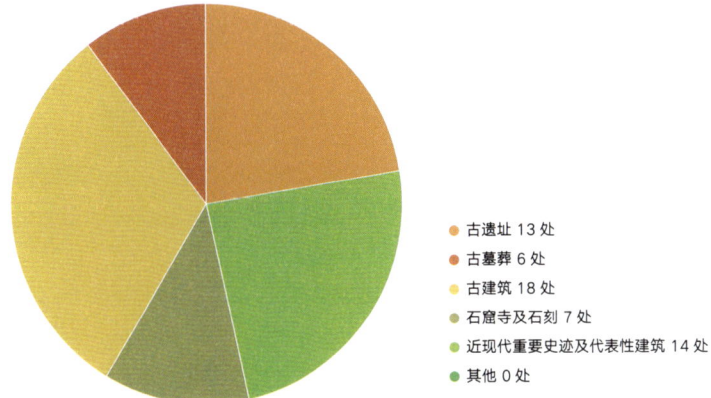

六盘水市长江流域文物分类统计

3. 遵义市

遵义市分布在长江流域的赤水河綦江水系和乌江水系。全流域分布范围内共 653 处文物保护单位，包括古遗址 54 处，古墓葬 128 处，古建筑 181 处，石窟寺及石刻 75 处，近现代重要史迹及代表性建筑 209 处，其他 6 处。

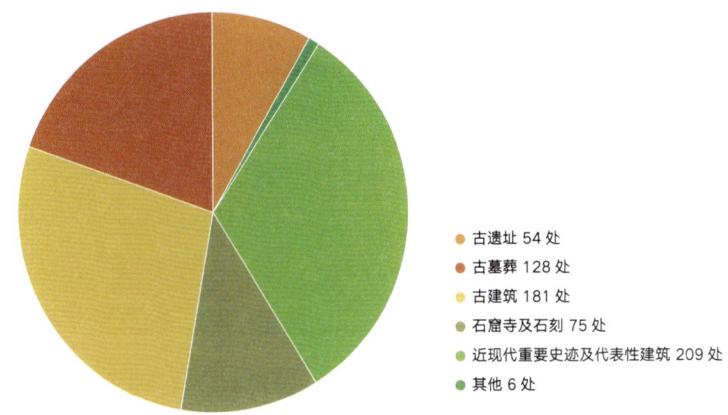

遵义市长江流域文物分类统计

其中，遵义市赤水河綦江水系分布范围内有文物保护单位 214 处，包括古遗址 24 处，古墓葬 29 处，古建筑 42 处，石窟寺及石刻 28 处，近现代重要史迹及代表性建筑 89 处，其他 2 处。

遵义市乌江水系分布范围内有文物保护单 439 处，包括古遗址 30 处，古墓葬 99 处，古建筑 139 处，石窟寺及石刻 47 处，近现代重要史迹及代表性建筑 120 处，其他 4 处。

4. 安顺市

安顺市长江流域内仅分布在乌江水系。该水系分布范围内共 75 处文物保护单位，包括古遗址 15 处，古墓葬 6 处，古建筑 36 处，石窟寺及石刻 4 处，近现代重要史迹及代表性建筑 12 处，其他 2 处。

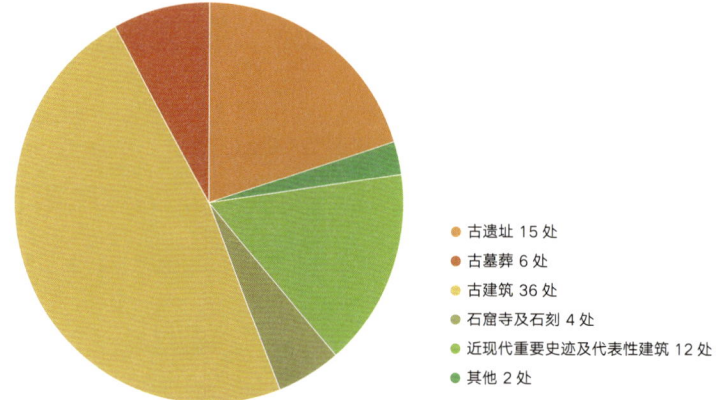

安顺市长江流域文物分类统计

5. 毕节市

毕节市长江流域分布范围包括牛栏江横江水系、乌江水系、赤水河綦江水系。全流域分布范围内共 438 处文物保护单位，包括古遗址 56 处，古墓葬 99 处，古建筑 148 处，石窟寺及石刻 43 处，近现代重要史迹及代表性建筑 87 处，其他 5 处。

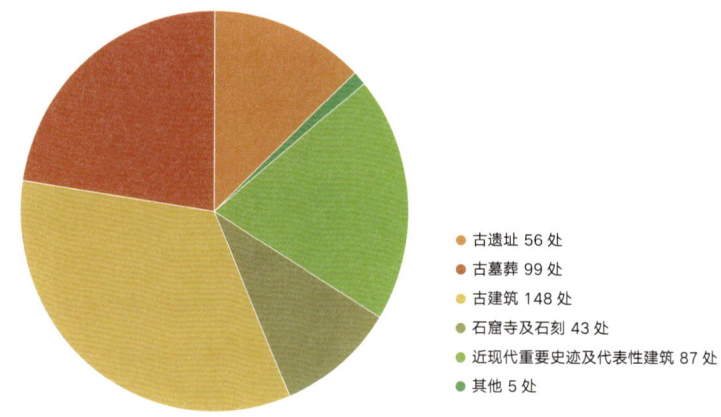

毕节市长江流域文物分类统计

毕节市牛栏江横江水系分布范围内共 30 处文物保护单位，包括古遗址 2 处，古墓葬 13 处，古建筑 7 处，石窟寺及石刻 2 处，近现代重要史迹及代表性建筑 6 处，其他 0 处。

毕节市乌江水系分布范围内共 355 处文物保护单位，包括古遗址 49 处，古墓葬 76 处，古建筑 123 处，石窟寺及石刻 29 处，近现代重要史迹及代表性建筑 73 处，其他 5 处。

毕节市赤水河綦江水系分布范围内共 53 处文物保护单位，包括古遗址 5 处，古墓葬 10 处，古建筑 18 处，石窟寺及石刻 12 处，近现代重要史迹及代表性建筑 8 处，其他 0 处。

6. 铜仁市

铜仁市长江流域分布范围包括乌江水系和沅江水系。全流域分布范围内共 576 处文物保护单位，包括古遗址 42 处，古墓葬 55 处，古建筑 216 处，石窟寺及石刻 52 处，近现代重要史迹及代表性建筑 197 处，其他 14 处。

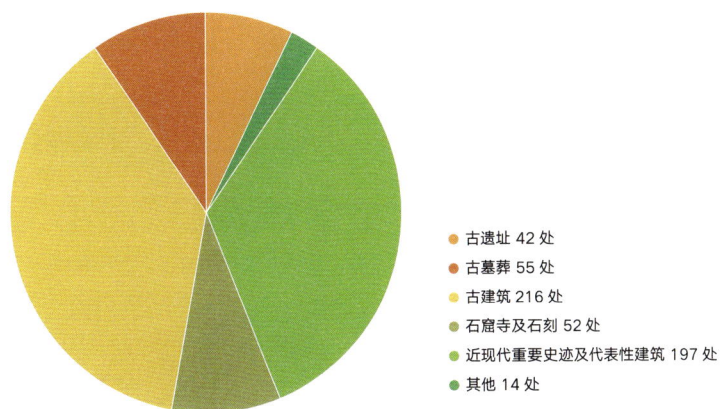

铜仁市长江流域文物分类统计

铜仁市乌江水系分布范围内共 350 处文物保护单位，包括古遗址 17 处，古墓葬 42 处，古建筑 128 处，石窟寺及石刻 39 处，近现代重要史迹及代表性建筑 115 处，其他 9 处。

铜仁市沅江水系分布范围内共 226 处文物保护单位，包括古遗址 25 处，古墓葬 13 处，古建筑 88 处，石窟寺及石刻 13 处，近现代重要史迹及代表性建筑 82 处，其他 5 处。

7. 黔东南苗族侗族自治州

黔东南州分布在长江流域的乌江水系和沅江水系。全流域分布范围内共 793 处文物保护单位，包括古遗址 92 处，古墓葬 75 处，古建筑 316 处，石窟寺及石刻 100 处，近现代重要史迹及代表性建筑 175 处，其他 35 处。

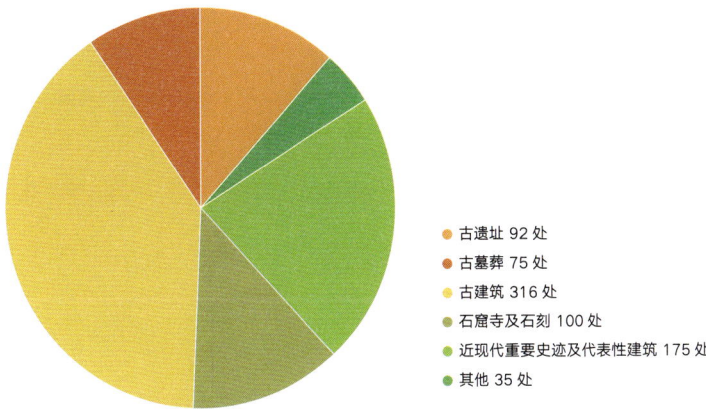

黔东南州长江流域文物分类统计

黔东南州乌江水系分布范围内共 14 处文物保护单位，包括古遗址 1 处，古墓葬 3 处，古建筑 5 处，石窟寺及石刻 2 处，近现代重要史迹及代表性建筑 3 处，其他 0 处。

黔东南州沅江水系分布范围内共 779 处文物保护单位，包括古遗址 91 处，古墓葬 72 处，古建筑 311 处，石窟寺及石刻 98 处，近现代重要史迹及代表性建筑 172 处，其他 35 处。

8. 黔南布依族苗族自治州

黔南州分布在长江流域的乌江水系和沅江水系。全流域分布范围内共 173 处文物保护单位，包括古遗址 25 处，古墓葬 23 处，古建筑 52 处，石窟寺及石刻 36 处，近现代重要史迹及代表性建筑 35 处，其他 2 处。

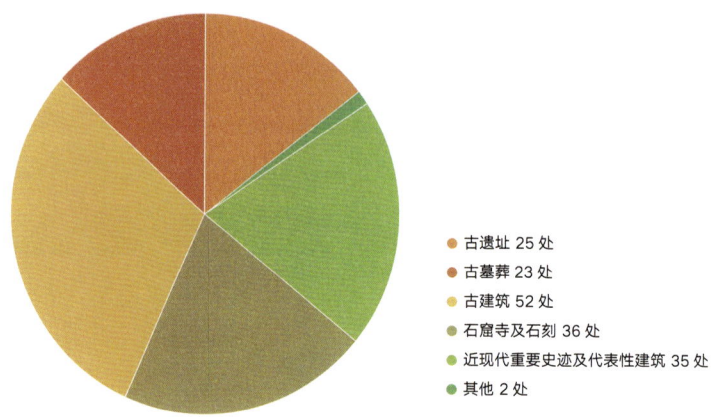

黔南州长江流域文物分类统计

黔南州乌江水系分布范围内共 133 处文物保护单位，包括古遗址 22 处，古墓葬 17 处，古建筑 30 处，石窟寺及石刻 31 处，近现代重要史迹及代表性建筑 32 处，其他 1 处。

黔南州沅江水系分布范围内共 40 处文物保护单位，包括古遗址 3 处，古墓葬 6 处，古建筑 22 处，石窟寺及石刻 5 处，近现代重要史迹及代表性建筑 3 处，其他 1 处。

（五）贵州省长江流域文物保护单位保存和利用情况

1. 贵州省长江流域文物保护单位保存状况

截至 2023 年 3 月 14 日，六盘水市、安顺市和毕节市相关资料未上报，以下仅以贵阳市、遵义市、铜仁市、黔东南州和黔南州数据进行统计。

（1）贵阳市

贵阳市调查的 792 处文物资源中，市县级以上不可移动文物 340 处。保存状况好的不可移动文物 53 处，占调查数的 15.59%；保存状况较好的不可移动文物 64 处，占调查数的 18.82%；保存状况一般的不可移动文物 166 处，占调查数的 48.82%；保存状况较差的不可移动文物 21 处，占调查数的 6.18%；保存状况差的不可移动文物 36 处，占调查数的 10.59%。

贵阳市长江流域不可移动文物保存状况统计表　　　　　　　　　　　　　　　　　　　（处）

县区	好	较好	一般	较差	差	合计
贵阳市	5	0	0	0	2	7
南明区	20	5	8	0	5	38
云岩区	1	28	21	14	4	68
花溪区	0	0	24	1	0	25
乌当区	4	12	9	2	2	29
白云区	0	0	9	0	0	9
观山湖区	0	4	9	0	0	13
开阳县	2	9	30	4	1	46
息烽县	3	2	20	0	0	25
修文县	0	4	21	0	0	25
清镇市	18	0	15	0	22	55
合计	53	64	166	21	36	340
占比	15.59%	18.82%	48.82%	6.18%	10.59%	100%

注：以市县级（含）以上文物保护单位为统计对象

（2）遵义市

遵义市调查的 516 处不可移动文物中，保存状况好的不可移动文物 119 处，占调查数的 23.06%；保存状况较好的不可移动文物 255 处，占调查数的 49.42%；保存状况一般的不可移动文物 117 处，占调查数的 22.68%；保存状况较差的不可移动文物 17 处，占调查数的 3.29%；保存状况差的不可移动文物 8 处，占调查数的 1.55%。

遵义市长江流域不可移动文物保存状况统计表 （处）

行政区划	好	较好	一般	较差	差	合计
播州区	4	94	14	1	—	113
赤水市	3	15	1	—	—	19
道真县	—	5	2	—	1	8
凤冈县	21	8	1	—	—	30
红花岗区	18	10	3	—	—	31
汇川区	16	30	1	—	—	47
湄潭县	1	1	—	—	—	2
仁怀市	6	13	30	5	1	55
绥阳县	1	15	7	4	—	27
桐梓县	—	9	5	1	5	20
务川县	28	20	15	6	1	70
习水县	12	20	30	—	—	62
余庆县	3	11	8	—	—	22
正安县	6	4	—	—	—	10
合计	119	255	117	17	8	516
占比	23.06%	49.42%	22.68%	3.29%	1.55%	100%

（3）铜仁市

铜仁市长江流域不可移动文物535处，其中保存好的不可移动文物64处，保存较好的不可移动文物159处，保存一般的不可移动文物233处，保存较差的不可移动文物45处，保存差的不可移动文物34处。

铜仁市长江流域不可移动文物保存状况统计表 （处）

行政区划	好	较好	一般	较差	差	合计
碧江区	10	5	7	4	2	28
万山区	4	3	3	4	—	14
松桃县	14	22	42	6	11	95
江口县	2	16	2	—	—	20
玉屏县	8	9	6	1	1	25
印江县	4	18	60	6	3	91
思南县	10	10	26	2	3	51
石阡县	4	10	16	15	8	53
德江县	4	56	50	0	0	110
沿河县	4	10	21	7	6	48
合计	64	159	233	45	34	535
占比	11.96%	29.72%	43.55%	8.41%	6.36%	100%

（4）黔东南苗族侗族自治州

黔东南州不可移动文物 1054 处，其中保存好的不可移动文物 229 处，较好的不可移动文物 393 处，一般的不可移动文物 288 处，较差的不可移动文物 86 处，差的不可移动文物 58 处。

黔东南州长江流域不可移动文物保存状况统计表 （处）

行政区划	好	较好	一般	较差	差	合计
黔东南州	229	393	288	86	58	1054
占比	21.73%	37.29%	27.32%	8.16%	5.50%	100%

（5）黔南布依族苗族自治州

从保存状况来看，黔南州 173 处长江流域不可移动文物中，保存好的不可移动文物 6 处，保存较好的不可移动文物 45 处，保存一般的不可移动文物 87 处，保存较差的不可移动文物 22 处，保存差的不可移动文物 13 处。

黔南州长江流域不可移动文物保存状况统计表 （处）

行政区划	好	较好	一般	较差	差	合计
都匀市	—	14	2	—	—	16
瓮安县	6	8	52	—	7	73
长顺县	—	—	2	—	—	2
福泉市	—	12	9	6	—	27
贵定县	—	2	14	16	6	38
龙里县	—	9	8	—	—	17
合计	6	45	87	22	13	173
占比	3.47%	26.01%	50.29%	12.72%	7.51%	100%

2. 贵州省长江流域文物保护单位保护利用情况

截至 2023 年 3 月 14 日，六盘水市、安顺市和毕节市相关资料仍未上报，以下仅以贵阳市、遵义市、铜仁市、黔东南州和黔南州数据进行统计。

（1）贵阳市

文物保护利用项目

贵阳市调查的 792 处文物资源中，市县级以上文保单位 340 处。实施保护利用（本体维修、"三防"工程、展示利用）55 处，其中本体保护维修 35 项、"三防"工程 10 项、展示利用 10 项。

贵阳市长江流域不可移动文物保护利用情况统计表

县区	文物保护单位名称	保护级别	本体保护维修情况	"三防"实施情况	展示利用情况	存在问题	保护利用诉求
贵阳市	文昌阁和甲秀楼	全国重点	2018年保养维护	已完成	甲秀楼完成基本陈列，文昌阁未实施	缺乏专业人员和保护资金	加大保护专业人员和资金投入
	达德学校旧址	全国重点	2017年进行修缮	安防、消防完成，防雷未实施	完成基本陈列	缺乏专业人员和保护资金	加大保护专业人员和资金投入
	阳明祠	全国重点	2017年进行修缮	已完成	完成基本陈列	缺乏专业人员和保护资金	加大保护专业人员和资金投入
	大觉精舍	省级	方案已通过审批，正在进行修缮工程招标前程序	安防完成，消防方案审批中，防雷未做	钱币展示陈列	缺乏专业人员和保护资金	加大保护专业人员和资金投入
	新华日报贵阳分销处旧址	省级	2017年进行修缮	未实施	完成复原陈列	缺乏专业人员和保护资金	加大保护专业人员和资金投入
	三元宫	市县级	无	安防完成，消防、防雷未实施	未实施	缺乏专业人员和保护资金	加大保护专业人员和资金投入
	刘氏宗祠	市县级	2019年进行修缮	未实施	未实施	缺乏专业人员和保护资金	加大保护专业人员和资金投入
南明区	戴蕴珊别墅	市县级	2018年进行修缮	2019年开展戴蕴珊别墅修缮消防工程，已完成初验，未通过终验	一二层"KIKIWONG"婚纱摄影店，三层为阮仪三城市遗产保护基金会贵州工作站、贵州省傩戏堂文化传播机构、戴公馆文化艺术中心和达德书店等	消防未通过终验	无
	高张氏节孝坊	市县级	2018年进行修缮	未实施	现属于户外公共设施	周边环境卫生得不到保障	无
	贵钢毛主席塑像	市县级	2019年进行修缮	未实施	现属于户外公共设施	因属于露天塑像，易脏污	无
	刘统之先生祠	省级	2020年进行修缮	未实施	现作为教学用房，由贵阳市六一幼儿园使用	无	无
	四方河寨	市县级	2022年对四方河寨六处文物建筑抢险加固	未实施	村民自住	无	无
	方家祠堂及方氏民居	市县级	2023年对方家祠堂进行修缮，方氏民居待修缮	未实施	未实施	无	资金困难，目前无法启动方氏民居修缮工程

续表

县区	文物保护单位名称	保护级别	本体保护维修情况	"三防"实施情况	展示利用情况	存在问题	保护利用诉求
云岩区	弘福寺	省级	无	未实施	参观游览场所	无	无
	麒麟洞张学良囚禁处	省级	无	未实施	参观游览场所	无	无
	贵阳君子亭	省级	无	未实施	生产生活自用	无	无
	八路军贵阳办事处旧址	省级	2020年由原市文物局实施完成八路军贵阳办事处旧址修缮工程	2021年由原市文物局实施完成八路军贵阳办事处旧址消防、安防工程	市委党史研究室正待开放准备工作中	无	无
	贵阳地下党省工委旧址	省级	无	未实施	参观游览场所	无	无
	贵阳贵州省银行旧址	省级	无	未实施	生产生活自用	无	无
	贵州省博物馆旧址	省级	无	未实施	博物馆类展示场所	无	无
	贵州省政法大楼旧址	省级	2018年完成贵州省政法大楼旧址修缮工程	未实施	生产生活自用	无	无
	虎峰别墅	省级	无	未实施	生产生活自用	无	无
	黔灵山摩崖	省级	无	未实施	自然开放场所	无	无
	贵阳鹿冲关天主堂修道院旧址	省级	无	未实施	未开放，危房待修缮	无	无
	贵阳毛公馆故宫文物南迁存放旧址	省级	2022年3月启动贵阳毛公馆故宫文物南迁存放旧址修缮工程，未完工	未实施	未开放	无	无
	贵州工学院旧址	省级	无	未实施	生产生活自用	无	无
	贵州师范大学近现代建筑群	省级	无	未实施	生产生活自用	无	无
	谢六逸墓	省级	无	未实施	自然开放场所	无	无
	东山寺遗址	市县级	无	未实施	开放游览场所	无	无
	相宝山摩崖	市县级	无	未实施	自然开放场所	无	无

续表

县区	文物保护单位名称	保护级别	本体保护维修情况	"三防"实施情况	展示利用情况	存在问题	保护利用诉求
云岩区	雅关	市县级	2021年完成雅关城门洞保养维护工程	未实施	自然开放场所	无	无
	圣泉	市县级	无	未实施	自然开放场所	无	无
	贵阳清真寺	市县级	无	未实施	宗教活动场所	无	无
	卢焘蒙难处	市县级	无	未实施	自然开放场所	无	无
	林青就义处	市县级	无	未实施	自然开放场所	无	无
	林青墓	市县级	无	未实施	待实施保护工程后自然开放	无	无
	平刚墓	市县级	无	未实施	自然开放场所	无	无
	简书墓	市县级	无	未实施	自然开放场所	无	无
	武胜门遗址	市县级	无	未实施	参观游览场所	无	无
	棠荫亭	市县级	无	未实施	自然开放场所	无	无
	尹道真祠	市县级	无	未实施	参观游览场所	无	无
	蒋介石和张学良会面处	市县级	无	未实施	未开放	无	无
	玉元井	市县级	无	未实施	自然开放场所	无	无
	四方井	市县级	无	未实施	自然开放场所	无	无
	檀泉	市县级	无	未实施	自然开放场所	无	无
	金顶山水井	市县级	无	未实施	自然开放场所	无	无
	月亮井	市县级	无	未实施	自然开放场所	无	无
	百腊井	市县级	无	未实施	自然开放场所	无	无
	白象泉	市县级	无	未实施	自然开放场所	无	无
	扁井	市县级	无	未实施	自然开放场所	无	无
	太乙井	市县级	无	未实施	自然开放场所	无	无
	吉祥大井	市县级	无	未实施	自然开放场所	无	无
	薛家井	市县级	无	未实施	自然开放场所	无	无
	贵阳北天主教堂	市县级	无	未实施	开放游览宗教活动场所	无	无
	地母洞	市县级	无	未实施	自然开放场所	无	无
	杜蓉烈士墓	市县级	2021年完成杜蓉烈士墓修缮及环境整治工程	未实施	自然开放场所	无	无

续表

县区	文物保护单位名称	保护级别	本体保护维修情况	"三防"实施情况	展示利用情况	存在问题	保护利用诉求
云岩区	贵州人民抗日战争纪念碑	市县级	无	未实施	自然开放场所	无	无
	贵州革命英烈纪念碑	市县级	无	未实施	自然开放场所	无	无
	贵阳解放贵州革命先烈纪念碑	市县级	无	未实施	自然开放场所	无	无
	吴剑平公馆旧址	市县级	无	未实施	生产生活自用	无	无
	省府路石板街	市县级	无	未实施	自然开放场所	无	无
	新生活第一纪念林摩崖	市县级	无	未实施	自然开放场所	无	无
	黔灵湖水库	市县级	无	未实施	自然开放场所	无	无
	黔灵山六角石亭	市县级	无	未实施	自然开放场所	无	无
	秦天真墓	市县级	无	未实施	自然开放场所	无	无
	警世堂（现为贵阳市基督教堂）	市县级	无	未实施	开放游览宗教活动场所	无	无
	百花山水井	市县级	无	未实施	自然开放场所	无	无
花溪区	贵州大学近现代建筑群	省级	2022年对贵州大学近现代建筑群-校长办公楼及1号行政楼进行修缮	未实施	未实施	未落实日常维护及"三防"问题	需要进行日常维护、落实"三防"
	戴安澜将军衣冠墓	市县级	2017年进行保养维护	未实施	自然开放场所	未落实日常维护及做好相关展示等问题	需要进行日常保养维护，做好相关展示
	生聚教训摩崖石刻	市县级	2017年进行保养维护	未实施	自然开放场所	未落实日常保养维护问题	需要进行日常保养维护
	花溪公园防空亭	市县级	2017年进行保养维护	未实施	自然开放场所	未落实日常保养维护问题	需要进行日常保养维护
	憩园	市县级	2017年进行保养维护	未实施	巴金陈列展	未落实日常维护及"三防"问题	需要进行日常维护、落实"三防"

续表

县区	文物保护单位名称	保护级别	本体保护维修情况	"三防"实施情况	展示利用情况	存在问题	保护利用诉求
花溪区	王伯勋故居	市县级	2017年对进行保护修缮	未实施	未开放参观	未落实日常维护及"三防"问题	需要进行日常维护、落实"三防"
乌当区	中共贵州省工委北衙活动旧址	市县级	已修缮	未实施	参观游览场所	缺乏资金	需要上级部门资金支持
白云区	茶马古道—长坡岭段	全国重点	无	未实施	自然开放场所	无	无
白云区	永安桥	市县级	无	未实施	自然开放场所	无	无
白云区	都拉营盘遗址	市县级	无	未实施	自然开放场所	无	无
白云区	朱官堡遗址—永胜门	市县级	无	未实施	自然开放场所	无	无
白云区	沈官桥	市县级	2022年对沈官桥进行修缮	未实施	自然开放场所	无	无
白云区	白云革命烈士陵园	市县级	2023年对白云革命烈士陵园进行修缮	未实施	结合开展党史学习教育,每年清明节、9·30烈士纪念日举办主题活动	无	无
白云区	瓦窑勘界碑	市县级	无	未实施	自然开放场所	无	无
白云区	大林生态碑	市县级	无	未实施	自然开放场所	无	无
白云区	下水石桥	市县级	无	未实施	自然开放场所	无	无
观山湖区	无	无	无	未实施	无	无	无
开阳县	马头寨古建筑群	全国重点	已实施修缮工程	已实施消防、防雷工程	自然开放场所	无	无
息烽县	息烽集中营旧址	全国重点	已实施文物本体修缮工程	"三防"工程已完成	设立息烽集中营革命历史纪念馆对外展示	无	无
修文县	阳明洞	全国重点	石质文物保护工程已完工;阳明洞修缮工程方案已批复、资金已下达,即将组织招投标确认施工单位	已完成"三防"	王文成公祠内有张学良陈列室;依托阳明洞修建了王阳明纪念馆,对王阳明生平事迹进行陈列展示	无	无

续表

县区	文物保护单位名称	保护级别	本体保护维修情况	"三防"实施情况	展示利用情况	存在问题	保护利用诉求
修文县	茶马古道—蜈蚣坡古道（含蜈蚣桥）	全国重点	蜈蚣桥修缮工程已完工；茶马古道—蜈蚣坡古道一期修缮工程方案已批复、资金已下达，即将组织招投标确认施工单位	未实施	自然开放场所	无	无
修文县	修文索桥	省级	修文索桥建控地带周边环境整治工程已完工	未实施	在周边进行了红色故事展示	无	无
修文县	大木红军标语	市县级	修缮	未实施	自然开放场所	产权属于私人	建议征收进行红色史实陈列展示
清镇市	梯青塔	市县级	修缮	未实施	自然开放场所	无	无

保护规划编制

贵阳市长江流域文物保护规划编制情况统计表

县区/单位	规划名称	类别	保护对象类别
贵阳市文物保护中心	《贵州省贵阳市文昌阁和甲秀楼文物保护规划（2012—2025）》《贵州省阳明洞和阳明祠——贵阳阳明祠文物保护规划（2012—2025）》	全国重点文物保护单位文物保护专项规划	古建筑
南明区	《贵州省贵阳市南明区后巢乡四方河寨文物保护规划》	专项规划	古建筑
云岩区	《文物典藏再现历史云岩区第三次全国文物普查专辑》	全国重点文物保护单位文物保护专项规划	古建筑
开阳县	《马头寨古建筑群保护规划》《马头历史名村保护规划》	保护规划	古建筑
息烽县	《息烽集中营旧址保护规划》	保护规划	近现代重要史迹及代表性建筑
修文县	《贵州省阳明洞和阳明祠——修文阳明洞文物保护规划（2015—2030）》	全国重点文物保护单位文物保护专项规划	古建筑

文物保护研究阐释

贵阳市文物保护研究统计表

名称	作者	出版社	发布时间
《花溪遗真》	贵州市花溪区文物保护管理所	贵州科技出版社	2013.2
《秀美花溪 历史印痕 花溪区文物保护单位保护范围及建设控制地带要览》	贵州市花溪区文物保护管理所	无	2022.11
《青岩细语之青岩居住文化》《青岩细语之青岩漫话》《青岩细语之青岩饮食文化》《青岩细语之青岩宗教文化》	贵阳市旅游文化产业投资（集团）有限公司	贵州出版集团、贵州人民出版社	2016.9
乌当区第三次全国文物普查专辑	贵阳市乌当区文体广电旅游局	无	2011.11

文物活化利用情况

2016年对贵阳达德学校旧址进行修缮；2021年，以公开遴选的方式引进社会志愿服务机构，志愿机构以捐赠的方式为文保单位提供公共文化服务活动项目。

2017年花溪区对王伯勋故居本体进行保护修缮，在故居内设立花溪区文艺创作展览馆。

白云区先后对革命烈士陵园和白云沈官桥实施保护修缮项目。

2018年完成贵阳贵州省政法大楼旧址修缮工程，现为省级职能部门办公自用。

2019年7月，贵阳市启动八路军贵阳交通站旧址保护工程项目，具体包括修缮保护工程、消防工程、安防工程和陈列工程。修缮工程于2014年启动方案设计，开始施工，2021年6月竣工；安防工程于2020年9月开始施工，2021年6月竣工；消防工程于2021年1月启动，2021年6月竣工；陈列工程于2021年1月启动，2021年6月竣工。

2019年开阳县文化和旅游局启动了省级文保单位开阳县宝王庙修缮工程项目。

2020年南明区对王伯群故居进行修缮；修缮完成后，现使用人在此开设私人工作室。

2020年南明区对刘统之先生祠进行修缮；现为贵阳市六一幼儿园教学用房，不对外开放。

2021年贵阳市启动文昌阁、甲秀楼地质灾害岩土工程项目。具体包括文昌阁城墙、甲秀楼墙体地质灾害勘察，文昌阁、甲秀楼地质灾害岩土工程设计，文昌阁城墙临时抢险加固支护工程及其后实施的岩土工程。2023年6月，项目完成竣工验收。

2021年开展贵州大学近现代建筑群—礼堂、贵州大学近现代建筑群—人文楼外立面保养维护工程，2022年花溪区开展贵州大学近现代建筑群—校长办公楼及1号行政楼修缮工程。

2021年完成雅关城门洞保养维护工程，现自然开放中。

2021年完成杜蓉烈士墓修缮及环境整治工程，现自然开放中。

2021年乌当区通过长征国家文化公园贵州重点建设区贵阳段乌当区建设项目进行了改造提升，目前免费对外开放，提供参观讲解服务。

2021年实施马鞍山红军临时指挥部旧址修缮工程；2021年实施凤池寺修缮工程。除息烽集中营革命历史纪念馆对外免费开放，其余不可移动文物处于自然开放状态。

2022年3月启动贵阳毛公馆故宫文物南迁存放旧址修缮工程，未完工；正加大力度实施毛公馆文物"三防"和陈列工程。

2022年完成清镇市红二、红六军团猫跳河观游渡口遗址清理和平整，2023年完成古道修缮。

2022年，息烽县实施息烽集中营旧址文物保护工程，息烽集中营革命历史纪念馆实施陈列布展对外开放。

2022年修文县实施了修文索桥建控地带环境整治项目，清理、修复长征步道，并在沿途进行红色文化展示。

（2）遵义市

文物保护利用项目

遵义市调查的516处文物资源中，实施保护利用（本体维修、"三防"、展示）的文物保护单位13处，其中全国重点文物保护单位9处、省级文物保护单位3处、市级文物保护单位1处，涉及播州区、红花岗区、汇川区、湄潭县、习水县5个县区。

遵义市长江流域不可移动文物保护利用项目统计表 （项）

行政区划	项目总数	文物保护规划和方案设计	本体保护维修	保护设施	展示利用设施	环境整治	基础设施建设
播州区	1	—	1	—	—	—	—
赤水市	7	—	1	3	2	—	1
道真县	2	2	—	—	—	—	—
凤冈县	7	1	2	1	1	2	—
红花岗区	3	1	1	—	—	1	—
汇川区	13	1	10	—	1	1	1
湄潭县	6	1	1	1	1	1	1
仁怀市	12	12	9	1	1	—	—
绥阳县	6	—	4	—	1	1	—
桐梓县	6	1	3	—	2	—	—
务川县	1	—	—	1	—	—	—
习水县	7	—	3	—	2	2	—
新蒲新区	8	3	2	2	—	—	1
余庆县	—	—	—	—	—	—	—
正安县	14	—	10	3	1	—	—
合计	93	22	47	12	12	9	4

保护规划编制

遵义市长江流域文物保护规划编制情况统计表

行政区划	规划名称	规划类别	保护对象类别
凤冈县	《玛瑙山营盘遗址文物保护规划（2021—2035）》	保护规划	近现代重要史迹及代表性建筑
汇川区	《海龙屯保护管理规划（2013—2030）》	保护规划	古建筑
湄潭县	《湄潭浙江大学旧址保护规划（2020—2035）》	保护规划	近现代重要史迹及代表性建筑
桐梓县	《天门河水电厂旧址保护修缮设计方案（一期）》	修缮设计方案	近现代重要史迹及代表性建筑
绥阳县	《卧龙山寺修缮工程设计方案》	修缮设计方案	古建筑
绥阳县	《卧龙山寺消防工程设计方案》	消防设计方案	古建筑
绥阳县	《绥阳教案旧址修缮工程设计方案》	修缮设计方案	古建筑

考古发掘情况统计

遵义市调查的 516 处文物资源中，考古发掘项目 3 个，出土文物标本数量 10052 件 / 套。遵义市代表性考古项目未实施。

2012 年 4 月至 2014 年 4 月，成立了海龙屯文物考古队，对海龙屯"新王宫"进行全面发掘，对海龙屯"老王宫"进行试掘，出土文物 10000 余件，为海龙屯申报世界文化遗产打下了坚实基础。

2013 年 4 月，贵州省文物考古研究所会同遵义市文物局，对杨烈墓、杨铿墓、杨价墓进行考古专项调查。

2014 年，贵州省文物考古研究所与重庆市文化遗产研究院联合，对养马城遗址进行全面调查和试掘。

2018 年，贵州省文物考古研究所对高坪杨氏墓群地瓜堡和衙院两处墓园进行全面勘探、发掘。

文物保护研究阐释

遵义市长江流域文物考古与研究阐释情况统计表

名称	编写单位	作者	出版社	发布时间
《湄潭历史遗存》	湄潭县文化旅游局	无	无	2013.12
《玛瑙山：考古、文献与口碑》	贵州省博物馆、贵州省文物考古研究所、凤冈县文体广电新闻出版局	无	科学出版社	2018.12
《贵州清代山地军事防御工事：玛瑙山营盘》	—	何烨	中央民族大学出版社	2019.4
《清代玛瑙山及周边地区历史文化研究》	—	郗玉松	中央民族大学出版社	2019.4
《玛瑙山民间故事与传说》	—	陈季君、张传跃、郎丽娜、陈雅娴	中央民族大学出版社	2019.5
《玛瑙山资料辑录与整理》	—	胡安徽	中央民族大学出版社	2019.7

文物活化利用情况

文旅融合发展，助力乡村振兴。正安尹道真务本堂、正安公馆桥、正安龙塘寺、正安祝家坪古建筑群、龙岗冯氏宗祠、鱼塘摩崖、龙塘沟摩崖造像、白石风雨桥、油渠沟风雨桥、安场辅元桥，纳入全县旅游线路规划，正安尹道真务本堂纳入市级中小学研学教学点。凤冈县玛瑙山营盘遗址已成功申报为 AAA 级景区，全县文物活化利用方案正在编制中。苟坝会议旧址自 2009 年抢救性维修、2013 年开发利用以来，苟坝基础设施加快完善，苟坝人均可支配收入从 2013 年的 8000 元上升到 2020 年的 16500 元，充分发挥红色文化优势，带动了乡村旅游发展，同时结合搬迁群众就业需求，引导建设了一批乡村旅馆、农家乐、采摘体验园，切实让老百姓安居乐业，增收致富，苟坝已成为 AAAA 级旅游景区。

树立品牌意识，开展教育活动。播州区陈公祠始终坚持以习近平新时代中国特色社会主义思想为指导，以培育和践行社会主义核心价值观为根本。积极组织开展对党员、干部、群众，尤其是青少年的爱国主义教育和革命传统教育活动。2015 年 11 月开放至今，接待前来参观的人数达 10 余万人次，联合学习宣传教育共计 20 次。陈公祠陈列馆积极与市、区委宣传部联合开展爱国主义教育基地等活动，与地方中、小学校共同开展爱国主义教育基地活动，还通过办专栏、创建文化广场、进行陈公祠故事连载等多种形式开展革命传统教育。新蒲新区黎庶昌故居陈列馆，作为贵州省爱国主义教育基地发挥爱国主义教育功能，作为贵州省人文社科示范基地发挥科普教育功能，作为市研学示范基地发挥研学功能。余庆县回龙场红军强渡乌江战斗遗址（含余庆水车山红一军团一师一团指挥部旧址）、余庆万丈坑红军战士殉难处作为余庆县爱国主义教育基地发挥爱国主义教育功能。

做好陈列展览，加强文物展示。赤水市复兴江西会馆用作赤水丹霞石刻艺术博物馆进行陈列展示活动。仁怀市不可移动文物活化利用主要进行文物本体展示、文物内部展示陈列，如全国重点文物保护单位茅台渡口，省级文物保护单位鹿鸣塔、怀阳洞摩崖石刻，县级文物保护单位巨型茅台酒瓶、国酒门等。目前，巨型茅台酒瓶、国酒门是仁怀的地标性建筑之一，是仁怀网红打卡点位之一。茅台渡口是茅台镇旅游景点的重要组成部分，参观游客较多。长岗毛泽东住地旧址、长岗红军医院旧址、长岗红一军团干部会议旧址、梅子坳毛泽东住处通过内部陈列展示，推进文物活化利用。目前，展示陈列工程正在深化提升中。

挖掘特色文化，强化宣传推介。如汇川区依托娄山关景区，以独特深厚的红色文化价值为着力点，拍摄的电视剧《伟大的转折》在央视一套黄金时段播出，制作的广播剧《娄山奇兵》在中央广播电视台刊播并获省优秀文艺作品奖，同时开展娄山关文创产品设计大赛，进一步提升娄山关的知名度和美誉度。另外，汇川区挖掘开发土司文化内涵，出版《播州民族文化研究》《海龙屯与播州土司综合研究》《古今海龙屯》等系列丛书，拍摄《海龙屯》《先锋之那时青春》《铁血兴亡录》《海龙屯传奇》等电影，其中，电影《海龙屯》获第31届中国电影金鸡奖最佳纪录片提名。汇川区在保留三线建设时期工业建筑原貌的基础上，通过现代设计理念对老厂房进行重新规划设计，建成1964文化创意园，该园区被列入遵义市八大旅游文化精品工程项目。汇川区采取"走出去""请进来"，强化文物文化资源宣传展示，提升知名度影响力。海龙屯文化推介团赴欧洲三国推介，古色海龙屯真正走出了国门，并成功承办"中俄合作·遵义·红色旅游国际对话"，与俄罗斯联邦乌里扬诺夫斯克州代表团成功签订"友好合作城市备忘录"，举办第七届遵义旅游产业发展大会、娄山关·海龙屯国际山地户外运动挑战赛、"红色之旅"中国女子围甲联赛、"奔跑中国·红色之旅"国际马拉松等大型赛事活动，对外大力推介长征、土司、三线、抗战等文化资源，塑造"文化汇川"品牌。

（3）铜仁市
文物保护利用项目

铜仁市文物保护项目有224项，其中本体保护维修项目90项，展示利用项目8项。

文物活化利用情况

从整体上看，铜仁市长江流域不可移动文物的利用情况较好，为促进不可移动文物保护单位"活起来"，全市充分利用不可移动文物资源，通过免费开放参观、旅游资源开发等，提高了文物点的活化利用。

（4）黔东南苗族侗族自治州
文物保护利用项目

黔东南州不可移动文物有215项，其中文物保护规划和方案设计37项，本体保护维修项目82项，保护设施33项，展示利用设施10项，环境整治23项，基础设施18项，其他12项。

铜仁市长江流域不可移动文物保护项目统计表 (项)

行政区划	项目总数	文物保护规划和方案设计	本体保护维修	保护设施	展示利用设施	环境整治	基础设施建设
碧江区	32	9	16	4	—	1	2
万山区	11	4	6	—	—	—	1
松桃县	27	1	21	4	1	—	—
江口县	2	—	2	—	—	—	—
玉屏县	8	3	4	—	—	1	—
印江县	19	7	4	3	4	1	—
思南县	30	15	10	3	1	1	—
石阡县	31	12	11	6	—	—	2
德江县	21	13	6	—	1	—	1
沿河县	43	25	10	4	1	1	2
合计	224	89	90	24	8	5	8

保护规划编制

铜仁市长江流域文物保护规划编制情况统计表

行政区划	规划名称	规划类别	保护对象类别
碧江区	《东山古建筑群保护规划》	保护规划	古建筑
碧江区	《茶园山古建筑群保护规划》	保护规划	古建筑
石阡县	《楼上村古建筑群》	保护规划	古建筑
思南县	《思唐古建筑群保护规划》	保护规划	古建筑
松桃县	《寨英古建筑群保护性规划》	保护规划	古建筑

文物保护研究阐释

铜仁市长江流域文物考古与研究阐释情况统计表

名称	编写单位	作者	出版社	发布时间
印江《文物志》	印江土家族苗族自治县文旅局	无	无	2013.8
《印江文物》	印江土家族苗族自治县文旅局	无	无	2013.5
《石阡万寿宫修缮工程报告》	贵州省文物局、贵州省文物保护研究中心	无	贵州科技出版社	2019
《松桃寨英"裕国通商"商号修缮工程报告》	贵州省文物局、贵州省文物保护研究中心	无	贵州科技出版社	2019

黔东南州长江流域不可移动文物保护利用项目统计表 （项）

行政区划	项目总数	文物保护规划和方案设计	本体保护维修	保护设施	展示利用设施	环境整治	基础设施建设	其他
黔东南州	215	37	82	33	10	23	18	12

保护规划编制

黔东南州完成不可移动文物规划编制共9项。其中镇远县3项，黄平县4项，黎平县2项。

黔东南州长江流域文物保护规划编制情况统计表

行政区划	规划名称	规划类别	保护对象类别
镇远县	《镇远青龙洞保护规划》	保护规划	古建筑
镇远县	《镇远和平村旧址保护规划》	保护规划	近现代重要史迹及代表性建筑
镇远县	《镇远城墙保护规划》	保护规划	古建筑
黄平县	《旧州古建筑群保护规划》	保护规划	旧州古建筑群、古建筑
黄平县	《飞云崖古建筑群保护规划》	保护规划	飞云崖古建筑群、古建筑
黄平县	《岩门长官司城保护规划》	保护规划	岩门长官司城、古建筑
黄平县	《重安江水碾群保护规划》	保护规划	重安江水碾群、其他
黎平县	《地坪风雨桥文物保护规划》	保护规划	古建筑
黎平县	《黎平会议会址文物保护规划》	保护规划	近现代重要史迹及代表性建筑

考古发掘情况统计

黔东南州考古发掘遗址共11个，其中天柱县3个，发掘面积1770平方米，出土文物标本29000件/套。凯里市2个，发掘面积4000平方米，出土文物标本320件/套。施秉县1个，发掘面积275平方米，出土文物标本35件/套。黄平县2个，发掘面积1950平方米，出土文物标本1500件/套。锦屏县3个，发掘面积2600平方米，出土文物标本50件/套。

黔东南州文物考古发掘项目统计表

区县	年度	考古发掘项目数量（个）	发掘面积（平方米）	出土文物标本数量（件/套）
天柱县	2009、2010、2011年	3	1770	29000
凯里市	2020年	2	4000	320
施秉县	2019年	1	275	35
黄平县	2019年	2	1950	1500
锦屏县	2010年	3	2600	50
合计		11	10595	30905

文物保护研究阐释

黔东南州长江流域文物考古与研究阐释情况统计表

报告名称	编写单位	作者	出版社	发布时间
《地坪风雨桥原址复建工程报告》	贵州省文物局	无	贵州科技出版社	2016.12

文物活化利用情况

文物是旅游资源的重要载体。黔东南州文化遗产资源富集，是研究文化多样性的重要基地。保护文化遗产的核心是为了经济社会的可持续发展，这正是科学发展观的根本出发点。黔东南州历来重视文物保护和旅游融合发展，在正确分析、认识文化遗产的特点、价值和作用的基础上，正确把握保护方向，坚持"在保护中发展、在发展中保护"，合理利用文化遗产，在充分发挥其社会经济效益方面做了有益的探索，取得了明显的成效。黔东南州大部分县（市）文旅融合发展较为突出，如镇远古城景区，充分利用了全国重点文物保护点青龙洞古建筑群、镇远城墙、和平村旧址，省级文物保护单位石屏山古建筑群为主的旅游景区；黎平翘街，充分利用了全国重点文物保护单位黎平会议会址发展红色旅游；雷山郎德上寨景区，以全国重点文物保护单位郎德上寨古建筑群为中心，发展特色旅游。除此之外还有全国重点文物保护单位榕江大利古建筑群、天柱三门塘古建筑群、隆里古建筑群、旧州古建筑群、飞云崖古建筑群，省级文物保护单位凯里下司古建筑群、云台山古建筑群、黑冲战斗遗址、肇兴古建筑群等，充分利用这些重要的旅游资源，极大地充实了旅游景区文化元素，更好地助力当地旅游业发展，同时也为文旅融合发展带来了良好的契机。

（5）黔南布依族苗族自治州

文物保护利用项目

黔南州文物保护项目有9项，其中本体保护维修项目8项，展示利用项目1项。

黔南州长江流域不可移动文物保护项目统计表

(项)

行政区划	项目总数	文物保护规划和方案设计	本体保护维修	保护设施	展示利用设施	环境整治	基础设施建设	其他
都匀市	—	—	—	—	—	—	—	—
瓮安县	6	—	6	—	—	—	—	—
长顺县	—	—	—	—	—	—	—	—
福泉市	1	—	—	—	1	—	—	—
贵定县	1	—	1	—	—	—	—	—
龙里县	1	—	1	—	—	—	—	—
合计	9	—	8	—	1	—	—	—

文物活化利用情况

黔南州长江流域不可移动文物的利用情况较好，古遗址类如福泉城墙东门至观音庵段遗址实施了保护与展示工程，为文旅深度融合增添助力，小平伐土司衙署旧址为金海雪山AAAA级景区增添了历史文化底蕴；古建筑类如百子桥、文峰塔、石板街开放参观的文保单位已然成为都匀标志性建筑和城市名片、"网红"打卡地，文峰塔被列为省级爱国主义教育基地，城南毛泽东塑像被列为贵州省第一批革命文物。西山冒沙井成为广大冬泳爱好者和独竹漂训练的集散地，司头牌坊、巩固牌坊是摆龙河国家湿地公园"网红"打卡地，草塘安抚司衙署免费开放，成为景区；古墓葬类，如明永历皇帝陵高居高塘山之上，吸引不少研究南明历史的学者和历史文化、文物爱好者前往；石窟寺及石刻类，如半山亭摩崖、张翀摩崖是都匀东山文化园的主要组成部分，成为进东山公园游客必参观之处，麦董抗夫碑为金海雪山AAAA级景区增添了历史文化底蕴。近现代重要史迹及代表性建筑类，如猴场会议旧址、瓮余湄铁壁合围剿匪司令部旧址已免费开放成为红色景区，是AAAA级旅游景区草塘千年古邑旅游区的重要组成部分，参观游客较多。

此外，黔南州还继续开展文物本体展示和文物内部展示陈列工作。各级各类文保单位均采取免费开放参观的方式，扩大文物本体展示的影响力。全国重点文物保护单位猴场会议旧址、红军干部团休养连驻地旧址、猴场毛泽东住处、冷少农故居、桐梓坡农会和游击队驻地旧址、大塘红军标语、瓮余湄铁壁合围剿匪司令部旧址、草塘安抚司衙署等处的展示陈列工程正在深化提升中。

第三章

贵州省独具特色的洞穴文化遗存

根据国际洞穴协会（ISU）对洞穴的定义标准，贵州的洞穴难以计数，长江流域范围内，除少量东部的变质岩和西部的玄武岩分布区域未见洞穴外，以碳酸盐岩为主、分布面积达全省行政区域面积73%的沉积岩区域均有发现洞穴，是一个名副其实的洞穴王国。

贵州省岩溶洞穴文化是自然与人类的共同作品，丰富的文化遗存是不可多得的文化景观。贵州省岩溶洞穴内的文化遗存，作为长江文化内涵的重要载体，广泛分布于贵州省长江流域的四大水系，不但数量众多、类型完整，而且串点成线、串线成面。在广义上还包括农业遗产、工业遗产、水利遗产、交通遗产和风景名胜，以及非物质文化遗产等。

一、古遗址

（一）洞穴址

贵州省特殊的地理环境、多样性的生态环境、优越的气候条件，为古代人类的生存和发展提供了充裕的食物和其他生活资源，众多的岩溶洞穴成为古代人类遮风避雨和免受猎食动物侵袭的理想家园。

贵州石器时代文化遗存丰富，是人类历史中辉煌的一页，也是贵州考古的一大特色，尤其是旧石器时代考古，在全国占有突出地位。贵州石器时代文化遗存以洞穴遗址多，分布范围广，内涵丰富为特点。古人类足迹在旧石器时代晚期几乎遍及贵州全省。在贵州2505处古遗址中，洞穴址368处，占14.69%（贵阳市72处、六盘水市10处、遵义市11处、安顺市97处、毕节市55处、黔西南布衣族苗族自治州83处、黔东南州3处、黔南州37处，仅铜仁没有发现）。

长江流域范围内的洞穴址中，以全国重点文物保护单位黔西观音洞遗址、普定穿洞遗址为代表。省级文物保护单位有毕节海子街大洞遗址、毕节扁扁洞遗址、毕节青场老鸦洞遗址、黔西凤凰穿洞遗址、水城硝灰洞遗址、贵安牛坡洞遗址、贵安招果洞遗址、长顺神仙洞遗址、七星关麻窝口洞遗址、桐梓马鞍山遗址、桐梓岩灰洞遗址11处。市县级文物保护单位有阿发大岩洞遗址、窝绷大岩洞穴群遗址、朱昌牛鼻子洞遗址、长春堡观音洞、箐脚洞遗址、大房张口洞遗址、虚灵洞遗址、大岩洞遗址、麒麟洞遗址、窗子洞遗址、店子洞遗址、老白岩洞穴群（明代）、安顺三铺观音洞古人类遗址、安顺旧州猫猫洞古人类遗址、旧州华严洞古人类遗址、旧州象鼻洞古人类遗址、清凉洞遗址、郑家溶洞遗址、雷神坡排洞遗址、黄家洞遗址、凉伞洞遗址、狮子山凌洞遗址、仙人洞遗址、孟关关山猫洞遗址、养龙洞遗址、贵阳观音洞、沙坝洞穴遗址、燕子岩洞穴遗址、大坡洞穴遗址、十字路洞穴遗址、瓮安黑洞遗址、习水打游洞遗址、渔溪洞遗址、福泉仙人洞、天柱观音洞遗址、天柱仙人洞遗址36处。

因此说，贵州是人类早期文明的发祥地之一，是中华文明起源和形成的基因之一，共同创造了中华古文明，在中华文明中显示出贵州独特的多元性、兼容性和同一性。

全国重点文物保护单位黔西观音洞遗址，1964年发现于今毕节市黔西市沙井乡观音洞村。观音洞高2~8米，宽2~4米，进深约90米。从发现之初到1973年，进行了4次考古发掘工作，共出土石核、石片、砍砸器、刮削器、端刮器、尖状器、凹缺器、雕刻器等3000多件，其中石器占65%。以石器成品率高、复刃石器多、加工技术与石器类型的多样性和刃陡而不平齐等突出特征，被命名为"观音洞文化"。出土的嵌齿象、贵州剑齿象、似东方剑齿象、大猫熊化石种、最后鬣狗、柯氏熊、中国犀、巨貘、猩猩等23种哺乳动物化石，作为划分中国南方中更新世大熊猫—剑齿象动物群的标志之一。据嵌齿象化石和文化面貌的原始性等，定为旧石器时代早期化石，是中国南方旧石器时代早期文化的典型代表，

黔西观音洞洞口环境

黔西观音洞

对研究中国南方旧石器时代文化的起源和发展具有重要价值。

全国重点文物保护单位普定穿洞遗址，被誉为"亚洲文明之灯"。因该洞南北对穿，故名穿洞。洞口高出洞前坝子26米，洞高9米，宽13米，洞深30米，洞内面积约600平方米。1981年5月，中国科学院和贵州省博物馆联合对穿洞遗址进行发掘，至1982年已发掘4次。穿洞遗址文化内涵丰富，出土有头骨、牙齿等晚期智人的人类遗骸数十件，遗骸特征保留有一定的原始性，称其为"穿洞人"。首次出土的较完整古人类头骨，为贵州史前遗址之最。穿洞遗址因文化内涵的差异分早、晚两期，被冠以"穿洞文化综合体"。普定穿洞遗址以骨器著名。出土了数量近千件的骨锥、骨铲、骨针、骨叉、无刃骨棒、骨笄状器及角铲等，不仅数量多，类型多，且形制精美，这在国内外旧石器时代遗址中都极其罕见。其中的双端刃骨铲、无刃骨棒、骨笄状器等都是国内首次发现记录。

普定穿洞遗址

遗址出土的人类头骨
资料来源：贵州省博物馆提供

（二）驿站古道遗址

贵州先民，在不具备桥梁建筑的条件下，充分利用大自然赐予的"天生桥""天星桥""仙人桥"，得以跨越河谷溪涧，沟通往来不足为奇。但修建道路时充分利用沿途洞穴，刻意从岩溶洞穴中穿过，则是一大奇观，如驿站古道遗址中的市县级文物保护单位瓮安县穿洞河古道遗址。

穿洞河是乌江支流瓮安河之一段，位于黔南州瓮安县银盏乡。人们利用原生石灰华构成的水帘洞铺筑道路穿行过河，无须架桥。穿洞河古道所经，明洪武十五年（1382）设置平越卫指挥使司隶属于四川都指挥使司时，是联系四川的重要通道之一，也是"川盐行黔"四大边岸之"綦岸"的重要盐运通道之一。

实际上全国重点文物保护单位茶马古道—修文蜈蚣坡古道（含蜈蚣桥），在贵阳市修文县谷堡镇天生桥村天生桥路段，也利用岩溶洞穴这一"天生桥"跨越溪涧。蜈蚣坡古道（含蜈蚣桥），历为古代茶马盐互市的重要通道，也是明洪武十七年（1384）摄贵州宣慰使司宣慰使奢香开辟"龙场九驿"之一段。王阳明谪居龙场驿时，其《瘗旅文》描写的故事就发生在这条路上。

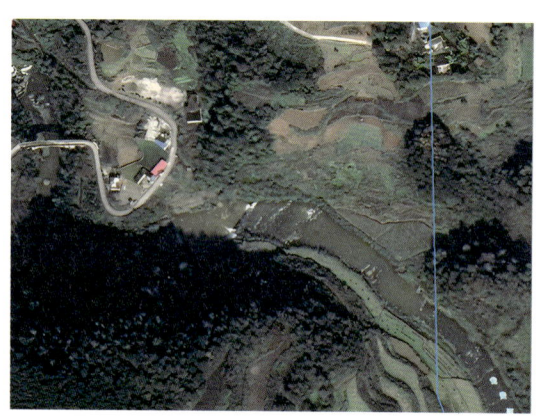
穿洞河古道遗址卫星影像图

穿洞河

穿洞河古道（西向）

穿洞河古道（东向）

蜈蚣坡古道线路轨迹

邻近天生桥的古道路段

穿过洞穴的溪流

天生桥路段古道

从天生桥远眺洒坪

从古道回眸天生桥

穿行怀阳洞的古道

路穿岩古道

仁怀怀阳洞和大方路穿岩所在，古道就从岩溶洞穴中穿过。

仁怀怀阳洞是"川盐行黔"四大边岸之"仁岸"由茅台水运转陆运后的重要通道之一，古道穿过怀阳洞。1935年3月16日，朱德从坛厂经怀阳洞，过中枢到茅台指挥中央红军三渡赤水河。

位于大方县羊场镇穿岩社区的路穿岩，因道路从山顶的"穿洞"中经过得名。古道是今大方县于明崇祯九年（1636）建城后，特别是清雍正八年（1730）恢复大定府后形成的沟通省会贵阳的要道，又是"川盐行黔"四大边岸之"永岸"所经。

（三）其他类型遗址

矿冶遗址，如省级文物保护单位钟山区大硝洞古代炼硝遗址，市县级文物保护单位有仁和洞铅锌矿遗址、黄平县岩灰洞冶炼遗址。

祭祀遗址，如市县级文物保护单位台江平水藏鼓洞。

寺庙遗址，如有市县级文物保护单位贵定牟珠洞寺庙遗址、天柱岩寨钟鼓洞。

作坊遗址，如市县级文物保护单位赤水市杨家岩造纸作坊遗址和修文县六桶官寨榨油作坊遗址，利用洞穴潜流或近水安置作坊是当时一个非常不错的选择。而省级文物保护单位丹寨石桥白皮纸作坊是目前不多的仍在使用的传统作坊。

二、古墓葬

历经迁徙磨难而定居在贵州岩溶地区劳动生息的苗瑶先民,对岩溶洞穴情有独钟,有的甚至认为自己的始祖是"洞神"。将死者入殓后安葬于岩洞内崖壁间,被视为"进城",土葬为"下乡",笃信只有"进城"才是返璞归真的理想归宿。因此,利用温湿度相对稳定的洞穴安置故人成为必然选择。如全国重点文物保护单位平坝棺材洞、省级文物保护单位龙里果里岩洞葬,以及市县级文物保护单位孟关马鞍山洞葬、播州干壁洞葬、播州才子洞洞葬、汇川蔡家坝岩墓、施秉日光洞岩墓等。

平坝棺材洞位于安顺市平坝区齐伯镇桃花村中寨组东南,是贵州省少数几个进行过科学清理的洞葬之一,规模宏大,沿用时间较久,年代较为明确,从唐代、历宋元、至明清,至今仍在使用,内涵极为丰富,系当地刘姓苗族("歪梳苗")的祖茔。

平坝棺材洞洞口

洞口朝南

棺木中出土的鹭鸟纹彩色蜡染裙和蜡画刀

洞内全貌

省级文物保护单位龙里果里岩洞葬，位于黔南州龙里县湾滩河镇果里村东梅洞坡，洞口向北，现存较好的棺木有192具。更靠近果里村背后坡东南麓的一处洞穴，是当地苗族每年农历正月初四至初九为纪念祖先举行大型悼念仪式的所在地，该仪式称"悼洞"仪式，又称"跳洞"，即过"跳洞节"。

龙里果里岩洞洞口向北

架设棺木的木架

"悼洞"洞口向东南

"悼洞"仪式

三、古建筑

千百年来，生活在贵州的先民就没有真正彻底地离开过洞穴，也因此为后人留下与洞穴相关的丰富的文化遗产。不可移动文物中古建筑类就包括寺观塔幢和亭台楼阁等，如全国重点文物保护单位的镇远青龙洞、黄平飞云崖古建筑群、织金古建筑群—保安寺，省级文物保护单位黔灵山（包括弘福寺、麒麟洞和碑碣、摩崖）、九龙洞莲花寺，市县级文物保护单位的贵阳仙人洞、瓮安仙桥山、黄平浪洞岩西竺寺、碧江莲池庵等。

（一）镇远青龙洞

镇远青龙洞是儒释道众神汇聚共享人间烟火的"入黔第一洞天"，是由青龙洞、中元洞、紫阳洞、香炉崖之间所有佛寺、道观、祭祠、会馆、书院、桥梁建筑和众多摩崖石刻、碑刻等文物的总称，文化上儒释道三教并存，和谐发展，互相包容。大多分布在黔东南州镇远县城东中和山长约300米、垂直高约80米崖壁上，前临㵲阳河。

中元洞

鸟瞰青龙洞

（二）黄平飞云崖古建筑群

黄平飞云崖位于黔东南州黄平县新州镇东坡村湘黔古驿道旁，是一处令人"洒然开豁，心洗目醒"的"黔南第一洞天"。

飞云崖，因其崖状若飞云而得名。崖下为洞，称飞云洞，为当地苗族先民开创。现在，每年四月初八，当地苗族村民于此欢度"四月八"，吹笙跳月，狂欢三昼夜。飞云崖与飞云洞既是崖洞称谓，又是倚崖傍洞相继修建的若干古建筑的泛称。

明正德三年（1508）按察副使朱文端、指挥狄远增，因在偏桥与兴隆二卫间的飞云崖"行者至是，皆急顿饥悴，宜有休息之所"，乃捐资倡建月潭寺公馆，请谪戍贵州的王守仁撰写《重修月潭寺建公馆记》，"天下之山，萃于云贵；连亘万里，际天无极"即出自该文。

飞云崖观音殿

飞云崖月潭寺牌坊

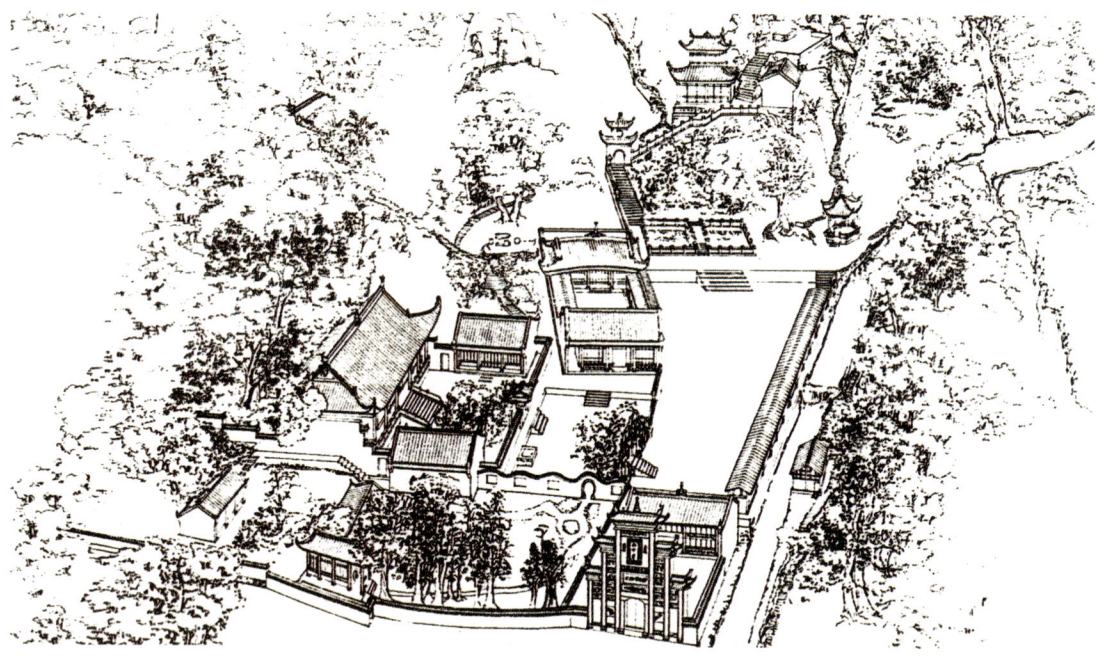
飞云崖鸟瞰图（颜明明绘）

飞云崖"四月八"民族集会活动

(三)织金古建筑群—保安寺

织金古建筑群—保安寺是因地制宜利用天然岩溶地貌倚崖傍洞修建的山地建筑精品。位于毕节市织金县三甲街道三甲社区,原平远州至安顺府大道旁云洞山"慈云洞",为保商旅行人平安建于清道光二十四年(1844)。因"慈云洞"洞顶西南部洞穿形成天窗,名"云洞天开",历为平远府和平远州八景之一。

观音阁贴南洞口石壁修建,通过底层门洞与"慈云洞"连接。不管是道教供奉"慈航道人"的慈云殿,还是佛教供奉观世音菩萨的观音阁,建筑内均未供奉塑像,而是统一在"慈云洞"内东北面建须弥座,共同供奉观音。

保安寺(1988年)

保安寺(2013年)

四、石窟寺及石刻

"洞天福地"的贵州,除了依托洞穴修建亭台楼阁和寺观塔幢,石窟寺及石刻类遗存同样藏量丰富,石窟寺(含摩崖造像)、摩崖石刻、碑刻、岩画等分布遍及全省,在贵州省第三次全国文物普查登记不可移动文物中,石窟寺及石刻类共1128处。

(一)石窟寺和摩崖造像

石窟寺(含摩崖造像)总量不多,共25处,过半分布在洞穴中。贵州石窟寺(含摩崖造像)遗存,充分见证了大乘佛教造像艺术传播路径及本土化的历程。代表性的石窟寺有省级文物保护单位赤水三会水石窟寺、习水袁锦道墓祠(望仙台石窟),市县级文物保护单位凤冈太极洞摩崖造像、正安龙塘沟摩崖造像等。

赤水三会水石窟寺

赤水三会水石窟寺位于遵义市赤水市两河口乡两河口社区,地处属上白垩统嘉定群近水平红砂岩的额状砂岩洞中,俗称"老虎嘴",属于凹片状风化剥落形成的丹霞地貌。

石窟开凿于清乾隆年间,同治初年曾为佛像装彩,同治十一年(1872)傍窟修建窟檐,光绪二十九年(1903)增建香台。利用额状崖洞内风化岩槽摩崖成壁,壁上开龛,龛内造像,造像8尊。

赤水三会水石窟寺壁上造像

普贤菩萨造像　　释迦牟尼佛造像　　文殊菩萨造像　　自在观音造像　　目连和达摩造像

习水袁锦道墓祠（望仙台石窟）

望仙台石窟位于遵义市习水县三岔河镇习水国家森林公园和国家级自然保护区内，三岔河河湾围椅形山崖南侧，沿额状砂岩洞内壁横向分布，出露岩层主要为红砂岩。

石窟开凿于清嘉庆十年（1805），嘉庆十五年（1810）告竣。光绪二十年（1894）培修。共2窟，祠祀合一，人神共塑。东窟主龛造像3尊，西侧一龛造像4尊；西窟袁锦道祠，在开凿的"征侍郎坊"内造像4尊。

望仙台石窟

东窟主龛造像

西窟袁锦道祠造像（数字测量图）

太极洞摩崖造像

太极洞摩崖造像位于遵义市凤冈县何坝街道凌云村。太极洞形成于7000万年前，是由大大小小的角砾岩构成的砾岩洞。

太极洞摩崖造像开凿于清道光年间。造像分布在最大的洞穴岩壁及洞外不同区域。现存摩崖造像5尊，摩崖石刻12方。造像内容包括人物、瑞兽、花卉等表意吉祥的造型和文字。

太极洞摩崖造像

龙塘沟摩崖造像

龙塘沟摩崖造像位于正安县流渡镇新桥村南斯组龙塘沟，为沉积地层，属碳酸盐岩地区。造像东西向分布在龙塘沟古盐道旁灵水洞及洞北侧一段山崖上，原有造像100余尊，现残存50余尊。

龙塘沟摩崖造像至迟开凿于清乾隆年间，大体分三类，一是佛教中的佛、菩萨、罗汉、天王等；二是道教中的三清、五岳、二十八宿等神灵；三是佛、道与民间信仰混合，寓意吉祥的形象。

龙塘沟摩崖造像

（二）摩崖石刻

洞穴中的摩崖石刻和壁题，多为文人骚客所留，或写景、或抒情，或情景交融。从数量众多的摩崖石刻中，可以获知古代贵州的诸多信息。具代表性的，如全国重点文物保护单位青龙洞的"入黔第一洞天"，以及修文阳明洞摩崖石刻。省级文物保护单位包括贵阳"是春谷"摩崖石刻、遵义鹤鸣洞摩崖石刻、仁怀怀阳洞摩崖石刻、石阡太虚洞摩崖石刻、碧江文笔洞摩崖石刻、施秉华严洞摩崖石刻。

镇远青龙洞"入黔第一洞天"摩崖石刻（拓片）

修文阳明洞摩崖石刻

修文城东阳明洞，系一天然溶洞，位于东山东麓。明正德初，王守仁被贬为龙场（今修文）驿丞。先住玩易窝洞穴，后迁往东洞，即今阳明洞。洞内有摩崖石刻和壁题30余方。

"阳明玩易窝"摩崖石刻，位于玩易窝洞顶崖壁上。额题"阳明玩易窝"5字，其下竖向楷书阴刻安国亨七言诗："夷居游寻古洞宜，先贤曾此动遐思。云深长护当年碣，犹是先生玩易时。"落款竖向楷书阴刻"明万历庚寅龙源安国亨书"。刻于明万历十八年（1590）。

"阳明先生遗爱处"摩崖石刻，位于阳明洞（东洞）洞口上方崖壁上，横向楷书阴刻"阳明先生遗爱处"7字，款识为"万历己丑季春吉日""贵州宣慰使龙源安国亨题"，刻于万历十七年（1589）。洞内有摩崖石刻和壁题数量丰富。

"阳明先生遗爱处"摩崖石刻

洞内摩崖石刻（局部）

贵阳"是春谷"摩崖石刻

"是春谷"摩崖石刻位于贵阳市南明区小碧布依族苗族乡大地村东,俗称"写字岩"。摩崖石刻文字除"乾隆癸丑捧日生题""是春谷"等字,还包括《洗心泉集序》和古代经典著作如《诗经》《尔雅》《春秋》《楚辞》等集句两部分,共2万余字,洋洋大观,省内仅见。"捧日生",即谢庭熏,清乾隆四十七年(1782)升江苏娄县知县。曾编纂《独山州志》、续《永宁州志》《娄县县志》等。致仕后即着手营造"是春谷",历时五载,完成于乾隆五十八年(1793)。

"是春谷"摩崖石刻

遵义鹤鸣洞摩崖石刻

鹤鸣洞摩崖位于遵义市播州区龙坑街道共青社区西面山腰一天然溶洞,因洞中篆刻"鹤鸣风景"4字得名。洞壁竖向草书阴刻七言诗4首,系署名"颠仙"的致政播州宣慰使杨斌刻于明正德十三年(1518)。

鹤鸣洞　　　　　　　　　　　　　　　　杨斌七言诗刻(局部)

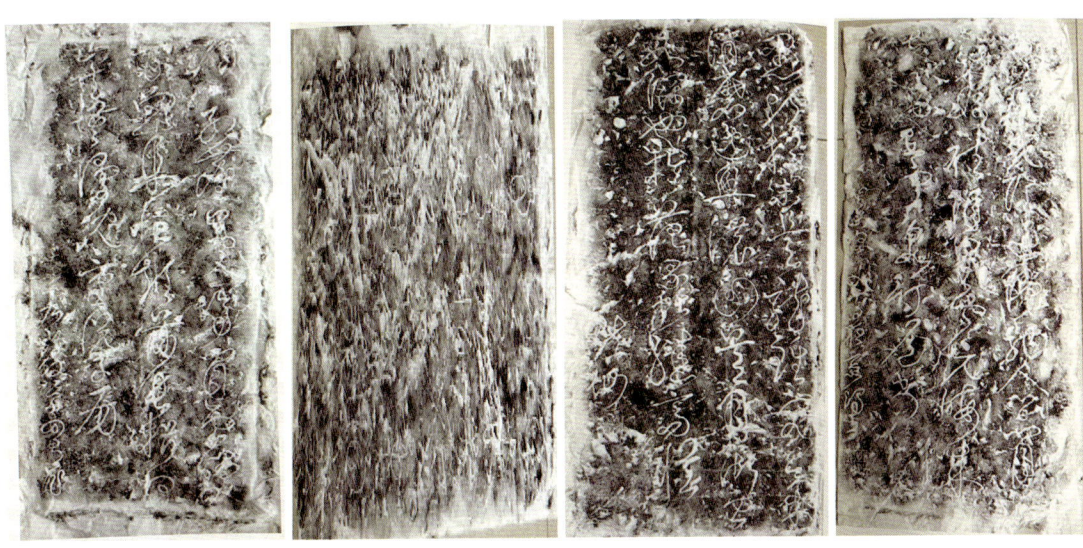

杨斌七言诗刻（拓片）

仁怀怀阳洞摩崖石刻

"怀阳洞"又名穿洞，位于遵义市代管仁怀市坛厂街道怀阳洞社区。洞高约20米，宽约20米，长约300米，昔为仁怀至遵义交通要道。洞内原有庙宇及店铺，今存"怀阳洞""别有康庄""天然妙境""诗境天开""恭敬惠义""怀阳锁匙"等摩崖石刻19方。

怀阳洞摩崖石刻

石阡太虚洞摩崖石刻

石阡太虚洞位于石阡县中坝街道高塘村。"太虚洞"为天然溶洞，其内分上、中、下三洞，洞顶复有"天楼"，形同迷宫。自明洪武年间开辟以来，历代摩崖石刻甚多，如"仙家百日""虎踞""龙翔""知音""观音洞""禅堂""海图""万佛崖"等，计有20多方。

石阡太虚洞摩崖石刻

碧江文笔洞摩崖石刻

文笔洞位于铜仁市碧江区河西街道双江社区，因地处文笔塔下而得名。明万历三十九年（1611）曾于洞前建亭，称"青莲界"，后毁。自明经清至民国时期，多有洞内摩崖题刻。今尚存"游青莲界记"和"忆邓将军"等多方。

碧江文笔洞摩崖石刻

施秉华严洞摩崖石刻

施秉华严洞摩崖位于黔东南州施秉县甘溪乡甘溪村东,洞前原有万历年间修建之华严寺,故名。洞口南向,高2.56米,宽5.7米,深不可测。在近100平方米洞壁上,有大小摩崖16方,共计250余字。年代、作者不一,字体、刻工各异。洞深处有观音摩崖造像一尊。

施秉华严洞洞口及石刻

市县级文物保护单位中,除摩崖石刻外,还包括造像、岩画、碑刻等。有玲珑洞、观音洞摩崖佛像、绥阳"避袁洞"石刻、湄潭观音洞石刻、凤冈郭家洞石刻、无极洞摩崖石刻、麻王洞摩崖、佛洞山摩崖、贵阳见龙洞摩崖、开阳安家洞摩崖、武圣宫及来子洞石刻、黄平步云洞摩崖、石阡三佛洞"祜忠寺"碑群、石阡洞沟摩崖石刻、石阡老虎洞摩崖石刻、德江龙洞飞云摩崖石刻、德江一品洞天摩崖石刻、金沙大宝飞云洞摩崖、习水鲁城楠木洞摩崖、红岩洞口摩崖石刻、凯里云溪洞摩崖、丹寨龙洞石刻、丹寨银子洞崖画、镇远老莺岩摩崖、岑巩干洞摩崖、黎平龙王洞摩崖石刻、锦屏诸葛洞石刻、松桃大路乡白马洞摩崖等。

五、近现代重要史迹及代表性建筑

（一）利用洞穴军事防御

历史上的贵州，战乱频仍。人们往往于村寨附近洞穴的洞口修筑营墙，以利战时躲避战乱，习称"躲兵洞""躲匪洞""躲反洞"等。

在贵州，军事营盘和屯堡没有严格的界限，现有遗存，客观记录了对贵州历史产生重大影响的两个方面，即明代开疆拓土的军事屯田和清代乾嘉及咸同年间军事动荡。

玛瑙山营盘遗址

玛瑙山营盘遗址为全国重点文物保护单位，位于遵义市凤冈县绥阳镇玛瑙村。遗址充分利用山、崖、洞、水等自然条件，周密考虑了攻、防、退、守军事要素，设计颇具匠心，规模堪称宏伟，坚固独特，实为罕见。玛瑙山营盘与官田寨是贵州省现存唯一一处居住聚落与军事营盘直接关联形成整体军事防御体系的营垒。

金盘山溶洞内营出口

子营山通官田寨洞口

金盘山外营西侧洞口

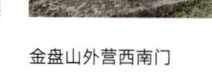
金盘山外营西南门

（二）利用洞穴修建工厂和电站

利用洞穴修建工厂和电站，始于民国。在近现代重要史迹及代表性建筑中，这类遗存属工业建筑及附属物，以全国重点文物保护单位、1941年建在今遵义市桐梓县天门洞内的天门河水电厂旧址，省级文物保护单位、大方"中国空军航空委员会第一航空发动机制造厂"旧址为代表。

天门河水电厂旧址

天门河水电厂旧址位于遵义市桐梓县娄山关镇独石村上天门洞西侧，是抗战期间大后方军事配套建设的重要历史见证。从电厂设计到施工，集中了清华大学、浙江大学、东北大学、西北大学等高校力量，展现了知识界、科技界与各行各业同仇敌忾的昂扬斗志，既是贵州省第一座水电厂，也是中国最早的溶岩地下电站，在中国水电发展史上具有标志意义。

电器控制机房

发电机房

校徽碑

上天门洞

压力管道

大方"中国空军航空委员会第一航空发动机制造厂"旧址

大方"中国空军航空委员会第一航空发动机制造厂"旧址位于毕节市大方县羊场镇羊场村。诞生于全民抗日战争的"中国空军航空委员会第一航空发动机制造厂"是中国航空工业的摇篮,是中国航空史上的一座丰碑,是全民族抗日战争史的见证,是极为重要的抗战历史文物。孕育了中国"航空发动机之父""100位新中国成立以来感动中国人物"吴大观。

大方"中国空军航空委员会第一航空发动机制造厂"于1940年11月动工,1942年12月建成。旧址由乌鸦洞、2号洞等生产区,办公大楼、工程师办公楼等办公区,以及专家宿舍楼、职工宿舍楼等生活区组成。

生产车间乌鸦洞外貌

生产车间2号洞外貌

乌鸦洞内生产车间二层

采光、通风和预警孔

办公大楼

工程师办公楼

专家宿舍楼

职工宿舍楼

（三）利用洞穴进行羁押

特殊时期曾利用洞穴来进行刑讯或者利用洞穴内建筑对人进行羁押。在近现代重要史迹及代表性建筑类中，属于重要历史事件和重要机构旧址的全国重点文物保护单位息烽集中营旧址，就是一处被国民党军统称为"大学"，标榜"忠孝仁爱信义和平"的人间地狱。

息烽集中营旧址

息烽集中营位于贵阳市息烽县阳朗坝，其前身是国民党军统设立的"南京军人监狱"。抗日战争时期迁入贵州，选址在阳朗坝的"猫洞"本部和南望山麓的"玄天洞"。1938年11月建立，1946年7月撤销。先后关押1220余人，其中被枪杀和酷刑致残者超过600人。

"玄天洞"在息烽县永靖镇南望山麓。洞高15米，宽54米，深130米。因明末四川道人半月云游于此草创"木皮庵"供奉玄天上帝，故名"玄天洞"，洞内共有大小房屋30多间。1938—1946年，抗日爱国虎将杨虎城将军与家眷被秘密囚禁于洞中，与世隔绝近8年。

息烽集中营办公室

"猫洞"洞口

玄天洞（局部）

（四）利用洞穴存放国宝典籍

战乱期间，曾利用洞穴来存放国宝典籍。除安顺华严洞存放南迁的故宫文物外，贵阳城北的市县级文物保护单位地母洞，于抗战期间存放过杭州文澜阁《四库全书》。

贵阳地母洞

"卢沟桥事变"爆发后，为保杭州文澜阁《四库全书》（简称库书）免于战火，1937年8月初，浙江省立图书馆将库书及珍贵馆藏清点装箱，共140箱。1938年3月27日，在浙江大学协助下，140箱库书辗转五省，行程2000多千米，于4月30日抵达贵阳。库书经贵州省立图书馆、张家祠堂，最后于1939年4月8日落脚城北金鳌山腰的地母洞。抗战胜利后，3467部42536册文澜阁《四库全书》完整回归杭州文澜阁。

地母洞藏库现状

1942年贵阳地母洞藏库摄影
资料来源：贵州省图书馆历史文献部提供

（五）利用洞穴进行三线建设

20世纪六七十年代三线建设时期，大量军工企业迁入贵州省，散布于贵州大地的无数洞穴中。三线建设的成功布局，堪称中国全面进入工业文明的标志。以全国重点文物保护单位三线贵州航空发动机厂旧址、省级文物保护单位黔西红林彝族苗族乡川洞村的红林机械厂旧址为代表。

三线贵州航空发动机厂旧址

三线贵州航空发动机厂旧址位于安顺市平坝区白云镇。三线贵州航空发动机厂是国家军工三线建设的典型代表，是集发动机研发、生产、修理、服务为一体的总装总试厂，为空海军部队歼击机提供了绝大多数动力装置，为国防建设作出了突出贡献，并率先将中国航空发动机推向国际市场。2018年其旧址被工信部评为第二批国家工业遗产。

莲花洞

齿轮车间

涡轮盘轴车间

总装车间

第四章

贵州省别具一格的山地建筑文化遗存

贵州省山地文化遗存涉及交通、军事、礼制和文教、宗教、商贸、居住等各类文化遗存，这些文化遗存以建筑单体及建筑群形式，成功申报为世界遗产、各级文物保护单位，并得以保护。贵州省长江流域各水系分布区域是上述文化遗存分布较多的区域，也是各级历史文化名城名镇名村、历史街区和传统村落所在。

交通类文化遗存，主要包括构成交通主体的古道、桥梁、渡口、码头，与古道密切相关的诸如跨道而立的牌坊、修建道路的摩崖石刻和碑记，以及确保道路运行的驿站、利用道路收税的哨卡等，充分体现贵州省交通发展的历史可读性，是贵州省古代交通发展的见证，弥足珍贵。

军事类文化遗存，主要包括城墙、屯堡和营盘等防御性建筑设施。早期有以木栅为"城墙"者，多以石头垒砌。也有先夯土为城，后以石包砌者，称"银包金"。但更多的是用石头砌筑外墙体，内部填充泥土和碎石，称"金包银"。明清时期，贵州省长江流域四大水系分布区域内，大凡都司卫所和府厅州县所在地都修筑城墙，多数城墙依山傍水修建。依山者，多在道路所经开城门；临水者，或选择适宜修建码头处开城门，或选择通过渡口、桥梁等与道路衔接处开城门。以全国重点文物保护单位福泉城墙、镇远城墙、岩门长官司城墙，以及东山古建筑群的铜仁城墙、隆里古建筑群的隆里城墙等为代表。一些地方，虽非都司卫所和府厅州县所在，但因政治、军事或经济所需而修建城墙，形成特殊的案例。

贵州的"屯""堡"源自盛行于明代的"屯田戍边"制度。从洪武十一年（1378）在贵州置都司卫所开设屯、堡，到洪武二十一年（1388），随军西来的大批江南民众在贵州屯田聚居。就像《安顺府志》描述的那样，"屯军堡子，皆奉洪武敕调北征南……散处屯堡各乡，家口随之至黔"。营盘则大多修在村寨附近山顶上，多以毛石砌筑，平面多呈椭圆形。

万历平播后，社会稳定，经济复苏，城镇得到长足发展。明末清初战乱频仍，造成人口流失、经济衰退，许多城镇遭受破坏。清代"改土归流"后，贵州现有行政区划基本形成。除清乾嘉时期和咸同年间农民起义影响地区的城镇不同程度受到破坏以外，道光和光绪年间，贵州城镇发展进入全面稳定增长阶段。该时期军事类文化遗存是贵州城镇化进程的缩影。

礼制和文教类遗存，现有遗存包括坛庙、祠堂、学校、书院、文昌阁和字库塔等。宗法礼制，涉及古代社会生活的方方面面，集中反映古代社会的天人关系、阶级关系、等级关系、人伦关系、行为准则等，无处不在，并在建筑活动的形制、规格、体量、功能上形成严格的规范和要求。因此，从广义上说，凡是体现宗法礼制的建筑，就应称为礼制建筑。文庙与孔庙、学宫、学校一样，既是中国历代封建王朝尊孔、祭孔之地，又是各个都司、卫和府、厅、州、县所在地设立的官办学校。这种官学与祀庙共同组成的特殊建筑类型，成为最具文化特征的建筑系统，以结构布局严谨、建筑气势雄伟著称。书院，则是有别于官学的另一种教育系统，是个人或官府所设的或聚徒延师授讲、或研究学问的场所。

明清时期，随着在各个都司、卫和府、厅、州、县所在地方大力推进官办学校，移居贵州的客民，不管是驻守的屯军，还是行贾的商人，虽各自宗族社会的渊源不同，但"耕读传家"之风普遍，因此，顺应社会发展，响应科举制度，积极创修文教建筑，人文蔚起。文昌阁、文昌宫、魁星阁、奎阁、魁星楼等，或独立建造，或与书院相伴。虽是中国一种传统祀庙建筑，但因其奉祀"文昌帝君"和"魁星"的目的性非常明确，所以将其一并列入文教建筑范畴。这些建筑，要么建在市镇中心地带，要么建在地势较高处，几乎都是各个市镇的标志性建筑。

宗教类文化遗存，交通为贵州发展奠定基础，大批汉族军民从不同地区进入贵州，或屯守，或务垦，或经商。这些徙居贵州各地的汉族军民，具有不同的宗教信仰，并大修佛寺、道观、祠庙等宗教建筑。因此，以佛寺、道观等为代表的宗教建筑文化遗存，为数众多。贵州省长江流域四大水系分布区域的宗教建筑遗存体系全、内容多，包括儒教、佛教、道教、基督教、天主教、伊斯兰教及本土宗教等宗教建筑。

商贸和居住类文化遗存，不同地域的客商在贵州省长江流域四大水系分布区域主要城镇兴建了许多会馆，由于会馆与当时的政治、经济有着密切的联系，又具有强烈的地缘关系和业缘关系，因此从会馆建筑的分布格局可窥见地方的商业发展史和居民迁徙史。

贵州自古受中原文化影响，特别是明永乐十一年（1413）建省以来，一切建筑活动均尊崇礼制，几无僭越者。各类文化遗产虽受制于自然环境、社会历史、民族风俗，不得不依山就势和就地取材，具有突出的因地制宜的建筑构造技术，但无不具有突出的时代特征、鲜明的地方特点和浓郁的民族特色，是山地建筑的突出代表。这些别具一格的山地建筑文化遗存，见证了文化的传播与交流，反映了贵州省长江流域不同水系经济发展的状况。

一、乌江水系

（一）交通类文化遗存

1. 全国重点文物保护单位

贵州省交通类文化遗存中全国重点文物保护单位包括茶马古道的贵阳白云长坡岭古道，修文蜈蚣坡古道（含蜈蚣桥，以及省级文物保护单位修文三人坟），清镇黑泥哨古道（含熊刘氏贞节坊），毕节七星关古道和七星关摩崖石刻，黔西谷里古道，大方阁鸦古道、甘棠古道，赫章鹦哥嘴古道等。

茶马古道—长坡岭古道

长坡岭古道位于贵阳市白云区都拉布依族乡黑石头村长坡岭森林公园内，属黔中山原区岩溶地貌类型。

长坡岭古道是以贵州省水西（乌江鸭池河以西）彝族地区与川、滇、湖广、两粤重要商贸通道开设的驿道，是在特定自然环境和社会环境下形成的复杂的交通体系之一段。明代以前，历为水西（乌江鸭池河以西地区）与川、滇、湖广、两粤商贸通道。明洪武十七年（1384），贵州宣慰司宣慰使霭翠病故，其妻奢香代袭，摄贵州宣慰使。她忍辱负重，顾全大局，在朝廷支持下组织修建通往云南、四川的驿道，增进民族团结。据《明史·土司传》记载，奢香"开偏桥、水东以达乌蒙、乌撒及容山、草塘诸境，立龙场九驿"。"龙场九驿"东起贵阳市的修文县，经毕节地区的黔西市、大方县至七星关区，共有龙场驿、六广驿、谷里驿、水西驿、

茶马古道—长坡岭古道

茶马古道—清镇黑泥哨古道

奢香驿、金鸡驿、阁鸦驿、归化驿、毕节驿等九驿十八站。清代裁驿后改设塘汛。原贵州驿至龙场驿路段，自省城六广门出，从老鸦关分路，经鸡场塘、麦家桥、朱官堡、中哨、木阁箐后进修文境，过鹁鸪铺、三足铺、三脚山铺，达修文县。长坡岭古道为老鸦关（今称雅关）至鸡场塘（今艳山红镇鸡场村）间之一段。长坡岭古道现存路段长 1 千米许，约 1.5 米宽，路面用大小不等的青石块铺砌而成，大者宽 1 米余，厚 0.20～0.40 米；小者宽 0.20～0.440 米，厚 0.10～0.20 米。

茶马古道—清镇黑泥哨古道（含刘氏贞节坊）

清镇黑泥哨古道位于贵阳市属清镇市巢凤社区黑泥哨村。元代形成以大都（今北京）为中心的驿道网中，经湖广通过贵州抵达云南的驿道就将现黑泥哨古道纳入站赤管理。其线路起于湖北江陵，中经湖南常德、辰州、沅州、晃州（今湖南省新晃侗族自治县）进入贵州平溪（今玉屏侗族自治县），经镇远、偏桥（今施秉县）、麻峡、黄平、新添（今贵定县）、顺元、罗甸（今安顺市）、普安（今盘州市）而达云南中庆路（今昆明市）。有明以降，为了加强对西南地区的统治，特别是巩固云南边防，大力整治元代所开驿道，增设驿、站、递铺，并屯军保护、维修，令沿途土司及府州供养驿道，从而形成以贵阳为中心的稳定的驿道干线。重中之重，为湖广通往云南的驿道，滇黔驿道就是其中一部分。由贵阳始，有十驿、十二站西出云南。据明洪武二十七年（1394）九月书成的官修地志《寰宇通衢》记载，当时在今清镇设置威清驿和威清站。至清代，贵州其余道路均裁驿，改设递铺和塘汛，仅在滇黔驿道和湘黔驿道设立驿站，足见清朝对该道的重视。自 20 世纪 20 年代南京至昆明"京滇公路"相继通车后，古道仅作为周边村民生产生活使用。元代辟为驿道，明清因之。

古道现存路段总长为 1.8 千米，宽 1.2～2.5 米，路面以青石铺砌。除牌坊西约 150 米处用水泥砂浆砌补路肩，其余路面保存较好。

刘氏贞节坊东西向立于黑泥哨古道坡顶处，建于清道光十六年（1836），为旌表熊刘氏贞节而建。牌坊为白云石质，当地称"白绵石"。原为四柱三门三楼式，后因局部损毁，现状为四柱三门冲天夹楼式，这种牌坊形制在明清以来的贵阳地区十分少见。牌坊残高 5.75 米，宽 9.4 米。二冲天楼柱上部及"天吼"已毁。正脊透雕花卉，长方体净面基座带葫芦瓶形夹柱抱鼓石，基座间无石槛。

东西两侧牌坊花板上现存文字记载,"节妇熊刘氏,系大学生刘彬之女,处士熊孔珍之妻。于道光十二年奉巡抚部院嵩题""时道光十六年五月十六日,男熊天香奉敕谨建"。其中东侧南向花板上还记录有"匠人陈有美"。正楼字碑和下额枋分别横向阴刻"巾帼流芳"和"瑶池冰雪"等。整坊风化严重,三副对联已经模糊不清。除正楼上额枋双狮子戏绣球图案为高浮雕外,边楼上、下额枋均为浮雕植物图案。该坊西侧100多米处,还有一座牌坊遗址。

茶马古道—七星关古道和七星关摩崖石刻

七星关古道位于毕节市七星关区杨家湾镇七星村与赫章县交界处。七星关古道所经,至迟形成于秦汉时期。唐宋开辟的泸(州)永(宁)乌(撒)段,道经贵州,该道于元成宗大德七年(1303)贯通,北起叙州(今四川省宜宾市),南达中庆路,乌撒为其冲要之地,无论走永宁(今四川省叙永县一带)、芒部(云南省楚雄彝族自治州)、乌蒙(今云南省昭通市)、曲靖、水西(贵州省大方县一带)都由此经过。

明洪武二十四年(1391),筑永宁经赤水驿(今毕节市川黔交界处)、阿永驿(今毕节市境)、层台驿(今毕节市层台镇)、毕节驿、周泥驿(今毕节市撒拉溪至杨家湾间)、在城驿(威宁彝族回族苗族自治县)往南入云南境驿道,在贵州境设赤水站、周泥站、阿永站、层台站、毕节站、摩泥站、赫章站、瓦店站(今赫章县妈姑镇)、乌撒站、普德归站及黑章递运所(今赫章县)。历为古代滇铜和贵州铅锌运销中原和"盐茶马互市"的重要通道。

现存路段长约1千米,宽约2.5米。路面主体以毛石砌筑,局部利用山体岩石进行开凿。有摩崖石刻多方,最具代表性的,是明代毕节卫指挥佥事秦光所撰《应星桥记》,镌刻于明永乐十四年(1416),记修建应星桥事。

应星桥,即七星关桥。初"竹篾为缆,排船为桥,以通滇南之冲要"。明永乐年间,御关武略朱昊"分守兹土",决定"以铁代竹,连环为锁,铸双柱立于两岸之石,横缆于中,分索持航,布船为梁"。以为如此,"奚畏江涨洪涛之险,实为久长之计乎"。于是"鸠工立炉,冶造铁缆贰拾伍丈,斤重壹仟贰佰;铁柱贰,重陆佰;铁分索柒,各佰斤"。与此同时,朱昊还"亲率健卒,登山伐木,造船伍艘"。如此"不叁月而功成"。自永乐十四年(1416)"八月二十四日已时举缆横江,系于双柱,移时桥完",至九月初九日即告竣。

茶马古道—谷里古道、甘棠古道和阁鸦古道

谷里古道位于毕节市属黔西市谷里镇五里社区,甘棠古道位于毕节市大方县黄泥塘镇甘棠社区,阁鸦古道位于毕节市大方县东关乡阁丫社区。

谷里古道、甘棠古道和阁鸦古道是以贵州水西(乌江鸭池河以西)彝族地区与川、滇、湖广、两粤重要商贸通道开设的驿道,是在特定自然环境和社会环境下形成的复杂的交通体系之一段。

清代裁驿后改设塘汛。原谷里驿路段自出六广汛渡六广河入黔西境始,经五显台(有塘)、一碗水(有塘)至谷里(有塘)止。原金鸡驿路段自出西溪(有铺有汛)后入大定境始,经乾堰(有铺有塘)、簸箩箐(有铺有塘),至乌溪(有铺有塘)止。原阁鸦驿路段自出大定北门,经阁鸦(有铺有塘)、落折河(有铺有塘)、渡落折河桥、双山(有铺有塘)、老塘(有

谷里古道

甘棠古道

阁鸦古道

塘)、沙子哨(有铺有塘),至归化(有铺有塘)止。1918年,于今甘棠古道中段幸福组和庆脚组交界处,建李春华之妻节孝坊。

谷里古道是谷里驿至水西驿之一段。东南起自谷里驿,西北接水西驿。毛石砌筑。现保存较好路段长2千米,宽2.5米。甘棠古道是奢香驿至金鸡驿之一段。因清代设塘汛,称甘荫塘,又名甘棠,故名。古道自甘棠往乌溪,路段均块石铺筑,现已经维修,保存较好。路上李春华之妻节孝坊已残损。阁鸦古道是阁鸦驿至归化驿之一段。驿道东自阁鸦驿,西接归化驿后入毕节。路段全长15千米,今存东抵小阁鸦,西止双山一段,全长5千米,宽3~4米。

茶马古道—鹦哥嘴古道

鹦哥嘴古道位于毕节市赫章县水塘堡乡水潮村至妈姑镇天桥村。古道所经,至迟形成于秦汉时期。唐宋开辟的泸(州)永(宁)乌(撒)段,道经贵州,该道于元成宗大德七年(1303)贯通。

明洪武二十四年(1391),筑永宁往南入云南境驿道,在贵州境设赤水站、周泥站、阿永站、层台站、毕节站、摩泥站、赫章站、瓦店站、乌撒站、普德归站及黑章递运所。历为古代滇铜和贵州铅锌运销中原和"盐茶马互市"的重要通道。

妈姑镇天桥村湾子组,史称"银厂沟",紧邻水塘堡彝族苗族乡水潮村一碗水组小哨口。20世纪80年代初,保存有清乾隆前已开采的银矿残存矿洞百余口,高约1.5~3米,宽约2米。文物普查时作为"银厂沟银矿遗址"登录,收入《中国文物地图集——贵州分册》。古道从水槽堡经小哨口到天桥至鹦哥嘴,现残存4段,路面以青石铺砌,宽约1.7米,4段总长约4000米。

鹦哥嘴古道

2. 省级文物保护单位

省级文物保护单位包括贵阳修文索桥，六盘水六枝拦龙桥摩崖石刻，遵义汇川普济桥、播州龙坑场牌坊、绥阳正安间公馆桥、务川瓮溪桥、毕节大方千岁衢碑、大方大渡河桥、黔西英雄桥，铜仁沿河乌江洪峰标记石刻等。

修文索桥

修文索桥位于贵阳市修文县谷堡镇索桥村，建于道光十年（1830）。据文献记载，高桥"削壁悬岩，高数十丈，石工无所施。居人于两岸岩间凿石为鼻，用竹扭成竹索拴石鼻中，上环系木架，以坐行人，行者逐次缘以渡"。东西向，跨猫跳河。过渡时，或在索上套短竹筒，系横木于其下，渡者居于横木上，两手交替握竹索前进；或置一弧形弯木（称"牛枷担"）于索上，弯木两端系绳吊挂竹箩或直接缚人其下，对岸以小索牵动，徐徐过渡。1936年2月1日，红二、红六军团一部由此抢渡"猫跳河"后，进入黔西北地区。

修文索桥古渡遗址

拦龙桥摩崖石刻

拦龙桥摩崖石刻位于六盘水市六枝特区新场乡戛纳村。其实为刻在崖上的连山碑，位于拦龙河崖壁上，离地1.8米。镌刻面呈竖长方形，高0.7米，宽0.45米。阴刻彝文16行，589字。据四川民族出版社1989年出版《彝文金石图录（第一辑）》记载，镌刻于南宋景定元年（1260），内容大意是："我们居住的南北两面和中部地带，都有辽阔的田地，可谓良田千顷，但有一条很宽的河蜿蜒流经其间。河上乃是运输租赋必经之路，如果不在上面建好一座桥梁，虽然有显赫的官爵，创造了大业，可受到交通的梗阻，所得到的享受仍然是很微薄的呀。因此，在南宋开庆己未年五月初三日开始兴工建桥，到庚申年十月初三日竣工。全部工程共付出工钱七十两银子。"

拦龙桥摩崖石刻

拦龙桥摩崖石刻拓片

普济桥

普济桥位于遵义市汇川区高桥街道高桥社区，是贵州文献记载最早的桥梁，为播州安抚使杨粲始建于南宋。元代，杨氏十七世孙杨汉英重建修葺。明嘉靖七年（1528），部分毁于山洪，崇祯十四年（1641）修复。桥南北向，跨竹鼬溪，为单孔弧形石拱桥。长14米，宽6米，净跨7米，矢高2米许。

普济桥

龙坑场牌坊

龙坑场牌坊位于遵义市播州区龙坑街道龙坑社区，建于光绪二十一年（1895）。牌坊南北向，四柱三门五楼，砂石质。高12.67米，宽6.18米。夹柱石为须弥座带抱鼓，抱鼓上倒立石狮。整坊雕刻工艺以高浮雕和透雕为主。内容以卷草、云纹、花卉、人物等图案为主，计70余幅。字碑横向楷书阴刻"乐善好施"4字，每字0.4米见方。中间字碑上部首题"建坊碑记"，碑文楷书阴刻，18行，满行22字，共计380余字，记载"贵州巡抚潘蔚奏，遵义县知县李兆梅详称：遵郡向设书院三所，曰湖川，曰培英，毁于兵燹，基址无存。兹有记名总兵何行保呈明捐银六百两，于城南购置书院一所，以复培英之额，并捐田业四分，契价银二千五百六十两，管收市斗租谷一百三十石，作掌教束修及生童月课膏火之费"，礼部于"光绪十五年十二月二十八日奉朱批"后，"行文贵州巡抚，特饬该地乡官，饬命该本家遵照办理"等建坊事。

龙坑场牌坊

公馆桥

公馆桥位于遵义市绥阳县温泉镇公平村和正安县土坪镇明星社区，始建于清光绪三十二年（1906），宣统元年（1909）告竣。桥南北向，跨正安县与绥阳县之界河公馆槽河（又名"猛溪沟"），为单孔石拱桥。长

公馆桥

70 米，宽 7.2 米，净跨 23 米，矢高 16 米许。《续遵义府志》称其"高拱若长虹""雄健高标，如履霄汉"。全桥由青料石砌成，桥南由石砌地坪至桥面，设 47 级踏步，桥北则为 40 级，每级高 0.2 米。桥面东西两侧设长 23 米、高 0.87 米、厚 0.43 米青条石净面护栏。护栏中部为宽 7 米、高 2.15 米三柱二间牌楼式照壁，壁内侧嵌石碑，护栏南北两端望柱上以圆雕石狮作镇桥兽。柱面浮雕"暗八仙"等吉祥图案。桥北石级之平台正中立碑 3 通。

瓮溪桥

瓮溪桥位于遵义市务川仡佬族苗族自治县大坪街道龙潭村。由陕西西安府兴平市底张驿沉潜里寓居婺川县板场下寨的陈均仁夫妇，捐建于明万历十四年（1586），万历十六年（1588）"五月十二日桥成路就"。桥南北向，跨瓮溪河，为单孔石拱桥，长 16.8 米，宽 2.3 米，净跨 6.5 米许，矢高 4 米许，桥两端设石阶。该桥已经修缮。桥上游 100 米路边立"瓮溪桥路碑记"。其中"瓮溪桥路碑记"碑在瓮溪河北岸，青石质，方首，高 1.5 米，宽 0.75 米，厚 0.15 米。两侧竖立碑柱，柱头高于碑首。额题"南无阿弥陀佛"和"瓮溪桥路碑记"，每字 0.1 米见方。碑周线刻水波纹。碑文楷书阴刻，14 行，满行 25 字，共计 250 余字。记陕西西安府汞商陈均仁兄弟偕家眷捐资修建瓮溪桥及相关路段事，立于万历十六年（1588）。另一通"重修瓮溪桥碑记"碑在"瓮溪桥路碑记"侧，由 2 块青石组成，其中右碑残缺，高 0.93 米，宽 0.7 米，厚 0.06 米。左碑青石质，方首，高 1.52 米，宽 0.7 米，厚 0.14 米。额题"重修瓮溪桥碑记"7 字。碑文楷书阴刻，记重建瓮溪桥事，立于清嘉庆四年（1799）。

千岁衢碑

千岁衢碑位于毕节市大方县理化苗族彝族乡偏坡村洛启坡东麓千岁衢离地 1 米许崖壁上。圆首，高 1.5 米，宽 0.85 米。额题"新修千岁衢碑记"7 字，碑文阴刻汉、彝两种文字。汉文 14 行，满行 35 字，可识者 283 字。彝文 6 行，满行 70 字，可识者 241 字。汉文为易棐撰文，梁永书丹，记嘉靖二十四年（1545）彝族土司、摄贵州宣慰使安万铨捐银 300 两筑

瓮溪桥

瓮溪桥碑记

千岁衢

千岁衢碑

路事。路以石板垒砌、铺墁，长"六百二十丈有奇"。路成，过者"相与仰天，惟祈公寿，但云千岁千岁"，故名"千岁衢"。《大定府志》称安万铨"敬贤乐善"，"节用爱民"，为"水西自有宣慰以来惟其最贤者"。"千岁衢碑"刻于嘉靖二十五年（1546）。

大渡河桥

大渡河桥位于毕节市大方县黄泥塘镇鸡场社区，水西彝族土目安邦母子捐建于万历二十年（1592）。桥东西向，跨大渡河，为五孔石拱桥，长70米许，宽7.5米，单孔净跨10.4米，矢高6.8米。今桥已淹没于洪家渡水电站水淹区下。西侧桥头原立有彝、汉文碑各1通。碑原在桥西侧北端。青石质，方首，歇山顶碑帽。碑身高1.78米，宽0.73米，厚0.13米。额题彝文，意为："水西大渡河修建石桥碑"。碑阳阴刻彝文197字，系统记载彝族源流及著名人物的文治、武功，也记载安邦母子捐资修建水西大渡河桥事，"修桥又筑路"，"费银一千一百五十两整。建桥始于庚寅年十月初三辛未日，壬辰年四月十九庚戌日完工"。今桥已淹没于水电库区，碑今藏于大方奢香博物馆。

大渡河桥

黔西英雄桥

黔西英雄桥位于毕节市属黔西市定新彝族苗族乡英雄村，原名太平桥。1936年2月，

黔西英雄桥

红二、红六军团在太平桥一带阻击国民党军队，数名红军战士在此牺牲。1950年3月22日，中国人民解放军四十七师一四〇团二营四连在太平桥上遭土匪伏击，30名指战员牺牲。为纪念在此牺牲的红军和解放军烈士，将桥更名为"英雄桥"。桥为三孔石拱桥，东西向，跨渭河，长22米许，宽9.9米，中孔净跨12米许，矢高4米许。1985年在桥北岸修建纪念碑。

乌江洪峰标记石刻

乌江洪峰标记石刻位于铜仁市沿河土家族自治县和平街道田坝社区乌江东岸观音岩石壁上。宣统元年（1909）五月，乌江河水陡涨，沿河县境两岸田地淹没，房屋冲毁，漂尸泛骨，人畜无算，洪峰高达37.94米，是历史上罕见的特大洪水，大水之后，沿河绅耆周恩寿、汪世仁、肖世珍，在观音岩最高洪峰所及之崖壁处题刻："宣统元年己酉岁五月十八日大水涨至此，五月十八日汪世仁笔，六十老人肖世珍、八十岁老人周恩寿见。"沿河乌江洪峰标记，见证了1909年7月长江特大水灾的历史，为研究贵州水文和航运提供了重要依据。

乌江洪峰标记石刻

3. 市县级文物保护单位

市县级文物保护单位包括贵阳南明龙洞桥、新龙洞桥、贾顾氏节孝坊、高张氏节孝坊，云岩省府路石板街，花溪马鞍桥、百步桥，乌当下坝古道、乌当桥、普渡桥、马场大河桥，白云永安桥、沈官桥、下水石桥、观山湖中坝石拱桥、窦官上桥，开阳川黔古道简家坡段、茶山关渡口遗址、杨方大桥、三板桥、迎仙桥，息烽川黔驿道息烽段，修文六广驿遗址、北门桥、玩易古桥、扎佐和平古桥、扎佐西门桥，清镇新店镇古道遗址（茶店村驿道遗址）、龙井驿道遗址、红湖村姬昌桥、卫城毛桥（毛桥）、石关驿道遗址、西清桥、大麦西石拱桥、台子上拱桥、万寿桥、新桥村石拱桥，六盘水钟山扒瓦桥遗址、以德河大桥，六枝岩脚三和桥、高桥、岩脚福德桥、岩脚二道水桥、岩脚鼎成桥、安水（安顺至水城）道六枝段及郎岱经岩脚至梭戛古道，遵义红花岗狮子桥、新华桥、海龙自然桥、乐庄廊桥，汇川会川桥、麻窝盐道遗址，播州万安桥、极龙桥、绥阳大通桥（南门桥）、荣封桥（高桥）、五峰顶铁镇锁桥、雷土凉桥，正安白石风雨桥、安场辅元桥、油渠沟风雨桥、高台风雨桥、碧峰风雨桥、长寿桥、水车河石跳桥、老鹰岩风雨桥（复兴桥）、李公桥，务川竹园双桥、喻家桥、高洞凉桥、湾里凉桥，凤冈大坪石牌坊、彰教坝石牌坊、木耳厂石牌坊、长碛牌坊、文昌牌坊，湄潭洗马耆老桥、余庆大龙五福桥、集瑞桥、八仙桥，安顺平坝望城坡古驿道、普定波治大桥，毕节七星关甲秀桥、大方黄泥塘西河古道、对江大桥、乌溪仙人桥、金沙幸福桥、永盛、龙门桥、袁家桥，织金谢家桥、北门桥、蔡氏桥、小马场桥、杜家桥、平修古道摩崖，纳雍万寿桥、扯瓜河桥、果伟河桥、呐叭桥、以那桥、沙落古驿道、七洞桥，赫章六曲河镇大地牌坊，黔西李世杰牌坊、贞孝坊及其散存碑刻，铜仁石阡聚凤五福桥、汪河风雨桥、石固高桥、思南大兴凉桥、竹鸡桥、佛圆桥、桶口古驿站、回龙桥、小溪桥，印江芙蓉兴隆桥、洋溪万里桥、共济桥、杉树黄土天马桥、大田大安桥、洋溪万安桥、车家河桥、凤竹路摩崖、德江镇风桥、拖船垭桥、青龙花桥、万寺桥，沿河三孔桥，黔东南施秉庙坪大拱桥、庙坪小拱桥，镇远大地乡朝阳寺石拱桥，黔南福泉穿洞河古道遗址、南河义渡碑刻、江界河改设义渡碑、三合义渡蹬道及摩崖、飞练大桥、岩脚桥、杜仲河大桥、玉虹桥、三代桥、五福桥、八十桥、手爬岩古道遗址、朱陈桥遗址，贵定盘江瓮城桥、把郎桥、冗山桥、巩固牌坊、司头牌坊，龙里广济桥。

（二）军事类文化遗存

1. 世界遗产

中国土司遗址——海龙屯

播州杨氏土司，自唐末以来，历经宋元两代，直至明朝，由播州安抚司，到播州宣抚司，至播州宣慰司，势力逐渐强大，控制范围接近现在贵州省境之一半。几百年间，逐渐形成以黔北地域为依托，利用土司制度，以军队做支撑，以农耕为保障，控制多民族杂居地区的土司文化。修建有养马城、养鸡城、龙爪囤、海云囤、海龙屯、桃溪庄、永安庄等城堡和庄园。其中养马城的建设颇具代表性，据清乾隆时期《贵州通志》记载，"唐末杨氏建为牧马地，可容马数万匹"。既能满足军需，又能进贡朝廷换取封赏，更可以通过茶马盐互市而牟利。这些城堡和庄园，"海龙于诸险中为最"。

遵义市汇川区高坪街道海龙屯村社区岩山面貌

铜柱关

铁柱关

飞虎关

飞龙关

朝天关

飞凤关

海龙屯，史称龙岩囤。所在遵义市汇川区高坪街道海龙屯社区龙岩山，一蒂孤悬，群山固结，东、南、北三面深谷环绕，仅西面一线可通。《明史》称其"飞鸟腾猿，不能逾者"。清代诗人赵翼有诗曰："四围崭绝陡无门，上有宽平可驻军。扼险敌过唐夹寨，攻坚几费李摩云。"山顶最高海拔1354米，山下海拔974米，相对高差300～400米。山顶平阔，面积约1.59平方千米。西南高，东北低，由顶部向下辐射状分布着四道小山梁。环山垒墙，东西设关。经初步考古发掘清理，城址可分为内城与外城。城内建筑以中、左、右三条轴线，由低往高渐次抬升进行布局，占地近2万平方米。城墙用石就地取材，总长约5千米，设有16个敌台。城外东有铜柱关、铁柱关、飞龙关、飞虎关、朝天关、飞凤关，西有万安关、西关、后关。

西关

万安关

海龙屯始建于南宋。时蒙古军逐渐壮大，播州安抚使杨文因在抗击蒙古军时屡建战功，不但晋升中亮大夫、合州防御使等职，食邑七百户，还获准在"播州雄威军"前加"御前"2字，"边屯之得升为御前军者，仅此"，成为南宋朝廷的"国之藩篱"。面对频繁的抗蒙战争，杨文欲"置一城以为播州根本"，在节度使吕文德支持下，请准于朝，"于是笼岩新城"。这些信息得益于1972年发掘清理杨文墓时出土的"宋中亮大夫抚使御使杨文神道碑"残段，以及1979年再度于墓前发现的该碑上段。与原立于五凤楼遗址下的"骠骑将军示谕龙岩囤严禁碑"中所言"夫龙岩囤者，乃播南形胜之地也。吾先侯思处夷陬，不可无备，因而修之以为保障。《易》云'王公设险以守其国'，吾先侯得之矣。今重缉之，以为子孙万代之基，保固之根本耳"，互为呼应。但一个"缉"字，取"继续"之意，却与众不同，应是在原有基础上进行拓展。由于"骠骑将军示谕龙岩囤严禁碑"无款识，无法确定立碑年代。仅有线索为"骠骑将军"，这是杨氏第二十九代土司杨应龙于明万历十四年（1586）因从调有功获封，该年应龙还因向朝廷进献大木美材七十棵，受赐飞鱼服，升都指挥使职。"重缉之"时，应在获封"骠骑将军"之后。至万历二十四年（1596），杨应龙在得知次子死讯后正式举兵反明。四处出兵的同时，整修加固各关隘。现存飞虎、飞龙、朝天、万安各关隘上的匾额题刻就是证明。如"飞龙关"的款识为"骠骑将军杨应龙书""皇明万历丙申岁夹钟月己未日王世芬立"。4年后，由李化龙统领的三省八路二十余万明军，历时114天，于万历二十八年（1600）六月初六日破晓攻陷龙岩囤，"平播之役"结束。龙岩囤毁于兵燹后，被易名为"海龙屯"。意为"龙困于海，不能再兴云复雨"。万历二十九年（1601），播州"改土归流"，其地分为遵义、平越二府，分属四川省和贵州省。

经2012年抢救性考古发掘和清理，城址面貌已基本清晰，规制具备。但要理清与"严禁碑"对应的守屯"总管、总领、把总、提调、书吏，各理事务"之所，以及"守卫小童、守仓户、打扫户、总旗、小旗、军士、苗军并住屯医生、匠作、住持人等"所居，还有待更多的考古材料支撑和进一步的考证研究。为保障计，"苗军"也住屯。杨氏土司数百年能有效统治"播州"，与重视"苗军"建设密不可分，尤其是杨应龙，任命吴金钱、吴金富、石朝贵、曹万、曹严等为"苗头总管"，统领"苗军"。据清道光《遵义府志》卷三十一记载，"州人有稍殷厚者，因事诛之，没其家以养苗。自是，一州皆苗，精悍摧锋者无虑数万。其苗皆食粱

后关

明代建筑遗址和海潮寺

肉，乘肥马，仆从自随，人人以为亲己，愿为之死无恨，以故用兵所向克捷"。从"总管厅"的设置看，龙岩屯严格按照衙署"厅堂之制"的规制建设，虽出土有"脊兽"，也符合"三品以上，房脊得立望兽"的"第宅"之制。

2. 全国重点文物保护单位

凤冈玛瑙山营盘遗址

凤冈玛瑙山营盘遗址位于遵义市凤冈县绥阳镇玛瑙山村。东靠打水河、西临同江河、南接官田古寨、北连生基塘，海拔835～880米，建筑面积82909平方米。据光绪《湄潭县志·武备志》记载："咸丰四年（1854），桐梓叛匪杨隆喜攻遵义城。"光绪年间《湄潭县志·营砦》记："金磐山营，一名玛瑙山""武生钱青云鸠工凿石，就势建垣"。同治十三年（1874）《钱氏族谱》记钱青云"捐金修营于马脑山"等。玛瑙山是钱氏家族自江西入黔八世祖武生钱青云于咸丰七年（1857）为抵御杨隆喜之乱，由清政府倡议修建的一个山地军事城堡。城堡选址于玛瑙山梁西北侧喀斯特地貌的小丘陵地带，就地开采石材干摆砌筑成层层城墙，围合成相对独立的空间以城门互通，置射击孔、炮楼、碉楼和哨所等防御设施，形成以金磐山顶为中心的中营和子营，四周分别建东营、南营、西营和北营。同时，周边杨氏、安氏和丁氏等家族紧临钱氏营盘，就地取材干摆城墙在北侧建杨家营、西北侧建安家营、东侧建丁家营，并设置了炮楼和射击孔等防御设施，分别在城墙上置以城门与钱家营盘互通，拱卫在钱氏家族营盘东侧和西北侧。城墙沿山脊而建，将七个山头连成一体，是平面呈东西短、南北长的不规则形状的军事城堡。四重城墙、内外重叠，充分利用山、崖、洞、水等自然条件进行科学设置，形成地上两个防御区三道军事防线，以及地下溶洞区与官

凤冈玛瑙山营盘遗址

田古寨的第四道军事防线,总体形成了功能分区科学、具有强大军事防御能力的军事防御体系,是南方清代山地军事防御工事的典型代表。

3. 省级文物保护单位

省级文物保护单位包括遵义养马城遗址、道真明真安州城垣、毕节卫城墙。

养马城遗址

遵义养马城遗址,据史料考证应为播州杨氏土司营建,其兴废过程与宋蒙战争及明代平播之役关系密切。据相关史料记载,养马城大致经历了宋末建城、元初一度废弃、明代局部发展、明晚期短暂重兴、清代以降续用的过程。

养马城遗址平面呈不规则形,现存面积约35万平方米。发现关口(城门)6座,保存的石砌城垣长约3500米。在城址南部的"衙门"遗址发现长方形院落及相关建筑遗迹,其西北面有1处采石场。养马城西300米河谷下为鸣海公路,西对峙养鸡池,西北与海龙屯对峙,位于全国重点文物保护单位海龙屯建设控制地带内。2015年5月,遵义养马城遗址评为第五批省级文物保护单位,遗址整体保存良好。

道真明真安州城垣

道真明真安州城垣位于遵义市道真仡佬族苗族自治县旧城镇旧城社区芙蓉江畔。其地原为真州长官司,隶播州宣慰司管辖。明万历二十九年(1601)改真州长官司为真安州,建石城。城平面呈长方形,占地面积约44万平方米。现存月城西门至北门数段,长约800米,高约3米。

毕节卫城墙

毕节卫城墙位于毕节市七星关区市西街道和平社区。明永乐十二年(1414)始筑土城,周三里有余。永乐二十二年(1424)都指挥李焕改筑砖城,周六里二分,设五门,东门为武安、南门为镇南、西门为西定、北门为拱北、东南门为通津,文献称设有"楼铺三十二所,女墙二千七百余垛,墙高一丈三尺,厚一丈五尺"。永乐二十三年(1425)都指挥汤昭重加修筑,改为石城,增拓二里。嘉靖七年(1528)副使韩士英于通津门建月城,凿池其中,引水入内以济民用。万历六年(1578)兵备道副使黄镜以河水逼近,于月城下筑石堤二百丈以障河泛。天启二年(1622)水西安邦彦反,月城被挖掘殆尽。崇祯三年(1630)兵备道郑国栋委掌印指挥王九如按制重修。现存城墙沿倒天河一带长350米,高3~9米,除女墙、垛口无存外,形制基本完整。

4. 市县级文物保护单位

市县级文物保护单位包括贵阳云岩雅关,乌当下院营盘遗址,白云都拉营盘、朱官堡遗址·永胜门,观山湖朱昌营盘坡城堡遗址、朱昌堡遗址,花溪花街营盘遗址、摆头山营盘遗址,

养马城遗址

道真明真安州城垣残段

毕节卫城墙残段

开阳佘家营，清镇镇西卫城垣遗址、毛栗山营盘遗址、威武所城垣遗址、赫声所城垣遗址，六盘水水城城垣遗址，遵义播州邓家营盘遗址、沐恩寺及营盘遗址、红花岗金鼎山营盘遗址、遵义大龙山古城垣遗址，汇川养鸡池、养鹅池，绥阳桑木关关隘遗址，凤冈黄狼坪营盘遗址，务川石步丫营盘遗址、菠萝山营盘遗址，正安青龙山寨遗址、鲁家崖营堡寨，安顺普定马场沙家屯遗址，安顺旧州城墙遗址，毕节纳雍雍熙古城墙，大方龙洞水西营盘遗址、六圭河营盘遗址、红旗营盘遗址、同安堡营盘遗址、盘山营盘遗址、凤山大营遗址，金沙联合寨营盘遗址、白泥卧大山营盘遗址、联合寨营盘遗址、花尖营古营盘遗址、大桥城垣遗址、卡子门隘口遗址，铜仁石阡中坝十万屯、印把山和泗寨屯、石阡府城垣，印江大关口摩崖、居洞沟营盘，德江大石板营盘遗址，黔东南黄平轿顶山教军营地遗址，黔南福泉羊岩关遗址，贵定九龙营遗址、龙山营营盘遗址、威远营营盘遗址、旧治城楼，龙里湾滩河营屯营盘遗址。

（三）礼制和文教类文化遗存

1. 全国重点文物保护单位

全国重点文物保护单位包括贵阳阳明洞和阳明祠、文昌阁和甲秀楼、达德学校旧址，遵义尚稽陈玉壁祠、正安尹道真务本堂，铜仁石阡府文庙。

阳明洞和阳明祠

二者均建有奉祀王守仁的专祠。

王守仁（1472—1529），字伯安，号阳明，浙江余姚人。世称"阳明先生"。明弘治十二年（1499）中进士，任刑部、兵部主事。因反对宦官刘瑾，被廷杖四十，谪为龙场（今修文）驿丞，于明正德三年（1508）忍辱莅任。初到龙场，居无处所，在一天然溶洞内埋头玩味《易经》，洞因名"玩易窝"。而后移居龙冈山"东洞"，洞内宽敞明亮，自此改称"阳明小洞天"，习称"阳明洞"。因洞顶时有滴水，当地民众主动伐木结茅，为其建屋。王守仁以"君子居之，何陋之有"，命名"何陋轩"。后在洞口左上方修亭栽竹，以竹子具"君子之德"命名"君子亭"。后在阳明洞潜心研究《易经》和"程朱理学"，大悟"格物致知"，建立"知行合一"学说，为"致良知"学术思想体系奠定了基础，中外学者因此称阳明洞为"王学圣地"。"知行合一"思想形成后，他在阳明洞创办龙冈书院，又受邀在贵阳文明书院讲学。使"连峰际天""飞鸟不通"的"山国"贵州从此人文蔚起，风气大开。曾为贵州宣慰使司宣慰使的安国亨于隆庆年间在修文阳明洞题刻"阳明先生遗爱处"摩崖。

修文阳明洞，位于贵阳市修文县阳明洞街道龙冈山上，阳明洞原名"东洞"，洞中有洞，前后相通，摩崖遍布。因王阳明贬为龙场驿丞谪居此地而得名。龙岗山地势不高，面积约 7 万平方米。岩石嶙峋，古树参天，洞前的两株柏树，挺拔苍劲，传为王阳明手植。

后人在阳明洞修建王文成公祠等建筑。嘉靖三十年（1551），巡按贵州监察御史赵锦、巡抚都御史张鄂翼、廉使张尧年、参政万虞恺、提学副使谢东山维修何陋轩、君子亭、宾阳堂，并另建享堂三间，专祀阳明先生。清乾隆十年（1745），贵州布政使陈德荣、学政邹一桂、修文知县王肯谷维护修缮。乾隆三十年（1765），知县张凤池重新维修。嘉庆十四年（1809）浙江人张镛补修。嘉庆二十一年（1816）修文知县李一垣复修，并置田作为每年祭祀阳明先生的祭费。道光二十六年（1846）贵州巡抚乔用迁、按察使吴振棫、布政使罗绕典、修文知县许大纶维护修缮，并书录王阳明诗文刻碑，嵌于"何陋轩"及"王文成公祠"内。光绪十年（1884）修文知县王锡祉筹款维修，并重塑王阳明像于享堂中。1923 年和 1938 年，修文知县王百锐、胡立五及绅士陈镜秋、刘恒泰等筹款维护修缮。1938 年 11 月至 1941 年 4 月，著名爱国将领"千古功臣"张学良将军曾被囚禁于阳明洞。其间，蒋介石也曾三次游览阳明洞，并题写"知行合一"4 字刻于阳明洞君子亭下石壁上。

贵阳阳明祠，位于贵阳市和云岩区文昌阁街道，选址在清代西南巨儒郑珍誉为"插天一朵青芙蓉"的扶风山。

王阳明去世不久，其门生陈文学、汤冔、叶梧等，购得贵阳白云庵旧址建专祠，设木主奉祀王阳明，贵州巡抚王杏有记。到了清代，贵山、正本、正习三所书院均内建阳明祠。嘉庆十九年（1814），贵州巡抚庆保倡建阳明祠于扶风寺左，"未成而中辍"。嘉庆二十四年（1819），贵州提学使张辀会同贵山、正本、正习三书院续建。光绪五年（1879），贵阳唐炯、罗文彬等重修，四川总督丁宝桢等捐资襄助。现存建筑，除享堂外，多为当时遗物。阳明祠由正气亭、桂花厅、享堂及曲廊构成。桂花厅设王阳明生平展，享堂辟为王阳明学术展，曲廊则展示贵州碑刻精华。园内另有扶风寺和尹道真祠。

阳明洞

阳明洞君子亭

阳明祠山门

阳明洞王文成公祠

阳明祠

文昌阁和甲秀楼

文昌阁位于贵阳市云岩区文昌阁街道老城东武胜门月城上，是贵州现存已知最早的木结构楼阁式建筑，始建于明万历二十四年（1596）。清康熙八年（1669），总督卞三元、甘文焜，巡抚余凤彩重修。康熙三十一年（1692），巡抚卫既齐、布政使董安国、按察使丹达礼、参政陆祚藩、知府何腾蛟再次重修。后雍正、乾隆、嘉庆、道光年间均进行过维修，其中嘉庆五年（1800）还增添殿宇、回廊等。1976年秋，阁楼宝顶被雷击落，发现宝顶内藏清康熙戊辰年（康熙二十七年，1688）历书和铭文等。并据此获得建筑断代依据，证明现存文昌阁大木构架，立于康熙二十七年（1688），于康熙三十一年（1692）告竣。

文昌阁，坐东向西，为底方三层三檐不等边九角攒尖顶楼阁式木结构建筑，通高约20米。这种建筑形制，省内仅存二例，另一例为省级文物保护单位独山翁奇奎文阁。即使在国内，亦属罕见。文昌阁二、三层奇特的不等边九角形平面形式，是以阁心雷公柱为圆心，平面等分为八份，每份为45°夹角，再将临阁楼西向正面的二份均分为三份，形成每份30°夹角。其目的是避免建筑轴线正面立柱和安装戗脊，并无更多玄机。

甲秀楼位于贵阳市南明区新华路街道老城南门外南明河"鳌矶石"上，是希望贵州"科甲挺秀""人文秀甲天下"的贵阳市标志性建筑。

南明河蜿蜒流经贵阳市市区，在城南形成奇景，即一天然巨石雄踞河中，状似鳌鱼，人称"鳌矶石"。明万历二十六年（1598），贵州巡抚江东之于此倡修建桥，并在桥上修建甲秀楼，中奉武曲、文昌，以培风气。桥初称"南堤"，又称"江公堤"，后称浮玉桥。甲秀楼与浮玉桥、芳杜洲、鳌矶石、翠微阁、涵碧潭、海潮寺、武侯祠等建筑群合称贵阳"小西湖八景"。浮玉桥如玉带一般，横卧于碧波之上。桥上有涵碧亭。桥下河水迂回，潴积为涵碧潭，波光粼粼，与两岸胜景连成一气。柳岸堆烟，渔歌晚唱，水光山色，令人心醉神迷。

明天启二年（1622）甲秀楼毁于安邦彦围城之役，后总督朱燮元重修，更名"来凤阁"。清康熙二十八年（1689）巡抚田雯重建，恢复甲秀楼名。雍正十年（1732）巡抚张广泗、布政使常安增修。乾隆四十一年（1776）巡抚斐宗锡重修，题写楼额，并在浮玉桥上增建涵碧亭。光绪初年，布政使林肇元重修，并题楼额。宣统元年（1909）毁于火灾，巡抚庞书鸿重建。通高20余米的甲秀楼，自建成以来，一直是文人学士吟诗咏词的场所。最著名者，当属清同治辛未进士刘韫良所撰长联：

五百年稳占鳌矶，独撑天宇，让我一层更上，眼界拓开。看东枕衡湘，西襟滇诏，南屏粤峤，北带巴夔，迢递关河。喜雄跨两游，支持岩疆半壁。恰好马撒碉隳，乌蒙菁扫，艰难缔造，装点成锦绣湖山。漫云筑国偏荒，难与神州争胜概；

数千仞高陵牛渡，永镇边隅，问谁双柱重镌，颓波挽住。想秦通僰道，汉置牂牁，唐靖苴兰，宋封罗甸，凄迷风雨。叹名流几辈，留得旧迹千秋。对此云送螺峰，霞餐象岭，缓步登临，领略些画阁烟景。恍觉蓬州咫尺，招邀仙侣话游踪。

文昌阁

甲秀楼

甲秀楼翠微园

达德学校旧址

达德学校旧址位于贵阳市南明区中华南路街道醒狮路社区，原为忠烈宫。清光绪三十年（1904），黄干夫、凌秋鹗等创办"民立小学堂"，1912 年更名为"达德学校"，奉行"好学、力行、知耻"校训。在著名教育家黄齐生指导下，凡开贵阳风气之先的一些举措，如废止文言文教本、改用白话文教本，开展女子"天足"运动和排演"文明戏"，都从该校发端并推向社会。王若飞少年时代就读于该校，毕业后曾一度在此担任教师。旧址坐西向东，占地面积约 3500 平方米，建筑面积约 1900 平方米，由正厅、两厢、过厅组成封闭院落。中华人民共和国成立后多次维修，原状保持完好。

达德学校旧址

遵义尚稽陈玉㙱祠

遵义尚稽陈玉㙱祠位于遵义市播州区尚稽镇龙泉社区文化一组，俗称陈公祠，是一处为短短五年使遵义丝绸兴盛百年的地方官、贵州"蚕丝之父"陈玉㙱修建的专祠。

陈玉㙱，字韫璞，山东省历城人，曾任江西赣州府同知，清乾隆三年（1738）至八年（1743）任贵州遵义知府。任上实行富民之策，引进柞蚕，教四方百姓以放养缫织之法，丝织大盛，"遵义府绸"名噪一时，"与吴绫蜀锦竞价中州"，使遵义逐步成为贵州丝织业中心。陈公在乾隆八年（1743）冬卸任离遵时，民众依依惜别，竟到"挽送者出贵州省境不绝，莫不泣下"的程度。嘉庆元年（1796），遵义人民感怀陈公之恩，把他的木主配飨于蚕神庙。道光十八年（1838），照准将陈公列入名宦祠。后又分别在遵义凤朝门、苟江、尚稽建祠三处，供奉神位，昭示后辈，勿忘"蚕丝之父"。

陈玉㙱祠由乡绅张书田、李镶创建于清道光二十九年（1849）。原为四进轴对称合院式布局，坐东南向西北，临街。阁楼在咸同年间毁于兵燹，"仅存廊瓦"。光绪年间重修，"历世变而独存"。宣统元年（1909）修建公立两等学堂，厢房增建为教室。民国时期建门楼，改为现状。现存建筑坐西北向东南，共存三进院。一进院包括大门、连廊和享堂；二进院由回廊、阁楼、厢房、后连廊和后门组成，一、二进院南、北连廊为后人增建。除后门外，其余均为穿斗式木构建筑，楼阁为六层四檐八角攒尖筒瓦顶。陈玉殿玉祠建筑庄重而精致，造型丰富独特，具有较高的建筑工艺水平，是研究当地传统建筑的重要实物资料。

正安尹道真务本堂

正安尹道真务本堂位于遵义市正安县新州镇新州社区。尹珍（79—166），字道真，东汉著名学者。务本堂为尹珍当年讲学处，始建年代不详。原为草堂三楹，明万历四十年（1612）重建。康熙二十四年（1685）、嘉庆二十年（1815）、咸丰年间数次修葺。同治年间毁，光绪十二年（1886）再建。务本堂坐南向北，由大门、倒座、两厢、正堂等组成，四周以高10米砖墙围护，占地面积约350平方米，建筑面积约200平方米。正堂面阔三间，通面阔10米，进深三间，通进深9.5米，穿斗式木结构，封火山墙青瓦顶。门额横向楷书"务本堂"3字，存碑3通。其尹珍"务本堂"碑2通，一为尹道真神位碑，一为"尹先生务本堂碑"。神位碑青石质，方柱形，高1.5米，宽0.75米，竖向楷书阴刻"汉儒尹公道真先生之神位"11字，每字0.07米见方，碑已断为两截。"尹先生务本堂碑"青石质，方首，高2.9米，宽0.5米，厚0.5米。碑文楷书阴刻，22行，满行42字，共计2000余字，记对尹珍籍贯、身世考证事。时任正安州知州于钟岳立于咸丰十年（1860）。另有尹道真故里碑1通，青石质，方首，高2.3米，宽0.70米，厚0.40米。楷书阴刻"汉儒尹道真先生故里"9字，每字0.2米见方。碑毁于1958年，1997年按原状恢复。

遵义尚稽陈公祠

正安尹道真务本堂

正安尹道真务本堂大门

正安尹道真务本堂环境

石阡府文庙

石阡府文庙位于石阡县汤山街道温泉社区的五峰山麓，由知府李鉴始建于明永乐十一年（1413）。清乾隆五十年（1785）知府董醇重修，形成现有规模。道光六年（1826）补修。光绪三十四年（1908），设国民女校于庙左儒学署。宣统元年（1909），设立"阅书报室"。民国十二年（1923）设女蚕室于此。民国三十一年（1942），石阡汤山镇第二小学由秀顺巷迁入，除大成殿外，均改作教室及办公室。1964年改作战备盐仓库。1982年，建县人大常委会大楼于棂星门至泮池一带。文庙建筑仅存大成殿、乡贤祠、名宦祠。1984—2003年，先后修缮和复建，原貌得以恢复。形成占地面积2800平方米、规制齐备的建筑群。

石阡府文庙内最珍贵的，当数1通镌刻明清两朝不同案例的碑刻。一面镌刻断案晓谕事，记明万历五年（1577），石阡府知府查出葛彰长官司所属未按田纳粮，令石阡长官司土官查处，事后于万历七年（1579）农历十月立碑。而另一面，镌刻的是清顺治九年（1652）颁行的《学宫生员教条》，内容包括"生员之家父母贤智者，子当受教。父母愚鲁或有非为者，子即读书明礼，当再三恳告"。要求"生员不可苛求官长，交结势要，希图进身"，而应当"爱身忍性，凡有官司衙门，不可轻入"等。由石阡府学教授王云耘勒石后立于康熙三十二年（1693）。

石阡府文庙全景

石阡府文庙大成殿

刘统之先生祠享堂

刘统之先生祠门匾

2. 省级文物保护单位

省级文物保护单位包括贵阳刘统之先生祠、乌当来仙阁，遵义播州宝峰山砖塔、绥阳张喜山祠、湄潭王卢氏节孝坊、务川申祐祠、罗峰书院、毕节城隍庙、大方九层衙门遗址、黔西武庙和象祠遗址，铜仁思南安化县文庙遗址、德江安化县文庙、印江严氏宗祠、建厂田氏宗祠、印江文昌阁，黔南贵定城隍庙。

刘统之先生祠

刘统之先生祠位于贵阳市南明区中华南路街道白沙巷社区。1920年，贵州督军兼省长刘显世为其父刘官礼修建祭祠。刘官礼（1840—1910），字统之，咸丰、同治年间在兴义办团练，被贵州巡抚曾璧光任命为兴义府安义镇府镇各军统领。后又擢升云南候补道，留驻兴义，管带滇黔靖边营，兴教育，办实业，赞同修建铁路，倡设种树公司。其子刘显世（1870—1927），1916年、1923年两次出任贵州督军兼省长。刘统之先生祠为三进院木结构建筑，占地面积约4520平方米。祠额青石质，高0.8米，宽2.66米，横向楷书阴刻"刘统之先生祠"6字，每字0.3米见方，款署"庚申三月南海康有为书"，刻于1920年，保存完好。

来仙阁

宝峰山砖塔

来仙阁

来仙阁位于贵阳市乌当区东风镇麦穰村，始建于明万历年间。清嘉庆十五年（1810）、光绪三十四年（1908）两度重修。来仙阁由阁楼、山门、禅房、走廊、照壁等组成，占地面积4315平方米，建筑面积118平方米。阁楼坐东向西，穿斗式木结构，三层三重檐六角攒尖顶，高24米。面阔5.4米，进深8米。禅房面阔二间，通面阔6.6米，进深3.6米，穿斗式木结构，硬山青瓦顶。雕花格扇门窗。

宝峰山砖塔

宝峰山砖塔位于遵义市播州区影山湖街道宝峰社区，又名"玉皇阁"，建于康熙年间。后重修，改木阁为砖塔。宝峰山砖塔坐北向南，为六角三层楼阁式塔，通高17米。塔基平面为正六边形，边长5.8米，高0.2米，方整石砌筑。塔身砖砌，底层平面为正六边形，边长4.15米，高4.1米。一层塔门上嵌砖雕"双凤朝阳"，横向行书阴刻"万世师表"4字。二层拱形塔门上横向行书阴刻"魁星楼"3字。三层圆窗中竖向砖雕"玉皇阁"3字。塔室内置楼梯以供登临。二、三层施平座。翼角起翘。

绥阳张喜山祠

绥阳张喜山祠位于遵义市绥阳县洋川街道天台社区。公布名称为"张喜山祠"，但该祠是清道光二十四年（1844），张喜山为其曾祖父张奇资修建的祭祠，并于祠内办学。因此，命名为"张奇资祠"才是准确的。原址在小关村祠堂坡，仅存享堂，1993年迁现址。享堂坐北向南，为穿斗式全石材仿木结构建筑，面阔三间带耳房，通面阔16.6米，进深三间，通进深8米。明间设龛座，上置张奇资石雕全身坐像。落地柱均为方柱起海棠角。明间石柱四面雕刻文字，记张奇资生平事迹、建祠经过及利用祠堂兴办义学等事。石穿插枋浮雕暗八仙。有建祠碑记1通。

绥阳张喜山祠

湄潭王卢氏节孝坊

湄潭王卢氏节孝坊

湄潭王卢氏节孝坊位于遵义市湄潭县黄家坝街道岩孔坝村。为旌表牛场文生王文焕之母王卢氏终身节孝，建于清光绪三十二年（1906）。牌坊东西向，四柱三间三楼，青石质，高6米，宽6.74米。东向明间字碑横向楷书阴刻"王卢氏节孝坊"6字，每字0.3米见方。西向明间字碑横向楷书阴刻"文生王文焕之母"7字，每字0.3米见方。须弥座台基，座上抱鼓角背。楼为石雕歇山顶，翼角起翘，以高浮雕为主。

务川申佑祠

务川申佑祠位于遵义市务川仡佬族苗族自治县都濡街道务星社区，又名"申忠节公祠"。申佑（1425—1499），务川人，曾任四川道监察御史。明正统十四年（1449），北方瓦剌入侵，其随明英宗御驾亲征，被困于土木堡，因貌似英宗而代其死难。后朝廷敕命特赠进阶文林郎。祠始建于明嘉靖十二年（1533），清康熙、道光相继维修。申佑祠坐西向东，占地面积约400平方米，建筑面积约260平方米。有牌楼大门、两厢、正殿等。正殿面阔三间，通面阔19米，进深三间，通进深9米，穿斗式木结构，封火山墙青瓦顶。牌楼大门为砖石结构，四柱三间三楼，明间门额楷书阳刻"大节光昭"4字，两次间楷书阳刻"千秋气节""流芳百世"。门柱上刻对联。大门两侧墙上嵌明天启、清康熙、道光碑3通。

罗峰书院

罗峰书院位于遵义市务川仡佬族苗族自治县都濡街道东昇社区，又名务川书院。始建于清雍正十一年（1733），称"敷文书院"。道光十六年（1836）、光绪八年（1882）重建。书院坐南向北，二进院落，原有头门、两厢、奎文阁、东西书斋、正厅、讲堂、配房等建筑。现存奎文阁、东西书斋、正厅等。占地面积约1100平方米，建筑面积约820平方米。正房面阔五间，通面阔23.6米，进深三间，通进深9.5米，穿斗式木结构，悬山青瓦顶。台基高0.8米。

毕节城隍庙

毕节城隍庙位于毕节市七星关区市西街道百花社区司法路。原名广惠寺，明指挥柳楫

务川申佑祠

罗峰书院

始建于明万历三十九年（1611），依山就势而建，分三级逐层抬升。清乾隆间改为城隍庙，并分别于乾隆十五年（1750）、乾隆二十二年（1757）扩建成现有规模。城隍庙坐西北向东南，占地面积2200余平方米，建筑面积2600余平方米。由大门、正殿、钟楼、鼓楼、后殿及两厢组成，封闭式合院布局。临街为大门，面阔21.7米，通进深9.4米。正殿面阔17米，进深14.2米，明间为通道。正殿两侧为钟、鼓楼。后殿面阔28.2米，进深4.4米。左右厢房均面阔29米，进深4米。城隍庙主体建筑大木构件保存基本完整。

黔西武庙

黔西武庙位于毕节市辖黔西市水西街道水西社区，始建于明末，清康熙三十八年（1699）由古佛堂迁建今地。武庙坐北向南，原有状元桥正殿、两厢和后殿，占地面积约700平方米，建筑面积约400平方米。现存正殿、两厢。正殿面阔三间，通面阔19.8米，进深三间，通进深8.8米，穿斗式木结构，封火山墙青瓦顶。明间前檐柱，柱身透雕盘龙，柱础圆雕石狮。

象祠遗址

象祠遗址位于毕节市辖黔西市素朴镇灵博社区九龙山顶。象祠建于明代中期，清初毁于兵燹。后在遗址上依山就势建四进寺庙，有灵官殿、大佛殿、观音殿、文昌阁、禅房等，

毕节城隍庙大殿梁架结构

毕节城隍庙局部

黔西武庙

象祠遗址

占地面积约 5000 平方米，建筑面积为 2000 多平方米，毁于 20 世纪 50 年代末。现存残碑 2 通，已风化，无法辨认。

思南安化县文庙遗址

思南安化县文庙遗址位于铜仁市思南县思唐街道文化社区，始建于清康熙三十二年（1693），乾隆、嘉庆年间维修扩建。文庙坐西向东，中轴对称，原有礼门、义路、泮池、棂星门、大成门、左右庑、大成殿等，占地面积约 3000 平方米，建筑面积约 1200 平方米。20 世纪 70 年代后相继拆毁。现残存泮池，宽约 10 米。

德江安化县文庙

德江安化县文庙位于铜仁市德江县安化街道中华社区，原为孔子先师庙，始建于明隆庆年间，具体年代不详。清光绪八年（1882），安化县治所从思南迁至大堡（今德江县城），重建武署衙门于先师庙旧宅。文庙坐东向西，占地面积 2180 平方米，建筑面积 876 平方米。中轴对称，现存大成门、大成殿、天子台、两厢、崇圣殿、钟楼、鼓楼等，为二进院落。大成门面阔五间，明间为过道，两次间、梢间前后檐均装槛窗，穿斗式结构，硬山顶小青瓦屋面。大成殿面阔五间，前檐带廊，明间、次间装隔扇门，梢间装槛窗。崇圣殿面阔五间，明间正中对开门，两侧装槛窗，次间、梢间均装槛窗。两殿均为抬梁穿斗混合式结构，歇山顶小青瓦屋面。

印江严氏宗祠

印江严氏宗祠位于铜仁市印江土家族苗族自治县峨岭街道城南社区，建于清嘉庆二十一年（1816）。宗祠坐南向北，共三进，中轴对称。原有门墙、八角亭、前天井、厢房、三星台、享堂、后天井、后堂、厢房、钟鼓楼、操场等。现存享堂、后殿、两厢、配殿等，占地面积 2254 平方米，建筑面积 1298 平方米。享堂面阔五间，通面阔 21.5 米，进深三间，通进深 10.6 米，穿斗式木结构，悬山青瓦顶。雕花石栏板围护，刻"八仙过海""二十四孝"等。鼓形雕花石础。后堂面阔五间，通面阔 21.5 米，进深五间，通进深 6 米许，穿斗式木结构悬山青瓦顶。雕花石栏板围护。

印江严氏宗祠

建厂田氏宗祠

建厂田氏宗祠位于铜仁市印江土家族苗族自治县木黄镇燕子岩村，1932年建。宗祠坐北向南，共三进。前有照壁，内有山门、戏楼、耳房、前后天井、厢房、正堂、后堂、花圃、燕翼亭等。占地面积2156平方米，建筑面积1200平方米。正堂面阔五间，通面阔25.5米，进深三间，通进深9.2米。穿斗式木结构，悬山青瓦顶。

印江文昌阁

印江文昌阁位于铜仁市印江土家族苗族自治县龙津街道甲山村。始建于明崇祯二年（1629），初名"澄清楼"。清康熙十七年（1678）重建，更名"文昌阁"，后毁。道光十七年（1837）再建。文昌阁坐西向东，七层七重檐八角攒尖顶，通高37.8米。阁基正八边形，边宽4.4米，台基高1.5米。石库门，高2.5米，宽2.2米。门额石匾行书阴刻"江城砥柱"4字。三层正面竖排行书阴刻"文昌阁"3个大字。各层皆有对联、匾额，均为清代名书法家印江人魏祖镛撰书。顶层大梁饰八卦图案及年代题记等。

贵定城隍庙

贵定城隍庙位于黔南州贵定县宝山街道城东村，始建于明洪武二十五年（1392）。明万

印江文昌阁　　　　　　　　　　　贵定城隍庙

历及清康熙、雍正、道光屡次维修、扩建。城隍庙坐东向西，原有山门、戏楼、过殿、两厢、后殿、观音楼等。现存过殿、两厢、正殿，占地面积约750平方米，建筑面积约500平方米。正殿面阔三间，通面阔16.6米，进深四间，通进深14.7米，穿斗抬梁混合式木结构，硬山青瓦顶。前置走廊，后封檐墙。大梁有彩画。金柱用材硕大。墙上嵌清代石碑1通，后石门框阴刻楹联1副。

3. 市县级文物保护单位

市县级文物保护单位包括贵阳方家祠堂及方氏民居，云岩刘氏支祠，花溪花街罗氏宗祠，乌当惜字塔，开阳大荆惜字塔，修文葛氏宗祠，清镇大梨树刘左氏节孝坊（大梨树石牌坊），六盘水钟山观音阁、城隍庙，遵义红花岗郑莫祠，播州锦江罗氏宗祠，绥阳野茶字库塔，正安县坪申祐祠、八圣宫、龙岗冯氏宗祠、洪泉韦氏宗祠、堡寨赵氏宗祠、中观陈氏宗祠、石井冯氏宗祠、杨兴周氏宗祠、徐公祠、王氏宗祠、川祖庙、旦坪字库塔、花池字库塔、大垭字库塔、仓屋基沟字库塔，务川桃符石牌坊、官学邹家祠堂、陈家湾陈氏宗祠、三龟祠、田坝场字库塔、凤冈土溪玉皇阁、付氏宗祠、安氏宗祠、李氏宗祠、龙泉文峰塔、落水洞字库塔、麻院坝文峰塔、攮基湾字库塔、福坝字库塔、大堰字库塔，湄潭西河字库塔，余庆白泥文峰塔、新场字库塔、银坝字库塔、曾家屋基字库塔，安顺普定秀水学堂，平坝天龙学堂旧址、乐平文昌阁，毕节七星关贞寿牌坊、大方万松书院遗址、金沙茶园黑神庙、沙土字库塔、纳雍龙场宣慰庙、威宁盐仓蔡氏宗祠、赫章平山文昌阁、普定文庙建筑群，铜仁石阡东岳庙、坪山雷神庙、坪地场关帝庙、祝氏宗祠、地袍李家宗祠、邓氏祠堂、下屯小学畅游楼、文笔遗址、白沙文笔，思南林氏宗祠、梁氏宗祠、旷氏宗祠、蒲氏宗祠，印江杨氏宗祠、任氏宗祠、杨氏宗祠、田氏宗祠、峨岭武圣宫、甲山火神阁、中寨口代氏宗祠、新坪戴氏宗祠、桶溪杨氏宗祠、黄土土地祠、乐洋张氏宗祠、喻氏宗祠、新业文昌阁、板溪勤丰文昌阁、虹穴文昌阁、凤仪文昌庙、德江曾氏宗祠、陈氏宗祠、张氏宗祠、沿河杜氏宗祠、印山村刘氏宗祠、德江文昌阁、沿河文昌塔，黔南福泉翁初文昌阁、文峰塔、兴文义学旧址、贵定旧治黑神庙、龙里巴江惜字塔、三元惜字塔。

（四）宗教类文化遗存

1. 全国重点文物保护单位

天台山伍龙寺

天台山伍龙寺位于安顺市平坝区天龙镇天龙村，始建于明万历十八年（1590），后经清康熙、嘉庆、道光及民国时期4次培修，始具现在规模。天台山高60余米，为一孤峰，四临绝壁。伍龙寺建于其上，又称"清净禅院"，由山门、大佛殿、两厢、倒座、玉皇阁、经堂、祖师殿等组成，是贵州省现存古建筑时代最早、保存较完整的一座寺院。

寺前设四道山门。第一道为石砌衡门，建于清康熙三十二年（1693），门额镌"黔南第一山"。第二道为石砌牌楼门，建于清光绪年间（1875—1908），券洞门上的竖匾刻"天台山"三字，其下刻横批"天中之天"，落款"大清光绪拾"，字迹尚可辨认。第三道亦为券洞门，门洞深，与山石连为一体，建于民国25年（1936），门楣上有"八仙"浮雕，其下刻楷书"印中禅院"四字。门旁的石刻对联上联为"云从天出天然石峰天生就"，下联为"月照台前台中胜景台上观"。石壁上并嵌有记事碑及诗碑各一方。第四道是伍龙寺的正门，券洞门上刻"清净禅院"四字，建于民国九年（1920）。

伍龙寺的殿堂、房舍，都因地形地势，灵活布置，但大佛殿、两厢及倒座等四幢建筑，仍按中轴线对称排列，形成唯一的一组四合院。

大佛殿面阔三间10.29米，进深8.42米，单檐悬山顶，前带廊，上覆青筒瓦。明间前檐柱立于狮形柱础上。前廊顶部装鹤颈轩，轩梁下的柁墩两面均为"二十四孝"故事浮雕。大佛殿建于明万历四十四年（1616），题记尚在，清道光二十九年（1849）进行过维修。左右厢房重建于咸丰八年（1858），皆面阔三间6.3米，其中右厢进深较大，左厢建于悬崖上。倒座与大殿相对而立，面阔三间，悬山顶，时间年代与大殿同，其明间抱厦为后世增修。

玉皇阁在大佛殿后，原为单檐悬山顶殿堂，建于明崇祯十年（1637），后改为二层三檐歇山顶阁楼。面阔三间8.1米、进深5.78米。阁前为一小天井，并有一石板镶嵌的放生池。玉皇阁右侧为经堂，建于清乾隆年间（1736—1795），面阔五间12.9米、进深8.63米，上盖薄石板。其后为建于悬崖上的仓房，单檐硬山顶，共二层，底层低于地面，二层与地面平，前带廊，面阔三间8.45米、进深4.14米，屋面盖薄石板，建于清道光六年（1826）。玉皇阁左侧台地上为祖师殿，其建造年代与玉皇阁同。后为了与玉皇阁二楼相连，左右各增加一间，通面阔增至12.44米，由于受地形限制，后檐柱不在一条线上，构架也不太规整。祖师殿前为一平台，是全寺的最早点，其前沿有一影壁，左侧设望柱栏板，并筑有石板路与大殿前廊相通。

伍龙寺周围都有厚石板横砌的高墙，这些墙既是院墙，也是殿堂、房舍的围护墙，在外观上，山崖与围墙浑然一体，形如堡垒，为该寺建筑的一大特点。

天台上尚有一批摩崖石刻，山腰及山后尚有碓窝、房基及寨墙等，皆为明末清初遗物。天台山伍龙寺是一处佛道儒合一的场所，前殿供佛祖，后殿供玉皇，清末又设学馆，文化现象较为独特。

2013—2014年，国家文物局拨款进行了天台山伍龙寺危岩加固防护工程。

天台山

天台山（郭秉红绘）

天台山伍龙寺大雄宝殿

天台山伍龙寺倒座

2. 省级文物保护单位

省级文物保护单位包括贵阳黔明寺、黔灵山（包括弘福寺、麒麟洞和碑碣、摩崖），修文三潮水，开阳宝王庙，开阳长庆寺，遵义瓦厂寺、卧龙山寺、正安龙塘寺、玉真山寺、龙里冠山，贵定阳宝山古建筑群，印江重建梵净山金顶序碑，贵阳鹿冲关天主堂修道院旧址。

黔明寺

黔明寺位于贵阳市南明区中华南路街道阳明路社区南明河畔，始建于明末，清乾隆三十六年（1771）重修，民国时期增建。黔明寺坐北向南，有山门、影壁、韦驮殿、大殿、观音阁、大悲阁、藏经楼等，占地面积2500余平方米，建筑面积1500余平方米。大殿面阔三间，通面阔 10.3 米，进深三间，通进深 10.9 米，穿斗式木结构，歇山琉璃顶，隔扇门窗。观音阁三层三重檐八角攒尖顶，高 14.4 米。底层长方形，长 11.4 米，宽 10.6 米。二、三层为八角，隔扇门窗。大悲阁坐南向北，面阔 11.4 米，进深 10.6 米，高 14.36 米，三重檐攒尖顶。底层四角，二、三层为八角。藏经楼面阔五间，通面阔 20 米，进深三间，通进深 10 米，穿斗式木结构，三层三重檐歇山顶，隔扇门窗。

黔灵山（包括弘福寺、麒麟洞和碑碣、摩崖）

黔灵山位于贵阳市云岩区头桥街道双峰社区。清康熙十一年（1672）始建寺庙，乾隆、嘉庆、道光、咸丰、光绪均有修葺。现存弘福寺、和尚塔林、摩崖石刻、九曲径、张学良杨虎城幽禁处等。

弘福寺，赤松和尚创建于康熙十一年（1672）。寺坐落于杖钵峰、宝塔峰、象王岭交会处。赤松师名道领，法号赤松，俗姓韩氏，祖籍浙江，后迁湖南长沙，复徙四川潼川，明末随父避难入黔。少小习儒，秉性嗜佛，十五岁即出尘入南望山，先后拜灵药、西识、九峰、敏树等僧人为师，后到广顺白云山。康熙六年（1667）到贵阳，在寿寺禅院住持 3 年，而后"开黔灵作弘福道场"。弘福寺道光年间重修，1980 年维修。坐西向东，有山门、前殿、中殿、

黔明寺

黔灵山弘福寺

黔灵山弘福寺塔林

黔灵山"虎"字摩崖

两厢、正殿等，占地面积约2700平方米。正殿面阔五间，穿斗抬梁混合混木结构，歇山青瓦顶，隔扇门窗。牌楼式山门上的"黔南第一山"采自董必武手书。

黔灵山摩崖石刻数量众多。主要为九曲径天然崖壁上的"第一山""黔灵胜景""虎""多行好事，广积阴功""赤松归隐""纯清道祖灵像""响石洞""万古不磨""佛"等。其中八与九曲间的草书阴刻"佛"字摩崖，离地5米许，字高1.85米，宽1.18米，刻于嘉庆二十二年（1817）。三与四曲间的草书阴刻"虎"字摩崖，离地2.2米，字高6.3米，宽3.9米，赵德昌题于咸丰十年（1860）。

张学良、杨虎城囚禁处在檀山东麓一天然溶洞"麒麟洞"内，旧名白衣庵，为砖木结构小屋。1941年5月，囚禁于修文"阳明洞"的张学良因患阑尾炎到贵阳做手术，后在麒麟洞养病。杨虎城也被囚禁在麒麟洞内7个月。

鹿冲关天主堂修道院旧址

鹿冲关天主堂修道院旧址位于贵阳市云岩区黔灵镇茶店村贵州省植物园内。清咸丰四年（1854）法国传教士童文献在"六春关"（即今鹿冲关）购地兴建修院，全院由几座宽大的平房组成，另建小经堂一座，称"圣母升天堂"，供修院和教徒使用，咸丰六年（1856）9月初竣工。圣母升天堂于1863年12月被起义军焚毁，清同治七年（1868）重建，专供教徒使用。现存教堂一栋，平房三栋，中为花园。

鹿冲关天主堂修道院旧址为中西合璧建筑，基本保留了清代教堂建筑的特色和布局，为研究贵阳宗教历史和贵阳宗教建筑提供了实物资料。

修文三潮水

修文三潮水位于贵阳市修文县龙场街道朝阳村。潮水寺始建于明崇祯年间，后因钱邦芑改称"知非寺"。钱邦芑，字开少，丹徒人。南明永历中，以御史巡按四川。南明永历六年（1652）受任抚黔。因拒附孙可望，于永历八年（1654）在三潮水祝发为僧，号大错和尚，"知今是而昨非"，遂改寺名"知非寺"。当年寺前竖有石碑坊，额刻"知非禅林"4字，并镌刻"举足宜行中正路；入门俱是过来人"石联一副。清乾隆、道光年间重加修葺。寺庙规模宏伟，有三大殿、四厢房、两山门及仓库、凉亭、茶厅等各式建筑十八楹。寺左为三潮水。三潮水

鹿冲关天主堂修道院旧址　　　　　　　　鹿冲关天主堂修道院旧址室内

下方石池子约宽4米见方，修成扇形，1米多深。池中雕有石乌龟，池畔建有观潮亭及凉厅。

开阳宝王庙

开阳宝王庙位于贵阳市开阳县双流镇凉水井村，始建于清乾隆四十七年（1782）。道光二十八年（1848），在白马洞开采汞矿的善男信女捐资重建。据碑文记载，用银1500余两，制钱700余串，石工5700余个，木工2300余个，雕工1600余个，小工3000余个，大米80余石，历时9载，于咸丰七年（1857）落成。同治年间，部分建筑毁于战火，幸存戏楼及牌楼式山门。1912年修复。有山门、戏楼、前殿、观音殿等，占地面积1631.5平方米，建筑面积约800平方米。戏楼二层，穿斗抬梁混合结构，歇山青瓦顶。一层是过道，面阔五间，通面阔15.5米，通进深9米。二层是戏台。庙后存通顺法师墓。

开阳长庆寺

开阳长庆寺位于贵阳市开阳县南龙乡翁朵村，始建于清初。原为周氏家祠，后毁于火。光绪二十九年（1903）重建，改为长庆寺。有山门、下殿、上殿、两厢等，占地面积2000多平方米，建筑面积800余平方米。上殿面阔七间，通面阔29米，进深三间，通进深10米，穿斗式木结构，悬山青瓦顶。下殿面阔七间，通面阔29米，进深三间，通进深10米，穿斗式木结构，悬山青瓦顶。寺前存三代僧人合葬墓。

遵义瓦厂寺

遵义瓦厂寺位于遵义市播州区龙坪镇小湾村，原名复兴寺，始建于明正德年间。咸丰年间被焚毁，清同治七年（1868）重修，1912年、1918年两次维修。瓦厂寺坐西南向东北，依山势向后抬升，占地面积约2500平方米。现存山门、前殿、正殿等，建筑面积约350平方米。前殿二层，面阔三间，通面阔20.5米，进深三间，通进深8.9米，穿斗式木结构，歇山青瓦顶，前后带廊，深2米，台基高1.45米。角柱以撑拱承托龙头形梁，上置金刚力士肩托转角挑梁和挑檐枋。前后8只撑拱施彩画。正殿面阔三间，通面阔20.3米，进深三间，通进深11.6米，抬梁穿斗混合式，重檐歇山青瓦顶，露明造。存清代建庙碑2通。其中复兴碑，青石质。方首，高1.2米，宽0.75米，厚0.12米。额题"复兴碑"3字，每字0.12

开阳宝王庙

开阳长庆寺全景

米见方。碑文楷书阴刻，15行，满行20字，共计300余字，记瓦厂寺由衰复兴事："黄白号匪践踏中原，日出夜入，此庙竟为息足之所。予因避贼窜逐他方，得遇槛内族长携入军中，委办粮台，迨见事不可为，因又奔驰数垣，时值身中空乏，不得已而半僧半俗，聚货为业。熟知天顺人心，十余年予阴有余积，斯时贼风永靖，始与乡人逃归本庙""于是遍募俗子，继续善根，开垦荒芜……又将积年所凑捐出，赔还清寿所拖之旧债，更赎道品所出之土田，虽不能复先年之景况，而窃幸佛门又有所持也"。复兴碑为住持僧道有和尚立于光绪十一年（1885）。重修复兴禅院史略纪念碑，青石质，方首抹角，高4.8米，宽1.4米，厚0.2米。首题"重修复兴禅院史略纪念碑"11字，每字0.12米见方。碑文楷书阴刻，25行，满行60字，共计1500余字，记"明正德时，吾太师祖如兴禅师甫由川入播城南平里龙坪之后坝，始开仙凤山，次及复兴寺，俗称之瓦厂寺者，实本寺之古名也""咸同之年，黄白相继，扰害地方，十室九空，以致寺中被匪摧残，不堪言状""师祖上道下友，弃儒从释""同治戊辰抵遵还寺""锐意虔修，以囊积余资，将前僧所当之田产赎回，任劳任怨，重新开垦。又义兴乡学，另买田业数十石，拨入学堂，以作常年的款"。1918年"将前存明正德时所创之旧寺，刻今近四百年，维时已久，且多偏废，鸠工庀材，大兴土木，将上下二殿、左右两厢、钟楼鼓楼，悉行改创"，重修复兴禅院。该碑立于1919年。

绥阳卧龙山寺

绥阳卧龙山寺位于遵义市绥阳县郑场镇卧龙社区，一名"川祖神祠"，始建于唐永泰元年（765），清乾隆二年（1737年）、乾隆五十年（1785）、嘉庆元年（1796）、道光六年（1826）、咸丰元年（1851）、同治十二年（1873）、光绪元年（1875）多次重修。卧龙山寺坐北向南，由山门、戏楼、正殿、后殿及东侧厨房组成。占地面积约1280平方米，建筑面积865平方米。戏楼建于光绪元年（1875），共二层，穿斗式木结构，歇山青瓦顶。底层为过道，面阔三间，通面阔15.5米，进深三间，通进深8米，高12.7米。二层为戏台。撑拱、雀替、额枋等艺术构件雕刻精湛。正殿面阔三间，通面阔15.4米，进深三间，通进深10米，穿斗式，封火山墙青瓦顶。后殿面阔三间，通面阔15米，进深三间，通进深8米，穿斗式木结构，封火山墙青瓦顶。存明、清建庙石碑7通。

遵义瓦厂寺

绥阳卧龙山寺

正安龙塘寺

正安龙塘寺山门

正安龙塘寺

正安龙塘寺位于遵义市正安县土坪镇林溪村，建于清康熙十年（1671）。龙塘寺坐北向南，有牌坊、山门、灵官殿、钟鼓楼、玉皇阁、配殿、大雄宝殿及僧人墓塔1座。大雄宝殿面阔五间，通面阔21.7米，进深三间，通进深15.6米，穿斗式木结构，封火山墙青瓦顶。殿内存乾隆二十年（1755）铸铁钟1口。玉皇阁面阔一间，通面阔7米，进深一间，通进深7米，穿斗式木结构，封火山墙青瓦顶。僧人墓塔建于道光十七年（1837），坐北向南，通高4.2米，为七级密檐式石塔。塔基平面为正方形，边长5米，高3.8米。塔基下为石地宫，长4米，宽3米，高1.1米。

普定玉真山寺

普定玉真山寺位于安顺市普定县马官镇双玉村玉官屯组，始建于明宣德五年（1430），清光绪十三年（1887）重修。玉真山寺坐北向南，由斗姆殿、观音殿、玉皇殿组成。占地面积约1200平方米，建筑面积约900平方米。斗姆殿，面阔五间，通面阔15米，进深三间，通进深6米，穿斗式木结构，歇山青瓦顶，前后带廊。观音殿，面阔五间，通面阔17.5米，进深四间，通进深10.5米，穿斗抬梁混合结构，悬山青瓦顶。玉皇殿面阔三间，通面阔10米，进深二间，通进深8米，穿斗式木结构，三重檐歇山青瓦顶。内有壁画、浮雕多处。

普定玉真山寺远眺

普定玉真山寺山门

龙里冠山

龙里冠山位于黔南州龙里县冠山街道冠山社区，始建于明洪武二十三年（1390）。清乾隆二十七年（1762）、光绪二十三年（1897）重修，1935年扩建。建筑坐东向西，由山门、两厢、紫虚阁、正殿等建筑组成。占地面积约1460平方米，建筑面积约690平方米。紫虚阁，坐东向西，为三层穿斗式木结构，三重檐六角攒尖青瓦顶。面阔三间，通面阔15米，进深二间，通进深8.6米，建筑面积169平方米。檐下雕刻龙凤图案。正殿毁，1992年将文昌阁迁此。文昌阁，原系城北文昌祠的一部分。文昌祠习称北书院，始建于明正统十年（1445），清光绪元年（1875）重修。文昌祠坐北向南，由大门、两厢、文昌阁组成四合院，占地面积约250平方米，建筑面积约160平方米。文昌阁面阔五间，通面阔约20米，进深二间，通进深约8米，穿斗式木结构，歇山青瓦顶。柱础浮雕"二龙抢宝"、仙草、鹿等图案。冠山存刻于1936年的摩崖石刻多方。"寻奇挹秀"摩崖石刻，在冠山南麓崖壁上，离地约2米。竖长方形，高1.6米，宽0.6米。竖向楷书阴刻"寻奇挹秀"4字，每字0.3米见方。上款竖向楷书阴刻"民国二十五年冬"，下款竖向楷书阴刻"韩汉英题"。"休养生息"摩崖石刻在冠山南麓崖壁上，离地3米。横长方形，高0.4米，宽1.2米。横向楷书阴刻"休养生息"4字，每字0.2米见方。上款竖向楷书阴刻"民国二十五年冬"，下款竖向楷书阴刻"吴奇伟题"。"巨震一擘"摩崖石刻，在冠山南麓崖壁上，离地2.5米。横长方形，高0.6米，宽1.6米，横向楷书阴刻"巨震一擘"4字，每字0.4米见方。上款竖向楷书阴刻"二十五年冬"，下款竖向楷书阴刻"廖鸣欧题"。"游目骋怀"摩崖石刻，在冠山西麓崖壁上，离地约2米。横长方形，高0.4米，宽1.35米，横向楷书阴刻"游目骋怀"4字，每字0.16米见方。上款竖向楷书阴刻"民国二十五年"，下款竖向楷书阴刻"张聪能题"。"还我河山"摩崖石刻，在冠山西麓崖壁上，离地0.5米。横长方，高0.4米，宽1.2米，横向楷书阴刻"还我河山"4字，每字0.25米见方。上款竖向楷书阴刻"民国二十五年"。

重建梵净山金顶序碑

重建梵净山金顶序碑位于铜仁市印江土家族苗族自治县紫薇镇大园址村梵净山滴水岩下。碑青石质，方首抹角，高2.9米，碑身高1.85米，宽1.85米，周边线刻卷草纹。额题"敕赐"2字，每字0.02米见方。首题"敕赐梵净山重建金顶序"10字，碑文楷书阴刻，共计1300余字，记梵净山自然风光、庙宇沿革，北京户部郎中李芝彦撰文，立于明万历四十年（1612）。

"敕赐梵净山重建金顶序"碑文：

伏以，四海名山，九州巨镇，十方净土，众姓福田。故东岱、西华、南衡、北常，悉帝王封禅之所；而玄寺、缁庐、青鸳、白马，皆佛子接引之区。水上闻香，始辟漕溪法界；空中飞锡，因开潜麓化城。山以仙名，地灵人杰。窃见梵净山壁立黔南之境，轴连楚蜀之间。仙洞灵台，咸棋布而胪列；奇峰古刹，俱凤翥而鸾翔。天心池、金沙池、九龙池，倒泻银河，无异临海之桂鹤；太子石、青阳石、金子石，高标玉笋，不让陈仓之鸣鸡。独红云顶为最奇，宜白莲社之茂建。雪消六月千溪涨，洪溢江源；日转双峦万壑阴，崇□□□。翻经台下，时看百鸟啁花；选佛场中，更有群龙荫树。何奈羊肠荆棘，遂会虎观丘墟。九年之壁既颓，百神之觞安寄！宁惟游人断白萼之响，抑且景物负赤城之霞。而请曰肆今宇内提衡方岳者，佥谓两间之巨镇，所以立天地而不毁，冠古今而独隆者，无如四大名山。而不知此黔中间之胜地有古佛道场，名曰梵净山者，则又天下众名岳之宗也！旧说者，以弥勒、释迦二祖分管世界，用金刀劈破红云顶，于是一山分为二山。是山者也，上之穹隆接天，而三十三天不为玄渺；下之厚重住地，而九土九溪不为幽蟉。虬螭结蟠，林木郁苍；剑气横天，仙梯接斗。迭经台、炼丹台，层峦笋翠；献果山、凤凰山，飞彩流丹。四时有不谢之花，缛缛然蓬莱三岛；八节有长生之景，炳炳兮阆苑瑶池。霞光万道笼金鼎，普天圣真如云集；紫辉千丈罩玉门，率土明神似雨临。至若九十九溪一溪不知之说，尤以见此山之广大。宝藏，货财殖，囊括天地之万有以为储。且也，崔崔巍巍以示其险，默令进香鼎礼者履险若夷；巉巉巖巖以恶其势，阴使敬重三宝者率蒙善报。所谓大地乾坤，无边法界，极乐天宫乎！盖自开辟迄今，海内信奉而奔趋，不啻若云而若水；王公大人之钦谒，恒见月盛而日新。久已巨灵驰于两京，倾动于十三布政，劳旌于抚按，烦顾于道府，诸侯莫不期以魂交黄帝而梦接安期。古来得道成真，又莫不于斯凝神，于斯蜕颖。他若仙迹所遗，标题所载，种种灿难以殚述。既自播乱之后，传闻四方，往来朝觐人稀，非复旧盛，倘亦□佛老运数之厄使然！第此山之灵异，千载一日也。窃计世道之兴隆，佛神司命；而山岳之显爽，多自修培。幸际□仁明在位，泽遍八方，恩施还定，感百神是依，千载奇遇。以故天哀名山之颓，而赐以钦命僧妙玄重建金顶正殿，是为万圣临鉴。蒙钦命抚按、道府各衙门作兴允议。然而山连四府，当与国运俱隆；玉简金书，竚见与人文并烂山灵。谨序。

赐进第北京户部郎中李芝彦谨题
大明万历戊午岁仲春吉旦

3. 市县级文物保护单位

市县级文物保护单位包括贵阳南明三元宫、观音洞、仙人洞、摆郎回龙寺戏楼，云岩东山寺遗址、贵阳清真寺、贵阳北天主教堂，乌当后所祖师庙、朝阳寺遗址，观山湖灵永寺、廻龙寺及历代禅师石塔林，息烽凤池寺、华严寺遗址、西山瞿昙寺，清镇云峰山遗址、玉冠山寺遗址、石关廻龙寺；六盘水六枝木岗青云寺；遵义播州三层岩寺、落堑寺遗址、砂岗寺遗址及和尚墓、塘坝寺，汇川高岩寺、水源寺，绥阳锣铜寺、宗峰寺和尚墓，务川毛田天主堂，正安石笋峰寺、永兴庵、双修寺、三界寺；安顺平坝清真寺；毕节赫章县白果普照寺、七星关灵峰寺、惠泉寺，大方寿福寺遗址，金沙岩孔水口寺、都佛寺、高岩寺、白云山观音寺；铜仁石阡关岭广佛山庙、北塔寺、三佛洞"祐忠寺"碑群、伴云寺遗址、继梵山寺遗址、同善寺，思南观音阁、印和山仁同寺，印江太平寺、天庆寺遗址、梵净山"院道"摩岩、梵净山"天桥功德碑"摩岩、梵净山西碑林、"剪刀峡"摩崖、西岩寺遗址、鱼泉寺、乐洋大兴寺，印江天堂万寿宫，德江重华寺遗址、香炉山寺遗址、朝阳寺，沿河天缘寺；黔东南黄平浪洞岩西竺寺，镇远朝阳寺；黔南福泉瓮安仙桥山、吉灵寺遗址、后岩观遗址、高贞观摩崖，贵定牟珠洞寺庙遗址、回龙寺。

（五）商贸类文化遗存

1. 全国重点文物保护单位

茶马古道—金沙"义盛隆"商号

金沙"义盛隆"商号位于毕节市金沙县鼓场街道罗马社区。"义盛隆"商号为陕西籍盐商王相容建于清光绪年间初期。后被华家"永隆裕"商号购并。商号占地面积2400平方米，坐西向东，总平面呈长方形，东西长72.43米，南北宽34.22米，由一进朝门、南厢房、北厢房、天井、过厅，二进南厢房、北厢房、天井、正房，三进厨房、天井和后花园（已毁）组成合院式布局，封火山墙围护。

2. 省级文物保护单位

省级文物保护单位包括贵阳乌当协天宫，六盘水六枝羊场近现代商贸建筑群，遵义正安宝兴隆盐号和客栈、道真万天宫，毕节金沙茶园万寿宫。

乌当协天宫

乌当协天宫位于贵阳市乌当区东风镇乌当村，又名财神庙，始建年代不详。清乾隆、嘉庆年间及光绪十六年（1890）数度大修。建筑坐东向西，由大殿、戏楼、左右厢房组成，占地面积约845平方米，建筑面积500.2平方米。大殿面阔三间，通面阔13.4米，进深三间，通进深10米，穿斗抬梁混合式木结构，硬山青瓦顶。右厢房内嵌碑刻8通，记历次维修协天宫及开设乌当市场事。

金沙"义盛隆"商号回廊

乌当协天宫

正安宝兴隆盐号和客栈

正安宝兴隆盐号和客栈分别位于正安县安场镇安场社区、新宅坪村，格林镇太平村，碧峰乡碧峰村和羊坎村。包括宝兴隆盐号、太平铺盐栈、綦岸古盐道羊坎至碧丰段、綦岸古盐道万家院子至小湾段、青龙寨营盘遗址和"川黔商道"碑。

宝兴隆盐号坐西向东，建筑面积约760平方米。二进合院式布局，木结构，封火山墙青瓦顶。临街为店铺两间，正中开砖拱门，门内左为住房。经小天井，封火墙下设石库大门。石库大门内为一正两厢布局，一楼一底。厢房及后堂底层与楼层均为盐仓，用木板壁分隔，每间仓存盐一屯，共十二仓。"宝兴隆"盐号整体格局保存完整。

道真万天宫

太平铺盐栈，建于清朝，是盐号分站所设重要栈房之一。栈房共2栋，并排而建，坐东向西，总建筑面积约470平方米。南侧建筑为五开间，穿斗式木结构，小青瓦顶，封火山墙围护。前为店铺和茶馆，经天井登七级台阶上正厅，房后有花园。北侧建筑为三开间，穿斗式木结构，悬山小青瓦顶。功能以提供食宿的栈房为主。

道真万天宫

道真万天宫位于遵义市道真仡佬族苗族自治县尹珍街道东街社区，建于道光十年（1830）。建筑坐北向南，原有前殿、两厢、正殿等，占地面积约900平方米。现存正殿、两厢。正殿面阔五间，通面阔20米，进深五间，通进深15米，穿斗式木结构，悬山青瓦顶。

金沙茶园万寿宫

金沙茶园万寿宫位于毕节市金沙县茶园镇敦丰社区，建于道光十五年（1835）。依山势而建，由山门、戏楼、两厢、正殿组成。建筑坐东向西，占地面积约600平方米，建筑面积约400平方米。戏楼坐西向东，共二层，穿斗抬梁混合结构，悬山顶。底层为通道，楼层作戏台，面阔、进深各一间，各5米许。檐下施如意斗拱，藻井浮雕蟠龙。正殿面阔五间，通面阔25米许，进深三间，通进深25.5米，穿斗式木结构，硬山青瓦顶。明间置藻井。

3. 市县级文物保护单位

市县级文物保护单位包括贵阳乌当川主庙，开阳客籍会馆，遵义绥阳万天宫，凤冈河闪渡商号遗址，毕节赫章湖广会馆、金沙中坝川主庙，铜仁石阡汤山天后宫，德江万寿宫旧址，黔南贵定平伐寿福寺阁楼、平伐万寿宫。

（六）建筑群

1. 全国重点文物保护单位

包括贵阳开阳马头寨古建筑群、安顺云山屯古建筑群（含本寨）、铜仁石阡万寿宫古建筑群、毕节织金古建筑群、石阡楼上村古建筑群、思南思唐古建筑群。

马头寨古建筑群

马头寨古建筑群位于贵阳市开阳县禾丰布依族苗族乡马头村。马头寨是集全国重点文物保护单位、中国历史文化名村、中国传统村落和贵州十大特色民族建筑于一身的独特民族村寨。

马头寨始建于宋末，初名杨黄寨。元初至元二十年（1283）置"底窝紫江等处总管府"于寨内，属顺元宣抚司（驻今贵阳）管辖。当时即建有寨墙。元中期改为"靖江路总管府"，明代改为"底窝马头"。是古称"仲家"的布依族聚居区管理单位。

元大德五年（1301），由于不堪捐税重负，时任雍真葛蛮（今开阳西）土官的宋隆济起兵反元，底窝总管龙郎率布依族等各族人民4000多人积极响应，攻下杨黄寨内底窝紫江等处总管府，两三年间，抗元力量从顺元路（今贵阳地区）发展到水西（今毕节地区）和播州（今遵义市），成为元代历史上西南少数民族地区规模最大的抗元运动。宋济隆失败后，元朝在宋隆济故里置"顺元宣抚同知"，以其侄宋阿重为同知，不久升顺元宣抚使，迁顺元城（今贵阳），杨黄寨作为"底窝紫江等处总管府"驻地，领于宋阿重。宋阿重卒后，赠贵国公、谥忠宣公，葬顺元城北一百二十里竹蒙（今禾丰乡底窝坝祖蒙），其子孙也有一支因守墓而迁入底窝。

明洪武五年（1372），水东、水西附明，明朝改元八番顺元等处宣慰司为贵州宣慰使司，以水西霭翠和水东宋钦（宋阿重之孙）同为宣慰使。水东宋氏亲辖十二马头，并代管贵竹（今贵阳）等十长官司。底窝为水东宋氏直辖十二马头之一，杨黄寨因此名马头寨，并一直沿用至今。明初，"底窝马头"的头目是水东宋氏旁支宋德茂，民间仍称底窝马头为底窝总管府，宋德茂自称"总府"，代管底窝八寨"仲苗"（布依族）及附近十排地。

明末水东改土归流设置开州后，马头寨属开州廉里地。清末实行新政，将州属十里地改为五区，马头寨属南区。马头寨古建筑群文物点包括：宋荣昌宅、宋荣宗宅、涂世奎宅、黄文芬宅、宋耀玲宅、宋灿忠宅、黄德荣宅、兴隆寺、朝阳寺、总管府遗址、宋氏祠堂遗址。

马头寨古建筑群全貌

马头寨古建筑群民居

马头寨古建筑群远眺

云山屯古建筑群（含本寨）

云山屯古建筑群位于安顺市西秀区七眼桥镇云山屯村和本寨村。云山屯村是集全国重点文物保护单位、中国历史文化名村和传统村落于一身的独特民族村寨，是一处保存较完整的明初军事屯堡聚落、屯兵后裔生息的村寨。从云山屯金氏村民保存的《金氏家谱》载："金氏家族，明洪武初自金陵入黔，一支入平坝卫，一支入普定卫曹家街，一支入云山屯。"

始建于明代洪武年间的云山屯，以三岔河和云鸠山为屏障，于东、南两处谷口修筑屯墙，开设屯门以为前后关口。屯墙依山就势于悬崖峭壁间砌筑，连接两山之间。自建成以后，几经战乱烟火和自然侵蚀，逐年均有修葺和增建。屯内建筑于谷地古道两侧沿等高线顺山体布局。以石头奠基，石块砌墙，石板盖顶，许多建有碉楼，墙体留有枪眼。从屯墙、屯门、街巷布局到碉楼，处处展现出"兵团聚，春耕秋练，家自为塾，户自为堡，倘贼突犯，各执坚以御之"的军事防御功能特征。

战时为兵，农时务垦，闲时经商，集军事防御、农耕生活、商贸往来于一体，是明代军事屯堡建筑的典型代表。这些屯军及其后裔在黔中大地上繁衍生息，固守着祖先遗留下来的江淮汉族传统文化，形成了贵州独特而罕见的"屯田文化"。

云山屯

云山屯一隅

云山屯民居建筑

本寨全貌

本寨街巷

石阡万寿宫古建筑群

石阡万寿宫古建筑群位于铜仁市石阡县汤山街道万寿社区。石阡万寿宫古建筑群是包括万寿宫、禹王宫、观音阁、龙王庙、玉皇阁、忠烈宫、启灵桥等建筑群的总称。万寿宫即江西会馆，又称豫章合省会馆。旅居石阡江西人氏始建于明代。据《万寿宫重修碑记》载，在石阡城北，"创自康熙己亥岁"，即清康熙五十八年（1719），为"豫章合省会馆"。经百余年后，"倾圮多时"。于乾隆二十七年（1762）"重与更新"。因江西十三府中，旅居石阡的，主要是南昌府、抚州府、临江府、瑞州府和吉安府五府。此次重修，资金主要来源于四个方面，会馆客长等首事每年利用维修基金投资所生利息、"庙中原存银"、"五府捐助银"和各商号的"厘金功德银"。重修工程中，主要开支在材料费和人工费两方面，前者以石料、木料、铁料、砖瓦、石灰和油漆为主，后者以石匠、木匠、砖瓦匠、土匠、油漆匠和小工为主，其中，仅有小工是除了支付工钱还得管伙食的。

重修工程最大的改变，不是"神庥当兹，庙宇改观"，而是"因联虹桥、宝塔环拱、文峰耸之秀"，以汤山和龙川河作为屏障，将原先坐北向南的主体建筑基址，全部改为坐东向西。认为此举"上接屏山，岂借飞云培地脉。下临河畔，何须天竺壮威严"。因此形成现存建筑一字排开，中路为议事厅及厅后正殿，左路为圣帝宫，右路为紫云宫。戏楼与中路轴线相对应，左右是很长的楼廊，仅牌楼式宫门依然保留南向开启，周围高大封火墙。

1936年元月，红军第二、六军团长征经过石阡，曾在此宫驻扎，并在戏楼上演出文艺节目。贺龙、任弼时等到此看望在石阡参加红军的新战士。

禹王宫，又称水府阁。始建于明万历十六年（1588）。清康熙五十五年（1716）、乾隆四十五年（1780）、嘉庆二十年（1815）相继维修增建。建筑坐北向南，中轴对称，有牌楼式山门、戏楼、过殿、正殿等，占地面积约1540平方米，建筑面积1428平方米。内有石、木雕刻图案多种。牌楼大门坐北向南，砖石质，四柱三间三层二重檐牌楼式，通高10米。石库门宽1.78米，高3.4米。二层中部竖向楷书阴刻"禹王宫"3字，两侧为砖雕"龙柱"。

大门两侧正面墙上有砖雕人物动物等图案。过殿坐北朝南，面阔五间，通面阔21.4米，进深五间，通进深11.2米，抬梁穿斗式木结构，硬山青瓦顶。正殿面阔五间，通面阔21.4米，进深六间，通进深11.2米，抬梁穿斗混合结构，硬山青瓦顶。

玉皇阁，始建于明万历二十年（1592），清康熙年间增建。建筑坐北向南，中轴对称，原有前殿、中殿、后殿、东西回廊、钟鼓楼、僧房等，占地面积约1500平方米。现存后殿，面阔五间，通面阔13.8米，进深六间，通进深11.5米，抬梁穿斗混合式木结构，歇山青瓦顶。

忠烈宫，始建于明万历初年。清光绪年间重建。建筑坐北向南，中轴对称，原有前殿、正殿、后殿、东西回廊、僧房等，占地面积约2000平方米，建筑面积约1200平方米。现存后殿，面阔五间，通面阔14.6米，进深四间，通进深9.2米，抬梁穿斗混合结构，悬山青瓦顶，建筑面积135平方米。寺内存清代重修庙碑1通，嵌于正殿东侧墙内，青石质，方首，高0.8米，宽1.5米。首题"忠烈宫今将补修西边砖墙并鳌齐神龛化姓名列后"21字。碑文楷书阴刻，70行，满行25字，共计948字。碑文记捐资者姓名、数额事。立于道光二十年（1840）。

启灵桥，即石阡大桥。知府袁亮倡建于明万历十年（1582），时为石墩木梁桥。清乾隆二十年（1755），知府时廷霭与乡绅募捐扩建为十一孔石拱桥，乾隆二十七年（1762）告竣。同治元年（1862）河水陡涨，冲毁西岸三孔，架木过渡。光绪四年（1878），知府陈柱安等倡议募捐补修。东西向，跨龙川河。十一孔石拱桥，长155.33米，宽5.5米，单孔净跨6.25至10.5米不等，高8.3米。1957年，将两端石级改为二孔旱桥，增至十三孔。桥面中心原建四角攒尖顶阁楼，南北面配栏杆，西面桥头南建麒麟阁，北建临江楼，临江楼下河岸边，原竖有功德碑、德政碑10余通，今俱不存。

万寿宫全貌

万寿宫戏楼

万寿宫大门

禹王宫大门

启灵桥

织金古建筑群

织金古建筑群位于省级历史文化名城毕节市织金县城，包括双堰街道太平社区的财神庙，金南社区的东山寺、小街龙王庙、白衣庵、炎帝庙、和惺和尚墓塔、南门塔，星秀社区的黑神庙、玉皇阁、日升桥、童生桥，双堰社区文昌阁、斗姥阁、兴隆桥、杨泗将军庙、隆兴寺，太平社区的月华桥、太平桥、回龙桥、回龙庵，文腾街道金西社区的寿福寺、紫竹庵、织金文庙遗址，以及三甲街道三甲社区的保安寺、仲机桥。

自清康熙五年（1666）至十年（1671），为满足移居贵州的广大汉族军民的需要，大修佛寺、道观、庙宇、祠堂等祭祀性建筑。短短6年间，即在平远（今织金）城内雨后春笋般地建有文庙、武庙、斗姥阁、隆兴寺、东山寺、财神庙、城隍庙、马王庙、黑神庙、炎帝庙、地藏寺等10余座庙宇。

财神庙，建于黑龙潭之上，始建于清初，清乾隆四十八年（1783）重修。财神庙坐北朝南，由山门、两厢、正殿组成，占地面积约630平方米，建筑面积约400平方米。四重檐歇山顶，底层前后左右八个翼角起翘，二、三、四檐逐层缩小，正脊与搏脊成"丁"字形，构成三个重叠的三角形，结构奇特，是国内外罕见的民族建筑。据碑文记载，设计师为彝族父女俩，父因积劳成疾，工程未完而去世，其女继承父志，终于建造成功。民间也有"财神庙是女巧匠修建的"传说，其建筑艺术受到国内外专家的高度评价。

东山寺，建于清康熙八年（1669），光绪五年（1879）重加修葺。东山寺坐东向西，由山门、前殿、正殿、钟鼓楼、观音阁组成，占地面积约1.5万平方米，建筑面积约2000平方米。现存山门、前殿、正殿、钟鼓楼。

小街龙王庙，始建于清初。龙王庙坐西向东，由山门、大殿、观音阁组成，占地面积约300平方米，建筑面积约260平方米。

白衣庵，始建于清乾隆六十年（1795），嘉庆七年（1802）重修。白衣庵坐东向西，抬梁穿斗混合结构，封火山墙硬山顶。存前殿、正殿。

财神庙

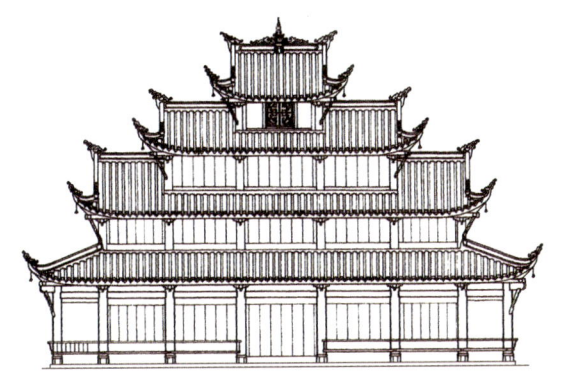

财神庙正立面图

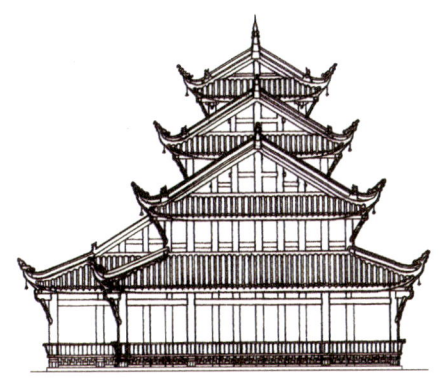

财神庙侧立面图

炎帝庙，建于清康熙十年（1671），坐北向南，由大殿、戏楼组成。

南塔，建于清乾隆三十八年（1773），系"传临济正宗第三十七世存上慧下参和惺老和尚之塔"。

南门塔，始建于乾隆年间（1736—1795），局部毁于1966年，1997年修复。圆锥体白绵石塔，底径6米许，通高14米许。

黑神庙，清光绪十六年（1890）重建，民国年间增修。依山就势，建有黑神庙、对厅、济赈亭、藏书楼、且住亭等建筑，建筑面积125.69平方米。

玉皇阁，始建于清康熙二十九年（1690），嘉庆、道光年间两度重修。玉皇阁坐东向西，由阁楼、前殿、后殿及禅房组成。现存后殿。

日升桥，建于清康熙五十四年（1715），乾隆十三年（1748）建成，光绪十三年（1887）整修。为东西向单孔石拱桥，长20米许，宽5米许，净跨14米许，矢高5米许。

童生桥，又名"永安桥""童生桥"，俗称"下水关"。始建于清乾隆十三年（1748），

东山寺

文昌阁

斗姥阁

隆兴寺

次年（1749）告竣。为东西向跨贯城河。单孔石拱桥，长25米许，宽7米许，净跨19米许，矢高12米许。

文昌阁，据光绪《平远州续志》记载，始建于清康熙二十七年（1688），选址在平远州城东关外，后毁。嘉庆七年（1802）知州周景益移建于双堰塘南的文昌宫后。现存建筑为光绪九年（1883）举人谢忠良劝捐重修。文昌阁坐南向北，为三层三檐楼阁式攒尖青筒瓦顶。底层平面为长方形，带回廊，单檐歇山顶。二层平面为六边形，三层平面为八边形，正面檐下悬楷书"文昌阁"横匾。阁前为文昌宫，始建于清康熙初。

斗姥阁，建于清康熙六年（1667），乾隆十八年（1753）重修。斗姥阁坐东向西，原由阁、左右凉亭、正殿、武侯祠、偏殿等建筑组成，占地面积约300平方米。现存阁楼。

兴隆桥，又称"半边桥"。建于清嘉庆十五年（1810）。兴隆桥东北西南向，为二孔石拱桥，长7米余，宽2.5米，净跨2米，1米。桥西北侧饰石龙栏杆，头向东北，高1米许。桥西北河床石岩上立四棱碑。

杨泗将军庙，始建于清代中期。建筑坐西向东，穿斗式木结构，悬山顶。

隆兴寺，始建于清康熙六年（1667），道光十八年（1838）重修。隆兴寺坐北向南，原由前殿、左右偏殿、后殿组成，占地面积约870平方米，建筑面积约620平方米。现存后殿。

月华桥，原名"奢香桥"，始建于明洪武二十一年（1388），清顺治十八年（1661）整修。月华桥东西向，跨贯城河，为三孔石拱桥，长18米许，宽4.7米，主孔净跨15.7米，矢高约10米。

太平桥，建于清康熙年间（1662—1722）。太平桥东西向，跨贯城河，为二孔石拱桥，长28米许，宽13米许，西侧主孔净跨23米许，矢高8米许。1976年增设大理石浮雕望柱、栏板。

回龙桥，建于清代中期，回龙桥东西向，跨贯城河，为二孔石拱桥，长20米，宽4.4米。东侧泄洪孔小，上为引桥。1974年维修，改条石护栏为栏杆。

回龙庵，建于清康熙八年（1669），光绪十三年（1887）续修。回龙庵坐北向南，由前殿、后殿、右禅房、左山门、得月楼组成，占地面积约360平方米，建筑面积约240平方米。

寿佛寺，又名"三楚宫"，即湖广会馆。寿佛寺始建于清初，清乾隆五十六年（1791），由城南移建现址。道光二十一年（1841）至二十五年（1845）重修。寿佛寺坐西向东，由大殿、戏楼、厢房及牌坊组成，占地面积约900平方米，建筑面积约610平方米。

紫竹庵，始建于清康熙四十六年（1707），道光十九年（1839）重修。紫竹庵坐南朝北，殿堂三间。

文庙遗址，始建于清康熙五年（1666），后屡次重建、维修。同治年间重建。文庙坐北向南，南北长169米，东西宽47.5米，占地面积8027.5平方米，建筑面积2586平方米。由牌坊、棂星门、大成门、天子台、大成殿、崇圣祠等建筑组成。今存遗址。

保安寺，在原平远州至安顺府大道旁云洞山"慈云洞"，为保商旅行人平安建于清道光二十四年（1844）。因"慈云洞"洞顶西南部洞穿形成天窗，名"云洞天开"，历为平远府和平远州八景之一。观音阁贴南洞口石壁修建，通过底层门洞与"慈云洞"连接。不管是道教供奉"慈航道人"的慈云殿，还是佛教供奉观世音菩萨的观音阁，建筑内均未供奉塑像，而是统一在"慈云洞"内东北面建须弥座，共同供奉观音。保安寺是因地制宜利用天然岩溶地貌倚崖傍洞修建的山地建筑精品。

仲机桥，建于清雍正元年（1723），仲机桥南北向，跨纳弓河。单孔石拱桥，长4米余，宽2.5米，净跨4米许，矢高2.5米。

楼上村古建筑群

楼上村古建筑群位于铜仁市石阡县国荣乡楼上村。楼上，古称"寨纪"，后称"楼巷"，因"上"与"巷"谐音，久而久之便喊"楼上"，一直沿用至今。

楼上村中大都姓周，是以家族血缘关系为纽带的寨子，有家族族长及成员，这些人分别是族中的长者或德高望重之人。据《周氏家谱》载：古寨始建于明弘治六年（1493）。周姓为汝南巨族、原系姬姓，周氏原籍江西南昌府丰城县桥东珠市巷，祠名大本堂，明进士周国照出仕四川威远县，修建江西会馆，于该县洛阳乡大坡里晒金坡居住，后移西蜀潼川乐治县天井坝仁义乡，明弘治六年（1493），始祖周伯泉避难图存，贸易入黔。行至寨纪，安家乐业，发展至今，形成现有村落规模。至今古寨中仍存周氏宗祠、四方碑古墓、九子十秀才墓、文林郎墓、屯堡遗址等遗迹作为见证。

古寨坐东北面西南,依山而建,古巷呈"斗"字形分布,各巷道均以青石板铺路,斑驳凹凸,巷宽2~3.5米,并有0.3~0.4米宽的排水沟与之平行。2004年进行了较大规模的修缮、整治,保存现状较好。

村中民居坐北面南,依山而建,鳞次栉比。民居多为四合院、三合院。四合院正房三间,两边各配厢房两间。龙门呈"八"字形,龙门不正对堂屋,都是歪着开,青石板古巷斜着走

楼上村古建筑群全景

楼上村民居

楼上村民居布局

楼上村巷道

"歪门斜道"。民居正房中堂多挂牌匾，窗棂间镶嵌精雕细刻的人物、鸟兽、虫鱼、神鹿、卷草等图案。

思南思唐古建筑群

思唐古建筑群位于铜仁市思南县思唐街道文化社区，包括思南府文庙、万寿宫、永祥寺、川主宫、王爷庙、周和顺盐号、旷继勋烈士故居。

府文庙，位于安化街，始建于元代，为思南宣慰使氏田氏宅，明永乐十一年（1413）思南建府后，田氏以其宅作学宫。安化街背靠五老峰、面临乌江，建筑依山傍水，远可眺群山，近可观江水、视野开阔，环境独好。明成化二十二年（1486）知府王南重建，正德二年（1507）知府宇阅整修。嘉靖元年（1522）知府李文敏改建东西屋各七间，戟门五间，右砌育贤井，泉水注入泮池，池外建棂星门。嘉靖五年（1526）知府张镖改名"孔子祀典庙"，嘉靖十一年（1532）知府洪价重修。隆庆六年（1572）知府思稔重修并植柏树百余株，左参政李渭著有《思南府学碑记》。万历二十年（1592）知府赵恒重修。崇祯十四年（1641）知府丁裕庆重修，兵部尚书田仰撰《重修文庙碑记》。清康熙十九年（1680年）知府姜登高重修，康熙二十年（1681）教授杨藻复移棂星门于故址，重建两坊，康熙二十三年（1684）颁御书"生民未有"匾额。雍正六年（1728）署知府冯咏重修。乾隆二年（1737）颁御书"与天地参"匾额，乾隆十一年（1746）知府孔传堂重修。嘉庆二年（1797）知府袁德纯重修，嘉庆四年（1799）颁御书"圣集大成"匾额，嘉庆十二年（1807）知府项应莲重修。道光元年（1821）颁御书"圣协时中"匾额，道光十一年（1831）署训导杨熙倡募改建棂星门于泮池上。清末、民国时期为思南凤仪小学校舍。1936年思南地下党人肖次瞻在该校以任教为掩护进行革命活动。1939年熊大瀛亦在此进行革命活动，并创办《教育旬刊》《读书生活》等刊物。1939年至解放初期，一直为凤仪小学校舍，解放初期至1987年为思南实验小学校舍。府文庙平面上呈长方形，东西长158.32米，南北宽46.58米，依山就势，坐西向东，占地面积7374.54平方米，建筑面积2103.67平方米。现存建筑由西往东依次为礼门、义路、宫墙、泮池、棂星门、大成门、两厢、大成殿、崇圣祠、追封殿，高大封火墙围护。穿斗、抬梁混合式结构，分别有歇山、硬山小青瓦顶。

万寿宫，位于思唐镇安化街。据史料和碑记记载，万寿宫始建年代不详，明正德五年（1510）被洪水淹没，明嘉靖十三年（1534）重建，万历二年（1574）扩建。清康熙二十三年（1684）添建，嘉庆六年（1801）大加扩展，更为今名，同治十三年（1874）重修正殿、过厅。光绪十四年（1888）重修戏楼、耳房、两厢。民国以前曾为僧人、居士所用。1911—1949年国民党思南县党部以此作为办公地点。1950—1983年思南县委作办公用房。1983—2001年思南县卫校作校舍。万寿宫平面呈长方形，东西长110米，南北宽38.9米，依山就势，坐西向东，占地面积4284.99平方米，建筑面积1284.87米。现存建筑由西向东依次为山门、牌坊、戏楼、厢楼、两厢、抱厦、正殿。整组建筑同一轴线上高差达18米，高低错落，层次分明。戏楼为歇山顶青筒瓦屋面，正殿、抱厦为硬山顶小青瓦屋面，穿斗、抬梁式混合结构。

永祥寺，位于思唐镇安化街，始建于明弘治年间，具体年代不详，明万历二年（1574）知府蔡应申重修，更为今名，万历二十二年（1594）毁于火，后知府赵恒重建，又损。清同

安化街远景

府文庙大成殿

万寿宫

万寿宫戏楼

治五年（1866）重建，时为文武官员朝贺之所。民国时为僧人、居士所用。解放后为粮食部门作粮仓沿用至今。永祥寺平面呈长方形，东西长51.5米，南北宽23.62米，坐东向西，占地面积1085.25平方米，建筑面积514.07平方米。两进四合院，现存建筑由西向东依次为过厅、两厢、后殿。硬山顶小青瓦屋面，为抬梁、穿斗式混合结构。

川主宫，位于思唐镇安化街，始建于明正统年间，具体年代不详，为长官司安洛建，明成化、嘉靖年间，长官安继爵重修。崇祯时关中郭内儒重修并建后殿。清康熙二十五年（1686）参将施应隆同长官司安于磐续修并增后殿、僧房、山门。嘉庆十三年（1808）郡人刘明礼倡募续修。道光十七年（1837）安化知县甘雨施捐俸接修，郡人安统绪董其事。民国时期为僧人和居士所用。1949—1960年为防疫站作办公用。1960年，思南船厂作职工宿舍至今。川主宫平面呈长方形，南北长54.38米，东西宽22.62米，坐南向北，占地面积1230.07平方米，建筑面积604.39平方米。现存建筑由北往南依次为东西两厢、抱厦、正殿、后殿、高大封火墙围护。穿斗、抬梁混合结构，分别有硬山、单坡、歇山顶，小青瓦屋面。

王爷庙，位于思唐镇安化街。始建于明中后期，具体年代不详，后毁于水，清光绪二年（1876）重建。民国至1949年为僧人、居士使用。1949年后被粮食部门作榨油厂房。王爷庙平面上略呈"四方形"，东西宽43米，南北长55.62米，坐南向北，两进四合院式建筑，占地面积2391.66平方米，建筑面积1309.93平方米。现存建筑由北向南依次为两厢、抱厦、正殿、钟楼、鼓楼、配殿、僧舍、厨房。高大封火墙围护。穿斗、抬梁混合式结构，分别有硬山、悬山、四角攒尖顶，小青瓦屋面。

周和顺盐号，位于思唐镇安化街。建于清道光年间，具体年代不详，据房主介绍他是这家川盐入黔盐号的第六代传人。1958年，盐仓及过厅被工商局收购使用至今。建筑面积612平方米，属典型四合院商住合一式建筑。

2. 省级文物保护单位

周和顺盐号

省级文物保护单位包括六盘水六枝羊场近现代商贸建筑群，遵义正安祝家坪古建筑群、务川龙潭村古建筑群，毕节织金营上古建筑群，黔南贵定阳宝山古建筑群。

六枝羊场近现代商贸建筑群

六枝羊场近现代商贸建筑群位于六盘水市六枝特区岩脚镇，包括"永昌号"盐号旧址、唐家马店、龚家药铺、龙幼安宅等。

"永昌号"盐号旧址，始建于清光绪年间，"永昌号"盐号经营的是从永岸运销贵州的食盐。建筑前店后院布局，坐南向北，临街为面阔三间的木构硬山顶建筑，后为四合院，占地面积420平方米，建筑面积680平方米。现整体保存较好。

唐家马店，始建于清光绪年间，占地面积276平方米，建筑面积161平方米。建筑坐南向北，穿斗式木结构，合院式布局。正房面阔六间，底层为马厩。东厢房面阔三间，西厢房面阔二间。门房在西厢房前，面阔二间，位于合院轴线一间为通道。封火山墙围护。建筑均为一楼一底，楼层挑廊相互连接，形成回廊。现保存状况较差。

龚家药铺，始建于清光绪十一年（1885）。建筑坐北向南。前店后院布局，临街为铺面，后为四合院，占地面积360平方米，建筑面积192平方米。四合院前空斗砖墙中开大门，门上堆塑"松竹恒春"横匾。院内倒座、厢房、正房均为一楼一底穿斗式木结构建筑，除厢房面阔一间外，其余均面阔三间。封火山墙围护，楼层挑廊相接成回廊。

唐家马店

龚家药铺

正安祝家坪古建筑群

正安祝家坪古建筑群位于遵义市正安县芙蓉江镇合作村。祝家坪在唐以前为土人世居之地。宋代，曾有祝氏在此住居，因此而得名。明代，改土归流，朝廷实施调北填南政策，民以迁徙，大批拥入县境各地，李姓率族系迁居落业祝家坪后，因族系势力，祝氏被迫迁徙他处，现村寨中居住的族姓以李姓为大姓，其余的吴、廖、王、田、陈、张等族姓均系后期迁徙至此。

唐贞观十六年播州置芙蓉县，芙蓉县城在今流渡镇古城村，与祝家坪仅天楼山、鸡公崖二屏障相隔，此时祝家坪属芙蓉县旧地。宋废芙蓉县，其辖地划归珍州，珍州辖地兼芙蓉县旧地，元、明时期改珍州为真安州，祝家坪地与正安同属真安州。清代，俭坪地域又属绥阳县插花地，清光绪五年又划入正安州所辖。

祝家坪是古时通往思南、铜仁等地的古盐道，安场历为綦岸盐中转站，其道从安场经正安州城东南路到两河口渡、马溪河渡、小溪渡至祝家坪后，又至米粮渡、流渡、谢坝达凤冈县马头山和湄潭县永兴镇两个盐运中转站后，达思南、铜仁、湖广等地；又经正安州东南路经洋渡到祝家坪，又经独龙塘、晏溪至思南。

祝家坪寨子建筑及文化遗存与李姓家族在祝家坪的发展有着密切关系。明代，李姓家族迁徙至祝家坪地，开垦荒地，修筑水堰，引古峰洞之水至坝上灌溉良田，家族繁衍生息。清代，李姓便又在白鱼山老龙洞等几个洞内炼硝，加之属古道，其炼制的硝与商人交换，至此李姓家族更加兴旺发达，分房居之，各房修建各自宅院，遂形成如今的祝家坪寨子。根据祝家坪清代《李氏族谱》记载，为通其道，培修古道、桥梁，为避世乱，筑其印子屋与营堡寨防御，并在炼硝洞口分别设碉楼等防御体系。

祝家坪古建筑群以地域典型的三合院建筑、印子屋建筑、营堡寨建筑以及平房等建筑体系组成。

祝家坪三合院民居建筑，多由正房、天井、两厢、朝门和院墙等组成。砖石木混合结构，小青瓦顶，建筑主要采用石、木为主建造，其形制有转角吊脚楼、下天吊脚楼、厢房吊脚楼，正房为穿斗式木结构，三开间或五开间不等，前带廊，逢门处均设腰门。厢房多为吊脚楼，穿斗式悬山顶木结构，部分外沿并安置扶栏。楼层人居，底层圈养牲畜，天井青石铺墁。一组三合院一般有大小两个朝门，有全木结构垂花门和石砌拱门两种形式。祝家坪共有三合院民居建筑37栋，大部分主体建筑仍保存原状，部分围墙及朝门因人为改造受损，镂空花窗部分保留。

祝家坪大堡"印子屋"民居建筑，为正房、两厢、对厅和朝门组成的四合院，其形酷似一颗印，故称"印子屋"。"印子屋"占地面积1250平方米，建筑面积850平方米。建筑为穿斗式木结构，悬山青瓦顶，前带廊。四周用砖石砌筑高大围护墙。天井青石铺墁。对厅依地势修建为吊脚楼，楼层与正房及两厢齐平，明间设为过街通道，从天井沿青石台阶下至底层，通向正面和右侧朝门。整体建筑风貌保存较好，仅局部被人为增加。

永清崖营堡寨民居建筑，占地面积1360平方米，建筑面积1140平方米。永清崖营堡寨依山而建，寨墙沿自然山体一周砌筑，高大、厚实、牢固。寨墙上设有炮台、垛口、瞭望口、碉楼等防御设施。寨内民居建筑分别有吊脚楼、走马转角楼和平房等形制，均为穿斗式结构，

四合院建筑

永清崖营堡寨

三合院建筑

石刻墓群

三合院朝门

鲁家崖营堡寨

字库塔

三开间或五开间不等，内均建有地脚楼，堂屋外设腰门。朝门利用寨墙设置，为拱券门或石库门。永清崖营堡寨寨墙损毁严重，仅少许部分仍保存，寨内建筑保存完好。

鲁家崖营堡寨民居建筑，占地面积2300平方米，建筑面积1500平方米。鲁家崖营堡寨依山而建，寨墙沿自然山体一周砌筑，高大、厚实、牢固。寨墙上并设有炮台、垛口、瞭望口、碉楼等防御设施。寨内民居建筑分别有吊脚楼、走马转角楼和平房等形制，均为穿斗式结构，三开间或五开间不等，内均建有地脚楼，堂屋外设腰门。朝门利用寨墙设置，为拱券门或石库门。鲁家崖营堡寨寨墙整体保存完好，仅部分墙体上遭受损坏，碉楼被毁，寨内建筑大部分保存完好，少许部分被人为改建被损毁。

务川龙潭村古建筑群

务川龙潭村古建筑群位于遵义市务川仡佬族苗族自治县大坪街道龙潭村。总面积0.38平方千米，主要分布于大坪镇龙潭村中寨、茶地和后寨三个自然村寨，房屋大多为坐东向西，穿斗式结构，小青瓦悬山顶木构建筑。

龙潭村是明正统十四年（1449）"土木之变"中死于国事的御史申佑的出生地，其地尚存申佑衣冠冢、申氏宗祠遗址及其幼时读书遗迹来雁塘。寨内村民以申姓为主，其寨三面环山，一面临水。

村寨民居多以四合院落、三合院为主，院落由石院墙、院门（朝门）、正房、两厢、对厅构成。建筑群随着山势的起伏，巧妙地组合在茂密青松翠柏之中，使建筑物与山、泉、林、田园有机地结合起来，真是入家不见山，进山不见寨。整个村寨的总体布局巧妙地利用了地形，将每家每户与小路、建筑、院墙、石巷相互连通成网络状，随着地势高下将建筑与山、石相融合，周围遍植花木、古柏、银杏等，郁郁葱葱，使建筑群保持盎然的活力。建筑群布局合理、紧凑。每个院落皆用毛石干砌院墙，墙上设有射击孔、瞭望孔等军事设施，主要是用于防盗和防御外来入侵者。建筑由正房、两厢房构成，正房堂屋门槛高大，表示高门大户的意思。堂屋正中为修造讲究的香龛神位，用以供奉祖先牌位，这与仡佬族人崇拜祖先、宗族祭祀有关。门窗以龙、凤、麒麟、桃、石榴、花草、万字格等吉祥图案饰之，正房大门外侧加建腰门。表达了仡佬族人追求福、禄、寿、喜的美好愿望。最为独特的是雕凿于正房明间前檐柱与金柱间板壁两侧的"猫眼"，"猫眼"能由内向外看而不能由外向内观，功能类似于今天防盗门上的瞭望孔。

龙潭村不仅保存了大量的古建筑，而且民族民间文化异彩纷呈，现存的饮食、服饰、舞花灯、舞火龙、七月七"吃新节"、九月九"收新节"等反映了龙潭村仡佬族人对祖先崇拜、宗族祭祀的强烈愿望。

龙潭村古建筑群

织金营上古建筑群

织金营上古建筑群位于毕节市织金县龙场镇阳光村。由王永年故居、赵家大院、王家大院、邬家洞等10处文物组成，包括民宅、碉楼、水井等建筑。民居以穿斗式木结构建筑为主，由正房、厢房及天井构成，房屋均为二层，悬山顶小青瓦。建筑最早始建于清代。营上古建筑群真实地记录了当地人民原生态的生产、生活方式，展示了他们丰富、多彩的民族习俗、精神生活，融自然、人文、民族等景观于一体。

营上王家一世祖王文风从遵义府到织金龙场安家，栖息于干河营上大洞门口，即何家寨大岩洞，临邬家洞的邬家。经过几代人的辛勤耕耘，基业迅速壮大。干河营上大洞门口的四世祖王正邦生于清道光三十年（1850），中武秀才后，请命在家乡驻兵安营，其扎营之处被称为营上，营上之名由此得来。至"五世祖王永槐生于同治癸酉年（按：1873年）在干河营上岩脚"，王氏家族算真正定居于营上。1926年，受辛亥革命和"五四"新文化运动的影响，营上两级小学成立。

王永年故居，为三合院，一正两厢，坐西南向东北，穿斗式木结构建筑，二层砖木结构，小青瓦悬山顶。正房为面阔五开间、进深二开间，东厢地下层为牲畜房，紧邻东厢的偏房是二层带回廊的木结构穿斗式吊脚楼。占地面积约500平方米，建筑面积约890平方米。

赵家大院，始建于清代。原为王氏居住，现为赵姓居民居住。建筑坐西南向东北，占地面积240平方米，建筑面积350平方米。由正房、两厢、天井组成三合院布局，穿斗式砖木结构，悬山青瓦顶建筑。天井青石板铺墁。

织金营上古建筑群

民居碉楼林立

一正两厢轴对称布局民居

择居岩溶洞穴内民居

民居垂带踏步上抱鼓石雕刻

王家大院，始建于清代。建筑坐西南向东北，占地面积约200平方米，建筑面积约260平方米。由正房、两厢、天井组成合院式布局。正房面阔五间，穿斗式木结构，悬山青瓦顶建筑。天井为青石板铺墁。

李氏民居，始建于清代。原为王氏居住，现为李姓居民居住。占地面积约290平方米，建筑面积约200平方米。由正房、右厢、天井组成合院式布局。正房面阔四间，穿斗式木结构，悬山青瓦顶建筑。天井青石板铺墁。

王氏民居，在赵家大院东侧，始建于清代。建筑坐南向北，占地面积约150平方米，建筑面积约260平方米。由正房、右厢、天井组成合院式布局。正房面阔三间穿斗式木结构，悬山青瓦顶建筑。天井石板铺墁。民居木雕精美。

王家民居，王家祖先建造于清代。建筑坐西南向东北。由正房、天井组成合院式布局。正房面阔五间，穿斗式木结构，悬山青瓦顶建筑。天井青石铺墁。民居木雕精美。

月亮水井，始建于清代。水井坐西南向东北，占地面积约10平方米。用石板围砌，井前有石板井台。井水已被污染。

王家碉楼，坐西南向东北，东北面开门。占地面积约32平方米，建筑面积约160平方米。石砌，建筑平面呈长方形，高五层。底层有水井。二层以上四方均留有观察眼和枪眼。碉楼第四层的四角，均建有俗称"燕子窝"、突出悬挑的角堡，内部设向前和向下的射击孔。顶部木楼为木结构，悬山青瓦顶。

刘家碉楼，20世纪30年代刘北垣所建。据说工匠来自安顺。碉楼坐西向东，原为刘家大院的组成部分，做法大致与王家碉楼同。

贵定阳宝山古建筑群

贵定阳宝山古建筑群位于黔南州贵定县宝山街道宝花村。始建于明嘉靖年间。清光绪年间扩建。原有头天门、南天门、关帝庙、真武殿、佛庐、静室、玉皇阁等20栋建筑，占地面积约2400平方米。毁于1960年，现存残垣断壁、石质构件及僧人墓塔。

僧人墓塔在寺庙四周，有大小墓塔120多座，年代最早建于明崇祯四年（1631），最晚为1949年。以石料砌筑墓塔，多为五级，平面有方形、圆形、八边形等多种。塔上大多雕有花、鸟、虫、鱼、龙、凤等图案。

贵定阳宝山寺庙遗址

贵定阳宝山僧人墓塔

二、沅江水系

（一）交通类文化遗存

1. 全国重点文物保护单位

葛镜桥

葛镜桥位于黔南州福泉市金山街道双桥社区，俗称豆腐桥。桥南北向横跨犀江（麻哈江），为平越卫指挥葛镜独资兴建。最初于明万历十六年（1588）选择在今吴家桥下游建桥，尚未建成即倒塌，称"上倒桥"。二次修建时筑于鸭坝下游，再次倒塌，称"下倒桥"。葛镜发誓："吾罄家资必成此桥。"并于万历四十三年（1615）第三次修建，终于万历四十六年（1618）初建成。前后耗时30年。桥建成后葛镜赋诗曰："亘时昨庆桥成矣，江流湍急桥复圮。持一片心盟白水，桥不成兮镜不死。"为建桥梁，葛镜将其富足之田产，除去每年自用口粮外，全部用于建桥，总计不下"五六千金"。因劳累成疾，桥竣工不到两年，葛镜病故。时任贵州巡抚张鹤，"嘉镜之行，怜镜之死，又喜其桥成"，将其所建桥梁命名为"葛镜桥"，并撰写《葛镜桥碑记》勒石于桥上。葛镜桥为三孔厚墩联拱石拱桥，长52.7米，宽8.5米，单孔净跨分别为19.62米、12.30米、6.26米。

2. 省级文物保护单位

省级文物保护单位包括铜仁松桃大路风雨桥；黔东南黄平湘黔驿道黄平段、黄平重安江铁索桥，施秉湘黔公路鹅翅膀立交桥，镇远码头，麻江黔桂驿道麻江段；黔南都匀百子桥。

葛镜桥

葛镜桥连接的湘黔驿道

松桃大路风雨桥

松桃大路风雨桥位于铜仁市松桃苗族自治县大路镇大路社区，历为川黔要津。当地绅民捐资献料建于清道光四年（1824），1946年增修北桥头。桥南北向，跨小溪，为五跨石墩木梁桥，长67.48米，宽3.2米，高5米许。桥上建重檐歇山青瓦顶桥屋二十九间，中间抬升为桥楼，高3.9米。

湘黔驿道黄平段

湘黔驿道黄平段位于黔东南州黄平县新州镇晒金石村和旧州镇文峰村至上塘镇乌梅河村青杠垴县界，驿道上有湘黔驿道晒金石段古道、玉峡虹桥和"玉峡飞虹"摩崖石刻，以及旧州至上塘段古道、喜家桥、瓮湄桥、万福桥、寨啰院石桥、滑石板石桥等。

湘黔驿道晒金石段，原为商道，明正统间移黄平驿于兴隆卫设兴隆驿而改道后辟为驿道。现存驿道路段位于原东坡驿与兴隆驿之间，长500余米，宽1.5米许，块石铺墁。保存较好。

玉峡虹桥和"玉峡飞虹"摩崖石刻在晒金石路段上，桥系里人狄应游创建于清乾隆年间。玉峡虹桥东西向，跨小溪。单孔石拱桥，长14.2米，宽6米，净跨8.4米，矢高7.15米。桥面石板铺墁，两端各设踏跺5级连接古驿道。"玉峡飞虹"摩崖石刻，在玉峡虹桥东北崖壁上，竖向行书双钩线刻，另有"崖云含宿润，溪月动晴辉"诗句摩崖石刻，为里人王杬题于清嘉庆六年（1801）。

湘黔驿道旧州至上塘段，系明初在黄平州（今黄平旧州）设黄平驿后所辟驿道，为黄平州至平越府（今福泉市）之一段。上塘初属黄平安抚司（现属旧州镇），明万历二十八年（1600）平播后改设黄平州，隶平越府（今福泉市）。清嘉庆三年（1798）改隶镇远府，道光七年（1827）对驿道进行维修。湘黔驿道旧州至上塘段始于旧州城西，经波洞铺、上塘铺、翁埋铺、打铁关铺、地送铺、王家塘铺至平越（今福泉市），现存路段长13.5千米，宽1.2～3米，毛石砌筑。旧州至上塘段保存较好，部分路段保存完好，部分路段已被改为公路。

喜家桥在上塘镇板桥村东北，瓮湄桥在上塘乡乌梅河村南，万福桥在上塘乡蛇场街南。其中喜家桥建于明万历年间，东西向，跨小溪，为单孔尖拱石拱桥，长35米，宽5.5米，净跨8.9米，矢高5.1米。桥面青石板铺墁，两端各设2级踏跺。

瓮湄桥在乌梅河村南，建于清乾隆四十五年（1780）。桥南北向，跨乌梅河，为双孔石拱桥，长36.7米，桥面长26.3米，宽6.8米，单孔净跨11米，矢高5.5米。桥栏中部嵌横向楷书阴刻"神禹王在此"5字石刻，每字0.2米见方。

万福桥，又名马家桥，在蛇场街南端，建于清道光七年（1827），道光八年（1828）告竣。桥南北向，跨里溪河，为单孔石拱桥，长37米，宽7.2米，净跨16米，矢高8.33米。桥面以石板铺墁，两侧设长0.8米、宽0.38米、高0.61米护栏，桥栏望柱上镌刻有"道光七年七月兴工，道光八年修成。黔垣八省客商厘金捐修"。

黄平重安江铁索桥

黄平重安江铁索桥位于黔东南州黄平县重安镇兴隆街社区。初为舟渡，康熙十二年（1673）造石桥，未几倾圮。康熙三十二年（1693）重修，再次冲颓。康熙三十五年（1696）创设浮桥。同治十二年（1873）提督周达武捐资创建铁索桥。桥南北向，跨重安江，长35.9米，宽3.2米，下距正常水位9米许。由18根铁链组成，其中2根作扶手，桥面以木板横向铺墁。

松桃大路风雨桥

旧州至上塘古道 射潭（社坛）段

旧州至上塘古道喜家桥路段

喜家桥

瓮湄桥

万福桥

寨啰院石桥

黄平重安江铁索桥

湘黔公路鹅翅膀立交桥

湘黔公路鹅翅膀立交桥位于黔东南州施秉县甘溪乡甘溪村刘家庄，又名螺蛳桥。1935年建，系京（南京）滇（昆明）公路的重要节点，系利用施秉与镇远交界处相见坡临近坡顶的自然地形，修建公路用的立交桥。该桥为单孔公路石拱桥，净跨6.2米，通高10米，桥长19米，桥宽6.2米。两侧券顶上方，横向楷书阴刻"鹅翅膀"3大字，每字0.4米见方。1949年11月，人民解放军二野十六军一三八团五连为解放施秉向"鹅翅膀桥"挺进。谷正伦令国民党十九兵团四十九军二四九师七四五团将桥炸毁。五连官兵一举击溃对岸守敌，消灭敌一个炮兵排，俘敌百余人。1950年，人民解放军四野二兵团一营奉命修复鹅翅膀桥。

麻江黔桂驿道麻江段

黔桂驿道麻江段位于黔东南州麻江县碧波乡、杏山镇和贤昌乡。黔桂驿道，北起碧波乡大堡村大堡组的麻哈江河岸，沿途经过碧波乡、杏山镇和贤昌乡的8个村，南至贤昌长坡煤矿的古关口，全长30千米。沿线文物点包括驿道、关隘、桥梁和岩题。现存保留较好有白家庄至大堡段近2千米，长坡段1.5千米，虎场铺1千米平田哨1千米，驿道用块石或卵石铺就，宽为1～1.5米。

长坡关位于贤昌乡长坡煤矿北山垭口古驿道上，建于清道光十四年（1834）三月，现仅存南北两墙及部分残垣断壁。墙高4.7米、厚0.7米，占地长17.4米，宽8.4米，共146平方米，两墙均各建有一高3.1米、宽1.9米的二拱形门洞，保存完好。关内现存两通功德碑，碑体残断，分别记载了当时各界捐资建关的情况。

又诗百子桥，位于又诗村北500米，横跨又诗河上，为五孔石拱桥，长60米，宽5.3米，高6.4米。由龙头山庙出家人捐资兴建建于清康熙十年（1671）。2000年在桥头掘井时，发现该桥建桥碑记1通。

平田哨写字岩，位于碧波乡干溪村北1千米平田哨甘溪河畔崖壁上，离地4米许。壁题两方：一为竖向楷书"平田曾见玉，幽谷亦生兰"，落款"郡人宋儒题，晚学杨圭敬书"，题于明隆庆年间。宋儒，字大中，麻哈州（今麻江县）人，明隆庆五年（1571）进士。一为竖向楷书"从来平田曾见玉，至今幽谷亦生兰。青山有意藏仙迹，此后来人赐地瞻"。周泰寿题于1944年。周泰寿，字铭久，麻江人。

湘黔公路鹅翅膀立交桥

薛岳题"鹅翅膀"石刻

黔桂驿道大堡段

长坡古关口

又诗百子桥（清代）

平田哨写字岩（明代）

都匀百子桥

都匀百子桥位于黔南州都匀市文峰街道百子桥社区。因桥为乡绅唐文升修建，又名"唐家桥"。百子桥始建于清乾隆五十一年（1786），乾隆五十六年（1791）竣工。桥东西向，跨剑江，为七孔石拱桥，长140米，宽8米，单孔净跨16米，矢高3.5米。唐文升后代于桥上建"耸翠亭"，咸丰五年（1855）毁于战火。光绪十一年（1885）重建。光绪三十四年（1908），剑江暴涨，冲坏桥基，唐树衡5次联合族人维修。

都匀百子桥

3. 市县级文物保护单位

市县级文物保护单位包括铜仁碧江白水石拱桥，江口桐子河石拱桥、德旺乡风雨桥、铁厂石拱桥、上瓦溪风雨桥、平定风雨桥、河口石拱桥、金南桥、阴溪石拱桥、张家坡石拱桥、盘溪石拱桥、交界河驿站、併寨石拱桥，玉屏七眼桥、飞凤桥、抚溪江桥、松桃木树镇石龙河桥、正大镇地所石拱桥，黔东南凯里老拱桥、张梁墓群及福德桥、下司古码头、又诗百子桥、水寨花桥、吴家桥、尹家桥、曲江弘农桥、万寿桥、岩寨张家桥、慈母桥，黄平永宁桥、白岩古街道、滚水古道、潕阳河起点码头、重安江码头、四灵桥、龙角桥、石龙桥、崇德桥、玉峡晴虹双桥、"玉峡飞虹"摩崖、中桥河义渡碑、安澜桥、何家花桥、施秉普庆桥、盘龙桥、红卫桥、湘黔驿道望城坡，三穗木界风雨桥、木界小河石拱桥，镇远律令石拱桥、何家桥、总门口桥、羊场城隍庙古石桥、盈丰桥、羊坪仙人桥、下庵石拱桥、下寨石拱桥、三拱桥、三星步月桥、松溪桥，岑巩地城古道遗址、甘塘古道遗址、太平桥、羊桥石拱桥、天马石拱桥，天柱消洞风雨桥、北岭钱塘桥、北岭昌善桥、阳山风雨桥、将军桥、江东桥、章寨三拱桥、地湖风雨桥、瓮洞码头、白市码头、鸬鹚码头、远口码头、垄处码头、金鸡冲石拱桥、坡脚村要津溪石板桥、坡脚石板桥、枧冲溪石板桥、塘美石拱桥、杞寨保泰桥、三寨盘龙桥、凸洞石拱桥、下达石拱桥、和党石拱桥、邦寨石拱桥、永兴石拱桥、邦寨石板桥、铜贤溪古石拱桥、竹联点石拱桥，锦屏者蒙花桥、彦洞花桥、偶里花桥、腊洞石拱桥、茅坪合龙桥、河口渡碑、八洞渡碑、河口木业碑、黄哨山古驿道、新化老君桥、菜园建桥碑群、清江渡运码头、卦治木商会碑、鄂尔泰为禁筑梁以通水道碑、河口施渡碑，剑河渡胪碑记、小拱桥、延寿桥、宜男桥、永兴桥碑、南包永安桥碑、两湖馆、永安桥、三星桥、太平桥、乃寿桥、永定江规碑、谢寨风雨桥，台江毛坪石拱桥（皆基桥）、汪江祭祀桥、新寨风雨桥、得胜桥、八梗码头遗址、施洞码头，黎平北塔桥、成德桥，麻江龙山百子桥、长坡古驿道关口、江水桥、依寨石礅、丹寨丹雷古道界它段、浮桥、长青大桥、大朗桥、福德桥、南往河石拱桥、合心桥、三孔桥、瓮城河渡口遗址、望城石拱桥、丹都古道台辰段、刘家桥、五里桥；黔南都匀石板街、都匀码头遗址、冲口桥、关厢桥、三胜渡碑，福泉吴家桥、黄丝江边桥、皋阳桥、广济桥、升仙桥、王公桥、花娘桥。

（二）军事类文化遗存

1. 全国重点文物保护单位

全国重点文物保护单位包括黔东南州黄平岩门长官司城、镇远城墙、黔南州福泉城墙。

岩门长官司城

黄平岩门长官司城位于黔东南州黄平县谷陇镇岩门司村清水江北岸。因下游两山陡峻，狭峙如门，故名"岩门"。

岩门司设于明代成化六年（1470），隶属凯里安抚司。万历四十二年（1614）改属黄平州。清顺治十五年（1658）为岩门长官司，长官何清。何清是重庆人，明成化四年（1468）随军征苗有功，成化六年（1470）授凯里安抚司左副长官。据乾隆间山东巡抚朱定元《苗叛纪事》记载，包利、红银领导的苗族起义军于雍正十三年（1735）"四月二十八日，烧劫州属岩门新、旧二司，驻防把总梁壁战死"，岩门司长官何清、重安司长官张纯金、朗城司长官冯秉文"相携赴水死"。而《清史稿·土司·贵州卷》则记载为"万历四十二年，改属黄平州。传至何仕洪，清顺治十五年，归附，改授岩门长官司，世袭"。

何清死后，其子何宗应接任。清乾隆六年（1741），将清水江南岸的老岩门司迁至今址，由"赐进士出身知清平县事张南英监造"为石城，目的是利用清水江天险拱卫黄平，力保湘黔驿道畅通。因战略位置十分重要，成为清廷"约束屯堡""弹压诸苗"的政治、军事要地。咸丰五年（1855年）张秀眉领导的苗族起义军攻克岩门司，土司何化隆死。同治九年（1870）由何兆基袭。民国五年（1916）何子衡接任岩门土司。最后一任岩门土司何仲文，于1935年被国民党省政府通令废除。

岩门长官司城依山就势而建，北靠大山，南临清水江。青石砌筑，周长1642米，均高4.5米，厚不足3米，有墙垛。于高险处构筑炮台三座，设东、南、西三门及二水关。城门有楼，炮台有房。1972年拆毁城墙180米，取城石修整河道。现东门残存，西门、水关及炮楼已毁，其余保存比较完整。古街巷及两侧20余栋民居建筑保存较好。至于驻扎黄平卫千总的千总署，以及"分防岩门汛右司"的分防把总署，则仅存遗址。鉴于岩门长官司城是研究土司制度、西南地区民族关系史以及军事史的重要遗迹，具有较高价值。

岩门长官司城全貌

东城墙

东门

南城墙

南门

镇远城墙

镇远城墙位于黔东南州镇远县,分布在中国历史文化名城镇远㵲阳镇㵲阳河两岸。镇远是素有"滇楚锁钥、黔东门户"之称的湘黔驿道沿线重镇,是贵州古代唯一的水马驿,历史悠久,文化底蕴深厚。南宋绍兴元年(1131),筑黄平城,赐名镇远州,"镇远"之名始此。元初置镇远沿边溪洞招讨司,后改为军民总管,建治于中河山。明洪武五年(1372)改镇远州,隶湖广。洪武二十二年(1389)年设镇远卫。永乐十一年(1413)置镇远府,隶贵州布政司。弘治十一年(1498)设镇远县。清康熙二十二年(1683)省卫入县。民国元年(1912)并镇远县入镇远府。有青龙洞、在华日本人民反战同盟"和平村"旧址、镇远城墙等全国重点文物保护单位。

镇远城墙由府城墙和卫城墙二部分组成。明永乐十一年(1413)贵州建立行省时设置镇远府,利用北面石屏山和南面㵲阳河形成天然屏障,加之有卫城拱卫。直至138年后的嘉靖三十年(1551),才选择城北石屏山上依山就势建府城。万历二十一年(1593)、崇祯十五年(1642)、清康熙十年(1671)、乾隆二年(1737)多次修葺。府城墙,全长2千米。卫城墙,临河修建于㵲阳河南岸五老山下。明洪武二十二年(1389)置镇远卫指挥使司,隶湖广都司,始筑卫城。后经清代三次维修,周长3.07千米。现存临河长1.5千米一段,由城墙、副城墙、西门码头、上北门城门城楼、上北门码头、三堵护城堤和下北门城门城楼组成。为加固城墙,防止洪水对墙体的冲击,修有比城墙矮的副城墙一段。在卫城西门和上北门码头上侧,修筑防洪护城堤三堵。

府城墙

卫城墙

卫城墙和上北门码头

卫城墙中段

福泉城墙

福泉城墙位于黔南州福泉市金山街道藜峨社区黎峨山下。元世祖至元二十一年（1284），置平月长官司，隶管番民总管府。明洪武八年（1375），改平月长官司为平越安抚司，隶播州宣慰司，"平越"之名始于此。洪武十五年（1382）置平越卫。万历二十九年（1601）置平越府，府卫同治。清康熙十一年（1672）裁卫置平越县，与府同治。嘉庆三年（1798）改为平越直隶州，为州治。民国二年（1913）废州置平越县，为县治。民国二十一年（1932）设平越镇，后改城厢镇。

城墙始建于明洪武十四年（1381），先是平越卫指挥李福建"累土为城"，建文三年（1401）改建石城。正统十四年（1449），因苗族农民起义军围城日久，城内用水告急。事后于成化年间，平越卫指挥张能为解决城内人畜饮水问题，在西门外临河加建水城。万历三十一年（1603），知府杨可陶、指挥奚国柱于城外加筑外城，将河水引入城内，另辟"小西门"与之衔接。其后又多次扩建，逐渐形成城中有河、河外有城的特殊形制。城墙周长4.9千米。周设四门，筑月城三座，设警铺45处。水城东、南、西开拱门。东北侧进水处、西侧出水处，分设三孔拱券水门，券顶留有提放铁栅栏的槽孔。福泉城墙是贵州保存最好的明清古城墙之一。

福泉城墙小西门

东门及藜峨楼

2. 省级文物保护单位

省级文物保护单位包括铜仁碧江新营垴屯墙和复兴桥，黔东南镇远青浪卫城墙、剑河柳基城墙，黔南福泉竹王城遗址。

新营垴屯墙和复兴桥

新营垴屯墙和复兴桥位于铜仁市碧江区滑石侗族苗族土家族乡老麻塘村。新营垴屯东与湖南凤凰亭子关一溪之隔，建于清乾隆、嘉庆年间，咸丰、同治年间补修。新营垴屯平面呈椭圆形，占地面积约1.2万平方米。新营垴屯墙以块石、卵石垒砌，周长1200米，高2～3米，底宽2米，顶宽0.8～1.8米，设四门。现保存基本完整。

复兴桥位于与湖南凤凰交界处。嘉庆年间在滑石河上建石墩木梁桥，后毁于洪水，仅存桥墩，人称"断桥"。久而久之，当地俗称断桥。同治年间，在"断桥"下游不远处建成三孔石拱桥，为避"断桥"之讳，取名"复兴桥"。桥由湖南、贵州两省边民共同修建。湖南建一孔，贵州建两孔。湖南一孔为半圆拱，贵州两孔为尖形拱。长约47米，宽5.2米，单孔净跨6米，矢高5米许，两侧有石栏杆。桥上原有石栏，今残缺不全。桥头立有修建碑记，立于清同治十二年（1873）。由3块青石组成，方首无座，均高1.4米，宽0.8米，厚0.1米。首块额题"万善同缘"4字，每字0.1米见方。首题"复兴石桥小序"，碑文楷书阴刻，9行，

新营垴屯南门

新营垴屯北门外景

新营堼屯西门

复兴桥

满行38字,共计222字:记"形,虽非江河之险;地,实当要道之冲。迁客骚人,无不由之。虽因前人竖桥于此,熙来攘往,等若通衢。复因水灾崩颓,不复修治。磴仅存而木已朽,桥既断而途若穷,遂以'断桥'名"。同治年间,当地绅民,"悯深历之苦,复兴思之""仁人君子,乐善不倦,倾囊相助,以观厥成。俾往者歌为砥,来者欣题柱矣!然桥既成而名莫能定。呼曰'断桥',觉名不佳。噫!桥之名不可以不更也,故更之为'复兴'"。

青浪卫城墙

青浪卫城位于黔东南州镇远县青溪镇东门村潕阳河北岸。明洪武二十三年(1390)于思州宣慰司所属清浪地置"清浪卫指挥使司",修筑石城,平面呈不规则形。周长近5千米,设东、西、南3门。现残存瑞云山顶石砌城墙一段,长约1000米,高2～4.85米,基宽1.3～4.77米。

柳基城墙

柳基城墙位于黔东南州剑河县南加镇柳基村。清乾隆元年(1736)分天柱县丞驻柳霁,隶清江厅。乾隆五年(1740)改为柳霁分县,隶清江厅。乾隆九年(1744)夯筑土城。乾隆十五年(1750)改建石城。石城依山就势而建,平面呈椭圆形,周长1.2千米,设4门6炮台。咸丰十年(1860)被苗族农民起义军攻陷,局部损毁。西、南、北3门部分残缺,东门保存完好。现存城墙1164米,高4米,基宽2.5米。有碑刻多通。

重建县衙碑,青石方首,高1米许,宽0.5米,厚0.1米。碑文楷书阴刻,12行,满行29字,共计300余字。记"咸丰乙卯年,逆苗作乱,至庚申城破,县主沈捐躯尽忠,衙署概被烧毁,其地荒废历十数年矣。嗣后渐底升平……而各寨苗均未向化,虽欲重修而未重修。同治壬申秋,县主萧荣任斯邑,而四方苗民无不仰体皇仁,感戴县恩,故其时有修二堂者,有九旁等寨修大堂者,有柳富等寨修书房者……以上各寨重修衙署,均系一时乐输,后来不可引为成例"。各乡绅耆、客长、书差等同立于同治十一年(1872)。

居民回归碑,青石方首,高1.7米,宽0.8米,厚0.1米。额题"永远留芳"4字。碑文楷书阴刻,12行,满行29字,共计280余字。记"自咸丰初年苗匪猖乱""孤城无守,以致失陷,房屋庙宇概被烧毁""大军进剿,黔省始平,居民方归"。立于光绪二十七年(1901)。

"甘棠遗爱"碑,青石方首,高2米,宽1.1米,厚0.2米。额题"甘棠遗爱"4字,每字0.04米见方。碑文模糊不清,记咸丰、同治年间战乱事,立于光绪年间。

竹王城遗址

竹王城遗址位于黔南州福泉市凤山镇竹王城村。实为杨老驿城墙遗址。据相关文献记载,"废竹王城,在杨老以东半里,古老相传为竹王所建"。相传汉武帝开牂牁,斩竹王,废竹王城。明洪武二十一年(1388)于此设驿站,清康熙年间修建石砌城墙,后几经修葺。平面呈不规则形,周长约1500米,后渐毁。今存头门三间,左右月门各一道;残墙长约30米,高约4米,基宽约3米。

青浪卫城墙(局部)

柳基城全貌

柳基城东门

柳基城南门

柳基城西门

竹王城遗址

3. 市县级文物保护单位

市县级文物保护单位包括铜仁碧江滑石营遗址，玉屏玉屏城墙遗址，松桃孟溪镇头京城、蓼皋镇云落屯古战场遗址、正大镇南方长城遗址、盘石镇盘石城址、平头镇平头司城楼碑，黔东南黄平重安北城门遗址、重安城垣遗址、旧州北城门遗址、十万营南党屯兵处，施秉胜秉汛土城垣、石人冲古战场遗址，三穗邛水司城遗址，镇远将军坨古军事遗址、金顶庵古军事遗址、聚贤门古防御工事遗址、高坨岩古防御工事遗址、悬幡岭古城堡遗址、楠木洞古防御工事遗址，岑巩龙鳌隘门、思州城遗址、龙统防匪屯遗址，天柱瓮洞黔东第一关碑、辞兵洲遗址，锦屏铜鼓卫城碑、铜鼓古城址，剑河东山城垣遗址，台江交下义军营盘、方召汛城垣、台拱城垣、古羊洞屯兵遗址、包利王营盘遗址，黎平古城垣，雷山丹江厅城遗址，麻江景阳大营遗址、麻江古城垣、养鹅土司城墙遗址，丹寨堵卡营盘遗址、猫鼻岭营盘遗址、凤容坡营盘遗址、龙滩营盘遗址、小羊昌营盘遗址。

（三）礼制和文教类文化遗存

1. 全国重点文物保护单位

锦屏飞山庙

锦屏飞山庙位于黔东南州锦屏县三江镇飞山社区，矗立于锦屏县三江镇清水江烂龙滩北岸，背靠黄哨山，是纪念少数民族首领杨再思的祀庙，是贵州现存已知最高的木结构楼阁式建筑。杨再思（869—954），湖南靖州人，是唐末五代靖州"飞山"峒蛮"酋长"号十峒首领，人称"飞山太公"。几百年间，湘、桂、黔三省边境人民追思其恩德，或奉为神灵，或尊为祖先，普建飞山庙祀之。每年再思生辰的农历六月初六和再思忌辰的十月二十六日，当地群众常去飞山庙祭奠，经久不衰。

锦屏飞山庙始建于清乾隆三十四年（1769），嘉庆十八年（1813）和光绪七年（1881）进行过两次较大修缮。锦屏飞山庙由飞山庙和飞山阁组成，占地面积2756平方米，建筑面积727平方米。飞山庙，实为祭祠，坐南向北，由大门、戏楼、厢房、享堂组成轴对称合院布局。"俯视波涛，遥忆长江归海碧；仰观云汉，直疑高阁上青霄"的飞山阁，坐北向南，与飞山庙对应，为四层三檐四角攒尖青瓦顶楼阁式木结构建筑，通高24.8米。据载，光绪七年（1881）修缮时，所用的全部木材均由黎平经乌下江水运到瑶光河口，再沿清水江放送至王寨（今锦屏县城）。保坎及阶石所用的石料，则全是打岩塘的上等大青石，请宝庆（今湖南省邵阳市）工匠修造完成。

锦屏飞山庙

2. 省级文物保护单位

省级文物保护单位包括铜仁万山高楼坪刘氏宗祠，玉屏印山书院，黔东南三穗八弓文笔塔和武笔塔，台江文昌宫（含莲花书院），黎平何腾蛟墓祠、潭溪石氏宗祠，黔南都匀文峰塔。

高楼坪刘氏宗祠

高楼坪刘氏宗祠位于铜仁市万山区高楼坪侗族乡高楼坪村，始建于清中叶，同治元年（1862）维修。宗祠坐西向东，二进院落，中轴对称，有牌楼大门、戏楼、享堂、两厢、后厅等。占地面积约1120平方米，建筑面积约800平方米。四周为高封火围墙。正厅面阔三间，通面阔20米，进深二间，通进深6米，抬梁穿斗混合结构，封火山墙青瓦顶，格扇门窗。围墙上有墨绘花草图、石刻对联等。

印山书院

印山书院位于铜仁市玉屏侗族自治县皂角坪街道紫气山社区，初称"玉屏书院"，始建于清道光七年（1827），同治三年（1864）毁，同治八年（1869）重建，光绪十九年（1893）、光绪二十八年（1902）相继维修、扩建，始称"印山书院"。书院坐南向北，由前厅、正厅及两厢组成四合院。占地面积约1620平方米，建筑面积864平方米。正厅面阔五间，通面阔19米许，进深四间。通进深10米许，穿斗式木结构，悬山青瓦顶。前厅面阔五间，通面阔19米许，进深四间，通进深10米许，穿斗式木结构，悬山青瓦顶。

八弓文笔塔和武笔塔

八弓文笔塔和武笔塔位于黔东南州三穗县文笔街道新穗村和武笔街道中坝村。石阡府知府祁顺赋诗赞誉八弓文笔、武笔二塔："问天无语漫书空，知否管城世系同。夕阳参差红影外，双双长峙县南东。"文笔塔建于弘治初年，坐东向西，通高15米，塔基平面呈圆形，周长16米，高0.3米，青石砌筑。塔身平面呈圆形，周长12米，高15米，青石砌筑。上部收刹。塔刹因雷击稍残。武笔塔建于弘治初年，坐南向北，圆锥体，通高15米。塔基平面呈圆形，周长16米，高0.3米，青石砌筑。塔身平面呈圆形，周长12米，高15米，青石砌筑。上部收刹。塔刹因雷击稍残。

高楼坪刘氏宗祠

印山书院

八弓文笔塔

八弓武笔塔

台江文昌宫（含莲花书院）

台江文昌宫位于黔东南州台江县台拱街道文昌社区。文昌宫建于光绪十八年（1892），1964年、1978年、1985年数度维修。建筑坐东向西，由山门、左右配殿及阁楼组成四合院。占地面积约1250平方米，建筑面积约260平方米。阁楼为穿斗式木结构，三层三重檐六角攒尖顶，高18米。平面正方形，边长约12米。格扇门窗，角系风铃。山门上镶有红底金字"文昌宫"竖匾。山门前精砌踏跺47级。

莲花书院在文昌宫北，建于"咸同苗民起义"失败后的光绪十七年（1891），光绪三十四年（1908）改为县立高等小学堂。1941年设为县参议会，1950年后作政府党校，1997—2002年维修。书院坐东向西，由院门、两厢、正堂组成四合院。占地面积约800平方米，建筑面积约550平方米。正殿面阔五间，通面阔20.3米，进深三间，通进深9.7米，穿斗式木结构，硬山青瓦顶，格扇门窗，石鼓式柱础。

台江文昌宫（含莲花书院）

文昌宫阁楼

莲花书院门楼

何腾蛟墓祠

何腾蛟墓祠位于黔东南州黎平县德凤街道南泉社区。何腾蛟（1592—1649），字云从，贵州黎平人，天启元年（1621）中举。南明时期，福王授予湖广总督，与李自成旧部李锦、郝摇旗等结盟抗清。清顺治五年（1648）收复全州，乘胜克东安、下永州、围长沙。惜抗清大势已去，残局难撑。顺治六年（1649），清军破湘潭，何腾蛟被俘，绝食7日后遇害于大埠桥。后归葬故里。墓以条石砌筑，底径5米，高1.2米。原有石墙、祭祠、阁楼及守墓人住所等。存"浩气常存"摩崖石刻。石刻在墓后"西佛崖"崖壁上，离地6米许。横长方形，高0.7米，宽2.75米。横向楷书阴刻"浩气常存"4字，每字0.6米见方。上款竖向楷书阴刻"民国丁卯冬月立"，下款竖向楷书阴刻"陆军上校湘西周日庠"。刻于1927年。

潭溪石氏宗祠

潭溪石氏宗祠位于黔东南州黎平县高屯街道潭溪社区。始建于清乾隆年间，道光二十八年（1848）重建，2002年进行全面修缮。石氏宗祠为三进木结构封火墙围护建筑，封火墙墙体绘有花鸟鱼虫图案。祠堂中收录有祠堂图，记载有宗族条约、祠堂条约、祠堂禁例、祭祀规程等管理方法。对研究石氏家谱文化以及石氏宗祖任潭溪长官司以来对当地文化的影响有一定的价值。

何腾蛟墓祠

都匀文峰塔

潭溪石氏宗祠

都匀文峰塔

都匀文峰塔位于黔南州都匀市文峰街道文峰社区，又名"文笔塔"。始建于明万历年间，时为五层木结构塔，后圮。清道光十九年（1839）重修时改为石塔。光绪三十四年（1908），洪水造成塔身开裂，1913年复修。1982—1984年维修。文峰塔坐南向北，为六角七层楼阁式石塔，通高33米。底层正面题刻"文峰塔"3字。有"重修文峰塔碑记"和"文峰塔诗碑"。重修文峰塔碑，由两块青石组成。各高1.95米，宽0.9米，厚0.13米。首题"重修文峰塔碑记"7字，每字0.1米见方。碑文楷书阴刻，32行，满行37字，共计1152字，记重修文峰塔事。曾任奉天锦县知县、郡人周良卿立于道光十九年（1839）。文峰塔诗碑，青石质，高1.95米，宽0.9米，厚0.12米。竖向楷书阴刻陶廷杰咏文峰塔诗："水抱全城万象涵，到头关键岂空谈。千夫建石方圆合，七级凌霄日月参。政业方成新雁塔，中峰长镇老龙潭。一枝健笔钟灵秀，振起人文冠斗南。"立于道光十九年（1839）。

3. 市县级文物保护单位

市县级文物保护单位包括铜仁碧江黄氏宗祠、孟溪杨氏宗祠，万山黄道刘氏宗祠，江口城隍庙（大佛寺）、林氏祠堂、郑氏宗祠，玉屏文庙遗址、钟鼓楼、谢家祠堂、李氏宗祠，松桃头京节孝坊、乌罗关帝庙、石梁乡潘家祠堂、乌罗镇城隍庙、大路乡后硐戴氏宗祠、冷水溪乡三阳吴氏宗祠、蓼皋街道水塘河斋庙、大路乡后硐文笔塔、普觉镇真武堡文笔塔遗址，黔东南凯里又诗甘氏宗祠及周边古建筑群、李家祠堂，黄平重安长官司"张氏宗祠"、旧州文庙石刻、重安文昌阁、草庭书院摩崖，三穗等溪贞寿坊、吴氏宗祠、陆氏宗祠、寨头蚩尤庙，镇远甘公祠、镇雄关关帝庙、文昌阁，岑巩龙田杨泗庙、胡氏宗祠、文笔塔，天柱杨氏先祠、吴氏宗祠、袁氏宗祠、舒氏宗祠、坌处王氏宗祠、乐寨杨氏宗祠、陈氏宗祠、岩门杨氏宗祠、吴氏先祠、宋氏先祠、乐氏先祠、高野郑氏宗祠、杞寨杨氏宗祠、地良龙氏宗祠、彭氏家祠、江东杨氏宗祠、云潭湾杨氏宗祠、夏寨罗氏先祠、潘氏家祠、节比松筠牌坊、坌处街杨公庙遗址，锦屏嫩寨杨氏宗祠、亮司龙氏宗祠、雷屯朱氏宗祠、寨欧龙氏宗祠、新化所刘氏宗祠、新化所李氏宗祠、新化寨欧氏宗祠、新化寨杨氏宗祠、地茶杨氏宗祠、八洋杨氏宗祠、县城王氏宗祠，麻江龙山张氏宗祠、戴氏宗祠，丹寨祭尤坛遗址、扬颂祭尤坛、颂尤庙遗址。

（四）宗教类文化遗存

1. 省级文物保护单位

省级文物保护单位包括铜仁碧江九龙洞莲花寺，江口梵净山金顶古庙、江口梵净山金顶摩崖、梵净山禁砍山林碑，施秉华严洞摩崖石刻、云台山古建筑群，黎平南泉山。

九龙洞莲花寺

九龙洞莲花寺位于铜仁市碧江区漾头镇九龙村。始建于清嘉庆二十四年（1819），后依山就势增修殿宇阁楼、庵祠、僧舍等10栋，占地面积约1500平方米。现存残墙、庙基、石梯及碑刻。附近有一线天、南天门、九龙洞、天桥、金顶等风景名胜。在九龙洞洞口左侧，立土地买卖碑，青石方首，高0.75米，宽0.52米，厚0.08米，额题"永远存照"4字。碑文楷书阴刻，15行，满行18字，共计102字。记"将九龙洞门口土一块卖与僧戒耕管"事。立于光绪二十三年（1897）。

梵净山金顶古庙和梵净山金顶摩崖

梵净山金顶古庙位于铜仁市江口县太平镇梵净山村。据载，早在明代，梵净山已成佛教名山。金顶附近，历代所修寺庙众多。明万历十七年（1589）多毁，万历四十六年（1618）重建。清咸丰、同治年间又毁，光绪年间再建。金顶古庙原依山就势建有释迦殿、弥勒殿、承恩寺、镇国寺、老金顶庙、通明殿、九皇殿、观音殿、报恩寺、钟灵寺等30余栋，占地面积5000余平方米，建筑面积约1800平方米。现存释迦殿、弥勒殿、天桥及部分明、清时期碑刻。

梵净山金顶摩崖石刻数量众多，包括修路建庵、修路、"天桥功德碑记""禁盗铁瓦"等摩崖石刻，以及功德意善、梵净山茶殿碑、维修药王庙碑等碑刻。

修路建庵摩崖石刻，实为刻在崖上的连山碑，在山腰崖壁上，离地0.8米。横长方形，高0.62米，宽0.92米，额题"院道"2字，每字0.03米见方。碑文竖向楷书阴刻，12行，满行11字，共计107字。记都察院、都清道、

梵净山金顶古庙和梵净山金顶摩崖

抚苗道，据"印江上街里老杨再运具诉"，批示印江县派人踏勘，确认梵净山"委系古迹名山"，由印江知县"给领火牌告示帖，又重招善人开砍路到（道），通行朝觐，起竖庵殿"事。刻于明万历元年（1573）。

修路摩崖石刻，在剪刀峡路旁岩壁上，离地0.5米。横长方形，竖向楷书阴刻，21行，满行15字，共计100余字。记"化主杨洪德"，从镇远卫板桥屯"信善余刚同男余嘉茂、嘉川，婿男黄德平、妻余氏"等处募化修建道路事。刻于明万历十六年（1588）。

"天桥功德碑记"摩崖石刻，在金顶山腰崖壁上，离地1米。实为刻在崖上的连山碑。横长方形，高0.7米，宽1米许。额题"天桥功德碑记"6字，每字0.1米见方。碑文竖向楷书阴刻，25行，满行20字，共计115字。记"思南府印江属地化稿坪深溪凹众姓等"捐资修建金刀峡上之"天桥"事。刻于清康熙五十二年（1713）。

"禁盗铁瓦"摩崖石刻，在山腰岩壁上，共计120余字。记禁止偷窃梵净山金顶古庙铁瓦事。刻于1920年。

"功德意善"碑，嵌于山腰岩壁上，离地1.6米，青石质，方首，高0.51米，宽0.68米。额题"功德意善"4字，每字0.12米见方。竖向楷书阴刻，共计150字。记"领袖邓维梓、张国忠、杨正祖、廖伦、戴兴预等首人"及"思南府礼部员外安修德""印江人严燔等"捐资修建观音殿事。刻于清雍正六年（1728）。

梵净山茶殿碑，原立于寺前，今遗址寺中，青石质，方首，高1.77米，宽0.98米，厚0.12米。碑文楷书阴刻，27行，满行55字，共计1400余字。记隆参和尚协助官府平定扰

摩崖石刻所在位置

明嘉靖摩崖石刻

康熙天桥功德碑记

清康熙摩崖石刻

乱梵净山之"马鞍山贼首刘满",而后"重新募化,依旧修造,创修镇国、水源、明珠等寺,复修回香坪、明镜山各庵,新开老金顶,重修新金顶、九皇洞各殿"事。张鸿翩撰文并书丹。立于清光绪二十二年(1896)。

维修药王庙碑,在金顶山麓原药王庙旁,今移至承恩寺内保存,青石质,方首,高0.8米,宽0.6米。额题"万古标名"4字。碑文楷书阴刻,共计285字。记众采药人捐资维修药王庙及维护庙产之乡规。立于1928年。

梵净山禁砍山林碑

梵净山禁砍山林碑位于铜仁市江口县太平镇梵净山村,共2通,青石质。其一方首,高1米许,宽0.5米,厚0.12米。额题"勒石垂碑"4字,每字0.1米见方。碑文楷书阴刻,18行,满行28字,共414字。记"严禁采伐山林,开窑烧炭,同培风水"事,"嗣后该处山场及附近四周一切山林木石,务须随时稽查,妥为护蓄,毋许僧再渔利,私招外来匪徒砍树烧炭,以靖地方而护风水"。据贵州布政司按察使李文耕所出文告立于清道光十二年(1832)。另一为贵州巡抚麟庆立于同年冬,内容大致相同,今已断为三截,拼合仍可辨读。

施秉华严洞摩崖石刻

施秉华严洞摩崖石刻位于黔东南州施秉县甘溪乡甘溪村,刻于凉风坳山麓一天然溶洞"华严洞"之内外洞壁上。因洞前原有万历年间修建之华严寺,故名。洞口南向,高2.56米,宽5.7米,深不可测。在近100平方米洞壁上,有大小摩崖16处,共计250余字,年代、作者不一,字体、刻工各异。溶洞深处摩崖造像,栩栩如生,自然天成。

"灵云盘结""洞天福地"摩崖石刻,在洞左崖壁上,前者离地3.5米,后者离地5.8米。二者均横向楷书阳刻。款识为"万历丙申孟夏吉日""淮阴王鸣鹤题"。刻于明万历二十四年(1596)。

"刊石记盛"摩崖石刻,在洞内右顶崖壁上,离地2.34米。竖向楷书阳刻"万历甲辰仲冬,清浪参将董献策,刊石以纪其盛",4行,19字。题于明万历三十二年(1604)。

"山光草色天成秀;水曲崖奇地结灵"对联摩崖石刻,横批"空色大观"。在洞口两侧及洞门上方,行书阳刻。王之栋题于明万历三十三年(1605)。

"西峙飞来""如来度化"摩崖石刻,一上一下,在洞口正上方。前者离地5.8米,后者离地4.6米。二者均横向楷书阴刻加边框。款识为"申阳董献策题""万历乙巳秋立""邺下王之栋书"。刻于明万历三十三(1605)。

"空中楼阁""含吐十囗""衔花处"摩崖石刻,在洞右崖壁上,分别离地11.4米、4.4米、3.5米。"空中楼阁"为竖向楷书阳刻,无款识。"含吐十囗"为横向楷书阳刻,亦无款识。而横向楷书阳刻的"衔花处",系王志间题于清康熙三十三年(1694)。

"洞天深处"摩崖石刻,在洞中18.4米深处洞壁上,离地2.9米。横向楷书阳刻"洞天深处"4字。系明按察使、云南居士朱化孚书。

施秉华严洞摩崖石刻

黎平南泉山

在洞内约36米深处，还有利用天然岩溶景观开凿的观音、武士各1尊摩崖造像，观音呈坐式，武士呈立式。

重修华严寺碑，青石质。方首，高1.65米，宽1米，厚0.16米。额题"万古流芳"4字。碑文楷书阴刻，10行，满行20字，共计190余字。记"乙卯苗叛，一焚殆尽"，其后"见此荒凉，重修福宇"事。"乙卯苗叛"，指的是"咸同苗族农民起义"。碑立于1940年，肖兴铭书丹，周兴贵刻石。碑残一角，今移存甘溪乡政府。

黎平南泉山

黎平南泉山位于黔东南州黎平县德凤街道南泉社区，因半山上有清洌泉水涌出而得名。明初于山上建庙，后毁。明万历三十四年（1606）、清嘉庆元年（1796）重修，道光年间、光绪三年（1877）维修。原有三重庙宇，自下而上为报国寺、灵官殿、宝顶庵，另有天香阁、南泉亭等，现存报国寺。报国寺坐南向北，二进院落，由山门、禅楼、韦陀殿、观音殿、两厢、正殿组成，占地面积约3100平方米，建筑面积832平方米。正殿二层，面阔五间，通面阔18.3米，进深四间，通进深12.4米，穿斗式木结构，悬山青瓦顶。山门侧开，空斗砖墙围护。存碑刻5通。

2. 市县级文物保护单位

市县级文物保护单位包括铜仁碧江莲池庵、新庄清真寺，万山中华山寺庙遗址，江口朝阳寺、香山寺、坝梅寺和尚墓群、龙山寺、龙津阁，玉屏铁柱山寺遗址，松桃天马寺遗址、普觉高庵遗址、寨英镇观音山遗址、梵净山承恩寺遗址、梵净山白云寺遗址，黔东南凯里香炉山玉皇庙遗址，施秉朝阳寺、白云寺，三穗新寨沟观音阁，岑巩思旸观音阁、天安寺遗址，剑河南哨观音阁、小广环龙庵，天柱邦洞金凤山寺遗址（乾隆主题诗碑、石刻）、善缘寺、江东庙、新市回龙庵，黔南福泉福泉山、福泉山石刻、月山寺、仙人洞。

（五）商贸类文化遗存

1. 全国重点文物保护单位

镇远天后宫

镇远天后宫位于黔东南州镇远县㵲阳镇民主社区，始建于清代，主祀海神妈祖。

天后宫坐北朝南，背依石屏山，前临㵲阳河，从临河码头拾级而上，八十八级宽石阶直铺至山门，近百级台阶延伸到河岸码头，是古码头石阶最多最陡的一处。据清乾隆《镇远府志·祠祀》中载，镇远天后宫在"府治西新城门后"，当时已"废阙无存"。现存的天后宫是经过咸同年间的战火之后，镇远知县林品南率福建籍商人捐资，于清同治十二年（1873）至光绪二年（1876）间重建，由山门、正殿、戏楼、西厢、东厢、西院、东院、梳妆楼等建筑组成，占地面积2372平方米，建筑面积1200平方米，各单体建筑均为小青瓦顶穿斗式木结构。

天后宫建筑年代比较晚，但工艺精美，特别令人值得注意的是，在正殿重檐翘角和屋脊上，都是凤在上而龙在下，可见该建筑年代在慈禧当政时期。镇远天后宫作为祭祀海神妈祖和福建商人聚会之所，反映了镇远当时商贾云集，航运发达的盛况，同时也表明长江流域与东南沿海之间的文化交流，它对研究贵州与沿海地区的经济、文化交流具有重要价值。

天后宫

天后宫山门

天后宫正殿

天后宫西厢

2. 省级文物保护单位

省级文物保护单位包括黔东南州凯里万寿宫、台江施洞两湖会馆、黎平两湖会馆、丹寨万寿宫。

凯里万寿宫

凯里万寿宫位于黔东南州凯里市西门街道大阁社区。原为土司衙门，始建于明万历三十五年（1607）。1912 年江西籍商人重建为万寿宫。坐北向南。原有大门、前殿、戏楼、两厢、正殿等，占地面积约 1700 平方米。现存戏楼、正殿，建筑面积约 350 平方米。正殿面阔五间，通面阔 19 米许，进深三间，通进深 9.1 米，穿斗式木结构，硬山青瓦顶。隔扇门窗。

施洞两湖会馆

施洞两湖会馆位于黔东南州台江县施洞镇施洞社区，系湖南、湖北同乡捐建，始建于光绪三年（1877），光绪五年（1879）增建。会馆坐北向南，由大门、戏楼、两厢、正殿、祭祠、粮仓、厨房等组成。占地面积约 550 平方米，建筑面积约 360 平方米。正殿面阔三间，通面阔 13.6 米，进深三间，通进深 9.6 米，穿斗式木结构硬山青瓦顶。格扇门窗。鼓墩式柱础。四周高封火墙。

黎平两湖会馆

黎平两湖会馆位于黔东南州黎平县德凤街道贡院社区，建于嘉庆二年（1797）。咸丰元年（1851）、光绪二年（1876）维修扩建。会馆坐西向东，由门楼、戏楼、禹王宫、寿佛殿、洞庭宫、虎厅、阁楼、水上曲廊、凉亭、荷花池等组成。占地面积 3479 平方米。现存禹王宫、洞庭宫、虎厅、阁楼、荷花池等，建筑面积 741.9 平方米。存修建碑等 6 通。禹王宫面阔三间，通

凯里万寿宫

施洞两湖会馆

施洞两湖会馆戏楼

黎平两湖会馆正殿

黎平两湖会馆戏楼

丹寨万寿宫

面阔 14 米，进深四间，通进深 13 米，穿斗式木结构硬山青瓦顶。存嘉庆至民国年间的匾额、楹联 43 幅。其中有晚清书法家何绍基题写的"绩著平成"、清科举探花石成澡题写的"诞敷文德"等名匾。

丹寨万寿宫

丹寨万寿宫位于黔东南州丹寨县龙泉镇南街社区，又称江西会馆，建于光绪三年（1877）。万寿宫坐东向西，原有正殿、两厢、戏楼等，占地面积 1020.9 平方米。现存正殿、两厢及四周围护砖墙，建筑面积约 300 平方米。正殿面阔五间，通面阔 20 米，进深三间，通进深 10.5 米，穿斗式木结构，歇山青瓦顶。隔扇门窗。

3. 市县级文物保护单位

市县级文物保护单位包括铜仁江口万寿宫，松桃孟溪万寿宫、大坪场镇万寿宫、盘信镇禹王宫、盘信镇麦地禹王宫，黔东南黄平重安万寿宫，岑巩思旸禹王宫、龙田万寿宫、龙田会馆。

(六)建筑群

1. 全国重点文物保护单位

全国重点文物保护单位包括铜仁东山古建筑群、松桃寨英村古建筑群,黔东南州黄平飞云崖古建筑群、黄平旧州古建筑群、镇远青龙洞、天柱三门塘古建筑群、锦屏隆里古建筑群、雷山郎德上寨古建筑群。

铜仁东山古建筑群

铜仁东山古建筑群位于铜仁市碧江区,分东西两个部分,东部为庙宇、城墙、码头、民居。西部为会馆建筑。具体包括河西街道双江社区的川主宫,锦江街道西门社区的西门码头、周公馆,锦江街道江宗门社区的城墙、中南门码头、飞山庙、川上亭、东山寺、朱氏民宅、杨氏民宅3处、罗氏民宅、万氏民宅2处、陈氏民宅、彭氏民宅、罗裕盛南货店、陈公馆、杨家大院等。集庙宇、会馆、民居、店铺、古城墙、码头及自然山水等于一隅,类型丰富,规模宏大。占地面积约11万平方米,建筑面积27555平方米。

据历史文献及有关修建碑记记载,明洪武八年(1375)四川客民在江宗门外建川主宫,清雍正、乾隆、嘉庆、咸丰年间多次修葺和增修,光绪七年重修。明永乐十一年(1413),在中南门内建府文庙,次年毁于兵燹,天顺、成化、嘉靖年间相继重建,清代多次维修改建。明景泰二年(1451)筑土城,城周758丈,设四门。正德十一年(1516),在东山临江峭壁上建"澄江楼"即川上亭,于江宗门外大小两江汇流处铜岩上建跨鳌亭。嘉靖二十二年(1543)筑石城,开城门七,在东山建大观楼(又名镇远楼)、雷神殿。万历九年(1581)于东山临江峭壁处刻"云彩江声"。万历三十五年(1607)增设两水门。清顺治十八年(1661)建双峰阁。康熙年间,重建飞山庙。乾隆六十年(1795),福安康为镇压石柳邓领导的乾嘉苗民起义,以东山为据点并储存军火,引起火灾,旋即修建"文昌阁"。道光二年(1822)建奎星阁,此后续建大雄宝殿、观音阁、真武殿、崇仙宫、武侯祠、"格舞楼"(苗语音译)、魁星楼、玉皇阁、飞山宫、关帝庙、孟获庙、护国楼等。清光绪二年(1876),建周家大院,即今周逸群故居。明初至清末,宗教建筑、会馆建筑、四合院民居相继在中南门、江宗门出现并形成规模。

城墙、中南门码头、西门码头。城墙,建于明景泰二年(1451)夯筑土城。嘉靖九年(1530)改建石城,其后多次增建和补修。城三面环水,"周长九里三",设九门。现存"江宗门"城门及江宗门至东山段,长约1300米,高2~3米,基宽2.5米,顶宽1.5米。现存城门两座,码头4处,东山经江宗门至后水门段城墙1800余米。城墙多临水而建,皆以料石砌筑。码头有严格分工,除下南门码头为关卡外,其余均为货运码头。便水门、江宗门码头为停靠锦江上游、梵净山下来的桐油、花生、木材、烟草、药材、猪鬃及朱砂、水银等土特产用。中南门、西门码头为运往湖南常德的土特产和下游运来的棉花、布匹、糖果、瓷器等物资装卸用。川主宫码头为四川人专用,川盐由此上岸并转运黔中各地。明清时代,中南门码头位居铜仁六大码头之首,现仍在使用中。建于明末清初。临河处修筑平台,平面呈长方形,

铜仁东山古建筑群民居布局

铜仁川主宫

铜仁飞山宫

杨家大院碉楼

宽8米许。由平台至街面设宽6米许台阶80余级。西门码头,建于明末清初,为铜仁府对外水运要津。由街面至码头,建石台阶100余级。

飞山庙,始建于宋代,清康熙、乾隆年间重修。飞山庙坐东向西,三进院落,现存山门、戏楼、正殿、配殿。四周封砖墙高3米许,前后开门。占地面积约1800平方米,建筑面积约1000平方米。

川上亭,川上亭建于东山临江绝壁上,为两重檐六角攒尖顶。大雄宝殿面阔五间,进深三间,穿斗、抬梁混合结构,硬山青瓦顶。真武殿面阔五间,进深五间,穿斗式结构,硬山顶。雷神殿,面阔三间,进深三间,穿斗式结构,硬山顶。飞山庙位于山麓,为清康熙年间续修边墙、镇压"红苗"的副将贺国贤建,现存戏楼、两厢、正殿,建筑面积1145.10平方米。

东山寺,南临锦江,东西与古城垣相连,占地面积约23000平方米。东山古建筑始建于明,正德十一年(1516),参议蔡潮来铜,以东山临江壁立,古木参天,风景绝异,即于山巅建"澄江楼""川上亭",以观览江流之胜,并题为"舞雩遐思"。嘉靖二十二年(1543),知府李资坤增建"大观楼"及"镇远楼"。因年久失修,清顺治十八年(1661),知府梁懋宸就原址复修"双峰阁""兼隐庵",后毁,康熙四十四年(1705)重建,乾隆末毁于火,大学士贝子福、康安重建,道光二年(1822),知府陈兆熙改建为"奎星阁"。自清代以来,郡人及地方官员先后改建或新建的还有"崇真观""崇仙宫""真武观""文昌宫""大雄殿""武侯祠""魁星楼""护国楼""二吴亭"等。20世纪50年代以后,东山改作他用,原寺庙殿宇已大部分毁坏。

川主宫，又称川主庙，始建于明洪武八年（1375），其后屡有修葺。清光绪四年（1878）增建完善。川主宫坐西北向东南，中轴对称。自东南而西北依次为码头、牌楼大门、戏楼、正殿、两厢、观音殿等。现存牌楼大门、戏楼、正殿、两厢等。建筑群背山面水，占地面积5000平方米，建筑面积1200平方米。正殿面阔五间，通面阔21.7米，进深三间，通进深8.9米。前带抱厦，面阔三间，通面阔13.5米，进深一间3.6米，穿斗式结构，封火山墙青瓦顶。梁架上用驼峰及象头形穿插枋，脊瓜柱两侧用云纹饰叉手支撑，隔扇门窗。大梁题记隐约可见。左厢维护墙上嵌清咸丰、同治年间记事及告示碑5通。

周公馆，即湘鄂西革命根据地创建人之一、贺龙同志入党介绍人周逸群烈士的故居。为两进院，临街为店铺，外砌封火墙。建筑坐西北向东南，由门厅、正房、书房、后楼、围墙等组成封闭式四合院，占地面积1162平方米，建筑面积约590平方米。正房为四榀三间穿斗式悬山青瓦顶建筑。贺龙分别于1924年、1926年两次到铜仁，曾在周逸群家居住过，其间率领200多铜仁子弟参加八一南昌起义。故居现已辟为陈列室。

民宅，民居建筑地处分布于中山路两侧及双江路。其建筑布局多为前店后宅或前店后坊，店铺后为多进院、带天井的四合大院。平面上多为小面阔、大进深的格局，满足了在临街方向争得一席经营宝地的需求。店铺多为两层，为避雨和遮阳，常做成两重檐（当地叫眉毛厦），采用产自梵净山的粗大椿木或柏木做抬梁，其直径均在35厘米以上。民居以血缘为单位修建并自成巷道，每户宅院从雕凿精美的石库门进出。内院由正屋、两厢及对厅或石库门上方的回廊构成"走马转角楼"，并在对厅廊上安装"美人靠"。正屋面阔三间，明间为堂屋，置神龛，开六合槅扇门。两次间为住房，有"半边月"青石踏步。有的人家，为求财源广进，故意不做六合门。每进天井置有青石太平缸。个别民居还有高出封火墙的晒楼。高耸的封火围墙，既能防火又能防盗。封火墙外侧嵌有标明各家界址的"房产墙砖"。石库门上，刻有八卦、八仙、古钱、万字、鱼形水草、水牛望月、吉羊衔芝及水牛守门等图案。

罗裕盛南货店，位于中山路中段，始建年代不详，南货店坐东向西。由两间门面、住房、楼房、仓库、晒楼等构成7进院，占地面积约1500平方米，为穿斗式木结构建筑。

周逸群故居

民宅

松桃寨英村古建筑群

松桃寨英村古建筑群位于铜仁市松桃苗族自治县寨英镇寨英村，占地面积约2万平方米。寨英村建在寨英河河岸台地上，寨英河是锦江上游，由两河交汇而成，高家河发源于梵净山，小河发源于古镇东北3千米的磨龙洞，两河在村南门外交汇形成寨英河，河面加宽，流量增大，利于船只通行，遂成当时古镇商埠及往来商旅的主要运输通道。

寨英村古建筑群主要包括城墙及城门、民居、会馆、商号建筑、水门（码头）、自流水消防设施等。其中，商号建筑最具特色。街道两侧，商号林立，著名的有"天字号""地字号""何裕商号"以及盛极一时的富华、吴祥泰、同兴昌、曹易和、易和兴、同德祥、聚泰长、协裕祥"八大商号"，还有万寿宫、福寿宫，以及30多处传统手工作坊，融居住、经商、防御为一体，是武陵山区梵净山腹地苗族、土家族、仡佬族等民族历史发展的实物见证。

寨英村始建于明，完善于清中叶。城墙环护，在险要处设城门4座，在河水深缓处建码头4座。早年曾为军需物资转运地，后来成为梵净山麓大商埠。寨英民居多为前铺后宅的四合院，内有隔墙、暗道、射击孔等设施，兼有住、商、防等功能，是一个完善的社会结构缩影。

寨英村古建筑群具有鲜明的地方特点，是汉文化与苗族、土家族等少数民族文化水乳交融的结晶。寨英村古建筑群的建筑装修，深受苗族影响，即使富商捐资修建的湖南会馆、江西会馆，照样利用鹅卵石垒砌墙裙，且作鱼骨形。寨英村古建筑群保存了独特而种类繁多的手工工艺。寨英及附近村寨的各族人民，千百年来以梵净山区的土特产为原料，制作生产生活用品，如培植蓝草、制取蓝靛、浆染布料、印制花饰、挑花刺绣、造纸制药、酿酒熬糖、

松桃寨英村古建筑群

临河环境

临河水门

城墙

木雕石刻等，工艺源远流长，作坊迄今犹存，对研究苗族的经济状况、生产方式、传统工艺等具有重要价值。

黄平飞云崖古建筑群

黄平飞云崖古建筑群位于黔东南州黄平县新州镇东坡村明清湘黔古驿道旁，是一处令人"洒然开豁，心洗目醒"的"黔南第一洞天"。因其崖状若飞云而得名。崖下为洞，称飞云洞。飞云崖与飞云洞既是崖洞称谓，又是倚崖傍洞相继修建的若干古建筑的泛称。现依山就势建有圣果桥、飞云崖牌坊、皇经楼、月潭寺牌坊、月潭寺、养云阁、云在堂、接引阁、滴翠亭、幽云亭、大官厅、小官厅、碑亭、长廊等。建筑群占地面积5000多平方米，建筑面积2400多平方米。

飞云崖内有通清宣统间所立的《潘姓阖族重修飞云洞序》碑，记载了当地潘姓"自云贵未辟之先，我祖人业已鸠占。洪武以后，亦仍旧焉"。随着时间推移，"子孙繁多，留此以作众地。每年新正，阖族齐聚吹笙"，"咸丰年间，庙宇烧毁，承平以后，先后培修。延至宣统二年，有住持吴理亨重为募化，吾等忆先人根基，同心合力捐资"。说明飞云崖为当地苗族先民开创。现在，每年四月初八，当地苗族村民于此欢度"四月八"，吹笙跳月，狂欢三昼夜，因此传为苗民创建。

后驿道所经，卫所遍立。"附崖之戍卒、官吏"与当地少数民族"连属而居"，四月八时"皆于是厘祝"。明正统八年（1443），游僧德彬、指挥常智首建月潭寺。天顺三年（1459），指挥李信重建山门。随后"寺渐芜废，行礼无所"。至正德三年（1508）按察副使朱文端、指挥狄远增，因飞云崖在偏桥与兴隆二卫之间，"行者至是，皆惫顿饥悴，宜有休息之所"，二人"乐兹岩之胜，悯行旅之艰，而从士民之请也，乃捐资庀材，新其寺于岩之右"倡建月潭寺公馆，并请王阳明撰写《重修月潭寺建公馆记》。此后，"饥者有所炊，劳者有所休，游观者有所舍，厘祝者有所瞻依，以为竭虔效诚之地；而兹岩之奇，若增而益胜也"。嘉靖四十四年（1565）巡抚吴维岳镌刻《飞云崖记》。万历二十七年（1599）毁，崇祯七年（1634）重修，按察使刘氏建"自在真际"牌坊。明末兵部尚书张镜心镌刻《飞云崖》诗碑。清雍正年间云贵总督鄂尔泰书刻"黔南第一胜景"，乾隆间扩建。乾隆三十五年（1770）云贵总督福康安镌刻《飞云洞殿阁记》碑。乾隆四十五年（1780）大学士和珅镌刻《飞云崖》诗碑。林则徐于嘉庆二十四年（1819）奉旨充任云南正考官，六月初八日离京，七月初四处暑日路过飞云崖并小憩。他在所撰《滇轺纪程》中对飞云崖的印象是，"将至东坡塘，有飞云岩。天然奇秀，真如金枝玉叶，轮囷葱郁。上有大士立象，左右皆流泉，四时不竭，由两方池泻出，历溪桥而下。山中终日泠泠有声。岩下一洞，虽小，亦觉奇古。西有数百年古柏，而西南有月潭寺，王文成公碑记在焉"。咸丰五年（1855）又毁。光绪二十三年（1897）修复，光绪二十五年（1899），钦科状元、后来的云南按察使和贵州巡抚曹鸿勋书刻"黔南第一洞天"。

王阳明认为，"天下之山，萃于云贵，连亘万里，际天无极。行旅之往来，日攀缘下上于穷崖绝壑之间，虽雅有泉石之癖者，一入云贵之途，莫不困踣烦厌，非复夙好。而惟至于兹岩之下，则又皆洒然开豁，心洗目醒。虽庸伥俗侣，素不知有山水之游者，亦皆徘徊顾盼，相与延恋而不忍去。则兹岩之胜，盖不言可知矣"。

飞云崖的入口在圣果桥旁，桥又名"东陵"。桥西北东南向，横跨秀水溪，始建于明崇祯年间，具体建筑年代不详。贵州提督学道龙文光修建。清乾隆六十年（1795）圮。嘉庆四年（1799）由贵阳知府程氏重建。圣果桥为单孔石拱桥，长12.2米，宽4.3米，净跨6米许，高8米。20世纪20年代修建"京滇公路"时改作公路桥，一直沿用至今。东南桥头往东仍保留有湘黔古驿道。

建筑平面布局分为东西二院。东院由山门、皇经楼、长廊、碑亭、接引阁组成，布置比较灵活。西院由月潭寺、养云阁、萃秀园三组建筑组成，布置比较规整。

桥北即飞云崖山门，坐东北向西南，东南抵秀水溪，西北接墙垣，始建于明崇祯七年（1634），称"自在真际"坊，按察使刘氏建。清光绪二十三年（1897）重建。山门为六柱单门五楼砖石结构牌楼，宽10.5米，高9.86米。正楼上中下额枋间，分别嵌"飞云崖"和"黔南第一洞天"匾额。前者为竖匾，草书，无款识，周围高浮雕蟠龙。后者为横匾，阳刻，落款线刻"山左曹鸿勋书"正楼楼柱有"丹崖皓月护千年，竟幻作莲花世界，听流泉漱石响苔鸣琴，苍翠亦留人，知此间固别有天地；南海慈云飞一片，赖重新竺国琳宫，况几杵梵钟撞醒尘梦，光明原觉物，统斯民而再拜神仙"长联，系时任黄平州知州瞿鸿锡题于光绪二十三年（1897）。

进入山门，前庭两侧院墙上嵌有重刻明清以来与飞云崖相关的名人诗碑16方。

皇经楼，为一楼一底砖木结构，硬山青瓦顶。底层明间为过厅。面阔三间，后带廊。檐柱上有"飞高飞下凭谁定，云来云去任自由"对联。

皇经楼后东南临秀水溪建有长廊十一间，通长41.8米。西北为月潭寺牌坊，始建于明代，清代重修。现存牌坊建于20世纪40年代。坐西北向东南，为六柱五间单门冲天式砖石结构坊，宽9.4米，高9.5米。上额枋和中额枋间嵌"月潭寺"竖匾，堆塑龟趺和蟠龙。下额枋上堆塑"八仙过海"。明间通柱上有"此地有崇山，左竹右松饶雅趣；其门通幽径，清风明月证禅心"对联一副，柱间石库门宽1.7米，高3.1米，厚0.42米。坊后原有韦驮楼，今废。该坊在保留我国传统建筑做法和内容的基础上，更多融入西方建筑元素。坊两侧为院墙，左连养云阁，右接皇经楼。

月潭寺大佛殿建于高2米的台基上。原为重檐歇山顶，前有配殿，建于清道光八年（1828），毁于20世纪50年代初。现存建筑原为旧州文庙大成殿，建于清光绪九年（1883）。因原址缺乏保护条件，加之建筑本体年代和风格均与大佛殿相当，故1986年作为异地迁建保护，迁至月潭寺大佛殿遗址进行保护。建筑坐西北向东南，面阔五间带前廊，通面阔23.2米，进深四间，通进深13.7米，穿斗抬梁混合式木结构，歇山青筒瓦顶。1989年，飞云崖将已经维修的大佛殿作为贵州民族节日博物馆馆舍，举办"贵州民族节日文化展览"。

养云阁，又名大官厅，系旧时接待官员之所，四面环廊，屋面隆起，屋脊及檐口两端向下弯曲，为省内所少见。阁前有过厅云在堂，为前后带廊的单檐硬山式建筑。阁、堂之间，两侧以游廊相连，构成小院。阁后有泉池，清澈见底。

养云阁东北有石阶直抵飞云崖。靠崖有长方形鱼池，围以精雕石栏，中构三孔小石桥。

飞云崖牌楼式大门

飞云崖月潭寺大殿

飞云崖皇经楼

飞云崖月潭寺

飞云崖云在堂

池前为关圣殿遗址，东有单檐六角攒尖顶滴翠亭，亭侧竖阴刻篆书"绉云"石碑。由池西北经十余级石阶可至碑亭，其东北壁嵌明嘉靖四十四年（1565）贵州巡抚吴维岳撰书的《飞云崖记》石碑，碑砂石质，圆首，高2.06米，宽1.07米。额篆"飞云崖记"4字。碑文楷书阴刻，16行，满行40字，共计400余字。记"兴隆东行三十里，有月潭寺。寺左为岩，榜曰'飞云'。距地百余尺，中虚而下嵌。乳液融结，纷诡殊状 竖者柱矗，悬者珞缀，扬者鸟厉，突者兽蹲""邃洞谽谺而窅际，清泉激注而前绕"等飞云崖自然形胜。该碑立于明嘉靖四十四年（1565）。志载，碑阴镌刻吴维岳"何年巧石学云飞，云去云来与石依。蒙叟何须忧混沌，天然开凿本无机。""岩前流水汇成潭，潭上禅扉静可耽。想见清秋潭月夜，宿云不动静中龛。""垒壁穿珠色相多，夜深仙几动云合。敢将脂柱侔嵩室，只少莲花似普陀。""寰区洞壑满图经，讵识蛮山亦巧形。恨少羽翰探药灶，却供传食当旗亭。"七言诗4首。西北壁嵌清光绪间重修飞云崖功德碑3通，青石质，方首，高1.8米，宽0.9米，厚0.1米。首题"重修飞云，功德流芳，万古不朽"12字。碑文楷书阴刻，27行，满行18字，共计469字，记重修飞云崖事，立于光绪二十一年（1895）。

过碑亭，石阶东北接引阁下崖壁上有"黔南第一洞天"石碑，青石质，方首，高0.71米，宽2.42米，厚0.21米。横向行书阴刻"黔南第一洞天"6字。曹鸿勋立于光绪三十一年（1905）。

飞云崖崖壁上，刻有"飞云岩""天下奇""云山胜景""云中佛境""云停水立""如登普陀""归云""望云"等明清摩崖22方外。还有原壁前碑碣甚多，多毁于20世纪60年代，80年代后重刻了部分碑记。

在"飞云崖"下，尚存有飞云崖诗碑和"海上飞来"碑。前者青石质，方首，高0.71米，宽1.04米，厚0.15米。首题"乾隆四十五年岁次庚子二月中浣"14字。碑文楷书阴刻，26行，满行24字，共计400字，记飞云崖形胜及风情，系大学士和珅题于清乾隆四十五年（1780）。后者由4块青石组成，方首，均高1.42米，宽1.02米。分别楷书阴刻"海""上""飞""来"4字。"果勇侯"杨芳题于光绪十八年（1892）。崖前两石峰，建有幽云亭及圣果亭。

黄平旧州古建筑群

黄平旧州古建筑群位于黔东南州黄平县旧州镇乐源社区和老里坝，包括仁寿宫、天后宫、万天宫、文昌宫、天主堂、"达源发"商号、朱氏居宅、西上街民居、福众桥、平播桥等。

旧州是中国历史文化名镇。濒临㵲阳河，坐落坝子南部，沃野千顷。元至元二十八年（1291）置黄平元帅府，属四川行省播州宣慰司，黄平之名始于此。明洪武七年（1374）置黄平安抚司，洪武十一年（1378）罢安抚司，改置黄平千户所。平播后的万历二十九年（1601），设平越军民府，改安抚司为黄平州，与黄平所、兴隆卫俱隶府。清康熙二十六年（1687）黄平州移治兴隆卫，称此为旧州，俗称老黄平，置黄平旧州巡检司。雍正十一年（1733）设黄平州同，分驻旧州。乾隆七年（1742）裁州同，设黄平旧州巡检司，分治旧州。嘉庆三年（1798）黄平州改隶镇远府。民国三年（1914）元月1日，黄平州改为黄平县，升旧州巡检司为黄平旧州分县，设分县县长，民国二十四年（1935），旧州设区、镇隶县。

旧州是沅江沿㵲阳河上溯的最后一个通商码头，古时诸如京广百货等所有货物，均由㵲

仁寿宫

仁寿宫戏楼

阳河水路上行，至此沿陆路转运贵阳、安顺乃至云南，而下行土产又经此水运直下洞庭。有明以来，市镇繁华，货运频繁，商贾云集，经贸发达。成为黔东经济、文化交融的重要市镇之一。镇内西大街为商业中心，会馆错落，商号云集，店铺林立。客居旧州的人士，以来自江西、湖广、福建、四川等地为主，他们都集资修建了本省的会馆。保存较好的是仁寿宫和天后宫，保存较好的商号有地处西上街的"达源发"商号，民居有西中街的朱氏宅院等。

仁寿宫，为江西临江府会馆，在旧州西中街，也是一处尚未完成装修工程就投入使用的会馆。主祀肖英佑侯，兼祀晏平浪侯和赵公元帅。仁寿宫始建于清乾隆五十一年（1786），咸丰五年（1855）毁于兵燹，光绪十四年（1888）重修。1934年12月，中国工农红军长征时路过旧州，曾在此召开群众大会，宣传共产党的主张。建筑坐北向南，占地面积1000余平方米，由宫门、戏楼、厢楼、正殿、后厢楼、后楼组成轴对称合院式布局，封火墙围护。木雕精美。原正殿明间供肖英佑侯像，两次间分别供晏平浪侯和赵公元帅像。原有的"福荫潇湘""善人是富"匾额，已毁。

仁寿宫最奇特之处，是装修工程尚未完成就投入使用。戏楼两侧耳房与厢楼连接，厢楼楼层为挑楼，挑出空间作连廊使用，廊前置雕花栏杆，利用挑出檐柱的柱脚联系枋作为栏杆地栿。栏杆通体雕刻精美，唯有地栿雕刻现状各间不一。靠近戏楼一间基本完成。中间一间图案主体基本完成，但留白处应该的剔地部分，大多还未处理。而与正殿相邻一间，则仅仅在应雕刻图案部位处起线，还没雕刻。虽留下不少悬念，却为后人留下那个时期细木作加工工序的难得实例。

天后宫，福建会馆。清嘉庆、道光年间，商品经济迅速发展，贵州山货也吸引福建客商逆长江及各支流而上，进入贵州。他们也同其他各省客民一样修建会馆，普遍称"天后宫"，又称天妃宫、天妃庙、妈祖庙，也称娘娘庙。贵州的福建会馆，基本上都修建在航运便利的临水市镇。其中，经沅江来到㵲阳河畔集资修建的会馆，有镇远天后宫及旧州天后宫，至今保存较好。旧州天后宫，选址于旧州西下街，始建于清道光十七年（1837）。咸丰五年（1855）毁于兵燹，光绪九年（1883）重建，光绪二十七年（1901）扩建。建筑坐南向北，占地1521平方米，由宫门、戏楼、厢楼、无极殿（带抱厦）、后堂、厢楼等组成轴对称合院式布局，高封火墙围护。原无极殿中设神龛，供天后木主"无极天上圣母神位"。

金柱上有"本是孝女成仙，别开真形皆称母；相传妈姑转世，除却偏廊又姓林"抱对，已毁。现无极殿山墙上有"红军是民众抗日战争的主力军""工农与红军联合起来，打倒贵州国民党军阀王家烈"等标语和漫画，是1934年12月中国工农红军长征途经旧州时留下的。

万天宫，四川会馆，在老里坝大街东段南侧，供奉李冰父子。万天宫坐北向南，占地面积1200多平方米。现存四柱三门三楼砖砌牌楼式大门，歇山顶戏楼，左右悬山顶厢楼各六间，抬梁—穿斗混合式结构、单檐歇山顶正殿等。

文昌宫，在西大街马家巷原文庙西侧。清乾隆年间，为里人戴深人倡全州绅士创修，光绪年间重建。民国初年，改作县立第二女子高等小学校舍，后扩建成旧州第二小学，现已搬迁。文昌宫坐南向北，占地面积1100平方米。牌楼式宫门、戏楼、厢房已毁。仅存正殿，为木结构歇山顶。

天主堂，在城东门出口处，占地面积1870平方米。教堂主体分为"诵经堂"和"起居堂"两部分，另有伙房等建筑。天主堂由法国天主教会及旧州当地群众信徒出资修建。

"达源发"商号，在旧州西中街南侧，前临西中街，后达马家巷。清光绪年间李中山建。典型的前店后宅布局。前店已被改造。后宅尚存，占地面积415平方米。由石库门、厢房、穿堂、厢房、正房和后厢组成，轴对称合院式，高封火墙围护。石库门对联曰"读圣贤书通体达用；行仁义事致远通方"，横批"幽人贞吉"。门上为"达源发"商号横匾，各建筑间以连廊串联。门窗木雕以镂空雕和浮雕技法为主，内容有"双凤朝阳""渔樵耕读"等吉祥图案。建筑均无油饰。

朱氏居宅，在旧州西下街北侧。朱宏泰创建于清光绪十四年（1888）。典型的前店后宅布局，占地面积390平方米。为防火空斗马头墙"印"字形建筑，构成天井院式布局，临街为双台铺面，临街往后依次为铺房、厢房、上房、后院。朱氏民宅地势虽窄小，却布局巧妙。大门门楣饰"双凤朝阳"图案，两旁枋窗饰"渔樵耕读""琴棋书画"等图案，两侧次间长窗雕饰"五福献寿"图案，左侧断火墙上绘塑"八仙庆寿"浮雕，墙前有花台、水池、鱼缸、石山等，朱氏民宅设计建造独具特色，建筑风貌保存完好，为旧州民居建筑的典型代表。朱宅同时还是红一方面军长征期间临时开设银行的旧址，具有革命历史的重要纪念意义。

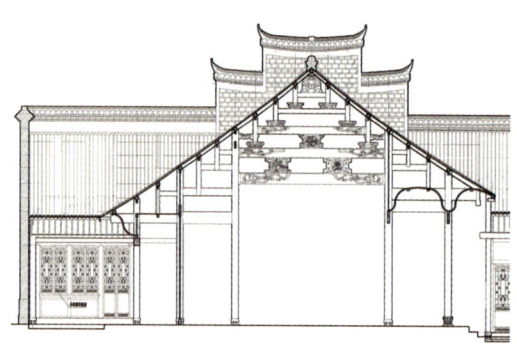
旧州天后宫

"达源发"商号

朱氏居宅

福众桥，在旧州镇西门外，初名"古公桥"。桥东西向，横跨㵲阳河，始建于明崇祯初，具体建筑年代不详。为黄平知州古德恒建，时为十二跨石磴木梁桥。清康熙二十七年（1688）毁于洪水，仍按旧制重建，更名"会通桥福众桥"。乾隆十五年（1750）复圮，黄平州贡生杨光廷、庠生张学尧等重修，并"以石易木"。乾隆三十七年（1772）再圮，州人刘汉芳、刘琬西、刘济川、张鹏程等捐募巨金重建五孔石拱桥，同时易名"福众桥"。道光十八年（1838）被大水冲坏，绅首林茂昭筹资修复。1935年再修。福众桥长67.7米，宽7.3米，高9.2米。现存建桥碑记1通。

平播桥，在旧州镇东隅，桥西北东南向，横跨冷水河，始建于明万历年间，具体建筑年代不详，系贵州巡抚郭子章平定播州土司杨应龙后创建，故名。清雍正十三年（1735）毁于兵燹。乾隆初年，宝相寺僧佛能与生员丁有光，善士杜之麟等募资重建，又圮。乾隆五十四年（1789）秋，佛能弟子印元继师志复建，知州袁治商诸绅耆，戴深仁与之倡募。"董其事"者刘琬西、戴九德。乾隆五十五年（1790）仲春告竣。平播桥为单孔石拱桥，长23.6米，宽5.87米，净跨18.3米，矢高6.9米。现存石碑1通。

镇远青龙洞

镇远青龙洞位于黔东南州镇远县㵲阳镇东关社区中河山麓，是儒释道众神汇聚共享人间烟火的"入黔第一洞天"。由青龙洞、中元洞、紫阳洞、香炉崖之间所有佛寺、道观、祭祠、会馆、书院、桥梁建筑和众多摩崖石刻、碑刻等文物构成的总称。大多分布在中和山长约300米、垂直高约80米崖壁上，前临㵲阳河。以青龙洞、紫阳书院、中元禅院、东山寺、令公庙、万寿宫、祝圣桥、香炉岩等建筑群内，共计有35栋建筑、30余方摩崖石刻。占地面积约2.1万平方米，建筑面积6165平方米。

中河山，也叫中和山。中河山，正如林则徐描绘的那样，"两水夹流，山居其中"，中和山的"中和"2字，意为凡事不偏不倚，恰如其分，才能使各方关系得到和顺，从德行言之，即谓中庸。万寿宫戏楼上悬挂的"中和且平"匾额，就是祈望社会中和，天下太平。历史上以道教为主体的青龙洞、以佛教为主体的中元洞和以儒教为主体的紫阳洞，均以洞称。文化上儒释道三教并存，和谐发展，互相包容。建筑上充分利用地形地貌、天然岩洞、藤萝古树，依崖贴壁而建，建筑与自然山水融为一体，具有典型的山地民族建筑特色。

青龙洞，位于中和山南段。在清乾隆《镇远府志》中是这样记载的，"青龙洞寺，有洞。一名太和洞，在中和山下，广丈余，袤倍之。幽折而上，旁有支洞，深黑不可入。一名南洞，广一丈二尺，袤一丈八尺"。明洪武二十一年（1388）在此建真武观，是见于文献记载最早者。永乐年间在洞前增建玄妙观，弘治至嘉靖间，又先后增建天妃庙、水府祠、澄江阁、竹柏双贞堂、有斐亭、岁寒亭等建筑。明清以来几经改建与复修。现存建筑有山门、正乙宫、吕祖殿、僧房、观音殿、斗姥宫、玉皇阁、望江楼等，多为光绪三十年（1904）重修。

青龙洞山门，坐北向南。为四柱一门三楼砖石牌楼，两侧带八字墙，宽5.4米，高8.5米。正楼和边楼均为庑殿顶，翼角起翘，脊饰卷草，中置葫芦宝瓶。筒瓦屋面，檐下饰如意斗拱。正楼置于平板枋上，枋下楼柱间依次为上额枋、额枋垫板、下额枋，额枋浮雕缠枝莲纹等吉

青龙洞和紫阳洞

祥图案，额枋垫板高浮雕"丹凤朝阳"。枋下嵌竖匾，竖向阴刻草书"青龙洞"3字，为清光绪初贵州巡抚林肇元书。匾额周围高浮雕透雕相间蟠龙，匾额搁置在石库门门梁上，楼柱置于边柱与石库门门柱的连系梁上，梁头挑出，支承门梁。楼柱与边楼间安装云板做装饰。边楼下为平板枋和额枋。楼柱、边柱、门柱均有对联。

进入山门东侧崖壁上，有清道光间"果勇侯"杨芳题写的"海上飞来"4字。其下有同治十三年（1874）复修碑记4通。

山门上方偏南为吕祖殿。吕祖殿始建年代不详，光绪三十年（1904）重修，1983年维修。建筑坐东向西，占地面积116平方米，建筑面积约260平方米。穿斗式木结构，四层三檐歇山青筒瓦顶。通面阔13.8米，高18.4米。依崖就势建在高低两层台地上。底层进深仅3米，作为通道。二层膳堂楼身立于台地上，进深8.4米，三面带廊，前为挑廊。三层客堂，金柱上楷书阴刻对联："瓮里天，洞中仙，谁造这石头，未经混沌先开窍；马蹄云，帆脚雨，我笑那溪水，一出江湖不问津"。四层吕祖殿四面带廊。吕祖殿同时供奉药王和邱真人。膳堂、吕祖殿前廊分别与南侧一楼一底、面阔两间的僧房相连。右侧立清光绪三十一年（1905）"重修青龙洞记"碑，记咸丰、同治兵燹后重建青龙洞古建筑群事，字多风化，模糊难辨。

吕祖殿北侧为观音殿，光绪三十年（1904）重建，1985年维修。观音殿坐东向西，占地面积约50平方米，建筑面积约120平方米，建在高低两层台地上，穿斗式木结构，二层二檐封火山墙青筒瓦顶。观音殿在二层，面阔三间带前廊，通面阔13.8米，进深7米。一层三面带廊，山墙外挑出披檐，檐下连廊与前廊接，廊装吴王靠。北山墙外配偏厦一间，通面阔15.4米，进深4米。前檐柱吊脚，立于不同高度岩石上。南山墙外有2.5米长连廊通吕祖殿三楼客堂。观音殿檐下悬"是真南海"匾。有"新建观音阁记"碑，青石质，圆首，高1.2米，宽0.6米，首题"新建观音阁记"6字。碑文楷书阴刻，18行，满行31字，共计500余字，记重建青龙洞观音阁事。时任镇远府知府杨守让等立于万历十一年（1583）。

在观音殿下部道旁，为砖筑"正乙宫"，有对联一副："颇有几文钱，你也求，他也求，给谁是好；不做半点事，朝也拜，夕也拜，叫我如何"。左侧立有宣统间复修碑记2通。

观音殿上方为玉皇阁，包括凌霄殿与望江楼，是青龙洞建筑群的制高点。清光绪三十一年（1905）重建，1985年维修。玉皇阁坐东向西，占地面积54平方米，建筑面积约30平方米，建在岩洞、崖壁间，面阔三间，通面阔12米，进深二间，通进深3.2米，穿斗式木结构，二层三檐庑殿和歇山青筒瓦顶。利用悬挑结构，在青龙洞主洞口挑出外廊及披檐，构成凌霄殿。在偏洞上挑出半边小阁楼及披檐，构成望江楼，并使这两座建筑的前廊及一、二层披檐连为一体，从而形成一座三重檐的悬空阁楼，且楼中有洞，这在地形利用、房屋构造和外部造型上，别具匠心。凌霄殿金柱上楷书阴刻对联："笠飘一客携，重寻别后雪鸿，壁上犹留旧泥爪；楼阁五云起，偶话劫余鸡犬，洞中亦有小沧桑"。

在观音殿往玉皇阁道边悬崖上，利用天然石洞洞口建斗姥宫，牌楼式宫门下石壁上，有"牂牁江上雨如丝"摩崖石刻，离地2.3米。横长方形，高0.6米，宽1.2米。竖向草书阴刻时任护国军第二路军总指挥李烈钧[1]七言诗："牂牁江上雨如丝，彩雉分明赋载驰。薏苡满车依石室，荒藤入梦拜孤祠。三军煦勃鱼龙动，十载丹诚草木知。欲挽银河涤苍昊，长风直待发萍时。"刻于1921年。

紫阳洞，位于中和山中段山腰，青龙洞北侧。明嘉靖九年（1530），镇远知府黄希英倡建朱文公祠，"并置田若干亩，立石碑于洞口，曰紫阳书院"。书院旁就是太和洞，"石如云垂花簇"，"内有明嘉靖九年知府黄希英所言，于此建紫阳书院，且立考亭祠于山半"。出洞折而下，"有明永乐丙申台使者任国玺诗句云：溪静鸟喧青嶂里，月明人渡镜涵中"。因故，紫阳洞又称"紫阳书院"。历经变迁，现存建筑有山门、谐趣亭、考祠、老君殿、圣人殿等建筑。其中圣人殿、老君殿均为光绪初年重建。考祠于1982年春被山水冲塌，1984年修复。

紫阳洞山门，坐东向西。建于太和洞洞口南侧，宽2.8米，高5.9米，门洞上嵌石刻"紫阳洞"横额。

进入山门，循石径上西北侧石山，为谐趣亭所在，谐趣亭平面呈等边三角形，木结构，单檐三角攒尖顶，檐下悬隶书"谐趣"匾额。

考祠在谐趣亭北侧两大岩石之间，原为紫阳书院考堂。始建于明嘉靖九年（1530），清康熙十二年（1673）重修。咸同兵燹后毁，光绪间重修，1984年维修。考祠坐北南，面阔三间，通面阔5.5米，进深二间，通进深3.4米，穿斗式木结构，三重檐歇山青瓦顶。吊脚楼借山体为基，落地柱6根。周围廊，廊深0.9米，占地面积18.7平方米，建筑面积56平方米。

---

1 李烈钧（1882—1946），江西武宁人，著名反袁将领，1920—1921年率部驻守镇远。

紫阳书院

青龙洞山门

万字格栏杆，格扇门窗。底层及二层为敞厅，三层原为供奉尧、舜、禹的"三官殿"。

考祠北侧为老君殿，是紫阳洞制高点。利用洞前石山而建。底层为敞厅，面阔8.1米，进深6.1米。二层供雷神，三层供太上老君、元始天尊和灵宝等。老君殿檐下悬"紫气东来"横匾。底层山石上嵌有清顺治十三年（1656）任国玺《宿镇远看灯》诗碑及光绪五年（1879）修复碑记各1通。

老君殿北侧为圣人殿。建筑坐东向西，为木结构，二层二檐歇山顶，通面阔6.8米，通进深6.7米。底层架空，二层三面带廊，万字格栏杆，金柱间装隔扇门。

紫阳洞石壁上嵌有诗碑多通。老君殿东面壁上嵌宣统年间提督徐印川"飞岩"2字石碑。

中元洞，位于中和山北段。明嘉靖九年（1530），镇远知府黄希英于此倡建中山寺，现称中元禅院。后"工部侍中赵之绪构藏经楼。兵毁"。清康熙五年（1666）僧太圆重修。中元禅院，也称中元洞，即古称的"北洞"和"中和洞"。现有山门、大佛殿、藏经楼、望星楼、独柱亭、六角亭等建筑，均为光绪年间所重建。西接祝圣桥。

中元洞山门由两块巨石天然而成，门外石壁上横向楷书阴刻"中元洞"3字。山门门额镌刻"入黔第一洞天"6字，每字0.02米见方，刻于道光二十年（1850）。书体古朴苍劲。拾级而上，洞壁有摩崖"奇石仙缘"。

山门内南侧石砌平台上为大佛殿。建筑坐东向西，重檐歇山顶，现存建筑重建于清光绪九年（1883）。底层为佛殿，原供释迦牟尼铜像，并祀观音、文殊、普贤及十八罗汉。二层为藏经楼。殿前外沿筑有影壁，西侧堆"中元禅院"4字，东侧塑"福"字。殿后圆洞门上方有镶瓷楣额"渐入佳境"，后墙上部塑清人许慎手书"方壶圆峤"4字。

望星楼，建于大佛殿北侧千佛岩顶端，始建于清同治十二年（1873）。建筑坐东向西，占地面积约80平方米，建筑面积164平方米，为三层三檐六角攒尖顶阁楼。底层架空，二层与大佛殿藏经楼相连。

中元洞大佛殿后的"北洞"和"中和洞"内外，有前人题刻、摩崖、诗碑多处，洞中有佛龛和神台。"中和洞"外石壁上嵌"别有天地"字碑。

中元洞"中和洞"口外有六角亭。六角亭为单檐六角攒尖顶，北侧檐下悬隶书"流丹"匾额。

万寿宫即"江西会馆"，位于中河山中段，紫阳洞下部临古驿道。为高封火墙围护的三进院落，从南至北现有山门、宫门、戏楼、东西厢楼、杨泗将军殿、客堂、许真君殿、文公祠等，皆清代晚期所重建。

万寿宫山门在青龙洞山门北侧，始建于清雍正十二年（1734），后多次维修。光绪二十八年（1902）重建，1982年维修。万寿宫山门坐东向西，为四柱单门五楼砖石结构牌楼式大门，面阔16.4米，高14米。明间从上至下依次有："万寿宫"竖额、"永德灵长"横匾、"云飞山静"横匾。次间下层各有精刻砖雕青龙洞古建筑群全景图。楼柱石刻对联"惠政播旌阳，儒学懋昭东晋；涤源平章水，道法永奠西江"。

过山门向北入宫门，上部倒座为戏楼。戏楼建于光绪初年，坐南向北，为穿斗式木结构，歇山青筒瓦顶。底层为过道，二层为戏台，高3.2米。戏台上下场门之间隔断，上悬"中和且平"木匾，下有福禄寿三星木雕。外壁饰八仙雕像，顶置藻井，额枋及东、西两罩面枋上有高浮雕戏文图，精刻"双龙会"等戏剧图案。台口有对联"不典不经，格外文章圈外句；半真半假，水中明月镜中花"。

与戏楼相对的是杨泗将军殿，始建于雍正、乾隆时期，光绪五年（1879）重修，1982年维修。杨泗将军殿坐北向南，建筑面积165平方米，由殿堂和抱厦组成，相距1.7米，形成一小天井。殿后为中院客堂，因为专供江西抚州府人士使用，又称"抚府客厅"。客堂面阔三间9.2米，进深11.4米，为一敞厅，厅后高墙内有一小天井。客堂前有小庭院，并有内戏楼一座，今废。庭院西侧设侧门，门上内外装门罩。客堂北侧为许真君殿，正殿坐东朝西，通面阔12米，进深10米，已毁。过许真君殿，北侧客房因专供南昌府人士使用，又称"南府客厅"。该厅北端有垂花门通向古驿道和祝圣桥。

文公祠在"南府客厅"东侧高台地，北与"中和洞"相邻。坐东向西，面阔三间。檐下悬"文公祠"横匾。该祠供奉南宋政治家、江西吉安人文天祥，属江西吉安府人士专用。

祝圣桥，俗称"老大桥"，又称㵲溪桥。据称为庆祝康熙皇帝执政60周年改今名。横跨㵲阳河，东西向，始建于明万历三十七年（1609）。崇祯元年（1628年）巡按刘士祯捐金再建。据康熙《贵州通志·关梁》记载："清康熙二十七年（1688）夏五月，水溢桥圮。总督范承勋、巡抚田雯、卫既齐、提督马三奇及司、道、府公捐银二千七百两有奇重修。工始于二十八年（1689）九月，成于二十九年（1690）十二月。"康熙三十四年（1695）复圮，康熙四十九年（1710）建成，康熙五十八年（1719）又圮，雍正元年（1723）重修。祝圣桥为七孔石拱桥，长135米，宽8.5米，中间五孔净跨15米，东、西两孔净跨12米。矢高8米。清嘉庆二十四年（1819），林则徐首次过镇远，写下日记："府治依山为城，山隙处补以睥睨，望之若无城。府前大石桥临镇阳江，江即㵲水，合西来诸水入沅。由此下水可直达常德。"东起第三、四孔之间桥面建有通高15米之三重檐八角攒尖顶"魁星楼"，楼内对联"扫净五溪烟，汉使浮槎撑斗出；辟开重驿路，缅人骑象过桥来"，生动形象描绘苗乡古城的一个历史画面。1934年底，中央红军在桥上与敌激战后攻克镇远。解放前夕，国民党溃军炸桥逃跑，好在未毁，仍作公路桥使用。20世纪80年代，为保护祝圣桥和青龙洞，公路改道，将其恢复原样。

香炉岩为青龙洞前潕阳河畔一座独立岩石。明嘉靖初建有疑岘亭，后坍。现存疑岘亭系1956年重建，为单檐六角攒尖顶，俗称"莲花亭"。历代名人在此题咏颇多。明弘治初，镇远知府周瑛题有《香炉岩》五言律诗一首。嘉靖初，知府罗凤写有《疑岘亭》七律一首。清嘉庆二十四年（1819）七月初二日，林则徐第一次路过镇远时曾游览此地。现香炉岩临江北壁上，有横向楷书阴刻"乾坤入钓竿"5字摩崖石刻。竖向楷书阴刻款识："庚申提师东出，次潕数月，见山水清奇，恒与二三耆老垂纶于斯。觉宇宙旷爽，万象空蒙，顾而乐之，辄流连不忍去。兹值局势进步，移师桂林，爰志数语，以告来者。辛酉夏，武宁李烈钧泐石，熊以福书丹。"刻于1921年。

令公庙，在中和山南东关上。始建于清嘉庆年间。咸丰八年（1858）毁于兵燹，光绪元年（1875）重建。令公庙坐东向西，北靠石壁，南临溪水，依山就势而建，占地面积约500平方米，建筑面积368平方米。现存山门、两厢、正殿、偏殿及6米高封火围墙。正殿面阔三间，通面阔11.5米，进深二间，通进深4.8米，穿斗式木结构，封火山墙青瓦顶。

东山寺，在中和山南端东侧。始建于明永乐十一年（1413），清代重加修葺。东山寺坐东向西，原由山门、两厢、正殿组成，依山就势而建，占地面积328平方米，建筑面积167.8平方米。早毁，现已复建。

天柱三门塘古建筑群

天柱三门塘古建筑群位于黔东南州天柱县坌处镇三门塘村清水江畔。

清水江发源于黔南州都匀市境内，贯穿黔东南州大部分地区，下通湖南洪江、黔阳，汇洞庭、入长江，水运交通十分便利。三门塘是倚清水江而建，以航运而兴的古村落，"总三江九溪之门户，扼内江外埠之咽喉，踞千年古道之要津，为木材外销之口岸"。

三门塘鼎盛时期形成了由五条主街巷和众多民居、商号、店铺、庙宇、桥梁、码头等组成的建筑群，包括了民间典型的水运商贸集镇的大部分类型。

三门塘全村有王、吴、刘、谢、蒋、李、彭、袁、印等19个姓氏。清雍正年间，三门塘属湖广道靖州营，并辟为清水江水运码头，大批汉族商人从江西、湖北、湖南等地溯江而至。至乾隆年间已商贾云集，成为盛极一时的水运商贸集镇。

三门塘村选址十分重视风水观念，村落营建莫不以风水理论进行完善。据兴隆庵《修庵碑记》载："兴隆庵，古永福寺旧迹也。明万历年间，建于亥把冲口，梵宇森严然，立庵以尊佛，兼培风水焉。余村自钟灵山发脉，蜿蜒奔赴，凝结与东北中者，后龙未续，缺陷颇多。及我朝康熙十有二年，爰历坤舆，卜宅于斯而迁之，以补元气，以培风水。"表明兴隆庵修建有很大原因就是为了培补三门塘的风水。复兴桥为三门塘水口锁水之桥。据道光三年《复兴桥》碑记载："斯桥，水自右旋，抱树而下。而世业风水之术也，金以桥足固一村水口，且外森立二石，名曰傍浦岩，又有古木左右映带，每谓坚如铁券，固若金汤，可卜。"

天柱三门塘古建筑群远眺

三门塘民居建筑选宅基地时，要求前有案山，后有来龙（山脉），左青龙，右白虎，最理想的宅基地是青龙高过白虎，靠近水源，便于就近取水。正因为如此，三门塘至今仍保存有"妇女井""博溥渊泉"等古井二十余眼。其目的就是想选择好的地址，然后把住房建在上面，从而使好的地理环境通过建造的房屋给房主人带来幸福。房屋样式有平屋、开口屋和吊脚楼。高度（以中柱为准）一般起一丈六八、一丈八八，最高起二丈一尺八寸，尾数须带"八"，民间认为八是吉祥数，取之则大吉大利。木匠师傅只需要一根丈杆、一只腕戴墨斗和一片篾笔，即可把房子设计建造起来。

三门塘既有侗汉结合的王氏宗祠，又有中西合璧的刘氏宗祠，这两幢白墙青瓦古色古香的建筑镶嵌在鳞次栉比的木楼之间，使三门塘的景色更加绚丽，气势更加磅礴。同时，三门塘民居建筑吸收了当地干栏式侗族民居的一些建筑元素，如吊脚楼。此外，三门塘还有不少印子屋、石库门四合院。印子屋因其四四方方像一颗大印而得名，与长江流域的南方合院式建筑同出一脉。合院外设石库门，进门为庭院，居中为正房，左右为厢房，设天井采光，院内置消防池，四周砌"封火墙"。

在侗族文化的影响下，三门塘乾隆初年建有鼓楼一座，时称乘凉楼，清嘉庆六年（1801）重修，据谱碟记载：此楼"层瓦辉碧，迭檐流苏，典雅古朴。俯瞰商船出进，环顾木排横江，风清月朗，笑语飞歌，山川灵秀，独钟此楼"。惜同治四年（1865）三月毁于战火。

三门塘的刘氏宗祠、王氏宗祠和四合院的墙壁，或塑浮雕，或绘彩画，构思奇巧，是集建筑、绘画、雕塑艺术于一身的艺术瑰宝，形象生动，寓意深刻。多数木雕、石雕、彩塑、彩画作品，题材广泛，内容健康向上，对社会、对子孙后代具有积极的教育意义，其中不乏艺术珍品。

天柱三门塘古建筑群刘氏宗祠

天柱三门塘古建筑群民居

天柱三门塘古建筑群王氏家祠

锦屏隆里古建筑群

锦屏隆里古建筑群位于黔东南州锦屏县隆里乡隆里所村。俗称隆里所城。明洪武二十五年（1392）置龙里（隆里古称龙里）守御千户所，是为隆里古建筑群营造之始。之后历经清代、民国，形成现有规模。隆里城池近似长方形，南北宽217米，东西长222米，占地4.8万平方米。在空间布局上，以城中原千户所衙门为中心，往东、西、南分为三条大街，大街又分出六条巷道，街巷把整个城区划分成九大居住院落，当地俗称为"三街六巷九院子"。隆里古建筑群包含隆里所城内的民居、宗祠、庙宇、书院、城墙、街区和城外的桥梁、寺庙等建筑，基本保存明清风格。

隆里城墙，始建于明洪武十九年（1386），时为土墙。明天顺六年（1462）用卵石框边加固，中间夯筑泥土，高3米，厚3米不等，四周围以护城河。现城墙基本保存完整，护城河部分河道淤塞。隆里城墙现存东、南、西、北各城门。东门为"清阳门"，明代称为"东屏巩固"，是古城四座城门中最宏伟、保存较完整的城门，城楼下开一半圆拱门洞出入，楼上为两重檐三间木构建筑。城门上都设有戍楼，作瞭望之用，后将戍楼改为鼓楼，祀神。南门称为"正阳门"（明称南厢重镇），设有内外两道城门，即在门洞前筑有一堵围墙，出门洞后需转90度弯再出一道门才到达城外，形似"瓮城"结构，俗称"勒马回头"，明通暗塞，虚实结合。西门称为"迎恩门"（明称西溪金池），保存完整，建筑形制与南门相同。北门称为"安定门"（明称北方锁钥），闭而不开，在东北角开一便门出入。

王氏（所王）宗祠，在城内王家巷左侧。始建于民国初年，占地面积391平方米，建筑面积210平方米。三间二进，内天井，墙门为牌楼式，顶部砌整齐排列的五棵大白菜雕塑，寄寓"清清白白做人"。装饰精美，墙面塑有各种动物的泥塑，有长、短对联3副，记述了王家迁移历程和对子孙后代的训导。

王氏（西王）宗祠，在城内王家巷左侧。始建于清末，占地面积410平方米，建筑面积230平方米。由山门、门厅、天井、享堂、后院组成。该祠为黎平府开科举人王大臣本家祠堂。

陈氏宗祠，在城内西大街左侧，始建于清乾隆年间。建筑坐南朝北，面向大街，占地面积354平方米，建筑面积274平方米。由牌楼大门、门厅、天井、享堂组成，封火墙围护。祠内厅堂则坐东朝西。从大门而入，依次是耳房、天井，再转才是正屋，格局独特。

江氏宗祠，在南门上小街，始建于清康熙年间。建筑坐北朝南，占地面积246平方米，建筑面积160平方米，由牌楼、过厅和享堂组成。正面牌楼与墙连为一体，仿四柱三间三楼牌坊而建，装饰精美。外围封火砖墙底部用当地青条石作基础。大门上有"江氏宗祠"门牌，牌楼上有"松竹梅""岁寒三友"图，牌楼脊塑二鱼摆尾、嬉戏风火球。

王氏（东王）宗祠，在南门上小街，建于清代。建筑坐北朝南，由牌楼、过厅和享堂组成。外围封火砖墙底部用当地青条石作基础，墙端为马头墙。

龙标书院，在所厅街街头。清雍正三年（1725）建，历代曾有修葺，1926年修复。占地面积1100平方米，建筑面积1200平方米。由牌楼大门、荷花池、过厅、教馆、菜地、橘园组成。

二郎庙，在城内张所街街头，始建于清中期。二郎庙是城内仅存的庙宇，供奉二郎真君神像。占地面积74.3平方米，建筑面积140平方米。

真武庙，在城外状元桥头真武山上。始建于清中期，20世纪60年代曾遭严重破坏，近年曾作维修。占地面积400平方米，由山门、前殿、大殿组成，祭祀祖师、灵宫神像。

五柳堂（陶家院），在所城东北角，建于清晚期，是清代木商陶明哲的住宅，现仍为其后裔居住。一正两厢合院式布局，四周封火墙围护。屋前建有门楼，保存完好。天井铺青石板，窗扇通为雕刻精美的花窗，室内家具陈设齐全。

科甲第，在南门大街。建于民国二年（1913），为三间二进式建筑，后有花园。四周高封火墙围护，天井铺青石板，天井内有青石防火用太平缸，墙上彩画花鸟虫鱼、山水人物。整体保存较好。

清阳门

青阳门内

古井

正阳门内

关帝庙和龙标书院

二郎庙

书香第

关西第

家本第

状元桥

巷道

书香第，在南门大街，建于清末，为三间二进二天井合院式布局。堂屋窗格为格式花窗。门前放有一对石锁，镌刻有"连中三元，连升三级"字样。防火用太平缸镌刻有花瓶插三戟（寓意平升三级）和暗八仙等图案。大门门板用坚硬青岗木做成，门后地面安有青石凿成的顶门槽，屋角备有顶门杠，供夜晚顶门使用，整体保存较好。

关西第，在城内南门街左侧，始建于清末。建筑坐东向西，占地面积184平方米，建筑面积280平方米，由大门、门厅、天井、正房、厨房组成，封火墙围护。

雁门第（童家祥宅），在城内所厅街右侧，始建于清末。建筑坐东向西，占地面积254平方米，建筑面积280平方米，由大门、门厅、天井、正房、厨房、后院组成，封火墙围护。

苏湖世第（胡世斌宅），在城内东大街左侧，始建于清末。占地面积198平方米，建筑面积258平方米，由大门、门厅、天井、正房、后院组成，风火墙围护。保存较好。

家本第，即"家本在身"宅（王子良宅），在城内张所街，始建于清末。建筑坐西朝东，占地面积151平方米，建筑面积120平方米。原为两进两天井合院式建筑，现仅存前厅及两侧封火山墙。

张平治宅，在城内张所街。坐西朝东，占地面积151平方米，建筑面积120平方米。为三间两进两层合院式布局。

状元桥，在城北龙溪河水口处，始建于清末，为纪念唐朝诗人王昌龄贬谪隆里而建于明万历二十二年（1594）。因王昌龄曾中博学鸿词科第一，故名状元桥。崇祯二年（1629）重建。桥东西向，跨龙溪河，为三孔石拱桥，以巨大青石砌筑，桥面铺青石板。桥西有21级石阶，桥东有18级石阶与路面相接。保存较好。桥畔真武山脚，分别立有镌刻于明崇祯二年（1629）、清乾隆十二年（1747）和嘉庆二十五年（1820）的建桥碑记。

平水石桥，在城外西侧龙溪河上，明天顺元年（1457）修建，为二十一跨石墩石板平桥，长50余米。现保存完好。

书坊桥，建于古城南侧的护城河上，为清代进士江有本为本家学馆作舟馆过河所建，为单跨石板平桥，有栏杆和栏板，镌刻有"万福万寿"等字样。保存完好。

古井，城内现遗存古井13眼，以董家井、龙王井、桂花井、泉远井为典型代表。

隆里古建筑群是明代军屯制度及移民制度、社会变迁的产物，是研究明清两代屯田文化、荆楚文化在少数民族地区传播和变化的宝库。古城街道格局完整，具有显著的地域特色，是研究中国古代西南军屯城镇规划、建设和乡土建筑的重要实物。

雷山郎德上寨古建筑群

雷山郎德上寨古建筑群位于黔东南州雷山县郎德镇上郎德村，是贵州省最早列入保护的民族古建筑和东线民族风情游的重点村寨之一。郎德上寨系苗语"能兑昂纠"的意译，"能兑"即欧兑河下游之意，村以河名，"昂纠"即上寨，郎德上寨因属郎德地片上方，故名。寨内苗民的服饰以长裙为特征，所以又称为"长裙苗"。2001年，朗德上寨古建筑群被列为第五批全国重点文物保护单位，2010年被公布为第五批中国历史文化名村。

雷山郎德上寨古建筑群

郎德上寨四面群山环绕，村前是一条清澈见底的溪流，流入美丽的丹江。寨子对面有养流坡，坡腰有8亩许平地和长150米的赛马跑道。每年农历三月马日，雷山、凯里、麻江、丹寨四县交界的苗族男女青年，在此举行爬坡活动、对歌、赛马，盛极时达万余人。郎德上寨有五条花街路通向寨中。东、西、北面置有木柱瓦顶护寨门楼，简称"寨门"。寨上，吊脚木楼，鳞次栉比，错落有致。寨中道路、院坝及各户门庭，都用鹅卵石或青石镶砌铺就。寨中有两个铜鼓、芦笙场。

郎德上寨民居建筑依山就势而建，建筑大都沿等高线布局。大部分建筑充分利用坡地而形成一楼一底或二楼一底的吊脚楼，有全吊、半吊、角吊等多种形式，为黔东南苗族民居的典型代表。民居布局一般以堂屋为中心向两边拓展，开间三间、四间、五间均有，均为穿斗式结构。在堂屋（明间）往往设有可登高望远和休憩劳作的美人靠，苗语称"逗安息"。屋面多为悬山顶，也有部分歇山顶，有的民居带偏厦。村内有大小铜鼓坪两个，一个基本废弃，一个用于重要节日活动开展及日常交往的场所。

2. 省级文物保护单位

省级文物保护单位包括铜仁碧江客兰寨古建筑群、松桃新寨古建筑群，黔东南施秉云台山古建筑群、天柱抱塘村古建筑群、锦屏文斗村古建筑群、黎平登岑流芳村古建筑群、黎平登岑粮仓群。

寨门

郎德上寨民居

民居建筑

民居建筑

碧江客兰寨古建筑群

碧江客兰寨古建筑群位于铜仁市碧江区瓦屋侗族乡克兰寨村。客兰寨，原名客来寨。东靠六龙山，西临瓦屋河，占地面积15万平方米。村民均为刘姓。明洪武五年（1372），刘氏先祖刘贵奉诏随军由江西吉水赴黔，因功授职思州宣尉司同知。洪武六年（1373），思州宣慰司设立施溪长官司，刘贵之子刘道忠任第一任长官。之后，刘氏家族世袭二十七任、二十四世至民国初年，在此繁衍生息了六百余年。客兰寨至今仍较好地保存"三合院""四合院"建筑12组，宗祠3座。除此之外还有手工作坊、码头、古井、学馆、庙宇、营盘、神道碑、司前屯堡、保寨楼（碉堡）、公墓等遗迹及井边龙巷、三房龙巷、绍文龙巷、庙宇龙巷、大房龙巷、满房龙巷等6条巷道。

客兰寨民居建筑沿山势、水势，布局灵活多样，利用天然的地形地貌进行规划设计，通过适量采用花墙、漏窗、楼阁、天井等建筑手法，沟通内外的空间，使建筑群落达成与自然环境的巧妙结合。形成一相对封闭的环境，即可靠山遮挡冷风，又可面水迎风纳气，还能获得良好的景观效果。其建筑随山势的起伏，巧妙地融入青松翠柏之间，建筑物与山、水、泉、林、田园有机结合，形成一幅入村不见山、进山不见寨的"天人合一"山野村居图，构成了优美、宜人、质朴的人居环境。

客兰寨建筑在布局、用材、尺度、风格上与周边环境均浑然天成，建筑古朴、自然得趣。墙基垒了米余高的条石、大鹅卵石，可为就地取材。斑驳的夯土墙、土砖墙风骨犹在。部分外露的木构架，屋面的小青瓦，都是那么简洁、朴实。寨中道路多以小卵石、石板铺设，

碧江客兰寨古建筑群

客兰寨民居

刘氏宗祠

客兰寨民居八字门（田晓东摄）

精心有致，更是古风古韵，其建筑技术、装饰技艺、雕刻技巧鬼斧神工，超凡脱俗，别具一格。院内屋外，随处可见精雕细刻的建筑艺术品。民居建筑群从屋檐、柱础、石鼓、门窗到神龛、寝具、屏风等生活用具，造型逼真，构思奇特，精雕细刻，匠心独具，既具有公共建筑的大气，又具有南方建筑的秀雅风格。这里的民居建筑群以及宗祠中将木雕、砖雕、石雕陈于一院，绘画（宗祠内壁画）、书法、诗文熔为一炉，人物、禽兽、花木汇成一体，姿态纷呈，各具特色，称得上西南民居建筑艺苑中的一颗璀璨明珠。客兰寨民居作为锦江流域民居建筑的组成部分，既具备汉族民居建筑的一般特征，也反映客兰寨这一特定村落由军屯转为民屯的许多特征和内涵。

客兰寨的宗族观念、祖先崇拜、自然崇拜等特别浓厚，因此客兰寨至今仍保留和传承典型的衣、食、住、行和伦理制度，以及婚丧、节日、宗教信仰等习俗，如节日有"祀贵公""祠堂会""清明会"等，民间文化有"傩堂戏""阳戏""龙船会""庙会"等。

松桃新寨古建筑群

松桃新寨古建筑群位于铜仁市松桃苗族自治县迓驾镇新寨村。"德高现"是苗语，意为"小新寨"。村寨建于清代，南、西、北三面临河，东面横亘一道山梁，掩映在密林之中。寨内有大道1条，小道11条，道路两旁以片石垒砌垣墙，墙体留有射击孔。道口及转角处有石砌卡子门。全寨有2道寨门，8道卡门，其中3道卡门建有石碉或陷阱。几乎每栋民居四周都修有石砌围墙。许多古建筑按地形或朝向划分成若干院落，每个院落亦有石墙环护，墙上留有射击孔。院内民居三至五户不等，共用一个院门，院门有通道连接卡门及寨中大道，院落与院落之间，既能独自保全，又能相互援助。德高现古建筑群经多次兵火，但村民凭借寨内坚固的防御工事，在一次次战争中保全了家园。具有数百年历史的古民居、古寨墙、古寨门、卡子门以及石板铺设的寨道、暗道等建筑仍保存完好。与苗族村民生产、生活息息相关的对歌场、花鼓坪、椎牛场、古水井、消防池、保寨桥、保寨树等，发挥重要作用，充分展示武陵区苗族的民间文化艺术、风俗习惯、宗教信仰、传统劳作方式。

古建筑群以民居、寨墙、院墙、卡子门、寨门、暗道、碉堡、歧路等构成一个功能完善、严谨的防御体系，是古代苗族村民防御建筑艺术的典范。

躲进深山老林中的苗族村民，生存条件极其恶劣，但可利用特殊的自然环境与强敌周旋。由于天然悬崖、鸟道、林箐、山洞皆可作为屏障，苗族人民得以生存繁衍，致使人们认为，一切自然物都值得崇拜，都应该保护，从而将本是穷山恶水的荒山野岭建设成为山清水秀的"世外桃源"。德高现古建筑群是苗族人民崇尚自然、善待自然的生动例证。

古建筑群代表的原"生苗"之地，在相对封闭的环境中保存了本民族独特的建筑、宗教、医药、婚丧、礼俗等文化艺术，与远古苗巫文化、五溪蛮文化是一脉相承的，成为中华民族文化百花园中的奇葩，具有极高的科学研究价值和审美观赏价值。

云台山古建筑群

云台山古建筑群位于黔东南州施秉县白垛乡白垛村。明隆庆元年（1567）建庙，天启元年（1621）扩建。清光绪年间重建。现存渡云桥、周公殿、徐公殿、会仙桥、迎仙洞、钟鼓洞、山门石碑及其他石碑 7 通、摩崖石刻 4 方、僧塔 6 座、僧墓两座。

渡云桥，始建年代不详，明天启七年（1627）、清乾隆二十五年（1760）、嘉庆二十一年（1816）多次维修。桥南北向，跨茶店河，为单孔石拱桥，长 33 米，宽 6 米，净跨 12.5 米，矢高 9.2 米。桥头立建桥碑 3 通。渡云桥建桥碑，青石质，存高 0.5 米、宽 0.4 米、厚 0.03 米残段，额题残存"碑记"2 字，每字 0.07 米见方，碑文不存，落款竖向楷书阴刻"皇明天启丁卯仲冬月"9 字，立于 1627 年。"补修无量桥碑记"碑，青石质，圆首，方趺，高 0.6 米，宽 0.73 米，厚 0.03 米，额题"补修无量桥碑记"7 字，碑文楷书阴刻 1 行，17 字，立于清乾隆二十五年（1760）。"修无量桥碑记"碑，青石质，方首，方趺，高 1 米，宽 0.66 米，厚 0.11 米，额题"修无量桥碑记"6 字，每字 0.06 米见方，碑文楷书阴刻，21 行，满行 18 字，共计 287 字，立于嘉庆二十一年（1816）。

周公殿，在渡云桥与迎仙桥之间的半坡上，供奉开发云台山胜景的道人周惠登。殿始建于明代，光绪年间重建。建筑坐北向南，原有山门、两厢、正殿等，占地面积约 600 平方米。20 世纪 60 年代毁，1986 年搬迁城隍庙大殿至此，并重建两厢，建筑面积约 200 平方米。正殿面阔三间，通面阔 16.7 米，进深三间，通进深 10.9 米，穿斗式木结构，悬山青瓦顶。

徐公殿，在云台山最高处，供奉开发云台山胜景的道人徐贞元。殿始建于明代，光绪年间重建。建筑坐北向南，原有山门、两厢、正殿、遗真亭等，占地面积约 500 平方米。20

世纪 60 年代毁，1987 年搬迁清光绪十年（1884）重建的平宁寺大殿至此。面阔三间，通面阔 18.6 米，进深三间，通进深 9 米，穿斗式木结构，歇山青瓦顶，格扇门窗。

会仙桥，在云台山古道上，建于清康熙二十八年（1689）。乾隆二十六年（1761）重修，道光二十二年（1842）圮于山洪，道光二十四年（1844）重建。东距渡云桥 1.5 千米。桥东西向，跨塔山沟溪，为二跨石墩石梁平桥，长 4.2 米，宽 1.2 米。桥头立建桥碑记 3 通。"善会桥"修建碑，青石质，方首，高 0.49 米，宽 0.3 米，厚 0.08 米，额题"善会桥"3 字，碑文楷书阴刻，8 行，满行 16 字，共计 100 余字，记捐资修建"善会桥"事，湖广衡州府桂阳信士刘率其家人立于康熙二十八年（1689）。"会仙桥"修建碑，青石质，方首，高 0.76 米，宽 0.41 米，厚 0.1 米，额题"会仙桥"3 字，碑文漫漶不清，立于乾隆二十六年（1761）。重建"会仙桥"碑，青石质，方首，高 1.2 米，宽 0.66 米，厚 0.13 米，额题"为善最乐"4 字，碑文楷书阴刻，5 行，满行 24 字，共计 140 余字，记"云台山至塔山沟，因廿二三年连遭洪水冲塌，行人艰难，是以众善捐资重建"事，立于道光二十四年（1844）。

"迎仙洞"摩崖石刻，在天然溶洞"迎仙洞"洞外崖壁上，离地 1.94 米。横向楷书阴刻"迎仙洞"3 字，每字 0.2 米见方。其下楷书阴刻对联"威灵遍显尘寰内；魑魅难逃慧眼中"，刻于道光年间。

云台山山门石碑，2 通。镶嵌于石壁。其一高 0.67 米，宽 0.42 米，距地面高 1.53 米。碑额楷书阴刻"募修石门碑记"，竖刊"偏桥卫掌印都指挥刘定国暨卫属善姓等"姓名，刻于明天启元年（1621）。其二高 0.68 米，宽 0.48 米，距地面高 1.72 米。碑额横向楷书阴刻"告示"，碑文竖向阴刻 399 字，刻于清光绪二十年（1894）。

处决盗犯告示碑，在山门外左侧，青石质，方首，高 0.68 米，宽 0.48 米，厚 0.34 米。额题"告示"2 字。碑文楷书阴刻，16 行，满行 28 字，共计 390 余字。记盗犯冉泷云等勾结寺僧海常盗窃云台山寺财物，经贵州按察司查明，"移会营员监提冉泷云到案，验明正身，绑赴市曹处斩"。镇远府知府"除将该犯冉泷云处斩并申报外，合行示谕""嗣后各务正业，互相劝解，即以冉泷云为诫，慎毋以身试法，自罹其咎"。据镇远府文告立于清光绪二十年（1894）。

护泉碑，在钟鼓洞下"龙泉"旁，青石质，方首，高 0.66 米，宽 0.48 米，厚 14 米。碑阳正中阴刻"井泉龙王香位"6 字。左侧楷书阴刻"徐公普济，法延天一，施泽无边。饮水敬神洁净，切勿污秽清泉"。朱平阶立于 1938 年。

云台山僧人墓塔，在云台山后月亮井坡上。该处原有塔、墓 60 余所，星散于青枫林中，皆坐东面西。现尚存完整舍利塔 5 座，高 1.5～2.44 米。和尚墓两座，以料石围砌，封土高 0.9～1 米，长 2.1～4 米，宽 2.1～2.3 米。

天柱抱塘村古建筑群

天柱抱塘村古建筑群位于黔东南州天柱县垒处镇四康村。抱塘地处天柱县东南部，四面环山，苗族聚居。一条古道从村子东面一直延伸到湖南省靖州县大堡子镇，西出 6 千米便是清水江航道。村中盛产优质林木，先民以农业为基础，靠做木材生意逐渐发家致富。致富后的抱塘先民大兴土木，建起了印子屋、宗祠、庙宇，铺修了石板路、花阶路，架起了石拱桥，并竖石碑以记公益事业或乡规条约，这些建筑构成了抱塘村古建筑群的基础，并与传统的木屋吊脚楼融为一体。

抱塘古建筑群为明、清两代兴建。明万历二十五年（1597）天柱建县，抱塘属归化乡二图，清代属由义里。1914年属第五区坌处镇管辖，1942年属坌处管理区，1961年属坌处公社，1984年改为坌处镇，1992年撤区并乡，归坌处镇管辖至今。

印子屋大多建在地势平坦之处，以石库门进出，四周砌高大封火山墙，内为一进或二进穿斗排扇式木构建筑，天井铺石板。宗祠选寨中风水宝地兴建，以牌楼为面，石库门进出，四周砌高大封火山墙，祠内为穿斗式木构建筑，正殿大柱宽枋，柱下是上圆下方的石础，明间靠后墙设祖龛，牌楼墙面有泥塑浮雕和彩绘吉祥图案。吊脚楼依山势兴建，多为上下两层四扇三间穿斗式木构建筑，枋板封装。村中主巷道全以青石板铺面，小路以卵石路相连。抱塘村民受汉文化影响较早，清乾隆年间，村里即建有凤鸣学馆以教化乡民。抱塘村古建筑群为研究清水江航运史、文化交流史、经济发展史、中国木材贸易史等提供了实物史料。

吴姓先祖最早于元代迁徙抱塘定居，距今已700余年历史。100年后，明嘉靖四年（1525）粟姓子能公携二子文福、文兴由湖南会同入迁抱塘。随后，明末清初时期有潘、李、刘、龙、罗、杜、覃、谢等姓氏陆续迁入。特别在乾隆、嘉庆年间，抱塘已达300余户，1500多人，吴、粟二姓均建有祠堂。

吴氏宗祠，始建于清嘉庆二十一年（1816），坐南向北，占地面积300平方米，建筑面积277.4平方米。牌楼式大门，穿斗式木结构，硬山顶小青瓦屋面。由前厅、正厅、两厢楼、三天井组成。正厅高出前厅和天井。宗祠门窗的组合极其自然，结构严谨，多以"双凤朝阳""三羊开泰""五谷丰登"以及十二生肖图等栩栩如生的图案装饰。宗祠四周为高封火墙维护，皆遍塑浮雕图像与假窗假柱。

粟氏宗祠，始建于清乾隆十年（1745）。坐西向东，占地面积238平方米，建筑面积210平方米。牌楼式大门，马头墙高翘，穿斗式木构建筑，由前厅、天井和正厅组成。

抱塘由于木业兴旺，湘、鄂、江、浙和陕、甘、福、赣的三帮五勷木商纷至沓来，争购木材，于是抱塘人丁兴旺，农林大兴，且金满钵，银满箱。富裕后的抱塘，一幢幢印子屋拔地而起，石板路、花阶路四处延伸，风雨桥、石板桥凌空飞架。

抱塘印子屋群，多建于清乾隆年间。均为合院式建筑，穿斗式木结构，硬山顶小青瓦屋面，四周以高封火墙围护。正房一般面阔三间、进深三间，外为高大封火墙。有的是两进一天井，有的三进两天井。天井青石板铺墁，上置青石板围砌的消防缸。窗户雕刻福禄寿喜等吉祥图案，封火墙开石库门进出。

粟永辉印子屋，建于清后期，坐西向东，为三合院，占地面积360平方米，建筑面积332平方米。建筑为穿斗式木构一楼一底，石库门大门设于南面，门楼墙面饰以泥塑、浮雕、彩绘。开圆弧假窗，木房前为石板铺墁的长方形天井，开六个花窗，门窗木雕十分精美，四周以高大封火墙围护。

吴远亮印子屋，清光绪初年始建，坐西向东，占地面积320平方米，建筑面积210平方米。

抱塘古建筑群

抱塘一角

吴氏宗祠牌楼

粟氏宗祠牌楼

牌楼式石库大门，穿斗式木构。明间设堂屋，次间为卧室，木房前为天井。

吴传明印子屋，始建于清道光年间，坐南朝北，外砌封火墙，开石库门进出，有门楼。正屋为四扇三间穿斗木构一楼一底建筑。面阔三间15.8米，通进深21米，占地面积321.8平方米，建筑面积280平方米。

粟多胜印子屋，始建于清光绪初年，坐西向东，开石库门进出，外环封火墙。内为一楼一底一天井合院式建筑。占地面积268平方米，建筑面积208平方米，石库门和马头墙保存较好，木房枋板部分毁损。

银锁桥，在村子西，始建于清中期。桥东西向，跨抱塘溪，为单拱石拱桥，长21.4米、宽3.95米、高5米。桥上建风雨桥，桥内置座凳，是连接湖南省靖州县大堡子镇古道要津。

红桥，在村子西端，始建于清代光绪年间。桥南北向，跨抱塘溪，为单拱石拱桥，长23米、宽5米、高5米。红桥是连接天柱、锦屏要津。

抱塘大井，在村西南隅，始建于清代中期。占地面积17.7平方米，分布面积20平方米。井口长2.16米、宽2.03米，井口周边用青石围砌，上建井亭。抱塘大井是村民生活饮用水的重要水源。

凤鸣学馆遗址，在村西南隅。占地面积约128平方米。现仅存遗址和"凤鸣馆碑记"1通，碑青石质，方首形，高2.32米，宽0.93米，厚0.06米。碑额雕饰二龙抢宝图，额刻"凤鸣馆碑记"五篆字。碑文竖向楷书阴刻，凡5行，满行64字，共计247字，记乾隆元年（1736）择地建馆教授学生诸事。碑文云："圣贤垂训，启迪为先，朝廷设科，建军学为首。是帮

粟永辉印子屋

吴传明宅石库门

银锁桥

红桥

三代以来，襄日校殿日周日庠，造士之端，其延久矣。况信支王治世，崇尚儒林。国有学、党有庠、家有塾。此固道一而风责骂者也。我团原有旧馆也，讲学其中。奈其百久藏，娄徒床靡定，竟未有名焉。至乾隆丙辰，于村左选地，小其山明水秀，峰峦排列，复迁于斯。前人因其地属高岗，咸思羽仪，王国，遂额日凤鸣馆。既定这后，地灵人杰，庚午乙亥，又叠采泮芹，乃是文运日新，其进难量矣。及二十一年丙子春，父兄视其旧馆狭窄，鼎新重建面其启迪后人这意，虽不公为取第占鳌之坟，然苟于中而造就有成。将异日者，或腾蛟起凤，或附凤拿龙，何莫非凤鸣这，应父兄之原舆夫，朝庭作人之意同哉！是为序""皇清乾隆二十一年风次丙子仲冬月建，黄钟朔日谷旦通团众等立"。

抱塘村另存"续修石碑记""永为保障""永禁碑记""通观厥成""亘古不朽"碑刻5通。

抱塘村有石板路18条，花阶路10条，总长3千余米，铺设在大小巷道上，呈"丁"字形穿插全寨，无一处"十"字交错，布局奇妙。

锦屏文斗村古建筑群

锦屏文斗村古建筑群位于黔东南州锦屏县河口乡文斗村上寨和下寨。据文斗龙、姜二姓家谱记载，明代中期此处就已经有人居住形成村落。龙姓稍先，姜姓随后。据传当年人们多居住在今文斗寨上边的里丹等处，后发现所放牧的鸡、鸭、牛等下到现文斗寨觅食，不愿上归，人们以为此地风水吉祥可居，于是逐下迁居于此。

清顺治十一年（1654），喜好堪舆的先祖姜春黎游方到文斗，见此地甚祥，遂举家迁出铜鼓卫（今锦屏县铜鼓村）至此。姜春黎初到之时，文斗地方尚处于无官府管辖，婚无媒妁，人死抛悬于野，结绳记事的荒蛮状态。春黎到此后传播汉俗礼仪文化，求婚令请媒妁，迎亲令抬乘舆，丧令致哀，必设凳奠，葬须择地，不使抛悬，同时设家塾，延师教授汉文，并将寨名由原来的文堵改为文斗，期冀通过兴教能出泰斗文人。

文斗寨分上、下两寨，两寨沿居清水江畔，处于上游位置的称上寨，居于下游位置的谓下寨。自清代康熙时起，由于家族矛盾等原因，文斗一寨分两属，上寨属黎平府龙里长官司，下寨则归镇远府天柱县。民国三年（1914）恢复锦屏县时才将两寨划属同一县。

得益于清水江天然水上交通优势，从清代初期开始，人工造林与木材采运逐渐成为文斗人赖以谋生的主要生产手段。

文斗村古建筑群以民居为主。全寨共有民房200余栋，百年以上典型民居15栋。

寨门，文斗上、下寨各有寨门一座，当地亦称为"凉亭"。寨门四周古木森森，石碑林立，既是村民生产生活的交通要道，又是摆古纳凉的最佳场所，同时也是防御匪盗之工事。上寨寨门修建于清代咸丰年间，占地面积36平方米，建筑面积23平方米，分上下两部分，下部台基呈"凹"字形，高1.15米，宽12米，深3.1米，用石料砌筑而成。上部为木构抬梁式建筑，小青瓦盖顶，两侧设有栏杆并置坐板。寨门明间宽3.9米，次间宽3.3米。由于受风雨侵袭，寨门稍有倾斜，但整体保存完好。下寨寨门同样建于清咸丰年间，1985年重修，其结构式样与上寨门无异。距下寨门30米处还设有第二道防御性石头寨门，高2.3米、宽2.4米，均用条石砌成，两边墙体各留有一长宽0.2米大小孔洞，供瞭望和观察敌情。

姜廷财宅，在上寨大岭坡脚，为姜廷财祖太公姜炀卿修建于清光绪年间。建筑面阔五间19.43米，进深8.82米，占地面积171.4平方米，为一楼一底穿斗式木结构，重檐悬山青瓦顶。楼层前廊栏板饰"福""禄""八仙"等雕刻图案。底层门前立一木质"壁罩"，以挡对面"刀背田"杀气。因年久失修，局部糟朽，雕饰部分有所脱落，房屋也轻度偏斜。

姜启贵宅，在下寨，建于清光绪年间。占地面积150平方米，建筑面积362平方米，五间三层，面阔14.82米，进深8.15米。房屋为穿斗式木构吊脚楼，正面开窗，均饰有雕花，尤以一圆形八卦图案最为精湛，此图案标有二十八宿名称和八卦方位。保存完好。

石板路，文斗村因所居地势较陡，历来重视修建步道，现保存完整的石板路有8条。上、下寨各有从河边顺坡修建的台阶路。进入文斗，在寨脚和寨头分别有连接两寨的环寨路，从两寨的寨门进入寨内又各有步道。这些步道下面用岩石筑牢，然后用青石板铺面，逐级而上，道路两边还挖有边沟利于排水。乾隆年间还立碑禁止在路边挖蚯蚓，以防挖烂路基。石板道最宽处3.6米，最窄处1米，约有两万级，总长约5千米。

碑刻，文斗村寨道路两旁，碑刻林立，现存古碑50多通，其中有3通碑刻历史价值尤为突出。

婚俗改革碑2通，2005年因三板溪电站建设，由四里塘迁移至上寨寨门凉亭处。1通高1.81米，宽0.87米，厚0.1米。额题"恩垂万古"4字，记载文斗、尧里村等寨民姜廷干、李宗梅等禀请给示，革除舅肯姑甥，姑霸舅女，或男女年不相等，另行许嫁，则聘礼总归舅氏的种种陋习，立于清乾隆五十六年（1791）。1通高1.25米，宽0.67米，厚0.08米。额题"千

锦屏文斗村古建筑群

姜廷财宅

姜启贵宅

姜姓节孝碑

文斗上寨门边古代环保碑和婚俗改革碑

秋不朽"4字，晓谕以往定亲礼及过门礼，明则顺之，暗则勒索的陋弊并进行禁革，立于嘉庆十一年（1806）。

"六禁"碑，在上寨寨门处，青石质，碑高1.26米，宽0.62米，厚0.08米。额题双勾楷书"名垂万古"4字，碑文记保护山林、石阶路、全寨牲畜健康发展的六条禁革规定，立于清乾隆三十八年（1773）。

诰封碑群，在上寨寨门往中仰方向400米处路边，共5通。均为青石质，皆宽0.96米，厚0.085米。除伯母范氏碑高1.95米外，余下4通高皆为2.38米，皆碑座。系记载后补同知姜名卿祖父姜兴渭、祖母江氏、父亲姜含英、母亲姜氏、伯母范氏等5人得到清廷诰封或旌表的碑记。保存良好。

黎平流芳村古建筑群

黎平流芳村古建筑群位于黔东南州黎平县茅贡镇流芳村。流芳村是黎平侗族主要居住地之一。村落大约形成和发展于明清，文化遗存丰富，包括古道、桥梁、古井、寨门、萨岁坛、鼓楼、民居、禾仓、吴勉洞等。

古道，始建于明代，清嘉庆间重修。古道从老寨门直达后龙山上的吴勉洞，全长达800余米，用青石板铺筑而成。寨门处立有修路碑记1通，青石质。记清嘉庆九年（1804）重修古道事。侗族起义领袖吴勉曾驻扎于此，路旁还遗留残破的石砌战壕。由于人们的生产生活活动、自然因素，古道年久失修，部分石板残缺、损坏。

石拱桥，古时为敖市至高屯的官道，车马来往频繁，建于清同治年间。白条石砌筑单孔石拱桥，长12米，宽4.3米，单孔净跨5.5米，桥身距正常水面3.2米。桥两头有数十级青石台阶。桥面有些破损，但原有风貌保持完好。

古井群，共4口。其中源远流长古井，建于清代，具体年代不详。因井口青石板上刻有"源远流长"4字命名，系泉井。取水处为一圆拱形石门，宽0.78米，高1.17米。水井长1.3米，宽1.3米，水深0.8米，水井外为一坪子和一小水塘，供人们在此休息、洗衣、洗菜等。古井保存较好，20世纪90年代村民自发集资对水井进行了修缮。

康宁古井，建于清嘉庆二十五年（1820），系泉井。古井坐东朝西，井口平面为长方形。长1.3米，宽1.1米，出水处另有一长1.4米、宽1.18米水池。旁边井亭为重檐六角攒尖顶，两柱上镌刻对联"一团振造龙宫井；四方通道饮清水"，横批"山环水泰"。亭西立有功德碑2通。一为嘉庆年间所立，青石质，高0.67米，宽0.5米，厚0.05米。古井整体保存完好。

清泉井，井底为青石板铺砌，四周用青石板封砌，清乾隆四十四年（1779）十二月十八日重修。正面青石板上刻有"清泉龙宫"四字，下有对联"取之不尽因有泉，时出无穷供一方"。水井长1.8米，宽1.2米，水深0.5米，井高1.2米。取水处为一圆拱石门，宽0.62米，高0.7米。保存较好，水质清澈。

流芳古井，建于清代，具体年代不详。坐东南朝西北，占地面积1.5平方米。井池长1.5米，宽1米，水深0.4米。井上砌石屋，高1.35米。屋顶浮雕"鲤鱼"。

黎平流芳村古建筑群寨门

古道

康宁井亭

流芳鼓楼

寨门，始建于明代，清嘉庆九年（1804）进行重修。1986年进行维修。寨门高3.47米，宽2.19米。寨门前有萨岁坛。保存较为完好。

萨岁坛，建于清代。石砌，平面呈圆形，直径5米、高0.7米。上部和周边栽有数株常青树。萨岁坛是侗族人民祭祀的场所，保境安民，六畜兴旺，村寨平安。因自然因素和年久失修，局部岩石掉落，但保存较好。

流芳鼓楼，始建于清康熙年间，鼓楼占地面积104平方米，平面呈方形，地面青石板铺墁，中间置火塘。火塘直径2米。流芳鼓楼为密檐式五檐木结构，歇山青瓦顶，翼角起翘。鼓楼高13米。内置牛皮长鼓。鼓楼旁为消防水池。

古民居，多为一楼一底穿斗式木结构，悬山青瓦顶建筑，楼层为挑楼。

禾仓群，分布于村寨周边，具备水源的山涧之上，堰塘之中，以利防火。现存的46座禾仓，多数是清末民初遗存。干栏式木结构。

吴勉洞，为一天然岩溶洞穴。相传明代农民起义军领袖吴勉曾带兵驻扎于此，因名。洞内空间宽敞。

古民居

禾仓群

黎平登岑粮仓群

黎平登岑粮仓群位于黔东南州黎平县茅贡镇登岑村。

"登岑"系侗语，即"田坝脚"之意。登岑侗寨形成于明成化年间。上与地扪大寨相望，下与罗大村相连，东与寨母村接壤，北与樟洞村毗邻。清道光间，粮仓群已初具规模。据寨老口碑相传，此时已有粮仓40余座，民国初年发展到188座。现存粮仓达250座，户均2座。粮仓分布在村旁长达1千米的数十眼山涧水塘上，距村寨民居建筑数十米，既便于管理，又很好地解决了防火、防鼠问题。粮仓均为干栏式木结构，底层架空，楼层仓储，有的仓外带禾晾。大仓可储藏万斤稻谷，小仓仅能储藏几千斤。现存最早的一座建于清光绪十八年（1892），有修建题记可考。登岑粮仓群极大地丰富了侗族仓储文化的内涵。

黎平登岑粮仓群

三、赤水河綦江水系

（一）交通类文化遗存

1. 全国重点文物保护单位

全国重点文物保护单位包括茶马古道的金沙渔塘河古道、渔塘河义渡石刻、清池节孝坊、清池江西会馆。

茶马古道—金沙渔塘河古道和渔塘河义渡石刻

金沙渔塘河古道和渔塘河义渡石刻位于毕节市金沙县。其中渔塘河古道自清池镇渔河村至鼓场街道。渔塘河义渡石刻坐落在清池镇渔河村渔塘河边。

清池，古名鬼箐沟。自宋元代以来就是盐茶马互市重要通道，明代更名清水塘。自清乾隆以后，以盐运为最大宗，俗称"三尺盐道"。清雍正五年（1727），属叙永岩上岩下地区，隶四川。乾隆元年（1736），割四川叙永岩上岩下地区归贵州黔西州辖，编为平定里。

贵州、四川交界处的渔塘河渡口，咸丰九年（1859）始设义渡，后因兵燹，变为私渡。同治五年（1866）重振义渡。同治九年（1870）再度募化，新造船只，恢复义渡。

渔塘河古道南北向分布。起自渔塘河渡口，经现清池镇、石场苗族彝族乡、平坝乡后抵城关镇。全长约70千米，宽1米许，以毛石砌筑。今渡口已废，尚存黔西州叙永府晓谕碑、设置义渡碑、"酌拨逆产设立义渡"碑、保护义渡碑等碑记4通，"川黔立渡"摩崖石刻1方。

黔西州叙永府晓谕碑，青石质，歇山顶碑帽，碑高1.76，宽0.8米，厚0.22米。碑文楷书阴刻，记"贵州大定府黔西州正堂"与"四川叙永直隶军粮府事"据黔西州贡生周凤鸣等建议，于渔塘河设置义渡事，并开列"渡夫现已筹议工食，即不得妄取分文""往来客商无论多寡、早晚，随到随渡，毋得迟延，如水泛涨，渡夫自当酌量，不得妄行开渡，客商亦不得任意估渡"等"义渡条规"。立于清咸丰九年（1859）。

设置义渡碑，青石质，歇山顶碑帽，碑高1.36米，宽1.53米，厚0.22米。碑文楷书阴刻，17行，满行22字，共计360余字。记清同治九年（1870）"合议八人为首，复为募化，新造船只，复置渔塘河义渡事"，"自兹以往，不但渡夫之费用有资，船只之损坏有赖，而往来商贾无有关津阻隔之叹矣"。康敬曦作序，罗洪基书丹，"总理首人罗洪甲、曾开达"等8人同立于清同治九年（1870）。

"酌拨逆产设立义渡"碑，青石质，歇山顶碑帽，碑高1.73米，宽1.55米，厚0.20米。记黔西知州"查得该处有沙福生逆产土七块，现饬团首罗源清踩明界址，即将此业拨给渡业等耕管，以作每年食用之费"事。"嗣后该渡夫不准向过往客商索取钱文，亦不准将此业私行当卖。倘有船坏，该渡夫随时修整，不得藉此需索丝毫。"立于清同治九年（1870）。

渔塘河古道　　　　　　　　　　　古道上碑刻

保护义渡碑，青石质，歇山顶碑帽，高1.53米，宽1.53米，厚0.22米。记黔西州知州"为永禁勒私索侵"，确保义渡顺利进行晓谕事，"渡夫工食即在沙姓田土所出"，"不得再行勒索行人钱文，其归公田土并不准诸色人等稍行侵占，并饬首土等即行刊碑，以垂久远"。立于清同治九年（1870）。

"川黔立渡"摩崖石刻，位于渡口南岸崖壁上，离地3米许。竖长方形，高2.45米，宽0.74米。竖向楷书阴刻"川黔立渡"4字，每字0.4米见方。罗洪基刻于清同治九年（1870）。

茶马古道—清池节孝坊

清池节孝坊位于毕节市金沙县清池镇镇东南坳上村，南北向跨"半边街"东鱼塘河经清池至打鼓新场（今金沙县城关镇）的盐茶古道上。

牌坊建于清道光五年（1825），为旌表"生员罗荫桂之妻祁氏""处士罗荫槐之妻梅氏"节孝而建。牌坊为四柱三门三楼，青石质，高8.9米，宽6.2米。正楼和边楼分别以五个座斗和三个座斗承托楼顶，其中正楼中间座斗做圣旨牌。正楼座斗下为定盘枋，置于楼柱上，枋下柱间依次为字碑、额枋、字板、下额枋，无雀替。边楼座斗下为平板枋，枋下为字板、额枋、花板、下额枋，无雀替。边柱柱顶前后均安圆雕石狮，楼柱和边柱均为方柱起海棠角，前后有对称夹柱抱鼓石，柱下为方形基座，基座间无石槛。

清池节孝坊

茶马古道—清池江西会馆

清池江西会馆位于毕节市金沙县清池镇罗坪村清池街上。系江西籍客商修建于清光绪十九年（1893）九月，由盐茶商会统筹管理并组织修缮。民国年间进行过修缮，并将其作为地方政府办公用房。20世纪50年代，维修并局部改造后作为清池区公所办公用地。20世纪80年代，清池区公所迁出，作为文化站和广播站办公用地，也做过电影院。部分建筑作为当地政府工作人员住房。

清池江西会馆

江西会馆坐北向南，轴对称四进合院式布局，占地面积2000平方米，建筑面积1468平方米。由万寿宫大门、石桥、戏楼、两厢、杨泗殿、两厢、许真君殿、两厢和文阁组成四进轴对称合院式布局，封火山墙围护。其中杨泗殿和文阁山墙做"观音兜"，戏楼和许真君殿为马头墙。

2. 省级文物保护单位

省级文物保护单位包括遵义赤水天恩桥、仁怀怀阳洞摩崖石刻。

赤水天恩桥

天恩桥位于遵义市辖赤水市元厚镇陛诏村陛诏沟古家摺，建于清光绪六年（1880），为四跨石礅石梁平桥。桥长22.19米，宽1.65米。桥面每跨由3块石梁构成，自东南往西北，石梁长度分别为5.38米、4.62米、5.6米、5.78米，石梁宽度0.55米、0.54米不等，石梁厚度均为0.55米。桥墩迎水面做分水尖，顶部与桥面平，每跨均有圆雕石龙，迎水昂首。现东南桥墩仅存顺水面龙尾，迎水面龙头不存，其余两跨则保存迎水面龙头，顺水面龙尾不存。

天恩桥东南桥头6米许立有一座四柱三楼石牌楼。牌楼正楼下有横向"天恩桥"3字横匾，行楷阴刻。定盘枋高浮雕"二龙抢宝"图。中柱悬"事关国计民生，一片公忠投帝听；功同山平水治，四方沾被颂神明"抱对，行楷阴刻。左右边柱，竖向楷书阴刻志文各3行。柱间镶碑。中柱间竖向行楷阴刻"与天地同流"5字，碑首楷书阴刻"头品顶戴，太子少保，都察院右都御使，四川总督部堂丁功烈碑"。左边楼间竖向楷书阴刻"君子人也"4字，碑首楷书阴刻"二品顶戴，布政使衔，四川分巡建昌兵备道唐仁爱碑"。以上二碑落款均为"光绪庚辰秋月，黔蜀绅商士庶公立"。右边楼间竖向楷书阴刻"有君子之道四焉"7字，碑首楷书阴刻"光绪庚辰秋月，黔蜀绅商士庶公颂：赏戴花翎，督办仁岸河工，前署雅州府正堂罗德政碑"，落款处竖向楷书阴刻"委办仁岸河工蓝翎同知衔四川即用知县鲁、前署平越直隶州学正委办仁岸河工张、委办仁岸河工四川即选府经历罗劳绩碑"。据建桥志称："初，张经略广泗请修赤水河未竟。戊寅夏，总办官运唐以运道维艰，详咨川督丁出奏，钦奉上谕，

天恩桥

准其发帑疏修。酌派干员罗太守莘耜、张广文翰园、鲁大令寿庄、罗参军乐九，率同盐商绅团，就地分修，水陆并作。庚辰秋，大功告竣，毫无派取民间财力，诚盛事矣。是役也，河山坦荡，舆梁统成。上裕国课，下通商贾。非丁唐二宪诚通丹陛，弗克有此。且非有与事诸君洁己奉公，亦未易臻。此食其德者，不没其善。爰集《论》《孟》语，勒石颂之。亦见民无能名，不敢妄谮云尔。旨在光绪六年庚辰秋仲，黔蜀绅商士庶□手谨志，以垂不朽。"

怀阳洞摩崖石刻

怀阳洞摩崖石刻位于遵义市辖仁怀市坛厂街道怀阳洞社区，历为仁怀往来遵义的大道、川盐入黔仁岸主要的行盐古道所经。据嘉庆《仁怀县草志》山川记载，"怀阳洞在城南二十里，高六七丈，深广如之。多旧刻。仁怀第一胜处也"。而《遵义府志》卷四山川志所记怀阳洞，还有"奇嵌怪石，蜜曲玲珑，琉囊贮秋，炎景在外。自更生界旧路，由遵往仁，道经洞中，停舆息担，顷刻思卧"的记载。民国《续修遵义府志》古迹二的怀阳洞石刻（存）收录的10方摩崖石刻相关文字中，清乾隆五十一年（1786）知县陈正坤的"怀阳洞""别有康庄"、道光十七年（1837）陈治习的"诗景天开"、光绪二十八年（1902）蔺征的"怀阳锁钥"、光绪三十三年（1907）知县朱朝琛的"虚怀若谷"仍存。另有道光十五年（1835）代理县尉黄绶卿的"天然妙景"、光绪九年（1883）"合邑士民"为崔暕德政镌刻的"恭敬惠义"、光绪十二年（1886）"定番州学训导邑人周仁乡"和崔暕诗并记其德政的摩崖石刻，以及以后民国年间的增加不少。而民国《续修遵义府志》收录在卷四"坛庙（寺观附）"中，称"武侯祠，在怀阳洞石壁，知县崔暕摹刻侯像"，为"光绪十二年知县崔晦贞暕题诗一首并绘武侯像"，其上叠加有1935年3月16日红军长征过怀阳洞时书写的"实行'耕者有其田'！枪口对外，不打兄弟"标语。

怀阳洞摩崖石刻

怀阳洞摩崖石刻局部

3. 市县级文物保护单位

市县级文物保护单位包括遵义汇川汇川山盆李梓铁索桥、毛石镇古街区，桐梓孙公桥、蒙渡摩崖、桐梓川黔古驿道遗址、凉风垭七十二道拐抗战公路、石板溪桥、羊磴河流域渡口遗址、寿星桥、习水上纸厂修路碑、黄石桥、天堂沟修路碑、醒民石拱桥、赤水整理赤水河航道碑、丙安纤道遗址、大同码头、丙安双龙桥、范公义渡摩崖石刻、官渡修路诗碑、长春桥，仁怀吴公岩摩崖石刻群、五马三洞桥、生生桥，毕节七星关加嘎桥，大方花底河石拱桥，金沙癞子桥、万福桥碑。

（二）军事类文化遗存

1. 省级文物保护单位

省级文物保护单位包括遵义习水九龙囤遗址、赤水古城垣。

习水九龙囤遗址

九龙囤遗址位于遵义市习水县土城镇九龙囤村，建于明万历二十二年（1594），占地约3平方千米。三面悬岩陡壁，一面山势稍缓，建有头关、二关、三关。三关仍能识别，石墙残存多处。二关基本完好，关门上石匾阴刻"雄关扼要，别有天地"。两侧楷书阴刻对联"任劳任怨，此日几人称乐土；议功议过，他年何姓倚长城"。残存房屋基础石、石墙、水井等。

九龙囤遗址

赤水古城垣聚金门

赤水古城垣

赤水古城垣北门

赤水古城垣

赤水古城垣位于遵义市赤水市市中街道太平社区。赤水秦属巴郡，汉属符县，宋大观三年（1109）始置仁怀县。明万历二十九年（1601），知县曹一科将治所由复兴迁至留元坝（今市区），并构筑城墙。平面布局呈椭圆形，周长2500米，高6米，基宽2～4米。内为土筑，外部用料石镶砌。设东、南、西、北4门，现存西门、北门及部分城墙，长800米。

2. 市县级文物保护单位

市县级文物保护单位包括遵义铧尖山营盘遗址、轿子顶营盘遗址、鼎山城遗址、明清城墙遗址、习水坨垭坪古营寨、治安门遗址、天鹅池石寨门，毕节七星关层台古城垣、康家大营、大方果邦安家营盘遗址。

（三）礼制和文教类文化遗存

1. 省级文物保护单位

省级文物保护单位包括遵义桐梓周西成祠、桐梓中华民国海军学校旧址、习水程寨袁氏宗祠、袁锦道墓（祠）。

桐梓周西成祠

桐梓周西成祠位于遵义市桐梓县海校街道武胜社区，始建于1930年，1932年落成，1988年、1993年维修。建筑依山而建，由牌楼、花厅、享堂三个部分组成，占地面积约3.6万平方米。牌楼面阔五间，重檐歇山顶。大门额题"周公专祠"4字。牌楼与花厅之间为白石铺墁天井。花厅为木结构八角攒尖顶，六面设栏杆靠椅，中置白石桌凳。周嵌玻璃花窗，顶盖琉璃瓦。享堂歇山顶，面阔五间。明间挂周西成戎装坐像。左右设白石雕花栏杆，正前方祭台浮雕双龙戏珠，两侧为垂带踏道。连接享堂与牌楼的东西两条长廊，宽1米余，上盖青瓦。墙壁嵌全省各县悼念周氏石碑100余块，现存52块，为省内仅见的一处个人纪念"碑林"。

桐梓中华民国海军学校旧址

桐梓中华民国海军学校旧址位于遵义市桐梓县海校街道海校社区。抗日战争爆发后，内地一些院校向云南、贵州迁移。中国海军学校于1938年迁桐梓，以原金氏节孝祠为校址。1946年，迁往重庆。旧址建于1931年，为中西结合砖木结构建筑，坐东向西。占地面积约720平方米。圆拱百叶窗，嵌彩色玻璃，顶盖青瓦。保存较好。

程寨袁氏宗祠

程寨袁氏宗祠位于遵义市习水县程寨镇罗汉寺村。袁氏宗祠始建于元代，为南宋总制袁世盟第五代世孙修建于清顺治年间，同治间毁于火灾，同治八年（1869）重建。占地面积926米，为四合院布局，通面阔26米，通进深37米。由前殿、天井和两侧厢房、后殿（享堂）组成。建筑为穿斗式木结构，小青瓦顶。

桐梓周西成祠

桐梓周西成祠中厅

桐梓中华民国海军学校旧址

程寨袁氏宗祠

袁锦道墓

袁锦道祠

袁锦道墓（祠）

袁锦道[1]墓位于遵义市习水县三岔河镇三岔村，始建于嘉庆末年。土封石围，呈圆丘形，底径4.8米，高3.5米。墓前立牌楼式墓碑，通高4.75米，通面阔3.8米，其上浮雕历史故事、花鸟等图案。墓前左右立青石方柱歇山顶墓表。保存完好。

袁锦道祠建于嘉庆年间，位于悬崖峭壁上，北临小溪，3座单体建筑为穿斗式木结构，歇山青瓦顶，外以木栏杆围护，连为一体，占地面积约200平方米。有两个石窟：一为"三世佛"造像3尊，凿于红砂岩上，一字排列，均高2.3米，背有佛光浮雕、彩绘，身着袈裟，端坐于莲花宝座上；另一为袁锦道及一妻二妾彩绘坐像4尊，均高1米许。袁氏着官服，妻妾著日常起居服饰。造像左下方凿有一小窟，造像4尊，均高0.3米。

2. 市县级文物保护单位

市县级文物保护单位包括遵义桐梓张氏宗祠，习水招财牌坊、官院子牌坊、母氏宗祠，赤水永合郑氏节孝坊、官渡谢氏节孝坊、沈家坝牌坊、李氏节孝坊、小关子谢氏宗祠，仁怀茅台贞节坊，金沙兰土字库塔。

---

1 袁锦道（1739—1816），黔北地区首倡地方实业代表人物之一，获赠"徵征郎"。

（四）宗教类文化遗存

1. 省级文物保护单位

省级文物保护单位包括遵义赤水葫市摩崖造像、三会水石窟寺、石鹅咀摩崖造像。

赤水葫市摩崖造像

赤水葫市摩崖造像位于遵义市赤水市葫市镇葫市村，赤水河葫市滩河段右岸，开凿于清乾隆八年（1743）。葫市摩崖造像共九尊，上下两排，上四下五，均为高浮雕全身像。每像大小不一，姿态各异。整个造像群结构严谨，人物形象性格鲜明但残缺不全。造像群的左面石壁上，有阴刻造像题记三方，文字漫漶难辨。其中一方题有"乾隆癸亥"字样。从题记得知，这些造像的个体，是分次造成的。这里原是赤水河上往来商旅祈祷平安之所。葫市场是赤水河中游一个水陆码头，与川南交往频繁，交通方便，商业活跃，思想文化，广具百家。反映在造像群中，有"镇江"的"王爷"，有佛家的菩萨，又有帮会所崇拜的关羽，体现出民俗、宗教和帮会思想的综合特色。

三会水石窟寺

三会水摩崖石窟造像位于遵义市赤水市两河口镇大坝村。石窟寺在两条河流交汇处近百米高，俗称"老虎嘴"的山体上。开凿于清乾隆年间。洞窟利用额状崖洞内风化岩槽摩崖成壁，并于壁上开凿佛龛，龛内造像。佛龛分三层，顶层二龛，中间一层四龛，底层一龛偏于东侧，佛龛下部砌筑有红砂石质香台。在一窟七龛中造像八尊，包括毗卢遮那佛、阿弥陀佛、释迦牟尼佛、文殊菩萨、普贤菩萨、自在观音、目连和达摩造像。据说另有一尊华山圣母造像因崩岩被毁。石窟寺开凿于清乾隆年间，摩崖造像间镌刻有同治口年一方、同治十一年两方、光绪二十九年一方，共四方俗称"连山碑"的摩崖石刻，因后期改造窟檐和增设塑像，致使其中三方遭到不同程度的损毁。山体岩石处有"土地祠"造像一龛，镌刻对联"显威灵护佑，保众姓平安"，只是未见开凿时间。

赤水葫市摩崖造像

三会水石窟寺

石鹅咀摩崖造像

石鹅咀摩崖造像

石鹅咀摩崖造像位于遵义市赤水市旺隆镇朝阳村。"石鹅咀"属上侏罗统淡紫色砂岩构成的丹霞地貌，山顶石头向外翘起，形成天然的窟檐，一尊观音菩萨造像处于红色砂石崖壁上，造像年代不详。观音菩萨著衣持钵，跣足踏莲，立于龙首上，神态庄严，慈祥而又洒脱，身着右衽圆领广袖袍，头戴冠帽，帽中有佛像。明显感觉到该造像是剔得高浮雕后加灰塑，再通体施彩绘。造像下有小青瓦重檐四角攒尖顶木亭，占地面积十余平方米，结构较为奇特。亭内设有祭拜用的石台，入口处立有两块功德碑。

2. 市县级文物保护单位

市县级文物保护单位包括遵义桐梓青龙庙、降龙寺、尧龙山瑞峰寺、天池寺、穆家寺，习水儿风山金龙寺，仁怀永安寺、天圣寺，毕节金沙凤鸣山寺。

（五）商贸类文化遗存

1. 全国重点文物保护单位

赤水复兴江西会馆

赤水复兴江西会馆位于遵义市赤水市复兴镇新兴社区，又名"万寿宫"，位于赤水市复兴镇复兴场下半场老街上。始建于清道光十二年（1832），宣统二年（1910）维修。复兴江西会馆坐南朝北，占地面积1220平方米，由牌楼式宫门、戏楼、两厢、杨泗殿、许真君祠殿等组成轴对称合院式布局，周围高大封火墙。

赤水复兴江西会馆

赤水复兴江西会馆戏楼

赤水复兴江西会馆许真君殿

赤水复兴江西会馆杨泗殿

复兴江西会馆是清代中国南方盐运史的重要实物见证，反映了川盐入黔"仁岸"线路的状况。建筑规模宏大，是长江以南云贵高原赤水河流域公共建筑的代表，其木雕、石雕工艺精美，具有浓厚的地域特色和较高的艺术价值。

2. 省级文物保护单位

赤水万寿宫

赤水万寿宫位于遵义市赤水市市中街道太平社区，又名江西会馆。江西籍盐商捐建于乾隆四十年（1775）。万寿宫坐南向北，原有山门、戏楼、两厢、正殿、后殿、万寿亭等，占地面积约1200平方米。现存正殿、后殿，建筑面积约630平方米。正殿面阔五间，通面阔24米，进深三间，通进深8.2米，穿斗式木结构，封火山墙青瓦顶。前后檐柱、廊柱用直径0.57米，高11米石柱24根。台基高1.28米。后殿面阔三间，通面阔24米，进深三间，通进深17米，抬梁穿斗混合结构，封火山墙青瓦顶。

赤水万寿宫

四、牛栏江横江水系

（一）交通类文化遗存

全国重点文物保护单位包括毕节威宁茶马古道的四堡古道、六洞桥长堤。

茶马古道—四堡古道

四堡古道位于毕节市威宁彝族回族苗族自治县盐仓镇大路村和四堡村。四堡古道，至迟形成于秦汉时期。唐宋开辟的泸（州）永（宁）乌（撒）段，道经贵州，该道于元成宗大德七年（1303）贯通，北起叙州（今四川宜宾），南达中庆路，乌撒为其冲要之地，无论走永宁（今四川叙永）、芒部（云南楚雄）、乌蒙（今云南昭通）、曲靖、水西（贵州大方）都由此经过。明洪武二十四年（1391），筑永宁经赤水驿（今毕节市川黔交界处）、

四堡古道四堡村路段

阿永驿（今毕节市境）、层台驿（今毕节市层台镇）、毕节驿、周泥驿（今毕节撒拉溪至杨家湾间）、在城驿（威宁自治县）往南入云南境驿道，在贵州境设赤水站、周泥站、阿永站、层台站、毕节站、摩泥站、赫章站、瓦店站（今赫章妈姑）、乌撒站、普德归站（今威宁南40千米）及黑章递运所（今赫章）。清道光年间，由毕节经威宁出云南道所经，四堡古道为清水铺和清水塘经石口子、五里坪，达四铺汛路段。四堡古道是以乌蒙山区多民族地区与川、滇、湖广重要商贸通道开设的驿道，是在特定自然环境和社会环境下形成的复杂的交通体系。四堡古道东北西南向分布，自大路村经塘房边、上五里、小坳子至四堡村。全长6500米，路宽1.7～2米，毛石砌筑，部分路段保存较好。

茶马古道—六洞桥长堤

六洞桥长堤位于贵州省毕节市威宁彝族回族苗族自治县草海镇六洞办事处鸭子塘村西草海上。六洞桥长堤所经，历为威宁南出云南可渡所必经。六洞桥，原名"草海子桥"，始建于明代，具体建筑年代不详。据道光《大定府志》记载，由威宁往云南可度汛，出威宁南门，渡草海子桥，经张关、望城坡、飞来石、大坪子、红石岩、黑泥坡、杨桥湾、沙石坡，可至可度汛。清咸丰七年（1857），连续四十昼夜降雨，导致山洪暴发，洪流夹沙抱木，将威宁盆地大部分消水洞堵塞，草海得以复苏，形成45平方千米水域面积。此次"海水泛滥"，导致草海子桥"桥尽倾圮"。同治六年（1867），威宁州同邓良臣"为济行人"主持重修。于大中河建桥六孔，桥两端筑石堤，并于堤上"植柳百株，夹堤成柳巷"，后称"六桥烟柳堤"，

为威宁八景之一。20世纪70年代放水造田，柳树全毁。六洞桥长堤南北向分布，由烟柳堤和六洞桥组成。六洞桥原为六孔石拱桥，跨大中河，长17米，宽4.5米，单孔净跨3.6米，矢高2.2米。现存三孔。长堤，仅存残长320米，堤面同桥宽，料石砌筑。

茶马古道—六洞桥长堤拱桥

（二）礼制和文教类文化遗存

1. 省级文物保护单位

省级文物保护单位包括威宁玉皇阁、石门坎光华学校旧址。

威宁玉皇阁

威宁玉皇阁位于毕节市威宁彝族回族苗族自治县六桥街道解放社区，始建于康熙元年（1662），1921年维修。威宁玉皇阁坐北向南，占地面积约1000平方米，建筑面积约850平方米。由阁楼、东西两厢和下殿组成四合院。阁楼三层，为穿斗式木结构，重檐八角攒尖顶。底层面阔三间，通面阔10米许，进深三间，通进深5.5米，前带廊，隔扇门窗。有"万神朝礼"木匾1块。

威宁玉皇阁阁楼

威宁玉皇阁倒座

石门坎光华学校旧址

石门坎光华学校旧址位于毕节市威宁彝族回族苗族自治县石门乡荣和村。1904 年，英国传教士柏格理来到石门坎，在苗族地区传播基督教，修建光华学校、福音堂、平民医院、麻风病院等。柏格理为传教需要，在石门坎开办教会学校——光华学校。学校由小到大，教徒日益增多，至 1909 年 12 月，苗族成年教会成员 3004 名，青年成员 699 名，走读学生 300 名，"主日"学生即礼拜天上课者 2020 名。柏格理等人在石门坎还开办平民医院、麻风病院，修建游泳池，培植松树林，创制苗族文字，建造西式洋楼。最后，柏格理与高志华在此殉教，葬于石门坎"理恩姆老"山坡上。今存一栋老教室，穿斗式木结构，悬山青瓦顶。面阔七间，前檐带廊，基本完好。

石门坎光华学校旧址

石门坎光华学校宿舍旧址

2. 市县级文物保护单位

市县级文物保护单位包括威宁黑神庙、祖氏宗祠。

（三）宗教类文化遗存

1. 省级文物保护单位

威宁凤山寺

威宁凤山寺位于毕节市威宁彝族回族苗族自治县六桥街道龙凤社区。始建于明洪武初年，嘉靖二十九年（1550）扩建，清咸丰七年（1857）两边厢房被烧毁，同治六年（1867）修复并扩建，1967年部分建筑被毁。威宁凤山寺坐北向南，有前殿、正殿及两厢等建筑，占地面积约5000平方米，建筑面积约1000平方米。正殿面阔三间，通面阔15.9米，进深三间，通进深14.7米，穿斗式木结构，硬山青瓦顶。存咸丰、光绪、民国修缮记事碑4通。其中"重修凤山寺碑记"碑，青石质，方首，高2.2米，宽0.95米，厚0.14米。首题"重修凤山寺碑记"7字。碑文楷书阴刻，69行，满行27字，共计1800余字，记凤山"上有古刹，相传为明时所建""咸丰七年七月，回民陷城，烧毁山门、两边厢房。同治六年四月重修，并增山门之前戏楼，正殿后之三清殿、小观楼、大观楼"。立于同治六年（1867）。

2. 市县级文物保护单位

市县级文物保护单位有威宁杨湾桥清真寺。

（四）商贸类文化遗存

商贸类文化遗存仅有市县级文物保护单位威宁万寿宫。

威宁凤山寺山门

威宁凤山寺真武殿

第五章

贵州省分布广泛的红色文化遗存

一、长征文物

（一）全国重点文物保护单位

1. 黎平会议会址

1934年12月，中央红军长征进入贵州，17日进驻黎平。18日，召开了长征以来第一次中共中央政治局会议，史称"黎平会议"。会议充分肯定了毛泽东同志关于红军向贵州进军的正确主张，放弃了与红二、红六军团会合的主张，作出了在川黔边建立新根据地的决定，确定了新的战略行动方针，为遵义会议的召开奠定了基础。

黎平会议会址为全国重点文物保护单位，位于贵州省黔东南州黎平县德凤镇东二郎坡（旧称翘街）52号。原为胡荣顺宅，坐东南向西北，占地面积800平方米，始建于清嘉庆年间，为三进四合院，穿斗式木结构，硬山顶小青瓦屋面，四周为青砖封火墙。

2. 猴场会议旧址

1934年12月31日，长征中的中央红军总部抵达猴场，中央政治局在此召开会议。会议重申了黎平会议精神，再次否定了"左"倾冒险主义领导者提出回兵湘西的错误意见，肯定了毛泽东渡江北上创建新苏区的正确主张，作出了《中央政治局关于渡江后新的行动方针的决定》，为遵义会议的召开奠定了坚实基础，被周恩来誉为"伟大转折的前夜"。

猴场会议旧址为全国重点文物保护单位，位于贵州省黔南州瓮安县猴场镇下司社区。旧址建筑原为宋泽生住宅，建于1912年。建筑坐西朝东，为一进四合院，俗称"一颗印"，占地面积约6700平方米，建筑面积约800平方米，由围墙、过厅、正厅、厢房组成。围墙高6米，俗称"筒子墙"。正厅面阔五间，进深三间带前廊，天井青石铺墁。建筑为穿斗式木结构，悬山小青瓦顶。

黎平会议会址

黎平会议会址内部

3. 遵义会议会址

遵义会议会址是全国重点文物保护单位，位于贵州省遵义市红花岗区老城街道。包括遵义会议会址（红军总司令部旧址），红军总政治部旧址，毛泽东、张闻天、王稼祥住处，博古住处，中华苏维埃共和国国家银行旧址。

遵义会议会址（红军总司令部旧址）

遵义会议会址在老城街道子尹路。建筑坐北朝南，中西结合的砖木结构建筑，呈曲尺形。一楼一底，上下各五间。歇山式屋顶开一老虎窗。

红军总政治部旧址

红军总政治部旧址在老城街道杨柳街。旧址原为遵义天主堂，建于清同治五年（1866），由经堂、学堂组成，占地积13545平方米。1935年1月上旬，中央红军长征到达遵义后，总政治部驻此，并在这里召开遵义各界群众代表大会。

猴场会议旧址

遵义会议会址

遵义会议会址门匾

红军总政治部旧址

遵义会议期间毛泽东、张闻天、王稼祥住处

遵义会议期间毛泽东、张闻天、王稼祥住处在老城古寺巷，旧址原为国民党"川南边防军"第二旅旅长易怀芝（易少荃）公馆，为二层砖木结构、歇山青瓦顶、中西结合式建筑，建筑面积约580平方米。遵义会议期间，毛泽东、张闻天、王稼祥住于此处。

遵义会议期间博古住处

遵义会议期间博古住处在老城街道杨柳街中段西侧。旧址原为国民党黔军团长侯之圭公馆，两进四合院，一进院主楼为二层砖木结构、歇山青瓦顶、中西结合式走马转角楼。二进院正房为木结构、悬山青瓦顶黔北民居建筑，占地面积约800平方米。遵义会议期间，博古（秦邦宪）、李德（奥托·布劳恩）以及翻译伍修权、王智涛住于此处。

中华苏维埃共和国国家银行旧址

中华苏维埃共和国国家银行旧址在老城街道杨柳街南段西侧，旧址原为国民党二十五军原军长犹国才公馆。为二层砖木结构、歇山青瓦顶、中西结合式建筑，建筑面积约180平方米。中央红军长征驻扎遵义期间，中央没收征发委员会和中华苏维埃共和国国家银行驻于此。没收征发委员会主任林伯渠，副主任、银行行长毛泽民以及钱之光、李井泉等均住于此处。

4. 红军四渡赤水战役旧址

红军四渡赤水战役旧址为全国重点文物保护单位，位于贵州省遵义市汇川区、习水县、赤水市、仁怀市。战役旧址由青杠坡红军战斗遗址，大埂上毛泽东指挥战斗处，土城会议会址，土城狮子沟红军司令部旧址，土城红一方面军三军团指挥部旧址，土城毛泽东、周恩来住处，土城朱德住处，土城盐号旧址，土城博古住处，土城船业工会旧址，土城春阳岗酒窖旧址，土城刘伯承住处，土城渡口（含土城渡口纪念碑），元厚渡口（含元厚渡口纪念碑），二郎滩渡口，鲁班红军烈士墓，鲁班场红军战斗遗址（含鲁班红军战斗纪念碑），长岗毛泽东住处，长岗红一军团干部会议旧址，长岗红军医院旧址，梅子坳毛泽东住处，梅子坳刘伯承拔枪打乌鸦处，茅台渡口（含红军四渡赤水茅台渡口纪念碑，红军四渡赤水纪念塔），娄山关战斗遗址等组成。

青杠坡红军战斗遗址

青杠坡红军战斗遗址位于习水县土城镇青杠坡村，是娄山系中呈东北—西南走向白马山岭的一个陡坡，历为兵家必争之地。1935年1月28日至29日，中央红军于此地与川军郭勋祺一部进行了激烈的战斗，史称"青杠坡战斗"。

大埂上毛泽东指挥战斗处

大埂上毛泽东指挥战斗处位于习水县土城镇五星村白马山麓大埂上。1935年1月28日，

中华苏维埃国家银行旧址

青杠坡红军战斗遗址

青杠坡战斗打响，毛泽东与周恩来、张云逸、李富春、左权于此地指挥青杠坡战斗。1975年，毛泽东警卫员陈昌奉现场指认确切地点。1980年，习水文化馆竖碑以志。

土城会议会址

土城会议会址位于习水县土城镇长征街旧商会会馆，会址原为穿斗式二层楼木结构四合院，坐东北向西南，是清中期由土城商贾集资修建的商会会馆。1935年1月28日，中央军委在此召开两次干部会议。1949年后辟为合作社，1978年后改为文化活动中心，现为四层砖木结构四合院。

土城狮子沟红军司令部旧址

土城狮子沟红军司令部旧址位于习水县土城镇长征街狮子沟。建筑为穿斗式木结构、小青瓦悬山顶的四合院，坐东北向西南，房屋共18间。1935年1月24日至29日，中央红军主力进驻土城，司令部驻扎于此。张闻天、博古、王稼祥、李德、叶剑英等曾在旧址指挥战斗。

土城红一方面军三军团指挥部旧址

土城红一方面军三军团指挥部旧址位于习水县土城镇团结街，建于1934年，原是黔军将领罗屏之的公馆，坐东向西，为近代二层砖木结构、青瓦歇山顶建筑。房屋设计巧妙别致，做工精巧，中西合璧，占地面积约800平方米。2009年辟为"中国女红军纪念馆"。

土城毛泽东、周恩来住处

土城毛泽东、周恩来住处位于习水县土城镇长征街，住址原为土城中街爱华商店绸缎铺。建筑坐北向南，三合院结构，穿斗式木结构，小青瓦顶的街房，一楼一底，占地面积156平方米。1935年1月26日至1月29日，毛泽东、周恩来同志居于此地。

土城朱德住处

土城朱德住处位于习水县土城镇长征街曾家院子，原为一曾姓人家的酒作坊。建筑坐东北向西南，前为漕房，中间是一弄堂，两侧有厢房，后面是住房，均为穿斗式小青瓦顶建筑。

大埂上毛泽东指挥战斗处

土城会议会址

土城狮子沟红军司令部旧址

土城红一方面军三军团指挥部旧址

土城毛泽东、周恩来住处

1935年1月26日至1月29日，朱德同志居于此处，朱德和康克清当时的寝室在西厢房。

土城盐号旧址

土城盐号旧址位于习水县土城镇长征街，清初由盐商集资修建，用于存放赤水河土城渡口起岸的食盐。房屋为石、砖木结构的中式建筑，坐西南向东北，正门为八字朝门，正房底楼为石墙，中有巷道，两侧为甲、乙、丙、丁四大盐仓，二楼为穿斗式小青瓦悬山顶，正房后有天井，内设防火池，防火池两侧及后面为住房，房后有后花园。1935年红军中央纵队驻军此处。

土城船业工会旧址

土城船业工会旧址位于习水县土城镇长征街，旧址为中西合璧式砖木结构建筑，坐西南向东北，两侧高封火山墙，墙厚约50厘米。临街面为砖砌欧式风格立面，穿斗式木结构，上为小青瓦顶，建筑共二层，中有天井，建筑后是花园，直通月亮台码头。

土城博古住处

土城博古住处位于习水县土城镇长征街，原为张半单旧居。1935年1月，红军长征抵达土城后，博古在此住宿。

土城春阳岗酒窖旧址

土城春阳岗酒窖旧址位于习水县土城镇长征街狮子山东麓，旧址占地925平方米。石仓旧址占地1131平方米，木仓旧址占地600平方米。建筑为穿斗式木结构、悬山顶小青瓦屋面。1935年1月，红军长征到土城，将存放于石仓、木仓的粮食发放给劳苦大众，为四渡赤水战役的胜利打下了坚实的群众基础。

土城朱德住处

土城盐号旧址

土城船业工会旧址

土城博古住处

土城春阳岗酒窖旧址

土城刘伯承住处

土城刘伯承住处

土城刘伯承住处位于习水土城镇长征街，旧址坐北向南，现存正殿、东厢房、西厢房。红军在土城期间，总参谋长刘伯承居住于此。总参谋部的五个情报机构（局）的负责人张云逸、曾希圣、李涛、王铮、伍云甫、叶季壮、宋裕和、张经武也曾住于此处。

土城渡口（含土城渡口纪念碑）

土城渡口位于习水县土城镇团结街南赤水河北岸。1935年1月28日晚，周恩来指挥带领红军工兵部队和土城船业工会，在浑溪口、蔡家沱各搭一座浮桥。29日拂晓至中午，红三军团、红五军团、中央纵队、红一、九军团部分队伍先后从浮桥上顺利渡过赤水河，进入川南。土城渡口是红军四渡赤水战役一渡赤水河的主要渡口。1980年1月29日，习水县人民政府在赤水河南岸火星山上修建了"土城渡口"纪念碑，以纪念这一伟大历史事件。

元厚渡口（含元厚渡口纪念碑）

元厚渡口位于赤水市元厚镇沙陀渡口。1935年1月29日晨，右纵队的红一、九军团，军委二、三梯队以及干部团上干队等，通过元厚（旧称猿猴）沙陀、川主庙浮桥迅速渡过赤水河，从马鹿坝进入四川古蔺县境，史称一渡赤水。纪念碑建于1976年，位于沙陀渡口西岸，碑为红色砂质条石长方形基座，顶部为四角扶尖形，边长4米，宽7米，高1.2米，占地面积48平方米。碑身正面集毛泽东同志手迹镌刻"红军渡口"四个大字。

二郎滩渡口

二郎滩渡口位于习水县习酒镇二郎庙，处于赤水河中上游结合地段，水急滩险，两岸陡峭，是红军四渡赤水的主要战场之一，也是红军四渡赤水第二和第四渡主要渡口。

鲁班红军烈士墓

鲁班红军烈士墓位于鲁班街道办事处双龙社区晏家堡，1935年3月15日，红一方面军长征经过鲁班与国民党中央军周浑元部激战，为纪念战斗中牺牲的红军战士，仁怀市政府于

1953年修建一座烈士公墓，以安葬145名红军烈士遗骸。1967年新建墓坊等设施，1983年扩建并更名为"鲁班红军烈士陵园"。

鲁班场红军战斗遗址（含鲁班场红军战斗纪念碑）

鲁班场红军战斗遗址位于仁怀市鲁班街道黄家田。鲁班场战斗是四渡赤水战役中最著名的战斗之一，重要战场有鲁班东面的白家坳，南面的小山，西面的营盘寺、团标寺、陶家寨，北面的王家坟、李村沟等处。2000年9月，鲁班镇人民政府在镇南街口东端的小山上，建纪念碑一座。纪念碑占地约50平方米，坐西向东，为钢筋混凝土结构，大理石饰面。

长岗毛泽东住处

长岗毛泽东住处位于仁怀市长岗镇中街，建筑坐西南向东北，利用自然地形依山势而建，为清代木构青瓦顶建筑，四合院，占地面积560平方米。整组建筑布局以中轴线对称布局，分前后两厅及左右两厢房。

长岗红一军团干部会议旧址

长岗红一军团干部会议旧址又称"马店会议"旧址，位于仁怀市长岗镇新庄村李子湾。旧址原为古道上马帮运盐所开设的马店，坐南向北，现存一正两厢、穿斗木结构小青瓦悬山

土城渡口

元厚渡口（含元厚渡口纪念碑）

二郎滩渡口

鲁班红军烈士陵园

鲁班场红军战斗遗址（局部）

鲁班场红军战斗纪念碑

长岗毛泽东住处

长岗红一军团干部会议旧址

顶屋面三合院建筑，占地面积2208平方米，建筑面积420平方米。1935年3月11日正午，红一军团在院坝中召开了100多人参加的连以上干部会议，由聂荣臻政治委员向与会人员传达了遵义会议精神。

长岗红军医院旧址

长岗红军医院旧址位于仁怀市长岗镇堰塘坎村堰塘坎村民组。旧址坐东向西，利用自然地形势而建。现存一正两厢、穿斗木结构小青瓦悬山顶屋面三合院建筑，建筑占地面积735平方米。1935年3月6日，中央红军一、三军团部分野战部队和干部团政工宣传机关陆续抵达长干山一带，后勤部队也随之办起临时医院，将随军伤病员转移到红军医院治疗。

梅子坳毛泽东住处

梅子坳毛泽东住处位于仁怀市盐津街道梅子坳村，原为村民李玉楼宅，为穿斗式木结构小青瓦悬山顶建筑，建筑面积236平方米。1935年3月15日，中央红军为了避免被动，再寻战机，于黄昏主动放弃进攻鲁班场，转兵西进，为三渡赤水做准备。毛泽东、刘伯承随军转移到梅子坳老街宿营，毛泽东住在该宅。

梅子坳刘伯承拔枪打乌鸦处

梅子坳刘伯承拔枪打乌鸦处位于仁怀市盐津街道梅子坳村。1935年3月15日下午中央红军行军至梅子坳老街宿营，毛泽东和陈昌奉住村民李玉楼家东房，刘伯承住西房。时任红军总参谋长的刘伯承应一名警卫员的请求，从房后一株高 30 米的泡桐树上打下了一只乌鸦。

茅台渡口（含红军四渡赤水茅台渡口纪念碑、红军四渡赤水纪念塔）

茅台渡口位于仁怀市茅台镇对岸山羊坳下的赤水河畔。纪念碑建于河岸上面积约 80 平方米的小平台上。1995 年红军长征胜利六十周年之际，仁怀市政府在当年红军第三次渡赤水河的茅台渡口朱砂堡的山顶上修建了红军四渡赤水纪念塔。

娄山关战斗遗址

娄山关战斗遗址位于桐梓县和汇川区交界之娄山关。

娄山关，原名娄关，亦称太平关，为黔北第一关，是川黔交通要道上的重要关口，是大娄山脉的主峰，海拔 1576 米。北距巴蜀，南扼黔桂，为黔北咽喉，兵家必争之地。古称天险。

1935 年 2 月 26 日娄山关战斗中，彭德怀、杨尚昆率红一军团、红三军团主力猛攻关口，占领了娄山关制高点——点金山，关口完全暴露在红军眼前，为战斗的胜利奠定了基础。娄山关关口西侧笋子山为娄山主峰，东侧山峰俨若巨锥，名大尖山，山上现遗有碉堡残垒，两侧山梁上壕堑犹存，关口南侧公路边，有行书"娄山关"石碑一道。关口东侧山崖，建有毛泽东《忆秦娥·娄山关》词手迹石碑。

长岗红军医院旧址

梅子坳毛泽东住处

茅台渡口

茅台渡口纪念碑

娄山关战斗遗址

邓萍墓

5. 邓萍墓

邓萍墓为全国重点文物保护单位，位于贵州省遵义市红花岗区凤凰山烈士陵园纪念碑北侧山坡。邓萍（1908—1935），1928年7月参与组织领导平江起义，先后任中国工农红军第五军参谋长、红五军军委书记、红五军军长、红三军团参谋长，参与指挥红三军团长沙战役，参加中央苏区历次反"围剿"。1935年2月27日，邓萍在遵义战役前线指挥作战时，不幸中弹牺牲。

邓萍墓坐北朝南，由正墓室、左右侧室及其延伸段和花圈组成。墓身均用西南特有的红砂石料扣砌，占地113平方米。正墓室高于侧室，呈"凸"字形，墓顶正中竖一枚红色五角星。

6. 苟坝会议旧址

苟坝会议旧址为全国重点文物保护单位，位于贵州省遵义市播州区枫香镇苟坝村。旧址由苟坝会议会址、毛泽东驻地旧址、周恩来与朱德驻地旧址等部分组成，建筑均为黔北地区典型的合院式传统民居，穿斗式木结构，小青瓦悬山顶。

7. 黔东特区革命委员会旧址

黔东特区革命委员会旧址为全国重点文物保护单位，分别位于贵州省铜仁市沿河土家族自治县谯家镇、德江县枫香溪镇、印江土家族苗族自治县木黄镇。

旧址由德江县的中共中央湘鄂西分局枫香溪会议会址、中共中央湘鄂西分局枫香溪会议纪念碑、德江红三军政治部旧址、德江红三军保密局旧址、德江红三军参谋处旧址、德江红三军七师师部旧址、德江红三军九师师部旧址等16处文物点组成。

中共中央湘鄂西分局枫香溪会议会址

中共中央湘鄂西分局枫香溪会议会址位于德江县枫香溪镇枫香溪村。建筑始建于清道

苟坝会议旧址

中共中央湘鄂西分局枫香溪会议会址

光年间，坐东北向西南，为二进高封火墙围护四合院建筑，穿斗式木结构，硬山顶小青瓦屋面。

德江红三军政治部、保密局、参谋处旧址

德江红三军政治部、保密局、参谋处旧址位于德江县枫香溪镇枫香溪村，均为面阔三间穿斗式木结构、悬山顶小青瓦屋面建筑。

德江红三军七师师部旧址

德江红三军七师师部旧址位于德江县枫香溪镇枫香溪村，为面阔七间穿斗式木结构、硬山顶小青瓦屋面建筑。

德江红三军九师师部旧址

德江红三军九师师部旧址位于德江县枫香溪镇枫香溪村，为四合院式穿斗式木结构、悬山顶小青瓦屋面建筑。

德江红三军医院旧址

德江红三军医院旧址位于德江县枫香溪镇枫香溪村，始建于清末，为四合院建筑，四周封火山墙，穿斗式木结构，歇山顶、硬山顶小青瓦屋面。

德江红三军政治部旧址　　　　　　德江红三军保密局旧址

德江红三军参谋处旧址

德江红三军九师师部旧址

中共中央湘鄂西分局枫香溪会议纪念碑

中共中央湘鄂西分局枫香溪会议纪念碑位于德江县枫香溪镇枫香溪村，1980年德江县委、县政府在枫香溪会议会址北侧山上修建了"中共湘鄂西中央分局枫香溪会议纪念碑"。纪念碑由青石砌成，占地面积约530平方米，底座长3.24米，宽3.1米，碑高8.66米。

沿河土地湾黔东特区革命委员会旧址

沿河土地湾黔东特区革命委员会旧址位于谯家镇土地湾村，始建于清末，具体年代不详，建筑坐西向东，为四合院式建筑，由南、北正房，以及东厢房、西厢房、过厅，龙门组成，穿斗式木结构，悬山青瓦顶，四周砖墙围合，占地面积2100平方米，建筑面积503平方米。

沿河红军干部培训所旧址

沿河红军干部培训所旧址位于沿河土家族自治县谯家镇土地湾村，始建于清末，具体年代不详。建筑坐东向西，四合院式四周封火山墙建筑，占地面积约320平方米，建筑面积208.78平方米。

沿河第一次工农兵苏维埃代表大会旧址

沿河第一次工农兵苏维埃代表大会旧址，位于土地湾村铅厂坝，原为张家祠堂。建筑

德江红三军医院旧址

中共中央湘鄂西分局枫香溪会议纪念碑

坐西向东，占地面积 400 平方米，建筑面积 308 平方米。穿斗式木结构，硬山青瓦顶。1934 年 7 月 21 日，湘鄂川黔边特区革命军事委员会在此召开了黔东特区第一次工农兵苏维埃代表大会，宣布成立了云贵高原上的第一个红色革命政权——黔东特区革命委员会，会议讨论并通过了《没收土地和土地分配条例》《关于工农武装问题的决议》等文件。这次会议对黔东革命具有重要的历史意义。

沿河苏维埃第四区革命委员会旧址

沿河苏维埃第四区革命委员会旧址，因修建沿河沙坨水电站，2010 年搬迁至新淇滩镇内。建筑坐东向西，占地面积 800 平方米，建筑面积 421.62 平方米，四合院，穿斗式木结构，硬山顶小青瓦屋面。

印江红二、红六军团木黄会师军部旧址

印江红二、红六军团木黄会师军部旧址，原名水府宫，建于清嘉庆二十一年（1816），坐西向东，为砖木结构牌楼式大门，二进院落，占地面积 882 平方米，建筑面积 579.8 平方米。1934 年 10 月，红二、红六军团在印江木黄会师，军部设于此，两军高级领导人贺龙、肖克、关向应、王震、任弼时、李达等在此召开了紧急会议，确定两军统一行动的方案。

沿河土地湾黔东特区革命委员会旧址

沿河第一次工农兵苏维埃代表大会旧址

沿河苏维埃第四区革命委员会旧址

红二、红六军团木黄会师纪念碑

红二、红六军团木黄会师纪念碑位于印江土家族苗族自治县木黄镇新木村将军山腰。纪念碑坐东北向西南，系砖石结构，大理石贴面，通高14.26米，占地面积770平方米。纪念碑于1977年12月10日破土动工，1979年7月1日竣工落成。2002年，贵州省文物局拨款进行全面修缮，将碑身改用梵净山优质花岗石贴面。

印江红三军军部旧址

印江红三军军部旧址，原为万寿宫，始建于明代，现存建筑为清光绪十五年（1889）重修，大梁为明代遗物。旧址为二进四合院，坐北向南，现仅存正殿。1934年10月，红三军与红六军团在木黄会师时，红三军将政治部设于此。

印江红六军团军部旧址

印江红六军团军部旧址，原为一祝姓私宅，始建于清光绪二十三年（1897），为四合院式建筑，坐东向西，建筑面积350平方米，穿斗式木结构，硬山顶小青瓦屋面。

8. 川滇黔省革命委员会旧址

川滇黔省革命委员会旧址为全国重点文物保护单位，位于贵州省毕节市大方县和七星关区。旧址包括大方川滇黔省革命委员会旧址、毕节川滇黔省革命委员会旧址、毕节红六军团

红二、红六军团木黄会师军部旧址

红二、红六军团木黄会师纪念碑

印江红三军军部旧址

红六军团军部旧址

政治部旧址、毕节贵州抗日救国军司令部旧址。

大方川滇黔省革命委员会旧址

大方川滇黔省革命委员会旧址位于大方县大方镇文星街。原为德国传教士修建的福音堂，建于宣统三年（1911），建筑平面呈长方形，砖砌墙体围墙。1936年2月，红二、红六军团在此成立"川滇黔省革命委员会"。

毕节川滇黔省革命委员会旧址

毕节川滇黔省革命委员会旧址位于毕节市七星关区百花路。原为德国天主教徒在毕节传教的教堂，建于民国初年，有13间砖木结构的木屋，占地面积1405平方米。1936年2月17日，红二、红六军团将原在大定创建的"中华苏维埃人民共和国川滇黔省革命委员会"迁至毕节，进驻该教堂。

毕节红六军团政治部旧址

毕节红六军团政治部旧址位于毕节市七星关区中山路，包括一正厅、两厢房，占地面积963平方米。1936年2月8日，中国工农红军第六军团占领毕节，军团政治部进驻此地。

毕节贵州抗日救国军司令部旧址

毕节贵州抗日救国军司令部旧址位于毕节市七星关区和平路。原为周素园宅，为二重檐

大方川滇黔省革命委员会旧址

毕节川滇黔省革命委员会旧址

毕节红六军团政治部旧址

毕节贵州抗日救国军司令部旧址

悬山式青瓦屋面楼房，占地面积560平方米。1936年2月，红二、红六军团长征到达毕节，组建"贵州抗日救国军"，周素园任司令员，司令部设于此。

（二）省级文物保护单位

长征文物还包括省级文物保护单位：黎平洪州中央红军驻地及战斗遗址、红军长征时期黎平毛泽东住址、黎平中央红军驻地旧址、黎平佳所红军住址、黎平羊角岩红军战斗遗址、黎平五里桥红军战斗遗址、黎平樟树坳红六军团战斗遗址、黎平高屯红军桥、黎平潭溪红六军团驻地旧址，锦屏铜鼓红军战斗遗址、锦屏瑶光毛泽东住址，榕江朗洞红军驻地旧址，剑河大广坳红军战斗遗址、剑河凯寨、孟优红军战斗遗址、台江红军中央军委纵队驻地旧址、台江莲花书院红五军团党小组会议旧址、台江红军清水江渡口遗址，镇远中央红军召开打富济贫活动大会旧址、镇远红九军团司令部旧址、红军镇远阻击战战斗遗址、镇远中央红军干部会议遗址、镇远路腊红军战斗遗址，施秉黑冲红军战斗遗址，瓮安猴场红军干部团休养连驻地旧址、瓮安猴场毛泽东住处、瓮安垛丁关红军战斗遗址、瓮安擦耳岩红军战斗遗址、瓮安桐梓顺会和游击队驻地旧址、瓮安江界河红军抢渡乌江遗址，以及播州白岩沟红军殉难处、遵义茶山关红军抢渡乌江遗址、红花岗老鸦山红军战斗遗址、遵义迎红桥、绥阳红籽坝红军战斗遗址、绥阳黄羊台红军战斗遗址、金沙菜籽坳红军战斗遗址、红一军团及中央军委纵队南渡乌江遗址、金沙钱壮飞烈士墓、金沙沙土中央红军南渡乌江指挥所旧址、廻龙场红军抢渡乌江战斗遗址、余庆万丈坑红军战士殉难处、龙里青杠埫红军渡口遗址、龙里播箕桥红军战斗遗址、龙里倪儿关和观音山红军战斗遗址、花溪青岩红军作战指挥所旧址等。

川滇黔省革命委员会旧址还包括省级文物保护单位凤冈红六军团乌江战斗旧址、凤冈旧寨红军驻地旧址、凤冈红军乌江渡口遗址、务川九龙箐红军战斗旧址、清镇红二红六军团猫跳河观游渡口遗址赫章哲庄坝红军战斗遗址、纳雍梯子岩红军战斗遗址、大方将军山红军战斗遗址、红二红六军团鸭池河战斗遗址、黔西红军"开仓放盐"处旧址、福泉清水江红军渡口遗址、石阡红二六军团总指挥部旧址、石阡红六军团政治部和保卫局旧址、石阡甘溪红军战斗遗址、石阡困牛山红军战斗遗址、思南板桥红52团侦察排驻地旧址、思南瓮溪红六军团红军驻地旧址、江行溪乡苏维埃政府旧址、德江徐家岩区革命委员会旧址、德江杨河乡苏维埃政府旧址、德江张家湾区革命委员会旧址、德江叶元坝乡苏维埃政府旧址、德江袁家湾乡苏维埃政府旧址、德江金盆水乡苏维埃政府旧址、德江张家湾乡苏维埃政府旧址、德江上坝乡苏维埃政府旧址、德江枫香溪区革命委员会旧址、德江丝毛坝乡苏维埃政府旧址、德江龙塘乡苏维埃政府旧址、德江中共黔北工委旧址、德江新滩惨案遗址、印江罗南溪乡苏维埃政府旧址、印江罗南溪区革命委员会旧址、印江下寨坝乡苏维埃政府旧址、印江核桃坪红三军九师驻地旧址、印江坨寨乡苏维埃政府旧址、印江官塘区革命委员会旧址、印江红花园乡苏维埃政府旧址、印江来安营万人坑遗址、红三军沿河独立团三壶坪团部旧址、沿河天宫井红三军司令部和军部管理科旧址、红三军沿河独立团自卫队三壶坪旧址、沿河淇滩区革命委员会旧址、沿河天宫井乡苏维埃政府旧址、沿河长岗岭红三军驻地旧址、沿河暗塘红三军七师师部旧址、沿河七重乡苏维埃政府旧址、沿河黔东独立团临时团部旧址、沿河陈家寨乡苏维埃政府旧址、沿河思渠红三军军部和七师师部旧址、沿河茶园头区革命委员会旧址、沿河红溪红军风雨桥、沿河耳当溪红三军屯粮处旧址、沿河符家寨红军监护大队驻地旧址、沿河铅厂坝红三军九师师部旧址、沿河水田坝贺龙住址、沿河水田坝红军会合旧址、沿河土地湾黔东特区农妇会旧址、沿河谯家区革命委员会旧址、沿河印山乡苏维埃政府旧址等。

二、抗战文物

（一）全国重点文物保护单位

1. 湄潭浙江大学旧址

湄潭浙江大学旧址位于贵州省遵义市湄潭县湄江镇和永兴镇两地，是中国抗日战争中"文军长征"的珍贵遗存。作为抗日战争的另一个战场，一大批知识分子科学报国，科学救亡，在万分艰苦的条件下，聚集黔北山区，坚持流亡办学，谱写出教育史上的辉煌篇章。旧址包括浙江大学办公室及图书室旧址、谈家桢等教授住处旧址、浙江大学研究生院旧址、浙江大学湄江吟社旧址、浙江大学理学院物理系旧址、永兴分校教授住处旧址、农学院畜牧场实验楼旧址、浙江大学文艺活动旧址、浙江大学永兴分校学生住处旧址等9处。

浙江大学办公室及图书室旧址

浙江大学办公室及图书室旧址位于湄潭县城中山东路浙江大学广场东端，原为湄潭文庙。建筑坐东向西，平面呈长方形。因坡就势，次第升高，现存大成门、南北庑、钟鼓楼、大成殿崇圣祠，中轴对称，砖墙围护，占地2600平方米。

谈家桢等教授住处旧址

谈家桢等教授住处旧址位于湄潭县城中山东路浙江大学广场南侧，与文庙相邻，原为天主堂。建筑坐东向西，原由大门、左右两厅、教堂、神职人员住宅四部分组成，现仅存教堂，占地400平方米。浙江大学西迁湄潭时，教授谈家桢、陈建功、钱宝琮等曾租住于此处。

浙江大学研究生院旧址

浙江大学研究生院旧址位于县城湄江北岸，原为义泉万寿宫，为两进院落，占地933.2平方米。由砖砌"八"字牌坊式大门、戏楼、两配殿、阁楼、正殿、左右厢房、后殿组成。

浙江大学办公室及图书室旧址　　　　　谈家桢等教授住处旧址

浙江大学西迁湄潭后，其研究生院设于此处。刘淦芝场长等与浙江大学师生一起在此对湄潭茶叶进行了广泛深入的研究工作。

浙江大学湄江吟社旧址

浙江大学湄江吟社旧址位于县城东南 4 千米湄江边，居飞凤坡山腰，原为西来庵。其建筑群由山门、门房、围墙、曲径、藏经阁、大殿、偏殿、休闲屋、观景台组成，占地面积 1.8 万平方米，建筑面积 1300 平方米。其中有古树 50 余棵，有"大错和尚独酌处""浙江大学师生郊游处"石碑和"河山一览"摩崖石刻等。浙江大学部分教授在此组织"湄江吟社"品茶作诗，系浙江大学师生交流地点。

浙江大学理学院物理系旧址

浙江大学理学院物理系旧址位于湄江镇观音村观音洞旁，原为双修寺。一楼一底五开间，占地面积 250 平方米。浙江大学西迁来湄后，其理学院物理系设于此，教授王淦昌、束星北、卢鹤绂等于此从事教学和科研活动。

永兴分校教授住处旧址

永兴分校教授住处旧址位于永兴镇张家巷内。建筑平面呈"7"字形转角，一楼一底全木结构，建筑面积约 4000 平方米。分为王宅和张宅两部分，王宅坐东向西，条石基础，转角后有一楼一底横排四间，方形柱石，有神龛、吞口；张宅坐北向南、面阔九间，屋中有桥通楼上走廊，条石基础，设中堂、吞口。浙江大学西迁在湄期间为教授公寓客房。

农学院畜牧场实验楼旧址

农学院畜牧场实验楼旧址位于距县城北 3 千米的湄江林场内。占地面积 204 平方米，木结构一楼一底，条石基础，面阔五间，明间为通道。为浙江大学西农学院畜牧班上解剖课、动物基因课与遗传等实验课之处。

浙江大学文艺活动室旧址

浙江大学文艺活动室旧址位于永兴镇政府所在地。原为欧阳曙宅，占地 572.79 平方米，为四合院，木结构建筑。正房重檐小青瓦，面阔五间；两厢房单檐小青瓦顶。浙江大学在湄时，师生常在此排演节目。

浙江大学永兴分校学生住处旧址

浙江大学永兴分校学生住处旧址位于永兴镇中街（现永兴供销社内），原为李氏民宅。占地面积 200 平方米，一正两厢，中堂设吞口，中间为四天井。建筑青瓦覆盖，石板铺地，四周为砖砌空斗风火墙。设水磨青石龙门门框，门楣上方刻"青莲世第"，门窗石刻楹联。浙江大学在湄时永兴分校部分学生居住于此。

浙江大学研究生院旧址

浙江大学湄江吟社旧址

永兴分校教授住处

农学院畜牧场实验楼旧址

浙江大学文艺活动室旧址

浙江大学永兴分校学生住处旧址

2. 和平村旧址

和平村旧址位于贵州省镇远县㵲阳镇和平社区和平街南侧，是抗日战争时期国民政府军政部第二俘虏收容所的别名，1938年2月成立于湖南常德盐关，主要关押中国南方战场上俘获的日军俘虏，后迁至湖南辰溪，1938年12月迁至贵州省镇远县。1941年，一批具有反战意识的日军战俘在驻镇远国民政府军政部第二俘虏收容所内组建"在华日本人民反战同盟和平村工作队"，因此收容所又称"和平村"。1944年11月迁往重庆巴县，1946年4月撤销。

旧址由券门、米库、卫兵室、哑子室、办公楼、大礼堂、水井、厨房、洗澡间、运动场、卫生所以及夯土墙、监视塔等构成长方形二进封闭式建筑群，建筑面积2393平方米。

和平村旧址全景

和平村旧址办公楼

和平村旧址大礼堂内部

和平村旧址陈列室

（二）省级文物保护单位

省级文物保护单位包括贵阳国际援华医疗队纪念旧址、八路军贵阳办事处旧址、贵阳地下党省工委活动旧址、贵阳毛公馆故宫文物南迁存放旧址、《新华日报》贵阳分销处旧址、湄潭中央陆军军官学校第四分校旧址等。

三、三线文物

　　三线贵州航空发动机厂旧址为全国重点文物保护单位，位于贵州省安顺市平坝区白云镇。1965年，三线贵州航空发动机厂旧址前身（460厂、170厂、100厂、二所、601库）陆续建成，1970年5月试制成功贵州第一台航空发动机——涡喷—7，1981年组建为贵州黎阳航空发动机公司。旧址占地46535平方米，由菜花洞、齿轮车间、总装车间和1号试车台组成。

　　省级文物保护单位包括中共水城县委办公大楼旧址、钟山西南煤炭建设指挥部旧址、水城钢铁厂一号高炉、遵义碱厂旧址、遵义钛厂旧址、遵义061基地机关总部大楼旧址、遵义5707厂旧址、绥阳061基地531厂旧址。

四、其他革命文物

（一）息烽集中营旧址

息烽集中营旧址为全国重点文物保护单位，位于贵州省息烽县永靖镇猫洞村。息烽集中营旧址（包括猫洞和玄天洞）是抗日战争时期国民党特务机关设在西南地区较大的监狱之一。旧址占地面积57124平方米，建筑面积3399平方米。从1938—1946年，在此关押了各界人士1200多人，其中有共产党人罗世文、车耀先、宋绮云、许晓轩，以及爱国民主人士黄显声、马寅初等。杨虎城将军及夫人谢葆贞、幼子杨拯中曾被囚禁在这里。

（二）贵阳达德学校旧址

贵阳达德学校旧址为全国重点文物保护单位，位于贵州省贵阳市南明区中华南路东侧。旧址原为忠烈宫，现存建筑主要为清晚期到民国时期所建三进合院建筑。院落坐西向东，占地面积约3500平方米，建筑面积约1900平方米。旧址是贵州省内较早的基础教育学校，是贵州现代教育的发源地之一，培养出了王若飞等中国革命的先驱及推动社会进步的先进分子，是这一时期贵州及西南地区现代教育探索与近现代化进程相关活动的历史见证。

息烽集中营旧址

玄天洞

达德学校旧址鸟瞰

三进院礼堂

二进院教学楼

忠烈宫大殿

（三）王若飞故居

　　王若飞故居为全国重点文物保护单位，位于贵州省安顺市西秀区中华北路202号，是王若飞诞生和度过童年的地方。王若飞（1896—1946），名运笙，字继仁，安顺人。中国无产阶级革命家，中共中央秘书长。1946年4月8日，同博古、叶挺、邓发、黄齐生等乘飞机回延安途中，在山西兴县失事遇难。毛泽东题词"为人民而死，虽死犹荣"。

　　故居建于清代早期，占地面积共1900平方米，坐西朝东，由朝门、通道、门楼、对厅、影壁、正房和南北厢房等组成合院式布局。建筑均为三开间单层硬山青瓦顶木结构建筑，整体保存较好。

王若飞故居鸟瞰

王若飞纪念馆

第六章

贵州文物资源在长江文化中的地位和保护建议

一、贵州文物资源在长江文化中的地位和特色

（一）贵州是人类早期文明的发祥地之一

在贵州高原这片喀斯特发育连片的"沉积岩王国"上，包括长江流域牛栏江横江水系、乌江水系、赤水河綦江水系、沅江水系分布的各大河谷，自远古时代起就有早期人类活动。

贵州是中国史前文化遗存的富集地区，仅数量众多的旧石器时代遗址，就涵盖早、中和晚时期，在国内占有重要地位。长江流域分布区域内，早期的黔西观音洞文化遗址，是我国长江以南材料最丰富、最具有代表性的古文化遗址，与北京周口店、山西西侯度并列我国旧石器时代早期三个重要类型。中期的桐梓岩灰洞文化遗址，是中国长江以南地区目前发现最先用火的地方；水城硝灰洞遗址发现的"锐棱砸击法"，是旧石器的新式技术。晚期的有普定穿洞、桐梓马鞍山等，出土了大量的骨器和角器，其类型、工艺技术及精美度，在全国罕见，独领风骚，其中普定穿洞被誉为"亚洲文明之灯"。

贵州新石器时代文化遗址也很丰富，分布地域广阔。代表性遗址有威宁中水遗址、平坝飞虎山遗址等。乌江水系的平坝飞虎山遗址，是贵州高原首次发现彩陶信息的遗址，具有新、旧石器地层叠压，文化内涵丰富，彩陶的出土引人瞩目，对研究贵州新、旧石器文化的相互关系和时代延续问题具有重要意义。分布在牛栏江横江水系的威宁中水遗址，荣获2005年度我国"十大考古新发现"，其所代表的独特文化被命名为鸡公山文化，具有很强的地域特征，初步建立起贵州西部乃至云南东北部新石器时代末期至早期铁器时代考古学文化发展序列，填补了贵州史前考古的多项空白。

贵州丰富的藏量为史前文化发展谱系的研究提供了支撑，是中华文明起源和形成的基因之一，共同创造了中华古文明，在中华文明中显示出贵州独特的多元性、兼容性和同一性。

（二）贵州文物资源是中华文明多元一体、统一多民族国家形成和发展的重要实证

秦代以前，贵州作为"百濮"族群重要活动区域，偶见于汉文史籍中。秦代开辟"五尺道"，揭开中央王朝开发贵州的序幕。西汉建元六年（公元前135），汉武帝在夜郎地区设郡置县，贵州纳入华夏版图。西汉王朝赐封的"夜郎王"，被《汉书》称为"西南夷"中最大的"君长"。中原文化进入夜郎地区，促进了当地经济文化的发展。

贵州西部发现的战国秦汉时期当地民族的遗址、墓葬等遗存，多与汉代史籍记载的"西南夷"中最大的君长国夜郎有关。长江流域分布区域的发掘主要集中在赫章可乐、威宁中水等地，出土的遗迹、遗物与当时巴蜀、滇、南越有明显差异，引起学术界的关注。

可乐坝子周围，分布有大量战国至汉的当地民族墓葬，还发现一处战国至西汉时期居住遗址。遗址发掘面积很小，出土遗物与墓葬遗物相似。墓葬中发现用铜釜或铜鼓、铁釜

套在死者头顶的埋葬习俗，考古界称之为"套头葬"，是国内从未发现过的奇特葬俗，反映当地民族异常浓郁的原始宗教观念。墓葬出土的铜、铁兵器和铜、玉饰品以及陶器等等，都别具特色。镂空牌形茎首铜柄铁剑、饰人物图案铜戈、嵌孔雀石宽片状铜手镯、U形与簧首形铜发钗、折腹饰乳钉陶罐等，都是代表性器物。中水发现大量墓葬，其中不少为双人、三人或多人合葬墓。陶器以盘口长腹罐、盘口瓶、大镂孔高柄豆等为典型器物，器腹或口沿上常有单个刻划符号。三处遗存呈现出相互间既有联系又有差异的特点，与《史记》记载西南夷"君长"以十、百数的历史状况相吻合。

自西汉武帝时期以后，中原地区的官吏、士兵、平民不断迁入贵州，带来先进文化，促进了贵州地区经济、文化的发展，开启了贵州社会进步的新时期。在黔西北的赫章、威宁、毕节、黔西、金沙、仁怀等地，黔东北的务川、道真、沿河等地，黔中的清镇、平坝、安顺等地，发现大量两汉时期汉式墓葬，包括土坑墓、砖室墓和石室墓，形制与中原地区相似。大型墓葬极少。在赫章可乐和安顺宁谷还发现东汉时期遗址。赫章可乐遗址出土大量几何纹砖、绳纹瓦片和瓦当，瓦当上有"建""四年"等铭文，上限最早可到西汉建元四年（公元前137），下限最晚当为东汉建安四年（199）。安顺宁谷遗址出土大量绳纹瓦片和瓦当，瓦当上有"长乐未央"铭文，说明曾有大规模、高规格的房屋建筑。清镇琊珑坝墓群、新桥墓群出土的"元始三年蜀郡西工造""元始四年广汉郡工官造"铭文漆器等，反映两汉时期中央王朝对夜郎地区的管理，长期利用了巴蜀地区的经济和军事力量。汉式墓葬和遗址出土的遗物，有不少具有中原风格的精品，如铜车马、龟座踞人铜灯、盘龙座连枝灯、抚琴陶俑、水塘稻田陶模型等。有不少渗透地方民族风格的精美制品，如鲵鱼形铜带钩、牛头形铜带钩、干栏式陶屋模型等。这些遗存记录了当时贵州社会经济文化发展的历史，也反映了地方文化与中原文化的融合。

赤水马鞍山崖墓群，是贵州为数不多的东汉崖墓遗存，其形制与川南崖墓相同，顺山势凿有长长的墓道，墓门多凿有门框，墓室内利用原生山岩凿有石棺、石灶，早年已被盗掘，残存少量陶器等，与川南崖墓属同一地域性文化。

三国时期，蜀汉大姓与地方豪族相结合，控制西南局势。至魏晋南北朝，经历百濮、氐羌、苗蛮、百越等众多民族体系的迁徙、融合，为后世民族关系的形成注入了生机。唐宋时期，中央王朝在贵州乌江以北地区建立若干"经制州"，逐渐加强对这一地区的统治，但在乌江以南，仍旧推行"羁縻"政策，而西部地区还有"乌蛮"各部建立的罗殿国、自杞国、罗氏鬼国等少数民族政权，出现"经制州""羁縻州"与"藩国"并存的局面。这一时期，贵州与内地的经济联系逐渐加强，尤其是南宋大量购买贵州马，对贵州经济影响很大。元朝建立行省制度，同时在西南地区推广土司制度，贵州分属于四川、湖广、云南，实际大部为土司所统治。

从三国至元代的1148年，贵州已发现的文化遗存不多。三国至元的古遗址，包括城墙、屯堡、衙署、寺庙、书院、矿冶等。三国时期，贵州多为蜀汉所控制，保存下来的一些遗址被人称为"孔明塘""诸葛营""孟获屯"，充分反映诸葛亮的"民族政策"颇得民心。

赤水河綦江水系的习水三岔河崖墓，遗存有三国蜀汉时期"章武三年七月十日，姚立从曾意买大父曾孝梁石一门，七十万毕。知者廖诚、杜六。葬姚胡及母"纪年铭文，对研究当时的丧葬习俗颇有价值。铭文书法艺术也深得书法界赞誉。在清镇、平坝、安顺一带，曾对两晋南北朝时期的土坑墓、砖室墓、石室墓等做过少量发掘，墓葬形制基本延续了东汉传统。出土一批中原习见、十分精美的鸡首壶、莲花纹罐、蛙形水注等青瓷器，以及玛瑙、琥珀、银质、铜质装饰品。安顺八番六朝壁画墓的星象图壁画，反映当时天象知识已广泛传播。这一时期的松桃云落屯悬棺葬，数量较多，但大多残损。棺木安置方式，有在崖壁凿龛安放和用两根木桩悬置两种。1980年清理两龛，棺木分别用整木刳成船形、槽形，棺内残存陶器。

隋唐时代，在沅江水系的武陵山区开采汞矿，务川汞矿遗址、万山汞矿遗址残存许多矿洞。万山是贵州重要的水银采冶基地之一，开采历史可追溯到唐代以前，历经唐宋元明，清初为鼎盛时期，找矿、采矿、冶炼、运输等技术均已相当完善。

隋唐时期墓葬，仅发掘平坝熊家坡墓群中的3座唐墓。有砖室墓、石室墓两种形制。从黔中到黔北，保存着以"杨粲墓"为代表的大量宋代石室墓，许多用巨大石料筑成，墓内多有石刻图案，内容丰富，雕工精美，常为夫妇双室合葬墓。其中尤以杨粲墓最为典型，杨粲系南宋播州沿边安抚使，墓为夫妇合葬墓，石室规模宏大，墓内外共有人物、动物、花卉等各类雕刻190幅，被誉为宋代石刻艺术的精品。黔北规模较大的石室墓还有田通庵墓、两岔河宋墓、周市宋墓、金桥宋墓、金银洞宋墓等。石室墓之风延续至元。德江煎茶溪古墓群中的元代石室墓，建筑风格与宋代一脉相承，但雕刻图样已趋于简单，雕工也不及宋代精细。元代还有砖室墓。德江青龙镇官坟堡砖室墓在村民修建砖瓦窑时被毁，发现"至元四年"买地券及铜鼓、铜锣等随葬品。出土时，宽沿大铜锣覆盖在倒置的铜鼓上，铜鼓内放置青石买地券。

随着生产力的提高，这一时期兴修了许多水利、道路工程，迄今尚存始建于唐宋时代的遵义"大水田"、瓮安"九龙堰"和建于元代的桐梓"松坎水堰"、石阡"千工堰"等水利设施。

宋元时期的摩崖纪事，与民族地区的交通运输、军事行动、政务管理有关。刻于南宋景定元年（1260）的六枝拦龙桥摩崖石刻，阴刻彝文589字，除记载当地彝族"家支"历史外，着重阐明彝族头人为何要在"拦龙河"上建桥。彝文大意是："河上乃是运输租赋必经之路，如果不在上面建好一座桥梁，虽然有显赫的官爵，创造了大业，可受到交通的梗阻，所得到的享受仍然是很微薄的呀！"贵阳市花溪区燕楼金山洞元代摩崖石刻，尚能辨识"大元忠显校尉""蛮夷长官司""金竹府事房明远于至元乙酉来此开拓边疆""酉民衷服""元贞二年金竹府吏赵□书，教授冉□记"。

明永乐十一年（1413），建立"贵州等处承宣布政使司"，贵州自此正式建立行省。清代，贵州政区有所调整。雍正年间，四川遵义军民府等划入贵州，贵州行政版图自此大体形成。

贵州最为丰富的文化遗存大部分是明清时期的，包括古遗址、古墓葬、古建筑、石窟寺和石刻等，占贵州现存已知不可移动文物的一半以上。

明清古墓葬，除承袭历史上的土坑墓、石室墓等习俗外，部分少数民族采用岩洞葬、石板墓、"向天坟"等方式安葬死者，独具地方特点和民族特色。世世代代劳动生息在喀斯特山区的苗瑶民族，对溶洞情有独钟，有的甚至认为自己的始祖是"洞神"。苗瑶民族村民，将死者入殓后安葬于溶洞内崖壁间，或井字形木架上，称"棺材洞"，考古学界称为"岩洞葬"。

苗族同胞视"岩洞葬"为"进城"，土葬为"下乡"，笃信只有"进城"才是返璞归真的理想归宿。水族石板墓，以巨型石板砌筑，分为三层，底层建在地下，安葬死者，二、三两层建在地上，分别放置餐具、食物和死者生前钟爱之物，外貌酷似干栏式房屋。石板墓上多有鱼、龙、蛙、蟹等水生动物雕刻，即便飞禽走兽也着意镌刻鳞甲，凸显水族村民与水的悠远情结。历史上，彝族长期实行火葬，"向天坟"便是唐代以来火化尸体的场所，明代尤为盛行，以威宁彝族回族苗族自治县盐仓镇的"向天坟"最具代表性。大致可分两类：一类为石砌围墙，另一类在石围墙内修筑土台，据称可观天象，故名。围墙平面多呈圆形或椭圆形，直径多在10～20米。最大的40余米，最小的也在4米。有的于墙体一侧开口，有台阶作进出通道。到了清代，改为土葬，修建坟墓，前立壁龛式或牌楼式墓碑，碑上用彝族文字镌刻死者生平、亲属关系，有的甚至镌刻死者所属"家支"的迁徙路线、文治武功、伦理道德、风俗习惯等等，内容相当丰富。明清汉族风格墓葬，大多土封石围，前立墓碑，有的还建有石拜台、石供桌，立有石柱、石像生、石牌坊等。孙应鳌墓、何腾蛟墓、李世杰墓、周渔璜墓，以墓主人身份显赫而著称；敖氏家族墓、成氏家族墓，以墓地石牌坊雕工精湛令人瞩目。

从明朝建立到清朝灭亡，540多年间，贵州发生过许多重大历史事件。明初"调北征南"，在贵州通往云南的驿道两旁大举屯兵。来自江南地区的屯兵，带来汉族地区的生产方式和传统文化，使各类建筑在贵州高原迅速诞生。贵州明清时代的古建筑，种类繁多，特点突出，收入本分册的有城墙、屯堡、营盘、关隘、碉楼、衙署、文庙、寺观、书院、学宫、考棚、试院、祠堂、会馆、作坊、店铺、民宅、庄园、桥梁、古道、渡口、码头、宝塔、牌坊、井泉、堤堰、水碾等极具地方特点和民族特色的传统建筑与民族建筑。

明清时代，重要城镇及驿道两侧的防御设施日臻完善。镇远、平越（今福泉）、真安（今正安）、赤水等城池，在明初即由土城墙改为石城墙，并借助城外河流以固守。贵州各地城墙，依山临水修建，虽然一般筑有四门，但大多都呈不规则形。有的城市，为用水方便，增设水门，与码头相接，形成刚柔相济的特殊风格。其后又在各交通要道用石头修筑屯堡、营盘、关隘、碉楼，形成完整的军事建筑体系。有的建筑，如遵义海龙屯，虽然始建较早，但最终完善则在明代。

明清古建筑中的衙署建筑遗存以宣抚司、安抚司、长官司、"土同知"等土司衙署为多。与此相应的是，民居建筑中，在乌蒙山区赤水河綦江水系中，有众多的彝族土司庄园分布。

"改土归流"，废除土司制度，改用"流官"治理，对发展民族地区的文化，客观上起了积极作用。"流官"在其辖区内办义学，建书院，设学宫，修考棚，推行科举制度，顺应发展潮流。为求人文蔚起、科甲挺秀，"前者下车立修文昌，后者莅位即建书院"，一时形成风气。许多配套建筑如文庙、文昌阁、魁星楼、甲秀楼、文笔塔等应运而生。贵州与文化教育息息相关的上述建筑或遗址，藏量丰富。

为满足移居贵州的广大汉族军民的需要，各地大修佛寺、道观、庙宇、祠堂等祭祀性建筑。如织金古建筑群，仅从清康熙五年（1666）至十年（1671），短短6年间，即在平远（今织金）城内雨后春笋般地建有文庙、武庙、斗姥阁、隆兴寺、东山寺、财神庙、城隍庙、马王庙、黑神庙、炎帝庙、地藏寺等10余座庙宇。平坝天台山伍龙寺大雄宝殿大梁上，有明万历四十四年（1616）维修题记，这是贵州迄今发现的年代最早的寺观大梁题记。在贵州修建佛寺道观，因受山形地势限制和世俗文化影响，多因地制宜，修成灵活多变的干栏式吊脚楼，且各种教派同居于一山，儒释道商齐聚于一堂，形成和睦共处、相安无事的格局，成为贵州古代民族关系的缩影。明清时代还有一些庙宇，诸如黑神庙、苗王庙，几乎为贵州所独有。黑神庙祭祀唐代忠臣南霁云，苗王庙祭祀传说人物无名氏。相传"苗王"是苗岭山区苗族村民的入黔始祖，台江、榕江等地苗族人民，建庙祭祀"苗王"，缅怀先祖开发苗岭山区的历史功绩。

贵州许多汉族居民是明清时代社会安定时期从事经商活动迁居贵州的，因此，外地工商行帮"同乡会"修建的各省会馆相当多，如万寿宫、仁寿宫、万天宫等江西会馆，禹王宫、三楚宫、寿佛寺、湖广会馆、两湖会馆等湖南会馆，川主宫、川主庙等四川会馆，天后宫、娘娘庙等福建会馆等。江西会馆为数最多，不仅因为在贵州当兵、经商的江西军民人数比较多，还因明清时代在贵州做官的江西人氏特别多。雍正十二年（1734），时任贵州按察使司按察使的江西人方显，"奏请于苗疆各镇、协、营俱建万寿宫一座"，是万寿宫遍布贵州城乡各地的重要原因。

明清时期，内地客商联袂深入贵州，对促进物质交往、文化交流乃至民族融合，起了重要作用。为适应社会发展的需要，各族人民开山凿石，修桥铺路，开辟渡口、码头，收入本分册的明清时代的石板桥、石梁桥、木梁桥、石拱桥、铁索桥、树根桥、竹竿桥、溜索桥等各式桥梁，驿道、粮道、盐道、纤道、栈道等古道和码头、渡口，保存至今。摄贵州宣慰使司宣慰使奢香，在朝廷和民众的支持下，开辟"龙场九驿"，修建"水西十桥"，颇得朝野称赞，被朱元璋封为"顺德夫人"。

作为"沉积岩王国"的贵州，山多石头多，为刻碑记事提供了得天独厚的条件，现存摩崖石刻和碑刻众多，内容涉及耕牛土地、徭役赋税、交通运输、环境保护、市场管理、恋爱婚姻、社会治安、道德规范、家族历史、修建工程、功德善举、重大事件、乡规民约、行政自律等方方面面，堪称卷帙浩繁的"石头书"。最具地方特点和民族特色的内容，集中反映在环境保护、恋爱婚姻、行政自律三方面，内容涵盖植树造林、保护水源、禁毒鱼虾等。多数石碑镌刻汉字，真草隶篆兼备，具有书法价值。

贵州岩画多见马匹，这与宋明时代大量养马有关。据《明实录》记载，从洪武十七年（1384）至永乐二年（1404），20年间，即从贵州西部等地"市马""易马"和获得"进马""贡马"4万多匹。由于对贵州马的需求量巨大，刺激各族人民踊跃养马。因此，岩画上多见放牧马群的场面。"山国"贵州，代步、驮运都离不开马。贵州岩画多分布于中西部及西南部山区悬崖岩壁上，悉以赭色涂绘，日晒雨淋，经久不变。贵州石窟寺和摩崖造像集中分布在赤水河綦江水系，其他水系也有零星分布。贵州不产盐，历史上靠四川供应。川盐入黔捷径为赤水河。为求菩萨、神仙保佑盐运畅行无阻，在赤水、习水、仁怀一带的赤水河畔崖壁上摩崖雕刻释迦、观音、文殊、普贤等佛家先哲像。

近代贵州，社会、经济、文化、教育发展较为迅速，留下许多重要史迹。

贵州近现代重要史迹和代表性建筑，在各级文物保护单位中占有突出位置，从辛亥革命、红军时期、抗战时期直到"三线建设"时期的遗址遗迹都十分丰富，尤以20世纪30年代中期中国工农红军长征时期史迹最为众多。

贵州现有文物资源遗存充分表明，贵州自秦汉以来，从未脱离与中原文化和中央王朝的联系，一直是中华文明和长江文化的组成部分，是实证中华文明多元一体、统一多民族国家形成和发展的重要物证。

（三）贵州洞穴文化在长江文化中独具特色

贵州的洞穴难以数计，作为岩溶地貌重要特点之一的碳酸盐岩洞，是贵州分布最广、规模最大、发育最多的洞穴。由水对砾岩石或胶结物的溶蚀而形成的砾岩洞，分布较少，如乌江水系凤冈县太极洞。大面积分布在赤水河綦江水系，常以半洞形式出现，洞宽大于洞深，规模较小的砂岩洞，因主要以风化形式形成，又称风化洞。长江流域范围内，除少量分布于东部的变质岩和西部的玄武岩分布区域未见洞穴外，分布面积达全省行政区域面积73%的沉积岩区域均有发现，是一个名副其实的洞穴王国。

贵州省第三次全国文物普查登记2505处古遗址类不可移动文物中，洞穴址368处，占比14.69%，长江流域就有200多处，仅铜仁市没有发现。贵州石器时代文化遗存丰富，是贵州人类历史中辉煌的一页，也是贵州考古的一大特色。尤其是旧石器时代考古，在全国占有突出地位，是名列前茅的地区。贵州石器时代文化遗存以洞穴遗址多、分布广、内涵丰富、时代序列全、旧石器文化性质突出为特点。在东起天柱、西至威宁、南抵兴义、北止习水的广袤地域都有石器时代遗存分布，较集中于黔中以西，古人类的足迹在旧石器时代晚期几乎遍及全省。贵州特殊的地质地理环境、众多天然洞穴和湿润的亚热带气候，为古人类提供了良好的生存空间。已发现的遗存90%为洞穴遗存，新石器时代仍有70%是洞穴遗存。洞穴遗址之多，堪称中国之最。由于洞穴环境优越，人类在洞内居住时间较长，产生的文化堆积较厚。在以洞穴为中心的长期活动中，受洞穴和小地貌环境的限制，各类遗迹遗物相对集中。

千百年来，生产生活在贵州的人类就没有真正彻底地离开过洞穴，也因此为后人留下与洞穴相关的丰富的文化遗产。包括寺庙、宫观、营盘、古道和摩崖石刻、岩画、壁题，以及生产作坊、工厂和电站等等。时至今日，贵州仍有居住在洞穴内的人家，甚至举寨聚居于洞穴内。

大凡岩溶洞穴中发现有岩画的，不管岩画本身数量多少，只要洞穴未被破坏，几乎都会发现史前文化遗址。这些岩画是否系远古人类所为，有待进一步研究。有的还保存生产作坊遗址，如贵阳市花溪区孟关关山猫洞旁炼硝洞，洞内许多岩画已经被清康熙年间开始炼硝后产生的烟气所熏，图案难以完整辨识，不难得出岩画至迟形成于明代的结论。

贵州先民，在不具备桥梁建筑的条件下，充分利用大自然赐予的"天生桥""仙人桥"，得以跨越河谷溪涧，沟通往来不足为奇，如茶马古道—蜈蚣坡古道。但修建道路时选择从岩溶洞穴中穿过，则是一大奇观。仁怀市的怀阳洞和大方县的路穿岩古道，分别是川黔盐道"仁岸""永岸"线路所经，前者不但古道得以保存，还遗存有明清以来的大量摩崖石刻。

洞穴中的摩崖石刻和壁题，多为文人骚客所留，或写景、或抒情，或情景交融。如黔东南州施秉县湘黔驿道旁的华严洞。但有的却有极高的史证价值，如贵阳市花溪区燕楼金山洞元代摩崖石刻，尚能辨识"大元忠显校尉""蛮夷长官司""金竹府事房明远于至元乙酉来此开拓边疆""酋民衷服""元贞二年金竹府吏赵□书，教授冉□记"，向后人展示元代金竹府开发燕楼的情况。

历史上的贵州，战乱频仍。明清时期，不管是"安奢之乱"，还是乾嘉和咸同农民起义，对贵州均产生很大影响。人们往往于村寨附近岩溶洞穴的洞口修筑营墙，以利战时躲避战乱。社会稳定期间，这些洞穴还是当地村民自古以来举行祭祖活动或娱乐活动的场所。

利用洞穴修建工厂和电站，始于民国。以1939年建在今毕节市大方县羊场镇羊场村"乌鸦洞"的中国空军航空委员会第一航空发动机制造厂和同年建在今遵义市桐梓县天门洞内的天门河水电站为代表。20世纪六七十年代的"三线建设"时期，更是有大量的军工企业迁入贵州，散布于贵州大地的无数岩溶洞穴中。这些，均已具备极高的工业遗产价值。

在洞穴处修建寺庙宫观是极为普遍的现象。最具代表性的，是全国重点文物保护单位镇远青龙洞、黄平飞云崖、修文阳明洞、织金古建筑群的保安寺、息烽集中营旧址内的猫洞与玄天洞。

贵州的"岩洞葬"是人类处理死者遗体的一种方式，因长期的习惯、礼仪和风尚而形成的一种生活习俗。这种葬具不入土，直接搁置于岩溶洞穴中的丧葬习俗，中国南方少数民族地区所在多有，自新石器时代晚期延续至今。贵州黔中和黔南地区的苗族和瑶族至今仍在使用。实际上，广大岩溶地区，山多地少土薄，本不适宜土葬，难得的坝子和坡岭间的薄土，是一年生计所必保。即使坝子，收成也得祈望风调雨顺，何况坡岭间的薄土，只能是"开一山，种一坡，收一箩"。因此，利用温湿度相对稳定的岩溶洞穴安置故人成为必然选择，"也算叶落归根"。贵州目前已知的岩洞葬，也就是老百姓习称的"棺材洞"，总数不下百处，以全国重点文物保护单位平坝棺材洞为代表。

贵州岩溶洞穴文化遗存，既有旧石器时代遗址和新石器时代遗址等史前文化遗存，又有建筑、摩崖石刻、岩画、壁题等历史文化遗存；既利用岩溶洞穴作为生产作坊，又利用岩溶洞穴作为躲避战乱的营盘；既是生者居住或娱乐的场所，又是逝者归葬的洞天福地。除"岩洞葬"遗迹尚存的洞穴，有的还作为当地少数民族的节日集会场所，对研究当地的历史和文化，具有重要价值。贵州岩溶洞穴内的文化遗存，作为长江文化内涵的重要载体，广泛分布于贵州长江流域的四大水系，不但数量众多、类型完整，而且串点成线、串线成面。从广义上还包括农业遗产、工业遗产、水利遗产、交通遗产和风景名胜，以及非物质文化遗产等。因此，贵州岩溶洞穴文化是自然与人类的共同作品，丰富的文化遗存是不可多得的文化景观，是名副其实的"洞天福地"。

（四）贵州各民族传承的生态文化保护观念有重大现实意义和借鉴作用

人与自然同根同源的意识，一直是贵州各族传统文化中的主导。生活在万山丛中的人，既然要靠山吃山，就得吃山养山。因此，毁坏林木、破坏生态环境，一直是各民族社会生活中的大忌。这里的人们崇拜和敬畏赖以生息的大自然，相信"万物皆有灵"，痛恨砍伐山林、污损水源的行为。不仅乡规民约中几乎都有对损害生活环境行为的惩罚条款，许多民族还有鼓励、奖励保护环境行为的传统。省内各民族保护环境态度十分严肃。

贵州各民族都深知森林对人类生活的重要，历来重视对森林的保护以确保青山常在。许多地方的乡规民约中，保护森林树木的内容占有较重的比例。黔东南锦屏文斗苗族村刊刻于清乾隆三十八年（1773）的"六禁碑"，碑文简述保护山林、石阶路、全寨牲畜健康发展的六条禁革规定。其中明确规定："不拘远近杉木，吾等依靠，不许大人小孩砍削，如违罚银十两。"可以说是一部较为完整的地方性环保法规，也是发现最早的一件以碑记形式留存下来的古代少数民族环保实物资料，具有很重要的研究价值。贵阳花溪老关口立于清光绪二十四年（1898年）的"老关口寨乡规碑"就规定："不准放火烧坡、乱砍树木，如违，拿获罚银三两。"天柱抱塘村古建筑群刻于清代的"永禁碑记"碑文："立禁议字：情因我等地方山多田少，全赖杉木为生。近年来，多有将杉木砍伐以牟私利者，致使无良之辈从而效尤。或入山窃砍，或临溪偷栽裁，种种弊端，贻害不小。兹我等约众公议，主杉木只许全根条子生理，不许腰截栋子出售。而黎靖两属，亦不留栋子，以滋弊端。自议之后，倘有不遵仍蹈故辙者，一遇运卖栋子即放火烧毁，决不宽恕，窝停之家一同重罚。立碑永远为禁。"破坏森林树木严厉的惩处措施，让寨民们不敢轻易触犯，从而渐渐成为不自觉的习惯，影响着大家的行为规范，世代传承，为大家赢得了绿水青山。

同样，得益于世居老百姓长期对生态精心呵护的基础，历代官府也注重对生态的保护，这也是今天贵州大地青翠满绿的重要历史因素。铜仁梵净山作为驰名中外的黔中胜地，自明朝万历以后，历代地方政府都把它的保护作为职责。明嘉靖以来，随着朝山香客的增多，官府对梵净山的管理也进一步加强。首先是划定界线，明确管区，订立界碑界标，在哪个县出现破坏行为，就由哪个县处理。其中对梵净山保护最有影响的是清道光十二年（1832），贵州巡抚院观察使麟庆、贵州布政使司按察使李文耕为保护梵净山而发布的两份告示，两份告示均刻碑立在梵净山金顶滴水岩附近，前者称《名播万年》，后者称《勒石垂碑》。碑文记："前于道光三年，因寺僧私招奸徒梅万源等，在彼砍伐山林，开窑烧炭，从中渔利。据府属贡生万凌雯等呈控到司，当经前司饬府提讯究办，并出示严禁在案。今复据府属生员滕行仁等具控，楚民郑大亨等，贿串寺僧普禅等，将山场售卖砍木烧炭等情到司，实属藐玩。除饬铜仁府查拿讯究详报外，合行再出示严禁。为此，示仰梵净山寺僧及该地方乡保军民人等一体知悉。""嗣后该处山场及附近四周一切山林木石，务须随时稽查，妥为护蓄，毋许僧再渔利，私招外来匪徒砍树烧炭，以靖地方而护风水。"清石阡郡知府敬文在《梵净山禁树碑记》中也写道，"草木者山川之精华，山川者一郡之气脉"，提出对梵净山森林要"永以为禁"，禁止"积薪烧炭"。官府的重视，更加有力地促进了生态的保护和生态理念的传承和延续。2018年，梵净山因分布着以黔金丝猴、梵净山冷杉为代表的2760余种野生动物和4390余种植物，是中亚热带生物多样性最重要的栖息地，成功列入世界自然遗产名录。梵净山申遗成功得益于历朝历代先民质朴的自然生态保护理念，更得益于当下对于生态文明的深刻认识和对自然环境的保护理念。

贵州各民族都有一系列维护生态平衡、保护自然环境的生产方式方法和技术。体现在传统建筑上，其选址、结构、建造仪式、营造技艺等，就是通过生活实践展现出悠久的生态文化，保证村寨可持续发展。如在黔南、黔东南各民族传统的房屋多是倚山势而建的"吊脚楼"或"干栏式"建筑形式。楼房的主体工程是一次建起的，这就需要在立房之前，把梁柱的尺寸、木料取材计算好，这包含着许多数学、几何知识。同时，在房屋建筑中，还包括木工技巧、房瓦的烧制工艺等等。就其功能看，楼层式结构不仅避免了因受潮湿而患各种疾病，而且还防止山区常见的蛇、蝎、蜈蚣、蚯蚓等爬行动物和各种猛兽侵袭，首层多为堆放家具、圈养畜禽和灶房，既提高了利用率，又可避免火灾。这种建筑完全适应亚热带温湿气候居住条件和特殊地形的要求。由此可见，人们对客观自然条件和自身条件的认识，体现了人与自然的和谐统一。三都水族自治县都江镇怎雷村建于山腰缓坡地段，背负青山，前临深涧，面积 0.52 平方千米。层层梯田由山脚累级而上，气势恢宏。环周古树成荫，竹林密布，环境优美。建筑群随着山势的起伏，巧妙地组合在青松翠柏之间，使建筑物与山、水、泉、林、田园有机地结合起来，组成了一幅"入村不见山，进山不见寨"的山野村居图，形成了"天人合一"，优美、宜人、质朴的人居环境。

贵州有丰富的自然生态基础，是长江和珠江上游的生态屏障，对于中国的整个生态环境具有重要的意义。居住在贵州这片土地上的各族人民，不仅在历史传统里延续、乡土文化里蕴藏，也在世世代代的生活方式里传承，为当今高质量建设生态文明提供有益启示和借鉴。

（五）贵州革命文物见证中国共产党的辉煌奋斗历程

革命文物是贵州省文物资源的重要组成部分，是激发爱国热情、振奋民族精神的深厚滋养，是弘扬革命传统、传承中华文化的重要载体，对培育社会主义核心价值观，实现中华民族伟大复兴具有重要意义。其中，具有重大影响和纪念意义的红军长征遗迹等革命旧址群为数最多。

中国工农红军长征在贵州省跨越省内 9 个地级行政区的 60 多个县级行政区，贵州的红军长征文物资源藏量众多、类型丰富，在长征沿线各省区市占据重要地位。

长征文物除真实反映沿途各地区的历史文脉、风土人情、社会状况和建筑特色外，更完整地记录了红军长征在贵州的历史进程，蕴含了大量重要历史信息，是长征历史、长征精神、中国革命伟大转折的重要历史见证和实物载体。

贵州长征文物直接见证了中国共产党和中国革命事业坚强领导核心的形成和老一辈无产阶级革命家们为探索中国革命道路进行的艰苦卓绝的斗争历程，真实反映了他们工作和战斗的历史环境。

贵州长征文物集中体现了伟大长征精神的形成，见证了马克思主义中国化的进程，记录了红军在贵州的重要军事行动，反映了党的民族政策与各族群众对中国共产党的支持，是中共党史、中国人民解放军军史、中国近代史及贵州史研究的重要历史资料。

贵州长征文物作为中国共产党革命精神谱系中伟大长征精神和遵义会议精神的重要载体，可以为鼓舞和激励贵州各族群众不断攻坚克难，实现中华民族的伟大复兴提供强大精神动力。也是学习和体验长征精神，开展爱国主义和革命传统教育的重要场所，对加深认识和弘扬长征精神具有重要的作用。

二、贵州文物资源保护相关建议

（一）开展长江流域岩溶洞穴文化专题调查

中国岩溶地貌在长江流域的各个省市和自治区内分布广、面积大。流域内的贵州、四川、重庆和云南东部是世界上最大的岩溶区之一，长江流域中下游的江西、安徽、江苏、浙江和上海等省市也有形态各异的岩溶地貌。岩溶地貌中的岩溶洞穴数量巨大，以贵州为例，岩溶洞穴以数万计，是一个名副其实的岩溶洞穴王国。

岩溶洞穴为古人类提供了良好的生存空间，因此石器时代文化遗存丰富，各类遗迹遗物相对集中。人类离开洞穴，到更广阔的天地打拼，创造了更为辉煌的文明，但依然留恋洞穴。千百年来，人类就没有真正彻底地离开过洞穴，也因此为后人留下与洞穴相关的丰富的文化遗产。岩溶洞穴内的遗存，包括但不限于寺庙、宫观、营盘、古道和摩崖石刻、岩画、壁题，以及生产作坊、工厂和电站等。时至今日，仍有居住在洞穴内的人家，甚至举寨聚居于洞穴内。

岩溶洞穴文化遗存，既有旧石器时代和新石器时代遗址等史前文化遗存，又有建筑、摩崖石刻、岩画、壁题等历史文化遗存；既利用岩溶洞穴作为生产作坊，又利用岩溶洞穴作为躲避战乱的营盘；既是生者居住或娱乐的场所，又是逝者归葬的洞天福地。因此，岩溶洞穴文化是自然与人类的共同作品，丰富的文化遗存是不可多得的文化景观。

建议在长江流域，对与岩溶洞穴相关、具有代表性的长江文物资源，进行专题调查与研究，阐明其对长江文化的支撑和承载作用，彰显长江文化价值内涵，展示长江国家文化公园独具特色的岩溶洞穴文化景观。

（二）加大省级及以下不可移动文物保护资金投入

十年来，贵州持续加强不可移动文物资源保护的投入和支持力度。总体看，贵州长江流域不可移动文物整体保存状况较好，但据初步统计，流域内市县保（含）以下级别文物中保存状况较差，个人产权的不可移动文物保存状况更为堪忧。市县级财政文物保护专项经费投入极少，相当一部分市、县级财政未安排文物保护经费，日常保养维护工作难以开展，大量文物不能得到有效保护，制约了文物保护工作的可持续发展。建议加大对低级别文物保护单位保护资金，特别是日常保养维护资金的投入。利用《文物保护法》修订机会，充实完善对个人产权不可移动文物的补偿机制，使产权人乐于保护、积极投入。

附录

附录一　贵州省行政区划内长江流域分布及流域面积统计

贵州省行政区划内长江流域分布及流域面积统计表

市州	行政区划		水系	流域面积（平方千米）
贵阳市	南明区	新华路街道、西湖路街道、水口寺街道、中华南路街道、河滨街道、遵义路街道、兴关路街道、沙冲路街道、望城街道、太慈桥街道、湘雅街道、油榨街道、中曹司街道、二戈街道、花果园街道、小车河街道、五里冲街道、后巢乡、云关乡、永乐乡、贵龙社区服务中心、龙洞堡街道、小碧布依族苗族乡	乌江水系	209.3
	云岩区	文昌阁街道、毓秀路街道、八鸽岩街道、普陀路街道、大营路街道、黔灵东路街道、威清门街道、头桥街道、三桥路街道、盐务街道、金关街道、马王街道、茶园路街道、杨惠街道、水东路街道、渔安街道、市西河街道、黔灵镇	乌江水系	91.7
	花溪区	贵筑街道、阳光街道、清溪街道、溪北街道、石板镇、麦坪镇、孟关苗族布依族乡、久安乡，党武街道、湖潮苗族布依族乡，黄河路街道、平桥街道、小孟街道、金筑街道	乌江水系	489.2
	乌当区	观溪路街道、新光路街道、新创路街道、龙广路街道、高新路街道、东风镇、水田镇、羊昌镇、下坝镇、新场镇、百宜镇、新堡布依族乡、偏坡布依族乡	乌江水系	683.2
	白云区	泉湖街道、大山洞街道、云城街道、龚家寨街道、都拉营街道、艳山红镇、麦架镇、沙文镇、都拉布依族乡、牛场布依族乡	乌江水系	259.6
	观山湖区	宾阳街道、云潭街道、金华园街道、长岭街道、观山街道、世纪城街道、金阳街道、金华镇、朱昌镇、百花湖镇	乌江水系	307.0
	开阳县	硒城街道、云开街道、紫兴街道、双流镇、金中镇、冯三镇、楠木渡镇、龙岗镇、永温镇、花梨镇、南龙乡、宅吉乡、龙水乡、米坪乡、禾丰布依族苗族乡、南江布依族苗族乡、高寨苗族布依族乡、毛云乡	乌江水系	2026.2
	息烽县	永阳街道、永靖镇、温泉镇、九庄镇、小寨坝镇、西山镇、养龙司镇、石硐镇、鹿窝镇、流长镇、青山苗族乡	乌江水系	1036.5
	修文县	龙场街道、阳明洞街道、景阳街道、扎佐街道、久长街道、六广镇、六屯镇、洒坪镇、六桶镇、谷堡镇、小箐镇、大石布依族乡	乌江水系	1075.7
	清镇市	青龙山街道、巢凤街道、滨湖街道、红枫湖镇、站街镇、卫城镇、新店镇、暗流镇、犁倭镇、麦格苗族布依族乡、王庄布依族苗族乡、流长苗族乡	乌江水系	1386.6
六盘水市	钟山区	黄土坡街道、红岩街道、荷泉街道、荷城街道、杨柳街道、凤凰街道、德坞街道、月照街道、双戛街道、大河镇、汪家寨镇、大湾镇、木果镇、保华镇、金盆苗族彝族乡、南开苗族彝族乡、青林苗族彝族乡	乌江水系	441.0
	六枝特区	岩脚镇、木岗镇、关寨镇、新华镇、龙河镇、梭戛苗族彝族乡、牛场苗族彝族乡、新场乡	乌江水系	694.6

续表

市州	行政区划		水系	流域面积（平方千米）
六盘水市	水城县	双水街道、尖山街道、老鹰山街道、董地街道、新桥街道、以朵街道、红桥街道、石龙街道、化乐镇、比德镇、陡箐镇	乌江水系	1048.7
遵义市	红花岗区	老城街道、万里路街道、中华路街道、迎红街道、延安路街道、舟水桥街道、中山路街道、北京路街道、长征街道、南关街道、忠庄街道、巷口镇、海龙镇、深溪镇、金鼎山镇，礼仪街道、新蒲街道、新中街道	乌江水系	1402.0
	汇川区	上海路街道、洗马路街道、大连路街道、高桥街道、董公寺街道、高坪街道、团泽镇、板桥镇、泗渡镇、松林镇	乌江水系	1514.9
		沙湾镇、山盆镇、芝麻镇、毛石镇	赤水河綦江水系	
	播州区	南白街道、播南街道、影山湖街道、桂花桥街道、龙坑街道、三岔镇、苟江镇、三合镇、乌江镇、龙坪镇、团溪镇、铁厂镇、西坪镇、尚嵇镇、茅栗镇、新民镇、鸭溪镇、石板镇、乐山镇、枫香镇、泮水镇、马蹄镇，新舟镇、虾子镇、三渡镇、永乐镇、喇叭镇	乌江水系	2491.0
		平正仡佬族乡、洪关苗族乡	赤水河綦江水系	
	桐梓县	海校街道、娄山关街道、楚米镇、新站镇、松坎镇、高桥镇、水坝塘镇、官仓镇、花秋镇、羊磴镇、九坝镇、大河镇、夜郎镇、木瓜镇、坡渡镇、燎原镇、狮溪镇、茅石镇、尧龙山镇、风水镇、容光镇、芭蕉镇、小水乡、黄莲乡、马鬃苗族乡	赤水河綦江水系	3189.8
	绥阳县	洋川街道、郑场镇、旺草镇、蒲场镇、风华镇、茅垭镇、枧坝镇、宽阔镇、黄杨镇、青杠塘镇、太白镇、温泉镇、坪乐镇、大路槽乡、小关乡	乌江水系	2566.0
	正安县	凤仪街道、瑞濠街道、瑞溪镇、和溪镇、安场镇、土坪镇、流渡镇、格林镇、新州镇、庙塘镇、小雅镇、中观镇、芙蓉江镇、班竹镇、碧峰镇、乐俭镇、杨兴镇、桴焉镇、谢坝仡佬族苗族乡、市坪苗族仡佬族乡	乌江水系	2595.0
	道真仡佬族苗族自治县	尹珍街道、玉溪镇、三江镇、隆兴镇、旧城镇、忠信镇、洛龙镇、阳溪镇、三桥镇、大磏镇、平模镇、河口镇、上坝乡、棕坪乡、桃源乡	乌江水系	2156.2
	务川仡佬族苗族自治县	丹砂街道、都濡街道、大坪街道、丰乐镇、黄都镇、涪洋镇、镇南镇、砚山镇、泥水镇、茅天镇、柏村镇、泥高镇、分水镇、蕉坝镇、红丝乡、石朝乡	乌江水系	2772.8
	凤冈县	龙泉街道、何坝街道、花坪街道、凤岭街道、进化镇、琊川镇、蜂岩镇、永和镇、绥阳镇、土溪镇、永安镇、天桥镇、王寨镇、新建镇	乌江水系	1883.0
	湄潭县	湄江街道、黄家坝街道、鱼泉街道、永兴镇、复兴镇、马山镇、高台镇、茅坪镇、兴隆镇、新南镇、石莲镇、西河镇、洗马镇、抄乐镇、天城镇	乌江水系	1844.9

续表

市州	行政区划		水系	流域面积（平方千米）
遵义市	余庆县	子营街道、龙溪镇、构皮滩镇、大乌江镇、敖溪镇、龙家镇、松烟镇、关兴镇、白泥镇、花山苗族乡	乌江水系	1629.7
	习水县	东皇街道、九龙街道、杉王街道、马临街道、土城镇、同民镇、醒民镇、隆兴镇、习酒镇、回龙镇、桑木镇、永安镇、良村镇、温水镇、仙源镇、官店镇、寨坝镇、民化镇、二郎镇、二里镇、三岔河镇、大坡镇、桃林镇、程寨镇、双龙乡、坭坝乡	赤水河綦江水系	3127.7
	赤水市	市中街道、文华街道、金华街道、天台镇、复兴镇、大同镇、旺隆镇、葫市镇、元厚镇、官渡镇、长期镇、长沙镇、两河口镇、丙安镇、宝源乡、石堡乡、白云乡	赤水河綦江水系	1801.2
	仁怀市	盐津街道、中枢街道、苍龙街道、坛厂街道、鲁班街道、长岗镇、五马镇、茅坝镇、九仓镇、喜头镇、大坝镇、三合镇、合马镇、火石镇、学孔镇、龙井镇、美酒河镇、高大坪镇、茅台镇、后山苗族布依族乡	赤水河綦江水系	1788.1
安顺市	西秀区	新安街道、大西桥镇、七眼桥镇、蔡官镇、轿子山镇、旧州镇、黄腊布依族苗族乡、刘官乡，宋旗镇	乌江水系	712.7
	平坝区	安平街道、鼓楼街道、白云镇、天龙镇、夏云镇、乐平镇、齐伯镇、十字回族苗族乡、羊昌布依族苗族乡，高峰镇、马场镇	乌江水系	998.8
	普定县	定南街道、穿洞街道、黄桶街道、玉秀街道、马官镇、化处镇、马场镇、白岩镇、坪上镇、鸡场坡镇、补郎苗族乡、猴场彝族仡佬族乡、猫洞苗族仡佬族乡	乌江水系	1079.8
	镇宁布依族苗族自治县	丁旗街道（一部）	乌江水系	3.1
毕节市	七星关区	市西街道、市东街道、三板桥街道、大新桥街道、观音桥街道、洪山街道、麻园街道、碧阳街道、德溪街道、碧海街道、柏杨林街道、鸭池镇、朱昌镇、田坝镇、长春堡镇、撒拉溪镇、杨家湾镇、放珠镇、青场镇、水箐镇、何官屯镇、八寨镇、田坝桥镇、海子街镇、千溪彝族苗族白族乡、阴底彝族苗族白族乡、野角乡、大河乡，青龙街道、甘河街道、梨树镇、岔河镇、小坝镇	乌江水系	3412.2
		对坡镇、大银镇、林口镇、生机镇、清水铺镇、亮岩镇、燕子口镇、层台镇、小吉场镇、普宜镇、龙场营镇、团结彝族苗族乡、阿市苗族彝族乡、大屯彝族乡、田坎彝族乡	赤水河綦江水系	
	大方县	红旗街道、顺德街道、慕俄格古城街道、九驿街道、猫场镇、马场镇、羊场镇、黄泥塘镇、六龙镇、达溪镇、对江镇、东关乡、绿塘乡、鼎新彝族苗族乡、牛场苗族彝族乡、小屯乡、理化满族彝族乡、凤山彝族蒙古族乡、安乐彝族仡佬族乡、核桃彝族白族乡、八堡彝族苗族乡、兴隆苗族乡、雨冲乡、沙厂彝族乡，夏木办事处、黄泥彝族苗族满族乡、大水彝族苗族布依族乡、归化街道、双山镇、竹园彝族苗族乡、响水白族彝族仡佬族乡、文阁乡	乌江水系	3502.1

续表

市州	行政区划		水系	流域面积（平方千米）
毕节市	大方县	瓢井镇、长石镇、果瓦乡、大山苗族彝族乡、三元彝族苗族白族乡、星宿苗族彝族仡佬族乡，鹏程街道、普底彝族苗族白族乡、百纳彝族乡	赤水河綦江水系	3502.1
	金沙县	西洛街道、岩孔街道、五龙街道、鼓场街道、民兴街道、安底镇、沙土镇、禹谟镇、岚头镇、柳塘镇、平坝镇、源村镇、高坪镇、化觉镇、茶园镇、木孔镇、长坝镇、后山镇、桂花乡、安洛苗族彝族满族乡、新化苗族彝族满族乡	乌江水系	2528.0
		清池镇、石场苗族彝族乡、太平彝族苗族乡、大田彝族苗族布依族乡、马路彝族苗族乡	赤水河綦江水系	
	织金县	双堰街道、文腾街道、金凤街道、三甲街道、绮陌街道、八步街道、惠民街道、桂果镇、牛场镇、猫场镇、化起镇、龙场镇、以那镇、三塘镇、阿弓镇、珠藏镇、中寨镇、马场镇、板桥镇、白泥镇、少普镇、熊家场镇、黑土镇、自强苗族乡、大平苗族彝族乡、官寨苗族乡、茶店布依族苗族彝族乡、金龙苗族彝族布依族乡、后寨苗族乡、鸡场苗族彝族布依族乡、实兴乡、上坪寨乡、纳雍乡	乌江水系	2867.0
	纳雍县	雍熙街道、文昌街道、居仁街道、宣慰街道、利园街道、珙桐街道、中岭镇、阳长镇、维新镇、龙场镇、乐治镇、王家寨镇、百兴镇、张家湾镇、勺窝镇、寨乐镇、玉龙坝镇、沙包镇、水东镇、曙光镇、新房彝族苗族乡、库东关乡、董地苗族彝族乡、化作苗族彝族乡、姑开苗族彝族乡、羊场乡、锅圈岩苗族彝族乡、昆寨苗族彝族乡、左鸠戛彝族苗族乡、猪场苗族彝族乡	乌江水系	2448.2
	威宁彝族回族苗族自治县	海边街道、五里岗街道、六桥街道、陕桥街道、开华街道、雄山街道、草海镇、黑石镇、观风海镇、牛棚镇、迤那镇、中水镇、龙街镇、雪山镇、羊街镇、小海镇、秀水镇、双龙镇、兔街镇、海拉镇、玉龙镇、哈喇河镇、斗古镇、岔河镇、黑土河镇、石门乡、云贵乡、大街乡	牛栏江横江水系	5053.1
		炉山镇、盐仓镇、东风镇、二塘镇、猴场镇、板底乡	乌江水系	
	赫章县	双河街道、白果街道、汉阳街道、金银山街道、七家湾街道、妈姑镇、财神镇、六曲河镇、野马川镇、罗州镇、平山镇、哲庄镇、古基镇、朱明镇、德卓镇、达依乡、水塘堡遗址苗族乡、兴发苗族彝族回族乡、松林坡白族彝族苗族乡、雉街彝族苗族乡、珠市彝族苗族乡、双坪彝族苗族乡、铁匠苗族乡、可乐彝族苗族乡	乌江水系	3245.1
		辅处彝族苗族乡	牛栏江横江水系	
	黔西市	水西街道、莲城街道、文峰街道、杜鹃街道、锦绣街道、金碧镇、雨朵镇、大关镇、谷里镇、素朴镇、中坪镇、重新镇、林泉镇、金兰镇、锦星镇、洪水镇、甘棠镇、钟山镇、协和镇、观音洞镇、五里布依族苗族乡、绿化白族彝族乡、新仁苗族乡、铁石苗族彝族乡、太来彝族苗族乡、永燊彝族苗族乡、中建苗族彝族乡、红林彝族苗族乡、红林彝族苗族乡、定新彝族苗族乡，金坡苗族彝族满族乡、仁和彝族满族乡	乌江水系	2554.1

续表

市州	行政区划		水系	流域面积（平方千米）
铜仁市	碧江区	环北街道、河西街道、灯塔街道、川硐街道、锦江街道、铜兴街道、正光街道、坝黄镇、云场坪镇、漾头镇、桐木坪侗族乡、滑石侗族苗族土家族乡、和平土家族侗族乡、瓦屋侗族乡、六龙山侗族土家族乡	沅江水系	1011.0
	万山区	谢桥街道、茶店街道、仁山街道、丹都街道、万山镇、高楼坪侗族乡、黄道侗族乡、敖寨侗族乡、敖寨侗族乡、鱼塘侗族苗族乡、大坪侗族土家族苗族乡	沅江水系	841.0
	江口县	双江街道、凯德街道、闵孝镇、太平镇、坝盘镇、民和镇、桃映镇、怒溪镇、德旺土家族苗族乡、官和侗族土家族苗族乡	沅江水系	1868.9
	玉屏侗族自治县	皂角坪街道、平溪街道、新店镇、朱家场镇、田坪镇、亚鱼乡、大龙街道、麻音塘街道	沅江水系	515.9
	石阡县	汤山街道、泉都街道、中坝街道、本庄镇、白沙镇、龙塘镇、花桥镇、五德镇、河坝镇、龙井镇、国荣乡、聚凤仡佬族侗族乡、大沙坝仡佬族侗族乡、枫香仡佬族侗族乡、青阳苗族仡佬族侗族乡、石固仡佬族侗族乡、坪地场仡佬族侗族乡、甘溪仡佬族侗族乡、坪山仡佬族侗族乡	乌江水系	2172.4
	思南县	思唐街道、关中坝街道、双塘街道、塘头镇、许家坝镇、大坝场镇、文家店镇、鹦鹉溪镇、合朋溪镇、张家寨镇、孙家坝镇、青杠坡镇、瓮溪镇、凉水井镇、邵家桥镇、大河坝镇、亭子坝镇、香坝镇、长坝镇、板桥镇、思林土家族苗族乡、胡家湾苗族土家族乡、宽坪土家族苗族乡、枫芸土家族苗族乡、三道水土家族苗族乡、天桥土家族苗族乡、兴隆土家族苗族乡、杨家坳苗族土家族乡、东华土家族苗族乡	乌江水系	2230.5
	印江土家族苗族自治县	峨岭街道、龙津街道、中兴街道、板溪镇、沙子坡镇、天堂镇、木黄镇、合水镇、朗溪镇、缠溪镇、洋溪镇、新寨镇、杉树镇、刀坝镇、紫薇镇、杨柳镇、罗场乡	乌江水系	1961.1
	德江县	青龙街道、玉水街道、安化街道、煎茶镇、潮砥镇、枫香溪镇、稳坪镇、复兴镇、合兴镇、高山镇、泉口镇、长堡镇、共和镇、平原镇、荆角土家族乡、堰塘土家族乡、龙泉土家族乡、钱家土家族乡、沙溪土家族乡、楠杆土家族乡、长丰土家族乡、桶井土家族乡	乌江水系	2071.9
	沿河土家族自治县	团结街道、和平街道、沙子街道、祐溪街道、黑水镇、谯家镇、夹石镇、淇滩镇、官舟镇、土地坳镇、思渠镇、客田镇、洪渡镇、中界镇、甘溪镇、板场镇、泉坝镇、中寨镇、黄土镇、新景镇、塘坝镇、晓景乡、后坪乡	乌江水系	2468.8
	松桃苗族自治县	大兴街道、蓼皋街道、世昌街道、太平营街道、九江街道、盘石镇、盘信镇、大坪场镇、普觉镇、寨英镇、孟溪镇、乌罗镇、甘龙镇、长兴堡镇、迓驾镇、牛郎镇、黄板镇、平头镇、大路镇、木树镇、冷水溪镇、正大镇、长坪乡、妙隘乡、石梁乡、瓦溪乡、永安乡、沙坝河乡	乌江水系	2861.2

续表

市州		行政区划	水系	流域面积（平方千米）
黔东南州	凯里市	城西街道、大十字街道、西门街道、洗马河街道、湾溪街道、鸭塘街道、开怀街道、白果井街道、白午街道、三棵树镇、舟溪镇、旁海镇、湾水镇、炉山镇、万潮镇、龙场镇、碧波镇、下司镇、凯棠镇、大风洞镇	沅江水系	1569.9
	黄平县	新州镇、旧州镇、重安镇、谷陇镇、上塘镇、野洞河镇、翁坪乡	沅江水系	1667.8
		平溪镇、浪洞镇、碗水乡、纸房乡	乌江水系	
	施秉县	城关镇、杨柳塘镇、双井镇、马号镇、白垛乡、甘溪乡	沅江水系	1543.8
		牛大场镇、马溪乡	乌江水系	
	三穗县	文笔街道、武笔街道、八弓镇、台烈镇、瓦寨镇、桐林镇、雪洞镇、长吉镇、良上镇、滚马乡、款场乡	沅江水系	1035.8
	镇远县	㵲阳镇、蕉溪镇、青溪镇、羊坪镇、羊场镇、都坪镇、金堡镇、江古镇、涌溪乡、报京乡、尚寨乡	沅江水系	1877.7
		大地乡	乌江水系	
	岑巩县	思阳街道、思旸镇、水尾镇、天马镇、龙田镇、大有镇、注溪镇、凯本镇、平庄镇、客楼镇、天星乡、羊桥乡	沅江水系	1486.5
	天柱县	凤城街道、邦洞街道、社学街道、联山街道、坪地镇、兰田镇、瓮洞镇、高酿镇、石洞镇、远口镇、坌处镇、白市镇、渡马镇、江东镇、竹林镇、注溪乡、地湖乡	沅江水系	2201.1
	锦屏县	三江镇、茅坪镇、敦寨镇、启蒙镇、平秋镇、铜鼓镇、平略镇、大同乡、新化乡、隆里乡、钟灵乡、偶里乡、固本乡、河口乡、彦洞乡	沅江水系	1596.9
	剑河县	仰阿莎街道、柳川镇、岑松镇、南加镇、南明镇、革东镇、太拥镇、磻溪镇、久仰镇、南哨镇、南寨镇、观么镇、敏洞乡	沅江水系	2153.1
	台江县	台拱街道、萃文街道、施洞镇、南宫镇、革一镇、方召镇、排羊乡、台盘乡、老屯乡	沅江水系	1078.4
	黎平县	德凤街道、高屯街道、龙形街道、中潮镇、孟彦镇、敖市镇、洪州镇、永从镇、茅贡镇、顺化乡、罗里乡、坝寨乡、德顺乡、大稼乡、平寨乡、德化乡	沅江水系	2639.0
	榕江县	朗洞镇、平阳乡、两汪乡	沅江水系	314.2
	雷山县	龙头街道、丹江镇、西江镇、郎德镇、大塘镇、望丰乡、方祥乡	沅江水系	763.5
	麻江县	杏山街道、金竹街道、谷硐镇、宣威镇、龙山镇、贤昌镇、坝芒布依族乡	沅江水系	958.2

续表

市州	行政区划		水系	流域面积（平方千米）
黔东南州	丹寨县	金泉街道、龙泉镇、兴仁镇、扬武镇、南皋乡	沅江水系	356.1
黔南州	都匀市	广惠街道、文峰街道、小围寨街道、沙包堡街道、绿茵湖街道、毛尖镇、匀东镇	沅江水系	1151.1
	福泉市	金山街道、马场坪街道、凤山镇、陆坪镇、龙昌镇、牛场镇	沅江水系	1690.9
		道坪镇、仙桥乡	乌江水系	
	贵定县	金南街道（一部）、宝山街道、新巴镇、德新镇、盘江镇、沿山镇、昌明镇（一部）、云雾镇（一部）	乌江水系	1224.2
	瓮安县	雍阳街道、瓮水街道、平定营镇、中坪镇、建中镇、永和镇、珠藏镇、玉山镇、天文镇、银盏镇、猴场镇、江界河镇	乌江水系	1973.8
		岚关乡	沅江水系	
	长顺县	广顺镇	乌江水系	144.6
	龙里县	冠山街道、龙山镇（大部）、醒狮镇、谷脚镇、湾滩河镇（大部）		1402.3
合计				115747.4

附录二 贵州省长江流域乌江水系文物保护单位分布统计

贵州省长江流域乌江水系文物保护单位分布统计表

序号	水系	保护级别	文物保护单位名称	行政区划			备注
1	乌江水系	全国重点	可乐遗址	毕节市	赫章县	可乐彝族苗族乡可乐村	
2			茶马古道—鹦哥嘴古道			水塘堡乡水潮村至妈姑镇天桥村	
3			茶马古道—毕节陕西会馆		七星关区	市东街道双井社区	
4			茶马古道—七星关古道和七星关摩崖石刻			杨家湾镇七星村	
5			中华苏维埃人民共和国川滇黔省革命委员会旧址			七星关区市西街道百花社区	
6			川滇黔省革命委员会旧址中国工农红军第六军团政治部旧址			七星关区市西街道百花社区	
7			川滇黔省革命委员会旧址贵州抗日救国军司令部旧址			市西街道和平社区	
8			奢香墓		大方县	慕俄格古城街道北郊社区	
9			中华苏维埃人民共和国川滇黔省革命委员会旧址			大方红旗街道城南社区	
10			茶马古道—阁鸦古道			东关乡阁丫社区	
11			茶马古道—甘棠古道			黄泥塘镇甘棠社区	
12			黔西观音洞遗址		黔西市	观音洞镇观音洞社区	
13			茶马古道—谷里古道			谷里镇五里社区	
14			织金古建筑群财神庙		织金县	双堰街道太平社区	
15			织金古建筑群东山寺			双堰街道金南社区	
16			织金古建筑群黑神庙			双堰街道星秀社区	
17			织金古建筑群文昌阁			双堰街道双堰社区	
18			织金古建筑群斗姥阁			双堰街道双堰社区	
19			织金古建筑群玉皇阁			双堰街道星秀社区	
20			织金古建筑群保安寺			三甲街道三甲社区	
21			织金古建筑群小街龙王庙			双堰街道金南社区	
22			织金古建筑群白衣庵			双堰街道金南社区	
23			织金古建筑群炎帝庙			双堰街道金南社区	
24			织金古建筑群寿福寺			文腾街道金西社区	
25			织金古建筑群紫竹庵			文腾街道金西社区	

续表

序号	水系	保护级别	文物保护单位名称	行政区划		备注
26			织金古建筑群和惺和尚墓塔	毕节市	织金县	双堰街道金南社区	
27			织金古建筑群月华桥			双堰街道太平社区	
28			织金古建筑群日升桥			双堰街道星秀社区	
29			织金古建筑群太平桥			双堰街道太平社区	
30			织金古建筑群回龙桥			双堰街道太平社区	
31			织金古建筑群童生桥			双堰街道星秀社区	
32			织金古建筑群兴隆桥			双堰街道双堰社区	
33			织金古建筑群仲机桥			三甲街道三甲社区	
34			织金古建筑群南门塔			双堰街道金南社区	
35			织金古建筑群杨泗将军庙			双堰街道双堰社区	
36			织金古建筑群回龙庵			双堰街道太平社区	
37	乌江水系	乌江水系	织金古建筑群隆兴寺			双堰街道双堰社区	
38			织金古建筑群织金文庙遗址			文腾街道金西社区	
39			茶马古道—金沙"义盛隆"商号		金沙县	鼓场街道罗马社区	
40			苟坝会议旧址	遵义市	播州区	枫香镇苟坝村	
41			苟坝会议旧址苟坝会议期间周恩来朱德住处			枫香镇苟坝村	
42			苟坝会议旧址苟坝红军医院旧址			枫香镇苟坝村	
43			尚稽陈玉壂祠			尚稽镇龙泉社区	
44			遵义杨氏土司墓群杨辉墓			团溪镇白果村	
45			遵义杨氏土司墓群杨粲墓		红花岗区	深溪镇坪桥村	
46			遵义会议会址			老城街道纪念馆社区	
47			遵义会议会址红军总政治部旧址			老城街道纪念馆社区	
48			遵义会议会址中华苏维埃国家银行旧址			老城街道纪念馆社区	
49			遵义会议会址博古住址			老城街道纪念馆社区	
50			遵义会议会址红军遵义警备司令部旧址			老城街道纪念馆社区	
51			遵义会议会址毛泽东、张闻天、王稼祥住处			中华路街道新东门社区	
52			邓萍墓			老城街道北门社区	

续表

序号	水系	保护级别	文物保护单位名称	行政区划		备注
53	乌江水系	全国重点	海龙屯	遵义市	汇川区 高坪街道海龙屯社区	
54			红军四渡赤水战役旧址-娄山关战斗遗址		汇川区 板桥镇娄山关社区	
55			浙江大学旧址浙江大学学生住处旧址		湄潭县 永兴镇共和村	
56			浙江大学旧址浙江大学永兴分校教授住处旧址		湄潭县 永兴镇共和村	
57			浙江大学旧址浙江大学文艺活动旧址		湄潭县 永兴镇共和村	
58			浙江大学旧址浙江大学理学院物理系旧址		湄潭县 湄江街道环西社区	
59			浙江大学旧址浙江大学湄江吟社旧址		湄潭县 湄江街道新街社区	
60			浙江大学旧址浙江大学农学院畜牧场实验楼旧址		湄潭县 湄江街道龙泉社区	
61			浙江大学旧址浙江大学研究生院旧址		湄潭县 湄江街道茶城社区	
62			浙江大学旧址浙江大学谈家桢等教授旧居		湄潭县 湄江街道茶城社区	
63			浙江大学旧址浙江大学办公室、图书室旧址		湄潭县 湄江街道茶城社区	
64			玛瑙山营盘遗址		凤冈县 绥阳镇玛瑙村	
65			务川大坪墓群		务川仡佬族苗族自治县 大坪街道龙潭村	
66			正安尹道真务本堂		正安县 新州镇新州社区	
67			普定穿洞遗址	安顺市	普定县 黄桶街道青山社区	
68			云山屯古建筑群（含本寨）		西秀区 七眼桥镇云山屯村	
69					西秀区 七眼桥镇本寨村	
70			鲍家屯水利工程		西秀区 大西桥镇鲍家屯村	
71			天台山伍龙寺		平坝区 天龙镇天龙村	
72			平坝棺材洞		平坝区 齐伯镇桃花湖村	
73			三线贵州航空发动机厂旧址		平坝区 安平街道黎阳社区	
74			茶马古道—清镇黑泥哨古道（含熊刘氏贞节坊）	贵阳市	清镇市 巢凤社区黑泥哨村北	
75			茶马古道—修文蜈蚣坡古道（含蜈蚣桥）		修文县 洒坪镇蜈蚣桥村和谷堡乡哨上村之间	
76			阳明洞和阳明祠		修文县和云岩区 阳明洞街道和文昌阁街道	
77			文昌阁和甲秀楼		云岩区和南明区 文昌阁街道和新华路街道	
78			贵阳达德学校旧址		南明区 中华南路街道醒狮路社区	

续表

序号	水系	保护级别	文物保护单位名称	行政区划			备注
79	乌江水系	全国重点	茶马古道—贵阳长坡岭古道	贵阳市	白云区	都拉布依族乡黑石头村	
80			马头寨古建筑群		开阳县	贵阳市开阳县禾丰布依族苗族乡马头村	
81			息烽集中营旧址		息烽县	贵阳市息烽县永靖镇猫洞村、老厂村西北	
82			猴场会议旧址	黔南州	瓮安县	猴场镇下司社区	
83			石阡万寿宫古建筑群万寿宫	铜仁市	石阡县	汤山街道万寿社区	
84			石阡万寿宫古建筑群禹王宫			汤山街道万寿社区	
85			石阡万寿宫古建筑群观音阁			汤山街道万寿社区	
86			石阡万寿宫古建筑群龙王庙			汤山街道万寿社区	
87			石阡万寿宫古建筑群玉皇阁			汤山街道万寿社区	
88			石阡万寿宫古建筑群忠烈宫			汤山街道万寿社区	
89			石阡万寿宫古建筑群启灵桥			汤山街道万寿社区	
90			石阡府文庙			汤山街道温泉社区	
91			楼上村古建筑群			国荣乡楼上村	
92			思唐古建筑群思南府文庙		思南县	思唐街道文化社区	
93			思唐古建筑群万寿宫			思唐街道文化社区	
94			思唐古建筑群永祥寺			思唐街道安化社区	
95			思唐古建筑群川主宫			思唐街道安化社区	
96			思唐古建筑群王爷庙			思唐街道安化社区	
97			思唐古建筑群周和顺盐号			思唐街道安化社区	
98			思唐古建筑群旷继勋烈士故居			思唐街道安化社区	
99			黔东特区革命委员会旧址中共中央湘鄂西分局枫香溪会议会址		德江县	枫香溪镇枫溪社区	
100			黔东特区革命委员会旧址中共中央湘鄂西分局枫香溪会议纪念碑			枫香溪镇枫溪社区	
101			黔东特区革命委员会旧址德江红三军九师师部旧址			枫香溪镇长征村	
102			黔东特区革命委员会旧址德江红三军七师师部旧址			枫香溪镇枫铺村	

续表

序号	水系	保护级别	文物保护单位名称	行政区划			备注
103	乌江水系	全国重点	黔东特区革命委员会旧址 德江红三军政治部旧址	铜仁市	德江县	枫香溪镇枫溪社区	
104			黔东特区革命委员会旧址 德江红三军保密局旧址			枫香溪镇枫溪社区	
105			黔东特区革命委员会旧址 德江红三军参谋处旧址			枫香溪镇枫溪社区	
106			黔东特区革命委员会旧址 德江红三军医院旧址			枫香溪镇枫溪社区	
107			黔东特区革命委员会旧址 沿河土地湾黔东特区革命委员会旧址		沿河土家族自治县	谯家镇长征村	
108			黔东特区革命委员会旧址 沿河红军干部培训所旧址			谯家镇长征村	
109			黔东特区革命委员会旧址 沿河第一次工农兵苏维埃代表大会旧址			谯家镇白石溪村	
110			黔东特区革命委员会旧址 沿河第四区革命委员会旧址			淇滩镇淇滩社区	
111			黔东特区革命委员会旧址 印江红二、红六军团木黄会师军部旧址		印江土家族苗族自治县	黄镇木黄社区	
112			黔东特区革命委员会旧址 红二、红六军团木黄会师纪念碑			黄镇木黄社区	
113			黔东特区革命委员会旧址 印江红三军政治部旧址			木黄镇木黄村	
114			黔东特区革命委员会旧址 印江红六军团政治军部旧址			黄镇木黄社区	
115		省级	威宁向天墓群	毕节市	威宁彝族回族苗族自治县	盐仓镇盐仓社区	
116			赫章哲庄坝红军战斗遗址		赫章县	哲庄镇山脚社区	
117			毕节卫城墙		七星关区	市西街道和平社区	
118			毕节城隍庙			市西街道百花社区	
119			毕节海子街大洞遗址			海子街镇周家桥社区	
120			毕节扁扁洞遗址			海子街镇周家桥社区	
121			毕节青场遗址			青场镇青坝社区	
122			毕节青场老鸦洞遗址			青场镇青坝社区	
123			毕节猪拱箐苗族起义遗址			青场镇大山村	
124			纳雍杨家店宣慰府遗址		纳雍县	乐治镇史家街社区	
125			纳雍梯子岩红军战斗遗址			化作苗族彝族乡梯子岩村	

续表

序号	水系	保护级别	文物保护单位名称	行政区划			备注
126	乌江水系	省级	大方慕俄格城堡遗址	毕节市	大方县	慕俄格古城街道北郊社区	
127			九层衙门遗址			羊场镇陇公社区	
128			大方千岁衢碑			理化苗族彝族乡偏坡村	
129			大方大渡河桥			黄泥塘镇鸡场社区	淹没水下
130			大方三塔			红旗街道路塘社区等	
131			大方周雨生墓葬石刻			牛场苗族彝族乡乐公社区	
132			大方将军山红军战斗遗址			东关乡七家田社区	
133			大方"中国空军航空委员会第一航空发动机制造厂"旧址			羊场镇航发社区	
134			黔西凤凰穿洞遗址		黔西市	锦绣街道新民社区	
135			黔西甘棠汉墓			甘棠镇红星社区和毕架村	
136			黔西李世杰墓			雨朵镇扯泥社区	
137			黔西武庙			水西街道水西社区	
138			黔西象祠遗址			素朴镇灵博社区	
139			红二、红六军团鸭池河战斗遗址			大关镇、清镇市新店镇	
140			黔西红军"开仓放盐"处旧址			大关镇文明社区	
141			黔西英雄桥			定新彝族苗族乡英雄村	
142			黔西红林机械厂旧址			红林彝族苗族乡川洞村	
143			织金营上古建筑群		织金县	龙场镇阳光村	
144			茶园万寿宫		金沙县	茶园镇敦丰社区	
145			金沙后山古墓			后山镇坎坝村	
146			金沙菜籽坳红军战斗遗址			木孔镇信安社区	
147			红一军团及中央军委纵队南渡乌江遗址			金沙县后山镇和息烽县流长乡鹿窝乡	
148			金沙钱壮飞烈士墓			后山镇贵山社区	
149			金沙沙土中央红军南渡乌江指挥所旧址			沙土镇青山村	
150			金沙吴正卿烈士纪念碑			鼓场街道长安社区	
151			大硝洞炼硝遗址	六盘水市	钟山区	月照街道双洞村和独山村	
152			水城硝灰洞遗址			汪家寨镇沙坝场村	
153			中共水城县委办公大楼旧址			荷城街道荷城居委会	

续表

序号	水系	保护级别	文物保护单位名称	行政区划		备注
154			钟山西南煤炭建设指挥部旧址	六盘水市	凤凰街道明湖社区	
155			水城钢铁厂一号高炉		杨柳街道烧结社区	
156			拦龙桥摩崖石刻		新场乡戛纳村	
157			安健墓		六枝特区 牛场苗族彝族乡兴隆村	
158			六枝羊场近现代商贸建筑群		岩脚镇廻龙溪社区和太和村	
159			水城化乐碉楼		水城区 化乐镇泵井社区	
160	乌江水系	省级	遵义龙坑场牌坊	遵义市	龙坑街道龙坑社区	
161			遵义鹤鸣洞摩崖		龙坑街道共青社区	
162			遵义瓦厂寺		龙坪镇小湾村	
163			遵义理智村宋墓		鸭溪镇乐理村	
164			播州白岩沟红军殉难处		鸭溪镇仁合村	
165			遵义茶山关红军抢渡乌江遗址		尚嵇镇茶山村	
166			遵义宝峰山砖塔		影山湖街道宝峰社区	
167			遵义虾子胡氏民宅		虾子镇乐安村	
168			乌江铁路桥		播州区 乌江镇乌江社区	
169			乌江大桥		乌江镇乌江社区	
170			乌江发电厂		乌江镇乌江社区	
171			遵义青田山莫友芝墓		新舟镇绿塘村	
172			遵义子午山郑珍墓		新舟镇沙滩村	
173			遵义禹门山摩崖		新舟镇沙滩村	
174			遵义黎庶昌故居（钦使第）		新舟镇沙滩村	
175			黎太孺人墓表		新舟镇沙滩村	
176			遵义新蒲杨烈墓		新蒲街道办事处新蒲村	
177			遵义鱼塘黎庶昌墓		新舟镇沙滩村	
178			红花岗老鸦山红军战斗遗址		南关街道南门村	
179			遵义迎红桥		迎红街道南舟社区	
180			遵义碱厂旧址		红花岗区 舟水桥街道罗家坝社区	
181			遵义钛厂旧址		舟水桥街道镇隆社区	
182			红花岗剧院		老城街道红花岗社区	
183			遵义061基地机关总部大楼旧址		北京路街道插旗山社区	

续表

序号	水系	保护级别	文物保护单位名称	行政区划		备注
184	乌江水系	省级	遵义高坪古墓群	遵义市	汇川区	高坪街道鸣庄社区	
185			遵义养马城遗址			高坪街道大桥村	
186			遵义5707厂旧址			高坪街道金塘社区	
187			卧龙山寺		绥阳县	郑场镇卧龙社区	
188			张喜山祠			洋川街道天台社区	
189			洋川杜家堰坎宅院			洋川街道民丰社区	
190			绥阳红籽坝红军战斗遗址			郑场镇底坝村	
191			绥阳黄羊台红军战斗遗址			小关乡小关村	
192			绥阳061基地531厂旧址			风华镇风华社区	
193			公馆桥			绥阳县温泉镇公平村和正安县土坪镇明星社区	
194			金桥墓地		湄潭县	鱼泉街道鱼合社区	
195			王卢氏节孝坊			黄家坝街道岩孔坝村	
196			湄潭观音寺和尚塔墓群			湄江街道观音社区	
197			湄潭中央陆军军官学校第四分校旧址			黄家坝街道大寨村	
198			凤冈"夜郎古甸"摩崖石刻		凤冈县	何坝街道何坝社区	
199			凤冈红六军团乌江战斗旧址			天桥镇平头溪村	
200			凤冈旧寨红军驻地旧址			天桥镇平头溪村	
201			凤冈红军乌江渡口遗址			天桥镇平头溪村	
202			罗峰书院		务川仡佬族苗族自治县	都濡街道东昇社区	
203			务川瓮溪桥			大坪街道龙潭村	
204			龙潭村古建筑群			大坪街道龙潭村	
205			务川大坪朱砂采冶遗址			大坪街道三坑村	
206			务川申佑祠			都濡街道务星社区	
207			务川金银洞宋墓			涪洋镇涪洋社区	
208			务川池水申氏民宅			柏村镇通木村	
209			务川九龙箐红军战斗旧址			红丝乡先进村	
210			正安龙塘寺		正安县	土坪镇林溪村	
211			正安宝兴隆盐号和客栈			安场镇安常社区	
212			正安祝家坪古建筑群			芙蓉江镇合作村	

续表

序号	水系	保护级别	文物保护单位名称	行政区划		备注
213			道真明真安州城垣	遵义市	道真仡佬族苗族自治县	旧城镇旧城社区	
214			道真复兴崖墓			大矸镇福兴村	
215			万天宫			尹珍街道东街社区	
216			廻龙场红军抢渡乌江战斗遗址		余庆县	大乌江镇洪渡村	
217			余庆"他山"摩崖			松烟镇松烟社区	
218			余庆万丈坑红军战士殉难处			龙家镇光辉社区	
219	乌江水系	省级	玉真山寺	安顺市	普定县	马官镇双玉村玉官屯组	
220			普定营盘近现代建筑群			马场镇云盘村	
221			安顺吉昌屯军山营盘遗址		西秀区	大西桥镇吉昌村	
222			贵安杨家桥魏晋墓群		平坝区	马场镇刘家村	
223			贵安牛坡洞遗址			马场镇平寨村	
224			贵安招果洞遗址			高峰镇岩孔村	
225		省级	清镇红二、红六军团猫跳河观游渡口遗址	贵阳市	清镇市	麦格苗族布依族乡观游村	
226			清镇菖蒲堂			卫城镇卫城社区	
227			修文索桥		修文县	谷堡镇索桥村	
228			修文三人坟			谷堡镇天生桥村	
229			修文三潮水			龙场街道朝阳村	
230			花溪镇山		花溪区	石板镇镇山村	
231			花溪西舍			阳光街道贵筑社区	
232			贵州大学旧址			阳光街道学士社区	
233			贵州大学近现代建筑群			阳光街道学士社区	
234			"是春谷"摩崖		南明区	小碧布依族苗族乡大地村	
235			贵阳国际援华医疗队纪念旧址			龙洞堡街道机场路社区	
236			贵阳李端棻墓			永乐乡水塘村	
237			贵阳黔明寺			中华南路街道阳明路社区	
238			贵阳刘统之先生祠			中华南路街道白沙巷社区	
239			贵阳王伯群旧居			中华南路街道护国路社区	
240			八路军贵阳办事处旧址		云岩区	文昌阁街道民生路社区	
241			贵阳君子亭			文昌阁街道莲花坡社区	
242			大觉精舍			文昌阁街道电台街社区	

续表

序号	水系	保护级别	文物保护单位名称	行政区划		备注
243	乌江水系	省级	贵阳地下党省工委活动旧址	贵阳市	文昌阁街道电台街社区	
244			贵阳虎峰别墅		文昌阁街道民生路社区	
245			黔灵山（包括弘福寺、麒麟洞和碑碣、摩崖）		头桥街道双峰社区	
246			贵阳毛公馆故宫文物南迁存放旧址		毓秀路街道永乐社区	
247			贵阳鹿冲关天主堂修道院旧址		黔灵镇茶店村	
248			《新华日报》贵阳分销处旧址		文昌阁街道富水社区	
249			贵阳贵州银行大楼旧址	云岩区	毓秀路街道公园路社区	
250			贵州省博物馆旧址		八鸽岩街道体育场社区	
251			贵阳贵州省政法大楼旧址		头桥街道延西社区	
252			谢六逸墓		头桥街道双峰社区	
253			贵州师范大学近现代建筑群		黔灵东路街道师大社区	
254			贵州工学院旧址		金关街道蔡家关村	
255			乌当来仙阁	乌当区	东风镇麦穰村	
256			乌当协天宫		东风镇乌当村	
257			开阳钟昌祚墓	开阳县	双流镇双永社区	
258			开阳打儿窝遗址		南江布依族苗族乡苗寨村	
259			开阳宝王庙		双流镇凉水井村	
260			开阳长庆寺		南龙乡翁朵村	
261			开阳画马崖		高寨苗族布依族乡平寨村	
262		省级	龙里果里岩洞葬	黔南州	湾滩河镇果里村	
263			龙里巫山岩画		谷脚镇巫山峡谷景区	
264			龙里青杠墭红军渡口遗址		洗马镇平坡村	
265			龙里播箕桥红军战斗遗址	龙里县	冠山街道播箕村	
266			龙里倪儿关和观音山红军战斗遗址		谷脚镇观音村	
267			龙里冠山		冠山街道冠山社区	
268			贵定甘塘乡规碑		新巴镇谷兵村	
269			阳宝山古建筑群	贵定县	宝山街道宝花村	
270			贵定城隍庙		宝山街道城东村	
271			福泉清水江红军渡口遗址	福泉市	道坪镇气坪村	

续表

序号	水系	保护级别	文物保护单位名称	行政区划		备注
272		省级	瓮安桐梓坡农会和游击队驻地旧址	黔南州	珠藏镇桐梓坡村	
273			瓮安猴场红军干部团休养连驻地旧址		猴场镇下司社区	
274			瓮安猴场毛泽东住处		猴场镇下司社区	
275			瓮安垛丁关红军战斗遗址		永和镇垛丁社区	
276			瓮安擦耳岩红军战斗遗址		瓮安县	永和镇观塘村	
277			瓮安江界河红军抢渡乌江遗址		江界河镇渡江社区	
278			瓮安冷少农故居		瓮水街道茅坡社区	
279			瓮安偏岩摩崖		玉山镇龙蟠村	
280			瓮安玉华山咸同起义遗址		银盏镇玉华社区	
281			神仙洞遗址	长顺县	广顺镇来远村	
282			来远题壁		广顺镇来远村	
283	乌江水系	省级	碗架岩摩崖石刻		本庄镇荆竹村	
284			石阡成氏家族墓		大沙坝乡大沙坝村	
285			石阡红二、红六军团总指挥部旧址		汤山街道温泉社区	
286			石阡红六军团政治部和保卫局旧址	石阡县	汤山街道万寿社区	
287			石阡太虚洞		中坝街道高塘村	
288			石阡甘溪红军战斗遗址		甘溪仡佬族侗族乡甘溪村	
289			石阡困牛山红军战斗遗址		龙塘镇困牛山村	
290			思南岑头盖咸同起义遗址	铜仁市	杨家坳苗族土家族乡城头盖村	
291			安化县文庙遗址		思唐街道文化社区	
292			思南荆竹园咸同起义遗址	思南县	瓮溪镇荆竹园村	
293			思南板桥红52团侦察排驻地旧址		板桥镇板桥社区	
294			思南瓮溪红六军团红军驻地旧址		瓮溪镇长征村三星村杉树坡村场井村	
295			德江泉口田氏民宅		泉口镇先联村	
296			德江梅林寺咸同起义遗址		长丰乡洞庭村	
297			德江煎茶溪古墓群	德江县	煎茶镇新场社区	
298			德江"黔中砥柱"石刻		潮砥镇潮砥社区	
299			德江新滩惨案遗址		桶井土家族乡新滩村	
300			德江安化县文庙		安化街道中华社区	

续表

序号	水系	保护级别	文物保护单位名称	行政区划		备注
301	乌江水系	省级	德江行溪乡苏维埃政府旧址	铜仁市	长堡镇行溪村	
302			德江徐家岩区革命委员会旧址		长堡镇徐家岩村	
303			德江杨河乡苏维埃政府旧址		长堡镇杨河村	
304			德江张家湾区革命委员会旧址		枫香溪镇先联社区	
305			德江叶元坝乡苏维埃政府旧址		枫香溪镇双坝村	
306			德江袁家湾乡苏维埃政府旧址	德江县	枫香溪镇袁场社区	
307			德江金盆水乡苏维埃政府旧址		枫香溪镇先联社区	
308			德江张家湾乡苏维埃政府旧址		枫香溪镇先联社区	
309			德江上坝乡苏维埃政府旧址		枫香溪镇上坝村	
310			德江枫香溪区革命委员会旧址		枫香溪镇枫溪社区	
311			德江丝毛坝乡苏维埃政府旧址		枫香溪镇丝毛坝村	
312			德江龙塘乡苏维埃政府旧址		枫香溪镇长征村	
313			德江中共黔北工委旧址		平原镇杉园社区	
314			印江文昌阁	印江土家族苗族自治县	龙津街道甲山村	
315			印江严氏宗祠		峨岭街道城南社区	
316			印江重建梵净山金顶序碑		紫薇镇大园址村	
317			印江建厂田氏宗祠		木黄镇燕子岩村	
318			印江罗南溪乡苏维埃政府旧址		刀坝镇罗南溪村	
319			印江罗南溪区革命委员会旧址		刀坝镇罗南溪村	
320			印江下寨坝乡苏维埃政府旧址		刀坝镇下寨坝村	
321			印江核桃坪红三军九师驻地旧址		刀坝镇核桃坪村	
322			印江坨寨乡苏维埃政府旧址		沙子坡镇塘口村	
323			印江官塘区革命委员会旧址		沙子坡镇竹元村	
324			印江红花园乡苏维埃政府旧址		沙子坡镇红木村	
325			印江来安营万人坑遗址		刀坝镇来安村	
326			印江合水造纸作坊		合水镇兴旺村	

续表

序号	水系	保护级别	文物保护单位名称	行政区划			备注
327	乌江水系	省级	苏联空军金角罗夫烈士墓	铜仁市	沿河土家族自治县	和平街道丁字口社区	
328			乌江洪峰标记石刻			和平街道田坝社区	
329			红三军沿河独立团三壶坪团部旧址			淇滩镇三壶瓶村	
330			沿河天宫井红三军司令部和军部管理科旧址			淇滩镇天宫井村	
331			红三军沿河独立团自卫队三壶坪旧址			淇滩镇三壶瓶村	
332			沿河淇滩区革命委员会旧址			淇滩镇铜鼓村	
333			沿河天宫井乡苏维埃政府旧址			淇滩镇天宫井村	
334			沿河长岗岭红三军驻地旧址			晓景乡野溪村	
335			沿河暗塘红三军七师师部旧址			晓景乡暗塘村	
336			沿河七重乡苏维埃政府旧址			晓景乡核桃湾村	
337			沿河黔东独立团临时团部旧址			夹石镇池塘村	
338			沿河陈家寨乡苏维埃政府旧址			夹石镇陈家村	
339			沿河思渠红三军军部和七师师部旧址			思渠镇塘堡村	
340			沿河茶园头区革命委员会旧址			甘溪镇茶园村	
341			沿河红溪红军风雨桥			客田镇红溪村	
342			沿河耳当溪红三军屯粮处旧址			谯家镇耳当村	
343			沿河符家寨红军监护大队驻地旧址			谯家镇符家村	
344			沿河铅厂坝红三军九师师部旧址			谯家镇铅厂坝村	
345			沿河水田坝贺龙住址			谯家镇水田村	
346			沿河水田坝红军会合旧址			谯家镇水田村	
347			沿河土地湾黔东特区农妇会旧址			谯家镇长征村	
348			沿河谯家区革命委员会旧址			谯家镇谯家铺社区	
349			沿河印山乡苏维埃政府旧址			谯家镇印山村大水沟组	
350		市县级	蔡氏宗祠	毕节市	威宁彝族回族苗族自治县	盐仓镇盐仓社区	
351			"威服仁怀"摩崖石刻		赫章县	松林坡白族彝族苗族乡喜鹊村	

续表

序号	水系	保护级别	文物保护单位名称	行政区划		备注
352	乌江水系	市县级	大山炼铜遗址	毕节市	可乐彝族苗族乡大山村	
353			野马川抗洪抢险烈士纪念碑		野马川镇利河社区	
354			白果普照寺		白果街道	
355			湖广会馆		白果街道	
356			大坪子向天坟		珠市彝族乡核桃村	
357			阿发大岩洞遗址		六曲河镇老场坝社区	
358			窝绷大岩洞穴群遗址		松林坡白族彝族苗族乡喜鹊村	
359			文昌阁		平山镇对江社区	
360			丰沟大桥		朱明镇丰沟村	
361			席大明故居	赫章县	哲庄镇坪子社区	
362			银子岩摩崖		可乐彝族苗族乡营盘村	
363			拉乐汉墓		六曲河镇拉乐村	
364			大地牌坊		六曲河镇海眉村	
365			葛布教堂		辅处彝族苗族乡葛布村	
366			朱歪革命烈士墓群		朱明镇朱歪社区	
367			野马川会议会址		野马川镇下街社区	
368			滑石板丫口渡槽		可乐彝族苗族乡大田村	
369			竹林烈士纪念碑		古基镇中寨村	
370			红星大桥		双河街道后河社区	
371			安兴正故居		哲庄镇环山村	
372		市县级	扒耳岩巨猿化石出土地	七星关区	何官屯镇关口社区	
373			灵峰寺		三板桥街道灵峰村	
374			朱昌牛鼻子洞遗址		朱昌镇朱昌社区	
375			韩鏮父墓		观音桥街道五里坪社区	
376			惠泉寺		市东街道水西田社区	
377			路翰林山庄		德溪街道	
378			贞寿牌坊		大新桥街道	
379			夏曦烈士纪念碑		杨家湾镇七星村	
380			周素园故居		市西街道和平社区	
381			长春堡观音洞		长春堡镇长春社区	

续表

序号	水系	保护级别	文物保护单位名称	行政区划		备注
382			七星关古遗址		杨家湾镇七星村	
383			北镇关		市西街道金钟社区	
384			祖家龙门		市东街道双井社区	
385			邻里小学遗址		青龙街道中屯社区	
386			明代玉兰树		三板桥街道灵峰村	
387			甲秀桥		德溪街道甲秀社区	
388			中屯白果树		青龙街道中屯社区	
389			中屯樟树		青龙街道中屯社区	
390	乌江水系	市县级	万寿桥	毕节市	维新镇盐井村	
391			扯瓜河桥		沙包镇天星社区	
392			怀远将军墓		库东关彝族苗族白族乡	
393			昆寨烈士墓		昆寨苗族彝族白族乡中心村	
394			果伟河桥		阳场镇字库社区	
395			呐叭桥		玉龙坝镇水淹坝社区	
396			以那桥		玉龙坝镇	
397			龙场烈士陵园		龙场镇龙场社区	
398			拉嘎百岁碑		雍熙街道公园社区	
399			何家坟碑刻		王家寨镇核桃园村	
400			盐井彝族墓及碑刻	纳雍县	维新镇盐井村	
401			李伲脚汉彝文墓碑		库东关彝族苗族白族乡长坡村	
402			陈家坟墓志碑		曙光镇联合社区	
403			汉彝文摩崖石刻		左鸠戛彝族苗族乡兴文村	
404			千年百果树		水东镇	
405			雍熙烈士陵园		雍熙街道公园社区	
406			乐治烈士墓		乐治镇乐治社区	
407			阳长烈士纪念碑		阳长镇街上村	
408			武佐烈士纪念碑		玉龙坝镇新街社区	
409			徐进墓		沙包镇街上社区	
410			尚何氏墓		沙包镇天星社区	
411			邹朝选禄氏夫妇墓		乐治镇史家街社区	
412			安墓洛邹氏夫妇墓		沙包镇黄泥田村	

续表

序号	水系	保护级别	文物保护单位名称	行政区划		备注
413	乌江水系	市县级	沙落古驿道	毕节市	董地苗族彝族乡石关村	
414			安大有墓		董地苗族彝族乡冷冲村	
415			姑开烈士墓		姑开苗族彝族乡姑开村	
416			箐脚洞遗址		玉龙坝镇箐脚社区	
417			龙场宣慰庙		玉龙坝镇龙场村	
418			罗朝献墓		玉龙坝镇果几盖社区	
419			大房张口洞遗址		龙场镇龙场社区	
420			猫寨苗俗碑		水东镇猫家村	
421			柯道秀墓	纳雍县	王家寨镇街上社区	
422			李登弟李陈氏墓		王家寨镇糯克村	
423			闹地古城墙		雍熙街道公园社区	
424			何天麻墓		张家湾镇补作村	
425			王显章烈士墓		维新镇盐井村	
426			杨光斗烈士墓		维新镇维新社区	
427			杨仕海烈士墓		维新镇维新社区	
428			七洞桥		寨乐镇革新平桥大寨3社区间	
429			庆云楼		红旗街道庆云社区	
430			红九军团猫场战斗遗址		猫场镇长征村	
431			八堡红军坟		八堡彝族苗族乡新开社区	
432			蔡应达烈士纪念碑		红旗街道书院街	
433			莲花塘遗址		红旗街道庆云社区	
434			万松书院遗址		红旗街道	
435			竹子巷古巷道		红旗街道	
436			寿福寺遗址	大方县	红旗街道	
437			龙洞水西营盘遗址		小屯乡大田村	
438			六圭河营盘遗址		黄泥塘镇松林社区	
439			红旗营盘遗址		黄泥塘镇兴林村	
440			同安堡营盘遗址		黄泥塘镇天堂村	
441			盘山营盘遗址		黄泥塘镇化联社区	
442			西河古道		黄泥塘镇西河社区	
443			凤山大营盘遗址		凤山彝族蒙古族乡凤山社区	

续表

序号	水系	保护级别	文物保护单位名称	行政区划			备注
444	乌江水系	市县级	虚灵洞遗址	毕节市	大方县	马场镇新迎村	
445			柳春恒墓（柳家花坟）			达溪镇达溪社区	
446			谢氏石室墓			对江镇石桅村	
447			陈恩墓			六龙镇凰山村	
448			陈氏墓群			东关乡大寨村	
449			吴桢墓			东关乡岩下村	
450			臧如兰墓			羊场镇穿岩社区	
451			杜伯华墓			慕俄格古城街道九层衙社区	
452			王登弟合葬墓			顺德街道石墙社区	
453			黄士观墓			核桃彝族白族乡石艳村	
454			杨蔚林（杨秀）墓			凤山彝族蒙古族乡凤山社区	
455			陈为杰墓			对江镇湾子社区	
456			陈百鹏墓			六龙镇和平社区	
457			陈友德墓			六龙镇和平社区	
458			朱万春夫妇墓			顺德办事处龙昌社区	
459			朱礼宗夫妇墓			顺德办事处龙昌社区	
460			熊裕庭墓			东关乡大寨村	
461			冯登科墓			东关乡朝中社区	
462			冯母李氏墓			东关乡朝中社区	
463			杨母颜氏墓			凤山彝族蒙古族乡凤山社区	
464			杨母刘老太君墓			凤山彝族蒙古族乡凤山社区	
465			杨母徐老太君墓			凤山彝族蒙古族乡凤山社区	
466			杨承恩墓			慕俄格古城街道云龙社区	
467			杨母崔老太君墓			慕俄格古城街道云龙社区	
468			杨时茂墓			慕俄格古城街道云龙社区	
469			杨公李夫人墓			慕俄格古城街道云龙社区	
470			杨天爵墓			慕俄格古城街道云龙社区	
471			杨富春墓			慕俄格古城街道云龙社区	
472			杨萃府君墓			慕俄格古城街道云龙社区	
473			杜鸿勋墓			慕俄格古城街道九层衙社区	

续表

序号	水系	保护级别	文物保护单位名称	行政区划		备注
474	乌江水系	市县级	袁母曾老太君墓	毕节市	大方县	红旗街道办事处石关社区	
475			彭莲池夫妇墓			马场镇双群社区	
476			彭泰墓			马场镇双群社区	
477			彭魁夫妇墓			慕俄格古城街道	
478			对江大桥			对江镇对江社区	
479			王孝传故居			对江镇对江社区	
480			丁氏民居			东关乡龙泉村	
481			乌溪仙人桥			黄泥塘镇黄泥社区	
482			达溪上龙井			达溪镇达溪社区	
483			达溪下龙井			达溪镇达溪社区	
484			大小井			红旗街道书院街	
485			钱局井			红旗街道	
486			海琶井			红旗街道	
487			桂家井			红旗街道	
488			皂角井			红旗街道	
489			大十字桶桶井			红旗街道	
490			龙王庙井			红旗街道	
491			王家井			红旗街道	
492			大水井			红旗街道	
493			马家井			红旗街道	
494			双水井			红旗街道	
495			黄家井			红旗街道	
496			龙水井			红旗街道	
497			慈善井			红旗街道	
498			关水井			慕俄格古城街道	
499			杨柳井			红旗街道办事处庆云社区	
500			崔家井			红旗街道办事处庆云社区	
501			岩脚井			红旗街道办事处庆云社区	
502			罗家井			红旗街道办事处庆云社区	
503			半坡井			红旗街道	
504			珍珠泉			慕俄格古城街道	
505			三公桥井			慕俄格古城街道	

续表

序号	水系	保护级别	文物保护单位名称	行政区划		备注
506	乌江水系		杨家关井	毕节市	慕俄格古城街道	
507			小水井		红旗街道	
508			晏家井		红旗街道	
509			潘家井		红旗街道	
510			城隍庙井		红旗街道	
511			刘氏民居		理化乡果木社区	
512			双烈园		慕俄格古城街道陡坡社区	
513			七家田战斗指挥所旧址		东关乡七家田社区	
514			翰墨泉诗碑		红旗街道	
515			大海坝烈士公墓	大方县	慕俄格古城街道	
516			八堡红军坟		八堡彝族苗族乡新开社区	
517			六寨苗族游击队成立会议旧址		八堡彝族苗族乡复兴村	
518			杨伯瑶兵营遗址		八堡彝族苗族乡中箐村	
519			同盟会六龙分会旧址		六龙镇坝子社区	
520			梯子岩战斗遗址		猫场镇长沙社区	
521			汪家大院		鼎新彝族苗族乡兴启社区	
522			九洞天溶洞电站		猫场镇五丫社区	
523			前锋渡槽		黄泥塘镇化理村	
524		市县级	方家坟石刻	织金县	以那镇三合村	
525			东山村墓群		双堰街道双堰社区	
526			谢家桥		三甲街道	
527			刘母李氏墓		三甲街道三甲社区	
528			东山摩崖		双堰街道双堰社区	
529			北门桥		文腾街道金北社区	
530			吕祖仙踪摩崖		双堰街道双堰社区	
531			圭峰山摩崖石刻		双堰街道太平社区	
532			李辉林合葬墓		双堰街道太平社区	
533			海应滔墓		文腾街道金西社区	
534			大石岩摩崖		文腾街道金北社区	
535			起凤岩摩崖		双堰街道花红社区	
536			新寨碉楼		猫场镇新寨社区	

续表

序号	水系	保护级别	文物保护单位名称	行政区划		备注
537	乌江水系	市县级	小马场碉楼	毕节市	上坪寨乡马场村	
538			牛场烈士纪念碑		牛场镇群兴社区	
539			牛场屯遗址		牛场镇群兴社区	
540			白龙屯遗址		鸡场苗族彝族布依族乡鲊瓦村	
541			蔡氏桥		三甲街道大街社区	
542			平修古道摩崖		三甲街道大街社区	
543			丁氏墓群		牛场镇大坝村	
544			小坡上六角碉楼		龙场镇太平社区	
545			小坡上四角碉楼		龙场镇太平社区	
546			小马场桥		桂果镇马场社区	
547			爱国村碉楼		纳雍乡爱国村	
548			马家屯遗址		马场镇马家屯村	
549			三塘镇龙王庙		三塘镇街上社区	
550			李时宾墓		后寨苗族乡坪寨村	
551			水塘万人坟		八步街道水塘社区	
552			八步烈士公墓	织金县	八步街道八步社区	
553			民生村碉楼		官寨苗族乡民生村	
554			安邦彦墓		官寨苗族乡青山村	
555			阳关屯遗址		官寨苗族乡联盟村	
556			十一烈士纪念碑		熊家场镇群潮社区	
557			江西庙遗址		熊家场镇群潮社区	
558			珠藏革命烈士纪念碑		珠藏镇龙山社区	
559			杜家桥		熊家场镇化作村	
560			杨自学墓		三甲街道杨柳河社区	
561			胡家大院		双堰街道双堰社区	
562			邓家大院		文腾街道金西社区	
563			谌家大院		文腾街道金西社区	
564			黄家大院		文腾街道金西社区	
565			陈跃雄民居		文腾街道金西社区	
566			张槐宽民居		文腾街道金西社区	

续表

序号	水系	保护级别	文物保护单位名称	行政区划		备注
567	乌江水系	市县级	观文塔	黔西市	文峰街道文峰社区	
568			观农台石刻		水西街道水西社区	
569			李世杰牌坊		文峰街道文峰社区	
570			贞孝坊及其散存碑刻		莲城街道莲城社区	
571			宋家沟花坟		金坡苗族彝族满族乡	
572			黎又霖故居		水西街道水西社区	
573			黔西烈士陵园		莲城街道莲城社区	
574			古佛堂		水西街道文昌社区	
575			王三善神道碑		杜鹃街道向阳社区	
576			玲珑洞		杜鹃街道向阳社区	
577			吴嵩梁诗碑		文峰街道文峰社区	
578			永垂不朽碑		文峰街道文峰社区	
579			东山寺诗碑		文峰街道文峰社区	
580			晏家古建筑群	毕节市	岩孔街道安河社区	
581			李旭华烈士纪念碑		鼓场街道长安社区	
582			岩孔水口寺		岩孔街道板桥社区	
583			蓝芸夫夫妇墓		鼓场街道	
584			蓝家大院		茶园镇沿河村	
585			马坎摩崖		平坝镇八一村	
586			付宋氏墓	金沙县	安洛苗族彝族满族乡大贤村	
587			齐家宅		源村镇沙溪社区	
588			绍龙寺遗址		源村镇石刘村	
589			联合寨营盘遗址		源村镇普会村	
590			岩孔古碑		岩孔街道云岩社区	
591			观音洞摩崖佛像		岩孔街道云岩社区	
592			字库塔		沙土镇观堂社区	
593			赵家碉楼		木孔镇湾子社区	
594			蓝家墓群		茶园镇沿河村	
595			幸福桥		茶园镇团结村	
596			茶园黑神庙		茶园镇民乐村	
597			都佛寺		沙土镇官田社区	

续表

序号	水系	保护级别	文物保护单位名称	行政区划		备注
598	乌江水系	市县级	赵家墓群	毕节市	源村镇沙溪社区	
599			杨在义合葬墓		后山镇坎坝村	
600			白云山观音寺		岚头镇东隆村	
601			永盛桥		长坝镇花滩村	
602			清静洞躲匪遗址		长坝镇昆仑村	
603			大岩洞遗址		大田彝族苗族布依族乡幸福村	
604			龙门桥		大田彝族苗族布依族乡幸福村	
605			白泥卧大山营盘遗址		大田彝族苗族布依族乡大田社区	
606			公议十禁碑		五龙街道古楼社区	
607			代家碉楼		五龙街道官田坝村	
608			菜籽沟铜矿遗址		五龙街道小里村	
609			白云寺洞新场党总支第一次全体会议旧址		西洛街道金槐村	
610			车步云墓		源村镇沙溪社区	
611			联合寨营盘遗址		源村镇普会村	
612			仓上墓		桂花乡果松村	金沙县
613			大定坡盐碉遗址		鼓场街道大定社区	
614			无著亭题咏碑		鼓场街道大定社区	
615			龙王庙		鼓场街道旭华社区	
616			高岩寺		鼓场街道大定社区	
617			徐久道墓		鼓场街道玉屏社区	
618			庄家墓		安洛苗族彝族满族乡安洛河村	
619			玉屏石塔		鼓场街道玉屏社区	
620			袁家桥		鼓场街道红岩社区	
621			中坝川主庙		柳塘镇淹坝村	
622			花尖营古营盘遗址		化觉镇杉林村	
623			何母郑太君墓		化觉镇新民村	
624			杨璠父子墓		禹谟镇沙兴社区	
625			大桥城垣遗址		禹谟镇城墙村	
626			禹谟粮仓		禹谟镇龙泉社区	
627			高家坟		安洛苗族彝族满族乡安洛河村	

续表

序号	水系	保护级别	文物保护单位名称	行政区划			备注
628	乌江水系	市县级	毛杨氏墓	毕节市	金沙县	沙土镇敦化社区	
629			卡子门隘口遗址			沙土镇新爱村	
630			扒瓦桥遗址	六盘水市	钟山区	保华镇民生村	
631			滇黔桂边区纵队速安支队成立会议旧址（王正春旧居）			大湾镇开化村	
632			雷礼禄墓			荷城街道马鞍社区	
633			观音阁			荷城街道荷城社区	
634			水城城垣遗址			荷城街道荷城社区	
635			杨氏宅居			荷城街道荷城社区	
636			罗氏宅居			荷城街道荷城社区	
637			廖氏宅居			荷城街道荷城社区	
638			以德河大桥			大河镇大桥村	
639			安永秋墓			大河镇大地村	
640			大河和尚墓			大河镇大桥村	
641			麒麟洞遗址			荷泉街道麒麟社区	
642			黄土坡遗址			黄土坡街道建设路路社区	
643			罗氏墓			大湾镇三根脚村	
644			耿氏民居			大湾镇顶拉村	
645			原水城县武装部旧址			荷城街道荷城社区	
646			焦化厂一号烟囱			杨柳街道（水钢焦化厂内）	
647			城隍庙			荷城街道荷城社区	
648			田君亮故居			荷城街道荷城社区	
649			施氏民居			荷城街道荷城社区	
650			落银厂铅锌厂遗址			南开乡凉山村	
651			张文友墓			青林苗族彝族乡海发村	
652			苏氏宅居			南开乡田坝村	
653		市县级	仁和洞铅锌矿遗址		水城区	尖山街道仁和洞社区	
654			福集厂铅锌冶炼遗址			老鹰山街道木桥社区	
655			岩脚三和桥			岩脚镇廻龙溪社区	
656			窗子洞遗址			牛场苗族彝族乡黔中村	
657			高石坎沙家屯（郎普织边区游击队沙家屯战斗遗址）			牛场苗族彝族乡箐脚村	

续表

序号	水系	保护级别	文物保护单位名称	行政区划		备注
658	乌江水系	市县级	店子洞遗址	六盘水市	水城区	
659			铁盖梁子冶铁遗址			
660			木刀岩悬棺葬遗址			
661			苗墓群			
662			高桥			
663			岩脚福德桥			
664			岩脚二道水桥			
665			罗基彝文碑			
666			羊场明墓碑			
667			岩脚三官庙			
668			岩脚鼎成桥			
669			岩脚岩泉石刻			
670			岩脚木贡施家大院			
671			青云寺			
672			把仕岩画			
673			大坡乡规碑			
674			安家碉楼（上官碉楼）			
675			安水（安顺至水城）道六枝段和郎岱经岩脚至梭戛古道			
676			老白岩洞穴群			
677			岩脚镇文官衙门			
678			撑腰岩石刻			
679		市县级	鲁屏周墓	遵义市	播州区	
680			尚嵇袁氏民居			
681			邓家营盘遗址			
682			李家寨			新蒲新区
683			杨铿墓			新蒲新区
684			杨价墓			新蒲新区
685			李家花坟			新蒲新区
686			汪家林宋墓			

续表

序号	水系	保护级别	文物保护单位名称	行政区划		备注
687	乌江水系	市县级	万安桥	遵义市	播州区	鸭溪镇乐理村	
688			泮水潘氏民宅			泮水镇永安社区	
689			铁锁横江摩崖			乌江镇平塘村	
690			仙凤山摩崖			龙坪镇小湾村	
691			陈铁故居			西坪镇大同村	
692			龙山遗址			影山湖街道龙泉社区	
693			九庄宋墓			鸭溪镇乐理村	
694			乐山崖墓			乐山镇浒洋水村	
695			三岔罗荣墓			三岔镇庆远社区	
696			罗琛墓			龙坪镇中心社区	
697			陈铁墓			西坪镇民主村	
698			红军抢渡乌江桃子台渡口遗址			新民镇朝阳村与龙丰村	
699			龙坪乡公所旧址			龙坪镇龙坝社区	
700			鲁屏周故居			枫香镇花茂村	
701			刀靶水红军战斗遗址			三合镇刀靶村	
702			泮水赵楼			泮水镇永安社区	
703			赵乃康墓			西坪镇桂山村	
704			鸭溪窖酒老窖池群			鸭溪镇东升社区	
705			三岔红军烈士墓			三岔镇庆远社区	
706			中央军委鸭溪会议会址			鸭溪镇雷泉社区	
707			龙坑红军烈士墓			龙坑街道龙坑社区	
708			明阳洞			三岔镇庆远社区	
709			三层岩寺			播南街道莲花社区	
710			落堃寺遗址			石板镇乐意村	
711			砂岗寺遗址及和尚墓			三合镇阁庄村	
712			沐恩寺及营盘遗址			石板镇茅坝村	
713			李为墓			新民镇岩门村	
714			大树子墓葬			尚嵇镇毛坪社区	
715			古迹岩墓			马蹄镇平海村	
716			锦江罗氏宗祠			三岔镇苏山村	
717			极龙桥			乐山镇乐山社区	

续表

序号	水系	保护级别	文物保护单位名称	行政区划		备注
718	乌江水系		塘坝寺	遵义市	播州区 团溪镇生产村	
719		市县级	杨兆麟墓		金鼎山镇银江村	
720			狮子桥		万里路街道狮子桥社区	
721			新华桥		中山路街道新华桥社区	
722			回山乡革命委员会旧址		万里路街道狮子桥社区	
723			郑莫祠		老城街道南门社区	
724			红军卫生员墓		老城街道北门社区	
725			金鼎山营盘遗址	红花岗区	金鼎山镇金川村	
726			遵义大龙山古城垣遗址		老城街道北门社区	
727			海龙自然桥		海龙镇龙泉村	
728			遵义城古井		老城街道延安街道中华街道	
729			国立浙江大学黔省校舍碑		中山路街道新华桥社区	
730			八卦村红军战斗遗址		巷口镇八卦村	
731			乐庄廊桥		喇叭镇乐声村	新蒲新区
732		市县级	风帽山遗址	汇川区	董公寺街道五星社区	
733			狮子湾明墓		高坪街道新黔社区	
734			茅草铺毛泽东塑像		大连路街道深圳路	
735			养鸡池		高坪街道海龙屯社区	
736			养鹅池		高坪街道海龙屯社区	
737			高岩寺		高坪街道永胜社区	
738			水源寺		泗渡镇幸福村	
739			会川桥		上海路街道人民路	
740			排子洞抗战军械库旧址		高坪街道仁江村	
741			董公寺董酒酿酒工业旧址		董公寺街道扬帆路	
742			观坝红军驻地旧址		泗渡镇观坝社区	
743			长征电器十二厂旧址		洗马路街道温州路	
744			麻窝盐道遗址		松林镇庙林村	原遵义县
745		市县级	绥阳教案旧址	绥阳县	洋川街道南街社区	
746			蛮王洞一号军战斗遗址		宽阔镇红河村	
747			油箩口一号军战斗遗址		宽阔镇天台村	

续表

序号	水系	保护级别	文物保护单位名称	行政区划		备注
748	乌江水系	市县级	金承太史牌坊	遵义市	风华镇金承社区	
749			飞水佛塔		小关乡飞水村	
750			野茶字库塔		青扛塘镇野茶村	
751			桑木关关隘遗址		洋川街道桑木村	
752			刘智远墓		风华镇牛心村	
753			锣铜寺		风华镇金字村	
754			冉琎、冉璞墓		洋川街道天台社区	
755			大通桥（南门桥）		洋川街道南街社区	
756			荣封桥（高桥）		洋川街道红五社区	
757			绥阳县烈士陵园		洋川街道北街社区	
758			云山摩崖		茅垭镇关德村	
759			"避袁洞"石刻		郑场镇狮山村	
760			石狮石佛	绥阳县	枧坝镇枧坝社区	
761			万天宫		枧坝镇枧坝社区	
762			宗峰寺和尚墓		枧坝镇杉木箐村	
763			五峰顶铁镇锁桥		青扛塘镇后槽村	
764			乡规民约碑		青扛塘镇野茶村	
765			周氏墓		宽阔镇九龙村	
766			九龙明代墓		宽阔镇九龙村	
767			张超武烈士墓		小关乡辅乐村	
768			飞水粮仓		小关乡飞水村	
769			雷土凉桥		小关乡辅乐村	
770			刘大人墓		小关乡辅乐村	
771			黄正华、孟昭华		蒲场镇蒲场社区	
772			胡仕昌与父母合葬墓		黄杨镇联庄村	
773			胡吴氏墓		黄杨镇联庄村	
774			胡仕斌墓		黄杨镇联庄村	
775		市县级	石莲双阁	湄潭县	石莲镇九坝社区	
776			梭塘大水井节孝坊		黄家坝街道岩孔坝村	
777			湄潭观音洞石刻		湄江街道观音社区	
778			陈大学墓		湄江街道龙泉社区	

序号	水系	保护级别	文物保护单位名称	行政区划		备注
779	乌江水系	市县级	刘清夫妇墓	遵义市	洗马镇梅子坝村	
780			廖吴氏墓		复兴镇复兴村	
781			刘正一墓		湄江街道金花村	
782			西河字库塔		西河镇西河社区	
783			花水井		复兴镇两路口村	
784			楠木坝石氏民宅		抄乐镇群星村楠木坝组	
785			耆老桥		洗马镇杨家山社区	
786			马山碉楼		马山镇马山村	
787			金桥杨氏墓群		鱼泉街道金桥村	
788			吴山坝炼铁高炉遗址		新南镇凉井村	
789			鱼泉烈士陵园		鱼泉街道鱼合社区	
790			天城红军烈士墓		天城镇天城社区	
791			茅坪革命烈士陵园		茅坪镇茅坪社区	
792			永兴革命烈士纪念碑		永兴镇永兴社区	
793			西坪村砖塔		西河镇西坪村	
794			吕遐舜墓		湄潭县	茅坪镇桂花村	
795			宝台寺和尚坟		湄江街道新街社区	
796			放生塘碑		永兴镇流河渡村	
797			宝石坛		湄江街道迎湄社区	
798			茶科所办公楼		湄江镇茶城社区桐子坡	
799			肖文德墓		茅坪镇土槽村肖家湾	
800			大庙场云贵山古茶树群		兴隆镇大庙场村云贵山半山腰	
801			贵州省湄潭茶场打鼓坡分场场部旧址		湄江街道龙泉村囤子岩半山腰	
802			贵州省湄潭茶场屯子岩分场旧址		湄江街道	
803			贵州省湄潭茶场永兴分场场部旧址		永兴镇梁家坝村	
804			贵州省湄潭茶场永兴分场制茶工厂旧址		永兴镇梁家坝村	
805			中央实验茶场桐子坡品种园旧址		永兴镇梁家坝村	
806			贵州省湄潭茶场永兴分场一队旧址		永兴镇梁家坝村	
807			贵州省湄潭茶场永兴分场三队队部办公楼旧址		永兴镇梁家坝村	

续表

序号	水系	保护级别	文物保护单位名称	行政区划		备注
808			贵州省湄潭茶场永兴分场五队职工宿舍旧址	湄潭县	永兴镇梁家坝村	
809			贵州省茶叶科学研究所永兴品种组旧址		永兴镇梁家坝村	
810			贵州省湄潭茶场永兴分场蓄水池旧址		永兴镇梁家坝村	
811	乌江水系	市县级	土溪玉皇阁	遵义市	土溪镇三合社区	
812			龙泉文峰塔		凤岭街道文峰社区	
813			龙井摩崖		龙泉街道龙井社区	
814			太极洞石窟		何坝镇凌云村	
815			大坪石牌坊		石径乡两河口村	
816			落水洞字库塔		王寨镇高坝村	
817			彰教坝石牌坊		花坪镇石盆社区	
818			麻院坝文峰塔		新建镇新建社区	
819			木耳厂石牌坊		石径乡两河口村	
820			永安任氏庄园		永安镇龙山村	
821			长碛牌坊		新建镇新建社区	
822			文昌牌坊		凤岭街道六里村	
823			永和戒烟碑		永和镇永华社区	
824			永安戒烟碑	凤冈县	永安镇永隆社区	
825			白岩夹差役律规碑		杨兴镇新建村	
826			立竹溪宋墓		砚台村绥阳镇	
827			杨家湾明墓		天桥镇漆坪村	
828			中华山僧墓		王寨镇王寨社区	
829			中华山石刻		王寨镇王寨社区	
830			郭家洞		土溪镇鞍山村	
831			县城革命烈士墓		龙泉街道体育场社区	
832			一品泉		蜂岩镇龙井村	
833			付佐友合葬墓		花坪镇鱼跳村	
834			付氏宗祠		花坪镇鱼跳村	
835			黄狼坪营盘遗址		进化镇大堰村	
836			河闪渡商号遗址		天桥镇河闪渡村	
837			陆公阅墓		蜂岩镇巡检村	

续表

序号	水系	保护级别	文物保护单位名称	行政区划			备注
838	乌江水系	市县级	安崇诚墓	遵义市	凤冈县	永和镇双山村	
839			官坝凉桥			土溪镇官坝村	
840			曲水流觞石刻			何坝镇何坝社区	
841			白云山摩崖石刻			琊川镇朝阳村	
842			葡萄井			蜂岩镇龙井社区	
843			西山手工造纸作坊遗址			龙泉街道西山村	
844			生基坳明墓			凤岭街道文峰社区	
845			罗秀华墓			龙泉街道西山村	
846			安文墓			永和镇双山村	
847			安武墓			永和镇双山村	
848			李蟠墓			凤岭街道六里村	
849			钱青云墓			绥阳镇玛瑙村	
850			官田古寨			绥阳镇玛瑙村	
851			撮基湾字库塔			蜂岩镇小河村	
852			福坝字库塔			新建镇官田村	
853			大堰字库塔			进化镇大堰村	
854			练家修旧居			绥阳镇永盛社区	
855			安氏宗祠			绥阳镇新冈村	
856			李氏宗祠			绥阳镇石门村	
857			黑溪古寨			土溪镇鱼泉村	
858			宝峰寺和尚灵塔			蜂岩镇赵坪村	
859			无极洞摩崖石刻			何坝镇凌云村	
860			平头溪古码头石碑			天桥镇平头溪村	
861			保安洞石刻			花坪镇关口村	
862			新建禁止捕鱼碑			新建镇新建社区	
863			罗家场神道碑			土溪镇官坝村	
864			河闪渡古码头石碑			天桥镇河闪渡村	
865			毛泽东批示纪念碑			永安镇永隆社区	
866			张明修旧居			花坪镇关口村	
867			琊川中学教学楼			琊川镇偏刀水社区	
868			何士光旧居			琊川镇偏刀水社区	

续表

序号	水系	保护级别	文物保护单位名称	行政区划		备注
869			黔雨枝化石出土点		石径乡青滩村	
870			响水岩银杏林		进化镇沙坝村	
871			太极洞中共地下党湄潭县第一期干训班遗址	凤冈县	何坝镇凌云村	
872			红九军团偏刀水指挥部遗址		琊川镇偏刀水社区	
873			红九军团鱼龙山驻地遗址		进化镇中心村	
874	乌江水系	市县级	范我蘧墓	遵义市 务川仡佬族苗族自治县	丰乐镇山江村	
875			东升塔		都濡街道东昇社区	
876			顺天寨		都濡街道文化社区	
877			麻王洞摩崖		都濡街道文化社区	
878			长风岩摩崖		丹砂街道杨村社区	
879			石步丫营盘遗址		镇南镇同心村	
880			大院子向氏家族墓		茅天镇红心社区	
881			田坝场字库塔		蕉坝镇沙湾村	
882			毛田天主堂		砚山镇毛田社区	
883			沈家坝古建筑群		黄都镇沈家坝村	
884			桃符石牌坊		丹砂街道桃符社区	
885			官学邹家祠堂		丹砂街道官学社区	
886			高洞学校教学楼		黄都镇高洞村	
887			阳山坝花院子		大坪街道龙潭村	
888			竹园双桥		泥高镇竹园村	
889			务川县干休所旧址		都濡街道文化社区	
890			王济辉手植桂		大坪街道三坑村	
891			肖家岗墓		大坪街道三坑村	
892			板场工务所碉堡遗址		大坪街道三坑村	
893			龙潭墓群		大坪街道龙潭村	
894			官学墓群		丹砂街道官学社区	
895			申允继墓		丹砂街道桃符社区	
896			邹庆墓		丹砂街道官学社区	
897			邹尧钦旧居		丹砂街道官学社区	
898			马拱坡建筑群		丹砂街道桃符社区	

续表

序号	水系	保护级别	文物保护单位名称	行政区划		备注
899			禁止杀牛碑		丹砂街道桃符社区	
900			长坳古柏碑		丹砂街道官学社区	
901			菠萝山营盘遗址		都濡街道文化社区	
902			福泉井		都濡街道南门社区	
903			盘龙箐摩崖石刻		都濡街道南门社区	
904			婺星亭遗址		都濡街道务星社区	
905			白马岩洞葬		都濡街道东昇社区	
906			郭家坝僧塔墓群		都濡街道喻家村	
907			喻家桥		都濡街道喻家村	
908			狮子山庙遗址		泥高镇老鹰村	
909			剿匪爱民碑		泥高镇青坪村	
910			申一万墓		泥高镇青坪村	
911			两袖清风碑		砚山镇砚山社区	
912			观音桥官厅		砚山镇砚山社区	
913	乌江水系	市县级	杨秀玉墓	遵义市	砚山镇毛田社区	
914			长坝石棺墓		浞水镇长江社区	
915			覃世位墓		浞水镇长江社区	
916			禹皇宫遗址		黄都镇黄都社区	
917			张玉强民居		黄都镇大竹村	
918			高洞凉桥		黄都镇高洞村	
919			同化参育碑		黄都镇大竹村	
920			丝绵乡中心学校旧址		黄都镇丝绵社区	
921			三龟祠		黄都镇大竹村	
922			丝绵渡槽		黄都镇丝绵社区	
923			丰乐中学老教学楼		丰乐镇丰乐社区	
924			庙坝剿匪战斗旧址		丰乐镇庙坝村	
925			节用爱人碑		丰乐镇田村村	
926			院子箐遗址		丰乐镇新田村	
927			湾里凉桥		丰乐镇田村村	
928			鹅公溪岩葬		蕉坝镇新茶村	
929			蕉坝惜字塔		蕉坝镇蕉坝社区	

续表

序号	水系	保护级别	文物保护单位名称	行政区划		备注
930			乐居僧塔墓		蕉坝镇乐居社区	
931			莲台山寺遗址		石朝乡杉板村	
932			石步丫项氏墓群		镇南镇同心村	
933			五龙岩棺		镇南镇镇南社区	
934			石龙门书院遗址	务川仡佬族苗族自治县	分水镇分水社区	
935			云台寺遗址		涪洋镇珍珠村	
936			马家巴村清代古建筑群		涪洋镇双河村	
937			红子岩崖题		都濡街道沙坝村	
938			陈家湾陈氏宗祠		涪洋镇前进村	
939			后坪县政府旧址		茅天镇红心村	
940			长脚滩红军渡进口遗址		柏村镇长脚村	
941	乌江水系	市县级	市坪申祐祠	遵义市	市坪苗族仡佬族乡龙坪村	
942			石笋峰寺		凤仪街道楼台社区	
943			八圣宫		安场镇安场社区	
944			龙岗冯氏宗祠		新州镇龙江村	
945			鱼塘摩崖		凤仪街道山峰社区	
946			青龙山寨遗址		芙蓉江镇龙泉村	
947			官田宋墓		新州镇茨梨村	已迁务本堂
948			旦坪字库塔	正安县	班竹镇旦坪村	
949			界牌阁		市坪苗族仡佬族乡龙坪村	
950			洪泉韦氏宗祠		碧峰镇洪泉村	
951			凤凰阁		市坪苗族仡佬族乡河渡村	
952			堡寨赵氏宗祠		乐俭镇东门村	
953			中观陈氏宗祠		中观镇鲜光社区	
954			龙塘沟摩崖造像		流渡镇新桥村	
955			旺光图神道碑		格林镇广大村	
956			上坝知青旧址		班竹镇上坝村	
957			白石风雨桥		流渡镇新桥村	
958			安场辅元桥		安场镇安常社区	
959			花池字库塔		格林镇朝阳村	

续表

序号	水系	保护级别	文物保护单位名称	行政区划		备注
960	乌江水系	市县级	石井冯氏宗祠	遵义市	安场镇石井社区	
961			杨兴周氏宗祠		杨兴镇杨兴社区	
962			油渠沟风雨桥		流渡镇新桥村	
963			白岩夹差役律规碑		杨兴镇新建村	
964			黔北救国义勇军成立旧址		庙塘镇教良居	
965			郑代巩故居		杨兴镇大城村	
966			安场中共合溪特别支部旧址		安场镇安常社区	
967			正安烈士陵园		凤仪街道文昌社区	
968			杜氏墓群		凤仪街道楼台社区	
969			大寺遗址		瑞溪镇瑞溪社区	
970			三眼洞遗址		小雅镇桐子坪村	
971			曹德徵墓		安场镇正江村	
972			简永叁墓		芙蓉江镇俭坪村	
973			蔡德柱、蔡福合葬墓		碧峰镇羊坎村	
974			张登祥合葬墓		新州镇老城村	
975			邹家民居		杨兴镇桐梓垭社区	正安县
976			徐公祠		安场镇安常社区	
977			王氏宗祠		谢坝乡渔泉村	
978			大垭字库塔		中观镇鲜光村	
979			永兴庵		和溪镇凤山村	
980			双修寺		庙塘镇教良社区	
981			三界寺		新州镇顶箐村	
982			鲁家崖营堡寨		和溪镇和溪社区	
983			仓屋基沟字库塔		班竹镇新模村	
984			万寿宫		瑞溪镇瑞溪社区	
985			曾家民居		和溪镇米粮村	
986			于崇璟去思碑		格林镇风光社区	
987			三角塘鱼碑		流渡镇和平村	
988			洋渡义渡碑		芙蓉江镇俭坪村	
989			干龙孔公议碑		瑞濠街道瑞濠社区	
990			黄渡养生塘碑		小雅镇桐子坪村	

续表

序号	水系	保护级别	文物保护单位名称	行政区划		备注
991	乌江水系	市县级	周虞卿合葬墓	遵义市	班竹镇旦坪村	
992			宋铖墓		中观镇鲜光社区	
993			高台风雨桥		土坪镇高台村	
994			碧峰风雨桥		碧峰镇碧峰社区	
995			长寿桥		小雅镇小雅社区	
996			川祖庙		安场镇安常社区	
997			水车河石跳桥		瑞溪镇瑞溪社区	
998			老鹰岩风雨桥（复兴桥）	正安县	瑞溪镇燕子坝村	
999			骆麟墓		瑞溪镇柏坝村	
1000			李公桥		凤仪街道北苑社区	已迁博物馆
1001			抗日阵亡将士暨死难同胞纪念碑		凤仪街道文昌社区	
1002			民国政府奠基碑		凤仪街道文昌社区	
1003			刘心耕墓（刘福田墓）		凤仪街道楼台社区	
1004			郑臣合葬墓		凤仪街道文昌社区	
1005			冉桂森墓		上坝乡八一社区	
1006			王寅亮墓石刻		忠信镇联丰村	
1007			申村周氏墓群		河口镇大田村	
1008			玉溪革命烈士陵园	道真仡佬族苗族自治县	尹珍街道新城社区	
1009			韩世忠墓		玉溪镇淞江村	
1010			石寨堡遗址		大矸镇大礃社区	
1011			团堡墓地		忠信镇新民村	
1012			插旗山翠飞阁		旧城镇槐坪村	
1013		市县级	大龙五福桥	余庆县	白泥镇大龙村	
1014			白泥文峰塔		子营街道梓桐社区	
1015			新场字库塔		大乌江镇新场村	
1016			招隐山摩崖		敖溪镇胜利社区	
1017			田坝王摩崖		龙溪镇红军社区	
1018			老鸦坪龙窑遗址		关兴镇沙堆村	
1019			余庆长官司衙署遗址		敖溪镇关仓村	
1020			银坝字库塔		大乌江镇银坝村	

续表

序号	水系	保护级别	文物保护单位名称	行政区划		备注
1021			集瑞桥	遵义市	敖溪镇胜利社区	
1022			施余分界碑		白泥镇明星社区	
1023			徐家林和尚石塔墓		松烟镇新台村	
1024			存三和尚墓		关兴镇沙堆村	
1025			杨赟墓		白泥镇明星社区	
1026			曾家屋基字库塔		白泥镇哨溪村	
1027			凉风乡规民约碑		大乌江镇凉风社区	
1028			毛崇源墓		大乌江镇远光村	
1029			红军烈士陵园		子营街道上里社区	
1030			八仙桥		龙家镇先锋村	
1031			大林寺遗址		关兴镇沙堆村	
1032	乌江水系	市县级	普定文庙建筑群	安顺市	定南街道人民社区	
1033			普定陈旗堡戏楼		黄桶街道陈旗村	
1034			普定号营古建筑群		马官镇天兴村号营组	
1035			普定东华山古建筑群		定南街道人民社区	
1036			普定农资公司综合楼		定南街道东华居委会	
1037			朵贝贡茶林		化处镇张家村	
1038			大明定南所摩崖石刻		定南街道人民社区	
1039			反字岩古彝文		化处镇化处一社区	
1040			莲花古洞		定南街道陈堡村抄子堡组	
1041			护林三禁碑		补郎乡和谐村火田组	
1042			下坝寨门		马官镇天兴村下坝组	
1043			定南石塔		定南街道塔山社区居委会	
1044			渡功亭		马场镇那细村三官寨组	
1045			马场沙家屯遗址		马场镇上官村	
1046			讲义寨古建筑群		白岩镇中心村讲义组	
1047			仙人寺		化处镇化处一社区	
1048			重化村		化处镇化处一社区	
1049			双凤山寺		化处镇化处一社区	
1050			猛舟石板房		猴场乡猛舟村	
1051			秀水学堂		玉秀街道秀水村牛角组	

续表

序号	水系	保护级别	文物保护单位名称	行政区划			备注
1052	乌江水系	市县级	波治大桥	安顺市	普定县	鸡场坡镇肖家村	
1053			安顺三铺观音洞古人类遗址		西秀区	大西桥镇三铺村	
1054			安顺旧州猫猫洞古人类遗址			旧州镇新寨村	
1055			旧州华严洞古人类遗址			旧州镇把士村	
1056			旧州象鼻洞古人类遗址			旧州镇把士村	
1057			安顺陈曾固故居			轿子山镇大山村	
1058			旧州土官司知州张公墓			旧州镇碧波居委会	
1059			顾成墓			大西桥镇九溪村	
1060			旧州城墙遗址			旧州镇旧州社区	
1061			安顺北龙宫			轿子山镇大硐口村	
1062			清凉洞遗址			七眼桥镇清水屯村	
1063			郑家溶洞遗址			七眼桥镇郑家屯村	
1064			鲁大东老宅			旧州镇旧州社区	
1065			旧州孙家老宅			旧州镇旧州社区	
1066			詹家屯叶氏宗祠			旧州镇詹屯村	
1067			金官寨门楼			东屯乡官上村	
1068			吉昌墓群			大西桥镇吉昌村	
1069			吉昌汪公庙			大西桥镇吉昌村	
1070			石板房王家宅			大西桥镇石板房社区	
1071			小黑任氏宅			刘官乡金土村	
1072			大寨回龙寺			刘官乡嘉穗村	
1073			大硐口杨家宅			轿子山镇大硐口村	
1074			张官屯古井			蔡官镇张官村	
1075			可瓦朱家宅			蔡官镇可瓦村	
1076			永峰山寺遗址			轿子山镇永峰村	
1077			二铺行宫房			七眼桥镇二铺村	
1078			七眼桥烈士塔			七眼桥镇汤官社区	
1079			中所狮子山寺遗址			大西桥镇中所村	
1080			小屯街碉楼			蔡官镇小屯街村	
1081			梅进奄老宅			蔡官镇交椅村	

序号	水系	保护级别	文物保护单位名称	行政区划		备注
1082		市县级	平坝天龙学堂旧址	安顺市	天龙镇天龙村	
1083			平坝侏罗纪恐龙化石保护区		鼓楼街道中山村	
1084			平坝乐平文昌阁		乐平镇乐平村	
1085			平坝陈蕴瑜将军故居（含祠堂、墓葬）		天龙镇天龙村	
1086			平坝白云庄明墓		白云镇白云村	
1087			平坝喜客泉		安平街道喜客泉村	
1088			平坝西街钟鼓楼		鼓楼街道鼓楼社区	
1089			平坝清真寺		安平街道城南新村	
1090			平坝陈法墓		白云镇邢江村	
1091			平坝烈士陵园		安平街道城南新村	
1092			平坝二官抗战胜利纪念塔		天龙镇二官村	
1093			平坝望城坡古驿道		鼓楼街道文化村、夏云镇桥上村	
1094	乌江水系	市县级	云峰山遗址	贵阳市	青龙山街道石关村	
1095			雷神坡排洞遗址		流长苗族乡杨院村	
1096			玉冠山寺遗址		犁倭镇小屯村	
1097			黄家洞遗址		卫城镇永乐村	
1098			新店镇古道遗址（茶店村驿道遗址）		新店镇茶店村	
1099			镇西卫城垣遗址		卫城镇南门村	
1100			梯青塔		青龙山街道梯青塔社区	
1101			红湖村姬昌桥		青龙山街道红湖村	
1102			大梨树刘左氏节孝坊（大梨树石牌坊）		清镇市	红枫湖镇民乐村	
1103			卫城毛桥（毛桥）		卫城镇黎明村	
1104			一帆风顺摩崖		滨湖街道青山村	
1105			卫城红二、红六军团千人大会会址		卫城镇卫城社区	
1106			红军杨顺清墓		卫城镇上水村	
1107			东山寺遗址		青龙山街道东门桥村	
1108			凉伞洞遗址		青龙山街道塔山村	
1109			龙井驿道遗址		红枫湖镇芦荻哨村	
1110			毛栗山营盘遗址		巢凤街道毛栗山村	

续表

序号	水系	保护级别	文物保护单位名称	行政区划		备注
1111	乌江水系	市县级	狮子山凌洞遗址	贵阳市	清镇市	麦格苗族布依族乡观游村	
1112			石关驿道遗址			青龙山街道石关村	
1113			王家寨青龙寺遗址			红枫湖镇民乐村	
1114			玉皇阁遗址			红枫湖镇大冲村	
1115			仙人洞遗址			青龙山街道青龙村	
1116			威武所城垣遗址			站街镇龙泉村	
1117			赫声所城垣遗址			新店镇茶店村	
1118			西清桥			红枫湖镇骆家桥村	
1119			粑粑店墓地			王庄布依族苗族乡高山村	
1120			琊珑坝墓群			红枫湖镇芦荻哨村	
1121			芦荻哨墓地			红枫湖镇芦荻哨村	
1122			焦琴将军墓			青龙山街道红枫社区	
1123			土门寨墓地			红枫湖镇羊昌村	
1124			白泥田墓群			红枫湖镇白泥田村	
1125			张端望墓			青龙山街道东门桥村	
1126			余家龙滩墓群			红枫湖镇民乐村	
1127			姚家寨墓群			卫城镇永乐村	
1128			黑泥哨胡氏墓			巢凤街道黑泥哨村	
1129			大麦西石拱桥			麦格苗族布依族乡大麦西村	
1130			郭超凡宅			新店镇蜂糖寨村	
1131			骆家桥石寨门			红枫湖镇骆家桥村	
1132			石关廻龙寺			青龙山街道石关村	
1133			台子上拱桥			麦格苗族布依族乡小冲村	
1134			万寿桥			王庄布依族苗族乡高山村	
1135			小寨马氏民居			新店镇大寨村	
1136			新桥村石拱桥			卫城镇犀牛村	
1137			石关晓渝碑			青龙山街道石关村	
1138			佛灵古洞石刻			暗流镇洗米村	
1139			伏泉井卫生公约碑			卫城镇克乃村	
1140			甘沟桂花井重修碑记			站街镇龙泉村	
1141			平桥村四棱碑			卫城镇黎明村	

续表

序号	水系	保护级别	文物保护单位名称	行政区划		备注
1142	乌江水系	市县级	青龙山摩崖	贵阳市	清镇市 青龙山街道青龙村	
1143			大坝碉堡		新店镇东风湖村	
1144			六广驿遗址		六广镇广城村	
1145			河银汞矿遗址		六桶镇花榔村	
1146			修文县八角岩遗址		龙场街道新寨村	
1147			高仓古堡遗址		阳明洞街道高仓村	
1148			修文县泗溪吊井		扎佐街道清溪村	
1149			月华寺红军指挥部旧址		六屯镇桃源村	
1150			大木红军标语		六屯镇大木村	
1151			赵德全墓		景阳街道和新村	
1152			安贵荣墓遗址		大石布依族乡大屯村	
1153			六广贾氏墓群		修文县 六广镇合营村	
1154			六屯乡何氏墓群		六屯镇都堡村	
1155			佛洞山摩崖		六广镇新中村	
1156			手爬岩岩书		大石布依族乡大屯村	
1157			修文北门桥		龙场街道中山社区	
1158			修文玩易古桥		龙场街道新春村	
1159			扎佐和平古桥		景阳街道和新村	
1160			扎佐西门桥		景阳街道新园社区	
1161			葛氏宗祠		六屯镇独山村	
1162			独山传统古村落		六屯镇独山村	
1163			花塔民居		谷堡镇花塔村	
1164		市县级	吴中蕃先生墓		石板镇芦荻村	
1165			任可澄墓		贵筑街道尖山村	
1166			戴安澜将军衣冠冢		阳光街道贵筑社区	
1167			清华中学水井		花溪区 阳光街道清华社区	
1168			生聚教训摩崖石刻		贵筑街道溪湖社区	
1169			花溪公园防空亭		贵筑街道溪湖社区	
1170			花溪马鞍桥		贵筑街道溪湖社区	
1171			金筑长官司遗址		清溪街道桐木岭村	
1172			孟关关山猫洞遗址		孟关苗族布依族乡石龙村	

续表

序号	水系	保护级别	文物保护单位名称	行政区划		备注
1173			养龙洞遗址		麦坪镇大坡村	
1174			花街营盘遗址		石板镇花街村	
1175			马鞍山洞葬		孟关苗族布依族乡石龙村	
1176			摆头山营盘遗址		党武街道摆牛村	
1177			刘清墓		小孟街道陈亮村	
1178			李仁宇墓	花溪区	贵筑街道天鹅村	
1179			花街罗氏宗祠		石板镇花街村	
1180			石板摆勺李氏民居		石板镇摆勺村	
1181			花溪"放鹤洲"摩崖石刻		贵筑街道溪湖社区	
1182			王伯勋故居		阳光街道贵筑社区	
1183			憩园		贵筑街道溪湖社区	
1184			花溪百步桥		贵筑街道溪湖社区	
1185	乌江水系	市县级	观风台	贵阳市	西湖路街道观风台社区	
1186			永乐古堡遗址		永乐乡永乐村	
1187			三元宫		河滨街道瑞金社区	
1188			观音洞		油榨街道青年路社区	
1189			仙人洞		水口寺街道水口寺社区	
1190			摆郎风水塔		云关乡摆郎村	
1191			摆郎回龙寺戏楼		云关乡摆郎村	
1192			龙洞桥		龙洞堡街道龙水路社区	
1193			龙家寨龙井	南明区	云关乡二戈村	
1194			八里屯龙井		云关乡二戈村	
1195			南岳山月亮井		兴关路街道南厂社区	
1196			皂角井		中曹司街道皂角井路社区	
1197			猪鬃厂井		水口寺街道红岩路社区	
1198			贾顾氏节孝坊		兴关路街道营盘路社区	
1199			高张氏节孝坊		油榨街道南岳路社区	
1200			方家祠堂及方氏民居		永乐乡水塘村	
1201			四方河寨		后巢乡四方河村	
1202			图云关摩崖		龙洞堡街道机场路社区	
1203			见龙洞摩崖		龙洞堡街道龙水路社区	

续表

序号	水系	保护级别	文物保护单位名称	行政区划		备注
1204			南明堂英式别墅		西湖路街道观风台社区	
1205			毛泽东塑像群		油榨街道和新华路街道等	
1206			抗战建国摩崖		兴关路街道南厂社区	
1207			贵州省军区检阅台、大礼堂		兴关路街道南厂社区	
1208			戴蕴珊别墅	南明区	中华南路街道富水南路社区	
1209			"龙门"摩崖石刻		龙洞堡街道见龙路社区	
1210			护国路民国建筑		中华南路街道护国路社区	
1211			林青烈士塑像		龙洞堡街道见龙路社区	
1212			新龙洞桥		龙洞堡街道处龙水路社区	
1213			中国红十字会抗战救护总队图云关旧址		龙洞堡街道机场路社区	
1214	乌江水系	市县级	东山寺遗址	贵阳市	文昌阁街道东山社区	
1215			雅关		黔灵镇雅关村	
1216			贵阳清真寺		毓秀路街道团结巷社区	
1217			圣泉		三桥路街道圣泉社区	
1218			玉元井		黔灵东路街道三民社区	
1219			四方井		文昌阁街道东新路社区	
1220			檀泉		头桥街道双峰社区	
1221			金顶山井		头桥街道金鼎社区	
1222			月亮井		头桥街道双峰社区	
1223			白腊井	云岩区	盐务街街道金仓社区	
1224			白象泉		头桥街道双峰社区	
1225			扁井		盐务街街道扁井社区	
1226			太乙井		盐务街街道盐吉社区	
1227			大井		盐务街街道吉祥社区	
1228			薛家井		毓秀路街道团结巷社区	
1229			相宝山摩崖		大营路街道狮子社区	
1230			卢焘蒙难处		头桥街道松山社区	
1231			林青就义处		毓秀路街道环兴社区	
1232			刘氏支祠		文昌阁街道贵山社区	
1233			平刚墓		黔灵镇沙河村	

续表

序号	水系	保护级别	文物保护单位名称	行政区划		备注
1234	乌江水系	市县级	简书墓	贵阳市	头桥街道双峰社区	
1235			毓秀亭		毓秀路街道城基路社区	
1236			蒋介石与张学良会面处		头桥街道双峰社区	
1237			杜蓉烈士墓		茶园路街道茶园村	
1238			贵阳北天主教堂		普陀路街道和平社区	
1239			地母洞		黔灵镇景馨社区	
1240			贵阳解放贵州革命先烈纪念碑		头桥街道双峰社区	
1241			吴剑平公馆旧址		文昌阁街道圆通社区	
1242			贵州革命英烈纪念碑	云岩区	黔灵镇茶店村	
1243			贵州人民抗日战争纪念碑		黔灵镇茶店村	
1244			省府路石板街		文昌阁街道贵山社区	
1245			新生活第一纪念林摩崖		头桥街道双峰社区	
1246			黔灵湖水库		头桥街道双峰社区	
1247			秦天真墓		黔灵镇茶店村	
1248			警世堂		黔灵西路31号	
1249			黔灵山六角石亭		头桥街道双峰社区	
1250			百花山水井		大营路街道百花山社区	
1251		市县级	朱昌营盘坡城堡遗址	观山湖区	朱昌镇茶饭村	
1252			朱昌堡遗址		朱昌镇金钟村	
1253			珍珠泉		世纪城街道龙泉村	
1254			灵永寺		百花湖镇三堡村	
1255			廻龙寺及历代禅师石塔林		金华镇下铺村	
1256			窦官大龙井		朱昌镇窦官村	
1257			中坝石拱桥		朱昌镇赵官村	
1258			窦官上桥		朱昌镇窦官村	
1259			下铺乡村民约碑（下铺村乡规民约碑）		金华镇下铺村	
1260			卢焘墓		观山街道新寨村	
1261			朱昌革命烈士陵园		朱昌镇金钟村	
1262			黄卓元墓		金华镇苍坡村	
1263			新寨跳场规约碑		金华镇苍坡村	

续表

序号	水系	保护级别	文物保护单位名称	行政区划		备注
1264	乌江水系	市县级	都拉营盘	贵阳市	都拉布依族乡都拉村	
1265			朱官堡遗址·永胜门		麦架镇小桥村	
1266			永安桥		沙文镇班竹村	
1267			沈官桥		麦架镇新村村	
1268			大林生态碑	白云区	牛场布依族乡大林村	
1269			瓦窑勘界碑		牛场布依族乡瓦窑村	
1270			白云革命烈士陵园		艳山红镇	
1271			下水石桥		都拉布依族乡上水村	
1272			宋氏别业遗址		东风镇云锦村和新光路街道北衙村	
1273			定扒大沟		水田镇定扒村	
1274			下坝古道		下坝镇下坝村	
1275			下院营盘遗址		偏坡布依族乡下院村	
1276			唐氏墓群		水田镇竹林村	
1277			后所祖师庙		东风镇后所村	
1278			乌当桥		新光路街道新庄村	
1279			普渡桥		下坝镇下坝村	
1280			川主庙		下坝镇下坝村	
1281			东风镇龙井		东风镇龙井村	
1282		市县级	惜字塔	乌当区	东风镇龙井村	
1283			新堡水井		新堡布依族乡新堡村	
1284			险峰井		羊昌镇小寨村	
1285			马场大河桥		羊昌镇马场村	
1286			唐家大院		水田镇竹林村	
1287			万民沾恩碑		下坝镇喇平村	
1288			金芳云烈士墓		东风镇云锦村	
1289			断案碑		新场镇沙坝村	
1290			百宜红军烈士陵园		百宜镇大岗村	
1291			高廷瑶墓		高新路街道新添村	
1292			黄连抗日标语		羊昌镇黄连村	
1293			新场红军烈士墓		新场镇新场村	
1294			新堡造纸作坊		新堡布依族乡陇脚村	

续表

序号	水系	保护级别	文物保护单位名称	行政区划		备注
1295			大堡猫猫山古文化遗址		东风镇大堡村	
1296			朝阳寺遗址	乌当区	水田镇竹林村	
1297			喇平渡槽		下坝镇喇平村	
1298			佘家营		南龙乡田坎村	
1299			客籍会馆		龙岗镇龙岗社区	
1300			安家洞摩崖		宅吉乡堰塘村	
1301			蓝秧碑		高寨苗族布依族乡平寨村	
1302			张学良将军幽禁处旧址		硒城街道刘育村	
1303			坝子村红军指挥所旧址		龙岗镇坝子村	
1304			开阳煤矿火电厂旧址		龙岗镇大鸭村	
1305			开阳县烈士陵园		云开街道东山村	
1306			幺佬寨遗址		高寨苗族布依族乡平寨村	
1307			甘家洞化石出土点		龙岗镇龙岗二村	
1308			快下开州衙遗址		双流镇三合村	
1309	乌江水系	市县级	窑上坪陶窑遗址	贵阳市	紫兴街道鱼上村	
1310			川黔古道简家坡段		永温镇永亨村	
1311			茶山关渡口遗址		楠木渡镇胜利村	
1312			宋万化墓		禾丰布依族苗族乡典寨村	
1313			何人凤墓		云开街道温泉村	
1314			刘湧、刘俸墓		双流镇三合村	
1315			朱氏家族墓群		双流镇双永社区	
1316			杨立信墓	开阳县	楠木渡镇谷阳村	
1317			杨文桢墓		楠木渡镇谷阳村	
1318			何梦熊墓		冯三镇堕秧村	
1319			周师皋墓		南龙乡翁朵村	
1320			寂桂和尚墓		金中镇金华村	
1321			何氏家族墓群		高寨苗族布依族乡平寨村	
1322			蒲窝岩墓		高寨苗族布依族乡平寨村	
1323			梅仕奇墓		南龙乡翁朵村	
1324			杨方大桥		禾丰布依族苗族乡典寨村	
1325			三板桥		冯三镇安坪村	

续表

序号	水系	保护级别	文物保护单位名称	行政区划		备注
1326			迎仙桥		冯山镇三合村	
1327			顶方养心阁		紫兴街道顶方村	
1328			大荆惜字塔		龙岗镇大荆村	
1329			宅吉减粮碑		宅吉乡堰塘社区	
1330			许阁书墓		龙岗镇龙岗二村	
1331			何庆松墓		云开街道东山村	
1332		市县级	顺岩河渡口红军抢渡清水江遗址	开阳县	高寨苗族布依族乡与龙里巴江交界处	
1333			楠木渡红军抢渡乌江战斗遗址		楠木渡镇黄木村	
1334			洛旺河红军渡河战斗遗址		花梨乡清江村	
1335			龙岗红军标语		龙岗镇龙岗社区	
1336			马头寨红军标语		禾丰布依族苗族乡马头村	
1337			久长红军标语		高寨苗族布依族乡久长村	
1338			躲兵洞化石点		禾丰布依族苗族乡长红村	
1339	乌江水系		凤池寺	贵阳市	西山镇西山村	
1340			鹿窝永乐五年盟誓碑（鹿窝毗庐寺盟碑）		鹿窝镇三友村	
1341			板桥烈士墓		温泉镇天台村	
1342			保山烈士墓		永靖镇河坎村	
1343			大寨红军标语		小寨坝镇大寨村	
1344			马鞍山红军临时指挥部旧址		流长镇前奔村	
1345			红军息烽战斗遗址		小寨坝镇西山镇流长镇永阳街道	
1346		市县级	九庄红军烈士陵园（九庄红军坟）	息烽县	九庄镇西门村	
1347			流长烈士墓		流长镇前奔村	
1348			鹿窝红军烈士墓（鹿窝红军坟）		鹿窝镇老窝村	
1349			没量坑红军烈士殉难处		流长乡宋家寨村	
1350			张露萍等七烈士墓		永阳街道下阳朗村	
1351			华严寺遗址		鹿窝镇大石头村	
1352			川黔驿道息烽段		永靖镇马当田村	
1353			新阳花坟		鹿窝镇瓮舍村	
1354			新阳汉墓		鹿窝镇杨寨村	

续表

序号	水系	保护级别	文物保护单位名称	行政区划		备注
1355	乌江水系	市县保	蔡普化墓	贵阳市	息烽县	养龙司镇坝上村	
1356			牟海奇墓			永靖镇永红村	
1357			蔡兴隆墓			西山镇小堡村	
1358			猫场将军坟			石硐镇猫场村高寨村	
1359			底寨华氏四合院			西山镇柏香山村	
1360			西山瞿昙寺			西山镇西山村	
1361			西望山摩崖石刻群			西山镇鹿窝村和西山村	
1362		市县保	营屯营盘遗址	黔南州	龙里县	湾滩河镇营盘村	
1363			巴江惜字塔			洗马镇巴江社区	
1364			沙坝洞穴遗址			谷脚镇高新村	
1365			燕子岩洞穴遗址			谷脚镇高新村	
1366			大坡洞穴遗址			谷脚镇高新村	
1367			十字路洞穴遗址			谷脚镇高新村	
1368			贾托遗址			冠山街道大新村	
1369			三元惜字塔			冠山街道三合社区	
1370			广济桥			冠山街道水桥社区	
1371			莲花山摩崖石刻			龙山镇莲花村	
1372			抗日阵亡将士纪念碑			谷脚镇谷脚社区	
1373		市县级	戴戡墓	黔南州	贵定县	昌明镇古城村	
1374			阳宝山邱禾实墓地			宝花村阳宝山	
1375			阳宝山邱禾嘉墓地			宝山街道宝花村	
1376			盘江瓮城桥			盘江镇清定桥村	
1377			巩固牌坊			沿山镇石板村	
1378			司头牌坊			沿山镇新龙村	
1379			新巴红军标语			新巴镇幸福村	
1380			九龙营遗址			云雾镇平伐村	
1381			龙山营营盘遗址			沿山镇新龙村	
1382			威远营营盘遗址			沿山镇威远村	
1383			阿铜阿宝墓			宝山街道宝花村	
1384			把郎桥			云雾镇铁厂村	
1385			汪柱元墓			金南街道南平村	

续表

序号	水系	保护级别	文物保护单位名称	行政区划		备注
1386	乌江水系		罗文才墓	黔南州	新巴镇幸福村大土	
1387			潘三王府遗址		金南街道南平村	
1388			大新寨抗夫碑		宝山街道农庄村	
1389			把关抗夫碑		云雾镇燕子岩村	
1390			牛屎寨抗夫碑		德新镇丰收村	
1391			麦董抗夫碑		盘江镇音寨村	
1392			花金护井碑		新巴镇新华村	
1393			四寨地界碑		德新镇四寨村	
1394			丁粮定章碑		宝山街道新场村	
1395			丘禾实墓志铭		宝山街道城东村	
1396			旧治免粮碑	贵定县	昌明镇旧治社区	
1397			鸟王地界碑		云雾镇鸟王村	
1398			巩固牛打场碑记		沿山镇新龙村	
1399			新庄契约碑		宝山街道新场村	
1400			良田免粮碑		宝山街道城东村	
1401			冗山桥		沿山镇石板村	
1402			旧治城楼		昌明镇古城村	
1403			平伐寿福寺阁楼		云雾镇平伐村	
1404			牟珠洞寺庙遗址		盘江镇清定桥村	
1405			旧治黑神庙		昌明镇古城村	
1406			回龙寺		盘江镇狮扑村	
1407			平伐万寿宫		云雾镇平伐村	
1408		市县级	翁初文昌阁	福泉市	道坪镇翁初村	
1409			上大坪农民起义遗址		道坪镇谷平村	
1410			瓮安仙桥山	瓮安县	雍阳街道仙桥社区	
1411			瓮安草塘		猴场镇草塘社区	
1412			瓮余湄铁壁合围剿匪司令部旧址		猴场镇下司社区	
1413		市县级	黑洞遗址		猴场镇青池村	
1414			十八革命烈士墓		猴场镇草塘社区	
1415			文峰塔		瓮水街道鼓楼社区	
1416			穿洞河古道遗址		银盏镇穿洞村	

续表

序号	水系	保护级别	文物保护单位名称	行政区划		备注
1417			平定营中山阁		平定营镇平定营社区	
1418			大塘红军标语		天文镇天文社区	
1419			武圣宫及来子洞石刻		瓮水街道金龙社区	
1420			任承纪故居		瓮水街道鼓楼社区	
1421			瓮水蛮夷长官司遗址		珠藏镇桐梓坡村	
1422			三合义渡蹬道及摩崖		珠藏镇羊关村	
1423			羊岩关遗址		珠藏镇羊关村	
1424			唐平播万户侯犹崇义墓		珠藏镇荣院村	
1425			吉灵寺遗址		中坪镇茶店村	
1426			莫宗文墓		中坪镇中坪社区	
1427			后岩观遗址		猴场镇下司社区	
1428			红军干部团旧址		猴场镇草塘社区	
1429			傅玉书先生故居		猴场镇下司社区	
1430			内阁中书第遗址		猴场镇草塘社区	
1431	乌江水系	市县级	明镇国将军宋民倚墓	黔南州	猴场镇草塘社区	
1432			朱勋墓		银盏镇大寨坪社区	
1433			红军抢渡乌江—孙家渡战斗遗址		江界河镇沿江村	
1434			南河义渡碑刻		江界河镇沿江村	
1435			兴文义学旧址		平定营镇三合村	
1436			舒葆初烈士故居		平定营镇平定营社区	
1437			高贞观摩崖		平定营镇平定营社区	
1438			木老坪砖塔		银盏镇木老坪社区	
1439			丁粮章程碑		银盏镇木老坪社区	
1440			江界河改设义渡碑		江界河镇渡江社区	
1441			天文建场碑		天文镇天文社区	
1442			毛坡坪摩崖碑刻		珠藏镇清香村	
1443			大丰洞摩崖		永和镇后坝村	
1444			宋良仲将军故居		猴场镇草塘社区	
1445			飞练大桥		银盏镇飞练社区	
1446			岩脚桥		银盏镇银盏社区	
1447			杜仲河大桥		银盏镇银盏社区	

续表

序号	水系	保护级别	文物保护单位名称	行政区划		备注
1448	乌江水系	市县级	黄泥凼红军战斗遗址	黔南州	永和镇后坝村	
1449			塔坡红军作战指挥部遗址		瓮水街道鼓楼社区	
1450			瓮安古生物化石群		银盏镇玉华社区	
1451			玉虹桥		瓮水街道金龙社区	
1452			三代桥		猴场镇下司社区	
1453			五福桥		平定营镇梭罗村	
1454			八十桥		猴场镇下司社区	
1455			宋钦故居		猴场镇下司社区	
1456			草塘安抚司衙署		猴场镇下司社区	
1457			施元举墓表		珠藏镇桐梓坡村	
1458			李氏私碉		玉山镇苟家庄村	
1459			塔坡烈士陵园		瓮水街道鼓楼社区	
1460			中坪烈士陵园	瓮安县	中坪镇中坪社区	
1461			珠藏烈士陵园		珠藏镇珠藏社区	
1462			宋家寨标语		猴场镇宋家寨村	
1463			天文第一山石刻		天文镇玉屏村	
1464			有□南伞照诸侯题壁		猴场镇大河村	
1465			穿洞河禁止打鱼摩崖		银盏镇穿洞村	
1466			毛文奎合葬墓		中坪镇水耳村	
1467			香樟树罗氏墓群		江界河镇山星村	
1468			赵明清墓		永和镇萍水村	
1469			李至善合葬墓		建中镇太文村	
1470			手爬岩古道遗址		珠藏镇荣院村	
1471			朱陈桥遗址		银盏镇飞练社区	
1472			王焕堂墓		瓮水街道花桥社区	
1473		市县级	浪洞岩西竺寺	黄平县	浪洞镇管桐村	
1474			邓十万地主庄园遗址		平溪镇川岩村	
1475			轿顶山教军营地遗址		纸房乡向心村四组	
1476			写字岩		纸房乡金河村四组	
1477			悟玄墓		一碗水乡水淹塘村	
1478			步云洞摩崖		一碗水乡印地坝村平东寨	

续表

序号	水系	保护级别	文物保护单位名称	行政区划			备注
1479	乌江水系	市县级	一碗水革命烈士陵园	黔南州	黄平县	一碗水乡一碗水村	
1480			古佛山和尚墓塔		施秉县	牛大场镇铜鼓村古佛山	
1481			庙坪大拱桥			牛大场镇金坑村	
1482			庙坪小拱桥			牛大场镇金坑村	
1483			牛大场烈士墓			牛大场镇牛大场村	
1484			邓金真墓			马溪乡塘头村中寨组	
1485			朝阳寺		镇远县	大地乡大地村	
1486			朝阳寺石拱桥			大地乡大地村	
1487			坪地场关帝庙	铜仁市	石阡县	坪地场仡佬族侗族乡和平村	
1488			祝氏宗祠			中坝街道河东村	
1489			牛场雷氏祖母墓			坪山仡佬族侗族乡沙坪村	
1490			甘棠张氏祖母墓			坪山仡佬族侗族乡沙坪村	
1491			关岭广佛山庙			坪山仡佬族侗族乡关岭村	
1492			地袍李家宗祠			甘溪仡佬族侗族乡地袍村	
1493			青山苏家大院			青阳苗族仡佬族侗族乡青山村	
1494			五德廖登秀墓			五德镇尧寨村	
1495			聚凤五福桥			聚凤仡佬族侗族乡宝龙村	
1496			坪贯陈氏深基坟			坪山仡佬族侗族乡坪贯村	
1497			下屯小学畅游楼			汤山街道下屯村	
1498			印把山和泗寨屯			河坝镇印屯村	
1499			石阡温泉			汤山街道温泉社区	
1500			中坝白岩塘石盘			中坝街道河西村	
1501			石阡风洞			枫香仡佬族侗族乡金丰村	
1502			本庄千工堰			本庄镇沙坪村	
1503			中坝十万屯			中坝街道万屯村	
1504			地下热河			石固仡佬族侗族乡凯峡河村	
1505			石阡东岳庙			汤山街道万寿社区	
1506			北塔寺			汤山街道万寿社区	
1507			邓氏祠堂			坪山仡佬族侗族乡尧上村	
1508			汪河风雨桥			坪地场仡佬族侗族乡石榴坡村	

续表

序号	水系	保护级别	文物保护单位名称	行政区划		备注
1509	乌江水系	市县级	石阡府城垣	铜仁市	汤山街道温泉社区	
1510			文笔遗址		泉都街道高寨村	
1511			汪河陈氏墓群		坪地场仡佬族侗族乡石榴坡村	
1512			三佛洞"祜忠寺"碑群		龙塘镇川岩坝村	
1513			洞沟摩崖石刻		汤山街道鲜花社区	
1514			伴云寺遗址		汤山街道北塔村	
1515			继梵山寺遗址		坪山仡佬族侗族乡沙坝村	
1516			河坝古墓葬		河坝镇河坝村	
1517			李氏墓群		汤山街道万安村	
1518			坪山雷神庙		坪山仡佬族侗族乡沙坝村	
1519			公鹅长官司衙署		石固仡佬族侗族乡公鹅坳村	
1520			天后宫		汤山街道温泉社区	
1521			白沙文笔		白沙镇白沙村	
1522			杨家巷石库门		汤山街道温泉社区	
1523			石固高桥		石固仡佬族侗族乡石场村	
1524			老虎洞摩崖石刻		龙井乡晏家湾村	
1525			本庄红军烈士纪念塔		本庄镇新庄社区	
1526			晏明红军烈士纪念塔		龙井乡晏家湾村	
1527			五德红军烈士纪念塔		五德镇铺沟村	
1528			尧上红军烈士纪念塔		坪山仡佬族侗族乡尧上村	
1529			王家大院		汤山街道温泉社区	
1530			龙家大院		汤山街道温泉社区	
1531			杨家大院		汤山街道温泉社区	
1532			王家大院		汤山街道温泉社区	
1533			陈家大院		汤山街道温泉社区	
1534			曹家大院		汤山街道温泉社区	
1535			熊家大院		汤山街道温泉社区	
1536			陈家大院		汤山街道温泉社区	
1537			同善寺		汤山街道温泉社区	

续表

序号	水系	保护级别	文物保护单位名称	行政区划			备注
1538	乌江水系	市县级	艾氏民居	铜仁市	思南县	思唐街道文化社区	
1539			大坝古寨			板桥镇水淹坝村	
1540			大兴凉桥			天桥土家族苗族乡牛毛坝村	
1541			观音阁			思唐街道中和社区	
1542			浸底峡古寨			许家坝镇坑水村	
1543			林氏宗祠			张家寨镇林家寨村	
1544			苏家花坟			天桥土家族苗族乡梧桐村	
1545			瓦窑坝古寨			板桥镇板桥社区	
1546			小桥沟古建筑群			思唐街道安化社区	
1547			尧上古建筑群			大坝场镇尧上村	
1548			郝家湾清代民居群			板桥镇郝家湾村	
1549			山高水长			关中坝街道江东社区	
1550			渐鸿塔			鹦鹉溪镇箱子溪村	
1551			仁寿			关中坝街道江东社区	
1552			天子万年			关中坝街道江东社区	
1553			赤壁			双唐街道办高家洞社区	
1554			楠木古树			青杠坡镇楠木王村	
1555			孙斗勋墓			板桥镇板桥社区	
1556			周家坟			板桥镇板桥社区	
1557			汪元宝墓			塘头镇街子村	
1558			桶口和尚塔			香坝镇桶口村	
1559			梁氏宗祠			杨家坳乡邵家渡村	
1560			竹鸡桥			许家坝镇黎家坝村	
1561			佛圆桥			瓮溪镇场井村、大塘村	
1562			肖次瞻故居			塘头镇街子村	
1563			修管水利碑			凉水井镇泡木寨村	
1564			禁砍古树碑			杨家坳乡干家山村	
1565			秦家寨咸同农民起义遗址			合朋溪镇秦家寨村	
1566			大小屯农民起义遗址			大坝场镇迎丰村、兴隆乡红岩村	
1567			旷氏宗祠			大河坝镇桃子桠村	
1568			苗民长官司署			塘头镇街子村	

续表

序号	水系	保护级别	文物保护单位名称	行政区划		备注
1569	乌江水系	市县级	蒲氏宗祠	铜仁市	大河坝镇马家山村	
1570			印和山仁同寺		双塘街道办罗家坝村	
1571			安家坟		瓮溪镇竹山村	
1572			中天塔		关中坝街道江东社区	
1573			郭氏民居		思唐街道安化社区	
1574			曾氏民居		思唐街道安化社区	
1575			桶口古驿站		长坝镇长坝社区	
1576			回龙桥		板桥镇板桥社区	
1577			小溪桥	思南县	塘头镇泗河坝村	
1578			龙塘间歇井		塘头镇下寨村	
1579			汪家井		思唐街道安化社区	
1580			思南革命烈士纪念碑		双塘街道办高家洞	
1581			塘头烈士纪念碑		塘头镇街子村	
1582			安如山、安太钧墓		香坝镇群星村	
1583			汪家寨白号军起义遗址		英武溪镇汪家寨村	
1584			小岩关摩崖		思唐街道安化社区	
1585			龙洞飞云摩崖石刻		青龙街道向阳社区	
1586			洞佛寺战斗遗址		高山镇鹿溪村	
1587			一品洞天摩崖石刻		煎茶镇金三角社区	
1588			镇风桥		楠杆土家族乡兴隆社区	
1589			拖船垭桥		共和镇转角村	
1590			石龟跌"石刻"		安化街道中华社区	
1591			曾氏宗祠		楠杆土家族乡楼房村	
1592			扶阳古城遗址	德江县	合兴镇朝阳村	
1593			黔东特区革命委员会下坝乡苏维埃政府旧址		枫香溪镇双坝村	
1594			龙泉坪思州宣慰司（长官司衙署）遗址		龙泉土家族乡良家坝村	
1595			龙坝覃氏墓		枫香溪镇龙坝村	
1596			大佛龛		潮砥镇牌坊村	
1597			重华寺遗址		煎茶镇重华村	
1598			香炉山寺遗址		合兴镇朝阳村	

续表

序号	水系	保护级别	文物保护单位名称	行政区划		备注
1599	乌江水系	市县级	大石板营盘遗址	铜仁市	龙泉土家族乡大石板村	
1600			埋鞋银号旧址		潮砥镇陈袁村	
1601			陈氏宗祠		桶井土家族乡木朗村	
1602			张氏宗祠		稳坪镇三层村	
1603			朝阳古塔		合兴镇朝阳村	
1604			双坝双塔		枫香溪镇双坝村	
1605			朝阳寺		合兴镇朝阳村	
1606			花樟坪墓		楠杆土家族乡龙寨村	
1607			朱氏墓群		合兴镇朝阳村	
1608			安洪科墓		桶井土家族乡郑家村	
1609			田宗永之妻墓		泉口镇彦平村	
1610			覃仁泽合葬墓		枫香溪镇龙坝村	
1611			玉阁楼		泉口镇泉口社区	
1612			文昌阁		枫香溪镇先联社区	
1613			青龙花桥		稳坪镇甘溪村	
1614			万寺桥		钱家土家族乡沙坝社区	
1615			楠木摩崖石刻		桶井土家族乡场坝村	
1616			黔南侯府石刻		稳坪镇铁坑社区	
1617			钻子岩摩崖石刻		煎茶镇毛松溪村	
1618			泽沛甘棠石刻		钱家土家族乡平安村	
1619			费州遗址		潮砥镇官宅村	
1620			田氏龙门		泉口镇三合村	
1621			黔东北纵队司令员先仲虞旧居		复兴镇明溪村	
1622			黔北纵队练北丫战斗遗址		合兴镇板坪村	
1623			黔北工委十字关旧址		平原镇十字村	
1624			老红军陶立功故居遗址		煎茶镇潮溪村	
1625			德江玉溪桥抗日战争纪念碑遗址		安化街道中华社区	已消失
1626			德江沙溪煤矿厂遗址		沙溪土家族乡石龙村	
1627			黔南候张义源墓		稳坪镇枫香村	
1628			南克宋墓		青龙街道光辉社区	

续表

序号	水系	保护级别	文物保护单位名称	行政区划		备注
1629			万寿宫旧址		安化街道中华社区	已消失
1630			冉德元墓		枫香溪镇先联社区	
1631			仙都紫府石刻	德江县	安化街道中华社区	
1632			黔南镇国将军张应龙墓		龙泉土家族乡良家坝村	墓碑已于1960年被毁
1633			杨氏宗祠		木黄镇乌溪村	
1634			任氏宗祠		板溪镇下洞村	
1635			杨氏宗祠		新寨镇凯望村	
1636			田氏宗祠		合水镇落佑村	
1637			新业文昌阁		木黄镇文昌村	
1638			太平寺		木黄镇昔坪村	
1639			芙蓉兴隆桥		木黄镇芙蓉村	
1640			吴氏民居		缠溪镇方家岭村	
1641	乌江水系	市县级	严寅亮故居	铜仁市	峨岭街道黔溪村	
1642			玉屏公社红军烈士墓（又名张君望烈士墓，现已迁至太阳山革命烈士墓）		中兴街道中坝村	
1643			张家坝公社大园子红军烈士墓（又名张家坝红军坟）	印江土家族苗族自治县	紫薇镇张家坝村	
1644			张家坝公社施栗坪红军烈士墓（又名苏家坡红军烈士墓）		紫薇镇大园址村	
1645			缠溪高登海烈士墓		缠溪镇缠溪村	
1646			沙子坡公社麻竹园红军标语		现存木黄会师纪念馆	
1647			沙子坡镇花园公社红军标语		现藏中国历史博物馆	
1648			刀坝红军标语		现藏木黄会师纪念馆	
1649			大圣墩文物		龙津街道幸福村	
1650			"水山嘉会"摩岩		峨岭街道普同社区	
1651			"老鼠抠仓"壁题		峨岭街道普同社区	
1652			洋溪万里桥		洋溪镇洋溪村	
1653			黔东独立师师部旧址（护国寺）		紫薇镇大园址村	
1654			天庆寺遗址		木黄镇金星村	

续表

序号	水系	保护级别	文物保护单位名称	行政区划		备注
1655			新业土司衙门旧址		木黄镇木良村	
1656			峨岭武圣宫		峨岭街道峨岭村	
1657			民族领袖严黑山碑记（叛产碑）		天堂镇中尧村	
1658			共济桥		峨岭街道黔溪村	
1659			太阳山革命历史纪念碑		龙津街道红光社区	
1660			梵净山"院道"摩岩		紫薇镇大园址村	
1661			梵净山"天桥功德碑"摩岩		紫薇镇大园址村	
1662			大关口摩岩		合水镇土洞村	
1663			会师柏		木黄镇五甲村	
1664			贵州紫薇树		紫薇镇永义村	
1665			西岩寺遗址		龙津街道甲山村	
1666			居洞沟营盘		朗溪镇河西村	
1667			曾家远冯氏墓群		龙津街道桶溪村	
1668			板溪任子元墓		板溪镇上洞村	
1669	乌江水系	市县级	周以湘墓	铜仁市	板溪镇渠沟村	
1670			蒲氏墓		朗溪镇孟关村	印江土家族苗族自治县
1671			海阔慧惺禅师墓		紫薇镇大园址村	
1672			新业向家坟		木黄镇文昌村	
1673			李正旺墓		杨柳镇崔山村	
1674			严寅亮墓		峨岭街道黔溪村	
1675			甲山火神阁		龙津街道甲山村	
1676			中寨口代氏宗祠		龙津街道甲山村	
1677			新坪戴氏宗祠		新寨镇新坪村	
1678			桶溪杨氏宗祠		龙津街道桶溪村	
1679			板溪勤丰文昌阁		板溪镇勤丰村	
1680			天堂万寿宫		天堂镇天堂村	
1681			杉树黄土天马桥		杉树镇黄土村	
1682			黄土土地祠		杉树镇黄土村	
1683			虹穴文昌阁		中兴街道虹穴村	
1684			大田大安桥		中兴街道大田村	
1685			乐洋张氏宗祠		新寨镇乐洋村	

续表

序号	水系	保护级别	文物保护单位名称	行政区划		备注
1686	乌江水系	市县级	鱼泉寺	铜仁市	木黄镇燕子岩村	
1687			喻氏宗祠		木黄镇凤仪村	
1688			凤仪文昌庙		木黄镇凤仪村	
1689			洋溪万安桥		洋溪镇曾兴村	
1690			乐洋水府塔		新寨镇乐洋村	
1691			乐洋大兴寺		新寨镇乐洋村	
1692			池坝民众公约碑		沙子坡镇池坝村	
1693			虹穴县正堂乔氏摩岩		中兴街道虹穴村	
1694			梵净山西碑林		紫薇镇大园址村	
1695			"剪刀峡"摩崖		紫薇镇大园址村	
1696			坪所摩崖		木黄镇坪所村	
1697			防洪堤书画长廊	印江土家族苗族自治县	县城邛江河旁	
1698			车家河桥		天堂镇天堂村	
1699			兰克人民公社旧址		刀坝镇兰克寨村	
1700			陈正国墓		沙子坡镇四坳村	
1701			竹园红军坟（又名李云清烈士墓）		沙子坡镇竹元村	
1702			杨家坪红军坟		中兴街道杨家坪	
1703			洋溪革命烈士墓		洋溪镇洋溪村	
1704			思基故居		罗场乡两河村	
1705			永义紫薇园		紫薇镇永义村	
1706			穿城大堰		龙津街道红光社区	
1707			凤竹路摩崖		朗溪镇孟关村	
1708			官寨土司墓群		木黄镇盘龙村	
1709			刀坝镇喻家岩区革命委员会旧址		刀坝镇玉岩村	
1710			中兴街道烂坝沟战斗遗址		中兴街道中坝村	
1711			木黄镇地茶战斗遗址		木黄镇地茶村	
1712		市县级	唐山遇震光荣牺牲同志纪念碑	沿河土家族自治县	和平街道丁字口社区	
1713			席正铭烈士纪念碑		沙子街道米溪村	
1714			龚渭清烈士纪念碑		沙子街道甘溪沟村	
1715			三孔桥		甘溪镇江边村	

续表

序号	水系	保护级别	文物保护单位名称	行政区划		备注
1716	乌江水系	市县级	十二盘石刻	铜仁市	沿河土家族自治县	
1717			"红军渡"纪念碑		团结街道田坝社区	
1718			天缘寺		中界镇罗家寨村	
1719			岵瞻亭		团结街道月亮岩社区	
1720			文昌塔		甘溪镇桂林村	
1721			"惊涛拍岸"摩崖石刻		新景镇白果村	
1722			后坪县衙署		后坪镇中心村	
1723			云盘山遗址		谯家镇谯家铺村	
1724			谯家铺古墓群		谯家镇谯家铺村	
1725			崔家四合院		和平街道迎将桥社区	
1726			杜氏宗祠		夹石镇谢家村	
1727			张氏父子墓		夹石镇三羊村	
1728			四方石汉墓		洪渡镇洪渡社区	
1729			白塔		团结街道红星桥社区	
1730			凤凰村古墓群		塘坝镇凤凰村	
1731			三壶村古建筑群		淇滩镇三壶村	
1732			印山村刘氏宗祠		谯家镇印山村	
1733			石界田氏墓		新景镇石界村	
1734			秦登桂、张氏合葬墓		新景镇石界村	
1735			蛮王洞摩崖石刻		新景镇白果村	
1736			"无上金刚大曼荼罗"摩崖石刻		新景镇白果村	水淹区内
1737			思渠村吊脚楼		思渠镇思渠社区	

附录三 贵州省长江流域沅江水系文物保护单位分布统计

贵州省长江流域沅江水系文物保护单位分布统计表

序号	水系	保护级别	文物保护单位名称	行政区划			备注
1	沅江水系	全国重点	福泉城墙	黔南州	福泉市	金山街道藜峨社区	
2			葛镜桥			金山街道双桥社区	
3			郎德上寨古建筑群	黔东南州	雷山县	郎德镇上郎德村	
4			飞云崖古建筑群		黄平县	新州镇东坡村	
5			旧州古建筑群			旧州镇乐源社区和老里坝	
6			岩门长官司城			谷陇镇岩门司村	
7			重安江水碾群			重安镇天堂村	
8			镇远青龙洞		镇远县	㵲阳镇东关社区	
9			镇远城墙			㵲阳镇联合社区和平社区兴隆社区西秀社区韭菜坪村	
10			镇远天后宫			㵲阳镇民主社区	
11			和平村旧址			㵲阳镇和平社区	
12			黎平会议会址		黎平县	德凤街道双凤社区	
13			锦屏飞山庙		锦屏县	三江镇飞山社区	
14			隆里古建筑群			隆里乡隆里所村	
15			三门塘古建筑群		天柱县	坌处镇三门塘村	
16			东山古建筑群川主宫	铜仁市	碧江区	河西街道双江社区	
17			东山古建筑群西门码头			锦江街道西门社区	
18			东山古建筑群周公馆			锦江街道西门社区	
19			东山古建筑群城墙			锦江街道江宗门社区	
20			东山古建筑群中南门码头			锦江街道江宗门社区	
21			东山古建筑群飞山庙			锦江街道江宗门社区	
22			东山古建筑群川上亭			锦江街道江宗门社区	
23			东山古建筑群东山寺			锦江街道江宗门社区	
24			东山古建筑群朱氏民宅			锦江街道江宗门社区	
25			东山古建筑群杨氏民宅（一）			锦江街道江宗门社区	
26			东山古建筑群杨氏民宅（二）			锦江街道江宗门社区	
27			东山古建筑群杨氏民宅（三）			锦江街道江宗门社区	
28			东山古建筑群罗氏民宅			锦江街道江宗门社区	

续表

序号	水系	保护级别	文物保护单位名称	行政区划			备注
29	沅江水系	全国重点	东山古建筑群万氏民宅（一）	铜仁市	碧江区	锦江街道江宗门社区	
30			东山古建筑群万氏民宅（二）			锦江街道江宗门社区	
31			东山古建筑群陈氏民宅			锦江街道江宗门社区	
32			东山古建筑群彭氏民宅			锦江街道江宗门社区	
33			东山古建筑群罗裕盛南货店			锦江街道江宗门社区	
34			东山古建筑群陈公馆			锦江街道江宗门社区	
35			东山古建筑群杨家大院			锦江街道江宗门社区	
36			万山汞矿遗址		万山区	万山镇土坪社区	
37			寨英村古建筑群		松桃苗族自治县	寨英镇寨英村	
38		省级	都匀百子桥	黔南州	都匀市	文峰街道百子桥社区	
39			都匀文峰塔			文峰街道文峰社区	
40			福泉沙坪火车站旧址		福泉市	马场坪街道沙坪村	
41			福泉竹王城遗址			凤山镇竹王城村	
42			福泉高石头摩崖			龙昌镇龙井村	
43			麻江谷硐火车站旧址	黔东南州	麻江县	谷硐镇谷硐村	
44			麻江夏同龢状元第			贤昌镇高枧村团坡寨	
45			黔桂驿道麻江段			杏山街道杏山村和贤昌镇高枧村贤昌村	
46			雷公坪咸同农民起义遗址		雷山县	方祥乡东北雷公山主峰北麓	
47			凯里万寿宫		凯里市	西门街道大阁社区	
48			湘黔驿道黄平段		黄平县	旧州镇文峰村上塘镇乌梅河村	
49		省级	黄平旧州女子学校教学楼旧址			旧州镇乐源社区	
50			黄平红三军团作战指挥部旧址			新州镇老虎坳村	
51			黄平重安江铁索桥			重安镇兴隆街社区	
52			黄平苗族起义"黄飘大捷"遗址			新州镇团仓村	
53			施秉湘黔公路鹅翅膀立交桥		施秉县	甘溪乡甘溪村	
54			施秉黑冲红军战斗遗址			白垛乡白垛村和双井镇双井村	
55			施秉华严洞摩崖石刻			甘溪乡甘溪村	
56			云台山古建筑群			白垛乡白垛村	

序号	水系	保护级别	文物保护单位名称	行政区划		备注
57	沅江水系	省级	镇远石屏山古建筑群	黔东南州	镇远县	㵲阳镇民主社区新中社区兴隆社区顺城社区	
58			镇远码头			㵲阳镇顺城社区兴隆社区新中社区东关社区和平社区	
59			镇远和公祠			㵲阳镇西门社区	
60			镇远黔东南州党政与教育机构旧址			㵲阳镇顺城社区兴隆社区	
61			镇远青溪铁厂遗址			青溪镇河东村	
62			中共镇远支部旧址（周达文故居）			㵲阳镇西门社区	
63			镇远吴王洞摩崖			㵲阳镇五里排村	
64			谭氏民宅（谭公馆）			㵲阳镇盘龙社区	
65			邹泗钟祠			㵲阳镇顺城社区	
66			青浪卫城墙			青溪镇东门村	
67			镇远何氏甘罗二夫人合葬墓			都坪镇拱桥村孟了组	
68			台江红军清水江渡口遗址		台江县	施洞镇老屯乡和革一镇	
69			台江红军中央军委纵队驻地旧址			施洞镇老屯乡和革一镇	
70			台江莲花书院红五军团党小组会议旧址			台拱街道文昌社区	
71			台江九摆鼓楼			排羊乡九摆村	
72			张秀眉故居			台拱镇南省村	
73			台江文昌宫			台拱街道文昌社区	
74			施洞苏元春公馆			施洞镇白枝坪村	
75			施洞两湖会馆			施洞镇施洞社区	
76			剑河大广坳红军战斗遗址		剑河县	磻溪镇大广村	
77			剑河凯寨、孟优红军战斗遗址			南明镇凯寨村	
78			柳基城墙			南加镇柳基村	
79			剑河南加"例定千秋"碑			南哨镇翁座村	
80			三穗八弓文笔塔和武笔塔		三穗县	文笔街道新穗村武笔街道中坝村	
81			杨至成故居			武笔街道木界村	
82			三穗高门楼坡炼钢炉遗址			款场乡龙脚村	
83			三穗良上红六军团宿营遗址			良上镇上寨村和良上村	

续表

序号	水系	保护级别	文物保护单位名称	行政区划		备注
84	沅江水系	省级	岑巩红二军团、红六军团指挥部旧址	岑巩县	水尾镇大树林村和凯本镇凯阳村	
85			岑巩中木召庄园遗址		大有镇木召村	
86			丹寨万寿宫	丹寨县	龙泉镇南街社区	
87			石桥白皮纸作坊遗址		南皋乡石桥村	
88			国营丹寨水银厂旧址		龙泉镇五一村	
89			榕江朗洞红军驻地旧址	榕江县	朗洞镇朗洞社区	
90			黎平洪州中央红军驻地及战斗遗址	黔东南州	洪州镇草坪村	
91			黎平佳所红军住址		中潮镇佳所村	
92			黎平羊角岩红军战斗遗址		中潮镇坪坝村	
93			黎平五里桥红军战斗遗址		龙形街道东关社区	
94			黎平中央红军驻地旧址		德凤街道双凤社区贡院社区	
95			黎平樟树坳红六军团战斗遗址		高屯街道潭溪社区	
96			红军长征时期黎平毛泽东住址		德凤街道双凤社区	
97			登岑粮仓群		茅贡镇登岑村	
98			黎平南泉山		黎平县	德凤街道南泉社区	
99			黎平茅贡吴文彩墓		茅贡镇腊洞村	
100			黎平何腾蛟墓祠		德凤街道南泉社区	
101			秦溪凌云塔（含红军标语）		敖市镇秦溪村	
102			黎平高屯红军桥		高屯街道潭溪社区	
103			黎平潭溪红六军团驻地旧址		高屯街道潭溪社区	
104			黎平流芳村古建筑群		茅贡镇流芳村	
105			黎平潭溪石氏宗祠		高屯街道潭溪社区	
106			黎平两湖会馆		德凤街道贡院社区	
107			高进戏楼		茅贡镇高近村	
108			龙云故居	锦屏县	茅坪镇上寨村	
109			锦屏龙大道故居		茅坪镇上寨村	
110			锦屏文斗村古建筑群		河口乡文斗村	
111			锦屏瑶光毛泽东住址		河口乡瑶光村	
112			锦屏铜鼓红军战斗遗址		铜鼓镇铜鼓村	

续表

序号	水系	保护级别	文物保护单位名称	行政区划			备注
113	沅江水系	省级	天柱抱塘村古建筑群	黔东南州	天柱县	坌处镇四康村	
114			天柱吴绍周吴绍文故居			瓮洞镇和凤城街道南门社区	
115			王天培王天锡故居			凤城镇北门社区	
116			天柱九龙山咸同起义遗址			石洞镇汉寨村	
117			天柱红六军团塘龙山战斗遗址			石洞镇汉寨村	
118			新寨古建筑群	铜仁市	松桃苗族自治县	迓驾镇新寨村	
119			松桃张家祠堂红军标语			石梁乡石梁社区	
120			松桃石梁会师桥			石梁乡石梁社区	
121			欧百川故居			盘信镇柳浦村	
122			松桃严家坡区革命委员会旧址			甘龙镇大树村	
123			松桃川黔边独立团驻地旧址			甘龙镇官坟村	
124			松桃石号坡红军烈士纪念塔			迓驾镇迓驾社区	
125			松桃玛瑙山红军战斗遗址			甘龙镇麻阳村	
126			松桃浑泉乡苏维埃政府旧址			甘龙镇浑泉村	
127			松桃寨地乡苏维埃政府旧址			甘龙镇寨地村	
128			松桃大土坪乡苏维埃政府旧址			甘龙镇大树村	
129			大路风雨桥			大路镇大路社区	
130			江口三角庄咸同起义遗址		江口县	德旺乡德旺社区	
131			江口刘氏民宅			太平镇寨抱村	
132			江口梵净山金顶古庙			太平镇梵净山村	
133			江口梵净山禁砍山林碑			太平镇梵净山村	
134			江口梵净山金顶摩崖			太平镇梵净山村	
135			江口云舍村古建筑群			太平镇云舍村	
136			江口磨湾红军会师旧址			双江街道磨湾社区	
137			江口双江红六军团司令部旧址			双江街道龙井社区	
138			九龙洞莲花寺		碧江区	漾头镇九龙村	
139			新营垴屯墙和复兴桥			滑石侗族苗族土家族乡老麻塘村	
140			铜仁客兰寨古建筑群			瓦屋侗族乡克兰寨村	

续表

序号	水系	保护级别	文物保护单位名称	行政区划		备注
141	沅江水系	省级	碧江文笔洞摩崖石刻	铜仁市	碧江区	河西街道双江社区	
142			万山汞矿近现代工业建筑		万山区	万山镇土坪社区、张家湾社区	
143			万山大坪红军桥			大坪侗族土家族乡大坪村	
144			高楼坪刘氏宗祠			高楼坪侗族乡高楼坪村	
145			印山书院		玉屏侗族自治县	皂角坪街道紫气山社区	
146		市县级	明永历皇帝陵	黔南州	都匀市	匀东镇大坪村	
147			石板街			广惠街道石板街社区	
148			西山冒沙井			文峰街道西山社区	
149			城南毛泽东塑像			小围寨街道思源社区	
150			都匀码头遗址			文峰街道百子桥社区	
151			冲口桥			毛尖镇江洲村	
152			塘脚塔群			小围寨街道包阳村	
153			关厢桥			广惠街道平桥社区	
154			柳树塘赛马场			匀东镇五寨村	
155			欧阳朝相墓			沙包堡街道黄丰村	
156			柳天成墓			匀东镇鸡贾村	
157			三胜渡碑			匀东镇明英村	
158			半山亭摩崖			广惠街道平桥社区	
159			张翀摩崖			广惠街道平桥社区	
160			吴家桥		福泉市	马场坪街道三堡村	
161			福泉山石刻			金山街道泉山社区	
162			福泉山			金山街道泉山社区	
163			月山寺			金山街道翰林社区	
164			仙人洞			金山街道城郊村	
165			仙影岩			金山街道城郊村	
166			凤山万昌塔			凤山镇金凤村	
167			黄丝江边桥			马场坪街道黄丝村	
168			印河湾汉墓			金山街道朝阳社区	
169			大夫弟			金山街道藜峨社区	
170			皋阳桥			凤山镇竹王城村	
171			广济桥			凤山镇金凤村	

序号	水系	保护级别	文物保护单位名称	行政区划		备注
172			升仙桥	黔南州	福泉市	马场坪街道马场坪村	
173			王公桥			牛场镇东南街村	
174			沈万三墓			金山街道泉山社区	
175			花娘桥			陆坪镇浪波河村	
176			葛忠墓			金山街道太平村	
177			甘塘水渠			陆坪镇罗坳村	
178			潮音阁			金山街道藜峨社区	
179	沅江水系	市县级	龙山张氏宗祠	黔东南州	麻江县	龙山镇龙山村	
180			龙江粮仓群			宣威镇龙江村、富江村	
181			龙山百子桥			龙山镇龙山村	
182			国民党陆军通信兵遗址			杏山街道城关村	
183			麻江古城垣			杏山街道城西社区	
184			谷硐小鸡场护林碑			谷硐镇大冲村	
185			罗剑雄墓			坝芒乡乐坪村	
186			景阳周公井			谷硐镇景阳村	
187			长坡古驿道关口			贤昌镇贤昌村	
188			潘名杰演武场遗址			贤昌镇贤昌村	
189			李发品故居及李发品墓			贤昌镇盐山村	
190			高枧周边文物群			贤昌镇高枧村、谷硐镇兰山村、摆沙村	
191			景阳大营遗址			谷硐镇景阳村	
192			平定长官司故居及土司吴寿康墓			宣威镇平定村	
193			戴氏宗祠			坝芒乡乐坪村	
194			义塚碑			贤昌镇贤昌村	
195			艾茂墓			杏山街道杏山村	
196			宋儒墓			贤昌镇贤昌村	
197			土司墓群			麻江县金竹街道仙坝村、六堡村、中坝村、隆昌村；龙山镇大塘村、复兴村；坝芒乡坝河村；杏山街道谷羊村	
198			依寨石礅			贤昌镇贤昌村	
199			国民革命军陆军通信兵学校电报班旧址			贤昌镇高枧村	

续表

序号	水系	保护级别	文物保护单位名称	行政区划		备注
200	沅江水系	市县级	中共地下党凯里党小组活动旧址	麻江县	杏山街道城关村	
201			斗坡科举文物群		宣威镇笔架村	
202			罗成章故居及罗成章墓		贤昌镇贤昌村	
203			养鹅土司城墙遗址		金竹街道仙坝村	
204			坪寨岩画		金竹街道仙坝村	
205			江水桥		杏山街道谷羊村	
206			和尚塔		贤昌镇贤昌村	
207			下司古建筑群	黔东南州 凯里市	下司镇清江村	原属麻江县
208			香炉山玉皇庙遗址		万潮镇香炉山村	
209			凯里魁星阁		西门街道大阁社区	
210			凯里老拱桥		大十字街道永乐社区	
211			凯里毛泽东塑像		白午街道白午社区翁义村	
212			吴传声墓		下司镇清江村	原属麻江县
213			平田哨写字岩		碧波镇朝阳村	原属麻江县
214			张梁墓群及福德桥		下司镇瓮港村	原属麻江县
215			下司古码头		下司镇清江村	原属麻江县
216			又诗百子桥		碧波镇又诗村	原属麻江县
217			又诗甘氏宗祠及周边古建筑群		碧波镇又诗村	原属麻江县
218			冷水营通告碑		碧波镇大堡村	原属麻江县
219			李家祠堂		大十字街道金山社区	
220			石总兵墓		炉山镇海星村	
221			久元帅墓		凯棠镇凯哨村	
222			白水洞战斗遗址		凯棠镇白水村	
223			云溪洞摩崖		大风洞镇大风洞村	
224			宾服摩崖		大风洞镇大风洞村	
225			旁海英人墓		旁海镇猴场村	
226			水寨花桥		旁海镇水寨村	
227			吴家桥		湾水镇翁凶村	
228			尹家桥		湾水镇翁凶村	

序号	水系	保护级别	文物保护单位名称	行政区划		备注
229	沅江水系		李奇墓	黔东南州	凯里市	
230			张毕来故居			
231			顾希钧烈士墓			
232			大阁山山门			
233			白水墓群			
234			曲江弘农桥			
235			季刀百年粮仓			
236			六个鸡烈士陵园			
237			凯棠青龙塔			
238			石仙山摩崖			
239			万寿桥			
240			小河造纸作坊			
241			岩寨张家桥			
242			凯里民族体育场			
243			官庄四合院			
244			巫妮干养香墓			
245			张公讳勾久之墓碑（久元帅墓）			
246			一品夫人墓			原属麻江县
247			慈母桥			原属麻江县
248		市县级	鼓楼坡毛主席纪念碑	黔东南州	丹寨县	
249			羊甲翻身沟			
250			祭尤坛遗址			
251			扬颂祭尤坛			
252			丹雷古道界它段			
253			堵卡营盘遗址			
254			颂尤庙遗址			
255			联盟炼硝洞遗址			
256			浮桥			
257			火焰滩水电站址			
258			长青大桥			

行政区划 values:
- 229: 炉山镇城关村
- 230: 炉山镇城关村
- 231: 凯棠镇凯棠村
- 232: 西门街道大阁社区
- 233: 凯棠镇白水村
- 234: 湾水镇曲江村
- 235: 三棵树镇季刀村
- 236: 炉山镇六个鸡村
- 237: 凯棠镇养小村
- 238: 炉山镇海星村
- 239: 万潮镇小堡村
- 240: 湾水镇江口村
- 241: 湾水镇岩寨村
- 242: 大十字街道市府社区
- 243: 大风洞镇官庄村
- 244: 旁海镇屯寨村
- 245: 凯棠镇凯哨村
- 246: 下司镇瓮港村
- 247: 下司镇清江村
- 248: 龙泉镇场坝居委会
- 249: 龙泉镇羊甲村
- 250: 扬武镇龙塘村
- 251: 扬武镇扬颂村
- 252: 扬武镇扬颂村
- 253: 扬武镇扬颂村
- 254: 扬武镇扬颂村
- 255: 扬武镇联盟村
- 256: 兴仁镇甲脚村
- 257: 扬武镇红星村
- 258: 扬武镇长青居委会

续表

序号	水系	保护级别	文物保护单位名称	行政区划		备注
259			大朗桥		扬武镇红星村	
260			福德桥		扬武镇红星村	
261			猫鼻岭营盘遗址		兴仁镇红星村	
262			王宏开墓		扬武镇红岩村	
263			凤容坡营盘遗址		金泉街道排正村	
264			长青关岳庙		扬武镇长青居委会	
265			黄家洞渡槽		扬武镇红星村	
266			杜镇南墓		兴仁镇烧茶村	
267			莫敬平宅		兴仁镇福亚村	
268			三孔桥宣纸厂旧址		兴仁镇窑货村	
269			天开草昧摩崖		龙泉镇得禄村	
270			王治忠宅		兴仁镇岩英村	
271			杨胜连宅		龙泉镇卡拉村	
272	沅江水系	市县级	天坝安宁宣抚司遗址	黔东南州	兴仁镇天坝村	
273			南往河石拱桥		兴仁镇天坝村	
274			大老埂古战场遗址		丹寨县 兴仁镇兴仁村	
275			龙滩营盘遗址		兴仁镇白头村	
276			丹寨县烈士陵园		龙泉镇场坝居委会	
277			莫敬尧宅		兴仁镇翻杠村	
278			合心桥		龙泉镇合心村	
279			三孔桥		兴仁镇摆泥村	
280			四方井		龙泉镇场口居委会	
281			兴泉路小井		龙泉镇场坝居委会	
282			龙井		龙泉镇西街社区	
283			丹寨万人坟		龙泉镇东街社区	
284			瓮城河渡口遗址		兴仁镇城江村	
285			龙洞石刻		龙泉镇马寨村	
286			苗名汉字墓碑		南皋乡尝卡村	
287			王定一德政碑		龙泉镇场坝居委会	
288			银子洞崖画		南皋乡石桥村	
289			南皋万人坟		南皋乡南皋村	

序号	水系	保护级别	文物保护单位名称	行政区划			备注
290	沅江水系	市县级	将军坟	黔东南州	丹寨县	龙泉镇白元村	
291			曾昭霓墓			龙泉镇南街社区	
292			中国人民银行丹寨支行旧址			龙泉镇西街社区	
293			小羊昌营盘遗址			龙泉镇金瓜洞村	
294			王阿久墓			龙泉镇高要村	
295			高要梯田			龙泉镇高要村	
296			清江碑刻			南皋乡清江村	
297			王告绞桑宅			龙泉镇泉山村	
298			望城石拱桥			龙泉镇马鞍村	
299			交圭水碾房遗址			龙泉镇交圭村	
300			往依墓			龙泉镇高排村	
301			丹都古道台辰段			兴仁镇台辰村	
302			刘家桥			龙泉镇马寨村	
303			场坝街水井			龙泉镇场坝社区	
304			王家民宅			兴仁镇王家寨村	
305			排牙水库大桥			龙泉镇排牙村	
306			排牙水库			龙泉镇排牙村	
307			打鼓井			龙泉镇展良村	
308			排河电站旧址			龙泉镇排廷村	
309			新塘水库			龙泉镇新塘村	
310			五里桥			龙泉镇金山村	
311			洗马塘			金泉街道排正村	
312			卡拉水井			龙泉镇卡拉村	
313			龙泉山寺遗址			龙泉镇泉山村	
314			一碗井石刻			龙泉镇得禄村	
315		市县级	重安北帝宫遗址	黔东南州	黄平县	重安镇天堂村	
316			永宁桥			新州镇北门村	
317			重安南街民居建筑群			重安镇兴隆街居民委员会	
318			重安江钢架桥			重安镇兴隆街居民委员会	
319			岩灰洞冶炼址			谷陇镇平安村	
320			旧州二战飞机场旧址			旧州镇老里坝村	

续表

序号	水系	保护级别	文物保护单位名称	行政区划			备注
321	沅江水系	市县级	邓十万地主庄园遗址	黔东南州	黄平县	平溪镇川岩村	
322			白岩护寨墙			上塘镇白岩村	
323			白岩古街道			上塘镇白岩村	
324			老鼠关"石院墙遗址"			上塘镇木江村	
325			滚水古道			谷陇镇滚水村	
326			重安北城门遗址			重安镇兴隆街居民委员会	
327			重安城垣遗址			重安镇兴隆街居民委员会	
328			潕阳河起点码头			旧州镇老里坝村	
329			太平洞苗民起义遗址			谷陇镇山坪村	
330			旧州北城门遗址			旧州镇东门村	
331			云居寺遗址			上塘镇紫营村	
332			鼓台山寺庙遗址			旧州镇东门村马院组	
333			长庚阁遗址			旧州镇老里坝村	
334			教岛洞义军苗民蒙难处			谷陇镇教孝村	
335			百挑田"石坎梯田"			重安镇重兴村	
336			十万营南党屯兵处			旧州镇寨勇村	
337			重安江码头			重安镇兴隆街居民委员会	
338			重安长官司"张大杰合葬墓"			重安镇椰木哨村	
339			台腊坡墓群			新州镇东坡村	
340			重安文昌阁			重安镇兴隆街居民委员会	
341			万福桥			上塘镇紫营村	
342			瓮湄桥			上塘镇乌梅河村	
343			四灵桥			重安镇兴隆街居民委员会	
344			龙角桥			野洞河镇新华村	
345			重安万寿宫			重安镇兴隆街居民委员会	
346			石龙桥			新州镇十里桥村	
347			崇德桥			旧州镇东门村	
348			喜家桥			上塘镇碗厂村	
349			金庄大水井			重安镇大井村	
350			玉峡晴虹双桥			新州镇晒金石村	
351			安澜桥			谷陇镇岩英村	

序号	水系	保护级别	文物保护单位名称	行政区划		备注
352	沅江水系	市县级	卢晴川故居	黔东南州	黄平县	
353			重安长官司"张氏宗祠"			
354			何家花桥			
355			红岩堡			
356			大花心水碾群			
357			旧州官井			
358			草庭书院摩崖			
359			中桥河义渡碑			
360			岩鹰例碑			
361			旧州文庙石刻			
362			王家牌王氏族规碑			
363			"玉峡飞虹"摩崖			
364			谷陇革命烈士陵园			
365			刘伯龙"澄清环宇"摩崖			
366			旧州革命烈士陵园			
367			东坡二战洞穴弹药库			
368			抗战建国阵亡将士纪念碑			
369			旧州二战机场油弹库			
370			枫香寨哈冲坪			
371			谷陇芦笙场			
372			红军标语	黔东南州	施秉县	
373			红军标语			
374			解放施秉烈士纪念塔			
375			新桥烈士陵园			
376			朝阳寺			
377			胜秉汛土城垣			
378			日光洞岩墓			
379			六合苗民抗佚碑			
380			红六军团肖克住址指挥部			
381			白云寺			
382			金钟山铅矿遗址			

行政区划 cells for 352–371: 黔东南州 / 黄平县, with villages:
- 352 旧州镇乐源社区
- 353 重安镇天堂村
- 354 重安镇清水江村
- 355 谷陇镇岩门司村
- 356 重安镇安江村
- 357 旧州镇东门村
- 358 新州镇北门村
- 359 新州镇良田村
- 360 谷陇镇岩英村
- 361 旧州镇乐源社区
- 362 翁坪乡王家村
- 363 新州镇晒金石村
- 364 谷陇镇谷陇村
- 365 新州镇北门村
- 366 旧州镇乐源社区
- 367 新州镇东坡村
- 368 重安镇兴隆街居民委员会
- 369 旧州镇文峰村
- 370 重安镇枫香村
- 371 谷陇镇大寨村
- 372 双井镇双井村
- 373 双井镇平寨村
- 374 城关镇西正社区
- 375 城关镇新桥村
- 376 甘溪乡甘溪村
- 377 马号镇老县村
- 378 甘溪乡甘溪村
- 379 马号镇六合村
- 380 白垛乡白垛村
- 381 甘溪乡盐井村
- 382 马号镇金钟村

续表

序号	水系	保护级别	文物保护单位名称	行政区划		备注
383			普庆桥		城关镇沙坪村	
384			清江烈士纪念塔		马号镇六合村	
385			谷定十二烈士墓		白垛乡谷定村	
386			清军镇压苗民遗址		杨柳塘镇屯上村	
387			盘龙桥		甘溪乡盐井村	
388		市县级	红卫桥	黔东南州	城关镇城南社区	
389			大树脚古井		杨柳塘镇上敖村	
390			楼寨炼钢炉		马号镇楼寨村	
391			石人冲古战场遗址		城关镇小河村	
392			湘黔驿道望城坡		城关镇沙坪村	
393			云台山同公殿徐公殿渡云桥		白垛乡白垛村	
394			鹅翅膀战斗遗址		甘溪乡甘溪村	
395			顺城街4号		㵲阳镇顺城社区	
396			仁寿巷24号		㵲阳镇兴隆社区	
397	沅江水系		琵琶井旁周崇德家		㵲阳镇兴隆社区	
398			仁寿巷57、58、59		㵲阳镇兴隆社区	
399			冲子口43号		㵲阳镇新中社区	
400			仁寿巷3号门		㵲阳镇兴隆社区	
401			水星祠前复兴巷内有一门		㵲阳镇兴隆社区	
402			香山寺水井		㵲阳镇联合社区	
403			将军坨古军事遗址		都坪镇天印村	
404		市县级	金顶庵古军事遗址	黔东南州	都坪镇天印村	
405			何家院遗址		羊场镇龙洞村	
406			聚贤门古防御工事遗址		羊场镇小坝村	
407			高坉岩古防御工事遗址		羊场镇龙洞村	
408			悬幡岭古城堡遗址		江古镇水岭村	
409			楠木洞古防御工事遗址		江古镇中所村	
410			青溪关口汪家溪造纸作坊遗址		青溪镇关口村	
411			报京侗寨		报京乡报京村	
412			文昌阁		羊场镇小坝村	
413			律令石拱桥		尚寨乡律令村	

施秉县 (rows 383–394)
镇远县 (rows 395–413)

序号	水系	保护级别	文物保护单位名称	行政区划			备注
414	沅江水系	市县级	何家桥	黔东南州	镇远县	羊场镇龙洞村	
415			总门口桥			羊场镇龙洞村	
416			羊场城隍庙古石桥			羊场镇塘旗屯村	
417			盈丰桥			江古镇寿斗村	
418			羊坪仙人桥			青溪镇关口村	
419			下庵石拱桥			羊坪镇龙塘村	
420			下寨石拱桥			羊坪镇龙塘村	
421			三拱桥			青溪镇红光村	
422			三星步月桥			金堡镇羊满哨村	
423			松溪桥			㵲阳镇西秀社区	
424			老鹰岩摩崖			涌溪乡芽溪村	
425			李氏民宅			尚寨乡律令村	
426			蒋氏民宅			羊场镇龙洞村	
427			杨氏民宅			羊场镇塘旗屯村	
428			新桥溶洞			㵲阳镇文德社区	
429			甘公祠			㵲阳镇东关社区	
430			酱园厂巷			㵲阳镇新中社区	
431			文德关迎仙宫遗址			㵲阳镇文德社区	
432			镇雄关关帝庙			㵲阳镇白杨坪村	
433			南门口圆井			㵲阳镇和平社区	
434			和耀曾墓			青溪镇铺田村	
435		市县级	思旸禹王宫	黔东南州	岑巩县	思旸镇龙江村	
436			思旸观音阁			思旸镇龙江村	
437			马家寨清代墓群			水尾镇马家寨村	
438			凯阳红军标语			凯本镇凯阳村	
439			寨庆红军标语			凯本镇毛口村	
440			桐木悬棺葬			思旸镇桐木村	
441			龙田杨泗庙			龙田镇龙田社区	
442			龙田万寿宫			龙田镇龙田社区	
443			文笔塔			思旸镇龙江村	
444			白鹤鸣皋遗址			思旸镇龙江村	

续表

序号	水系	保护级别	文物保护单位名称	行政区划		备注
445	沅江水系	市县级	岑巩烈士公墓	黔东南州	岑巩县	
446			刘贵墓			
447			鳌山寺遗址			
448			龙鳌隘门			
449			胡家铺贺龙曾居地旧址			
450			天安寺遗址			
451			陈虎岭花园遗址			
452			木召古人墓			
453			凯本苏元春帅府遗址			
454			太平桥			
455			胡氏宗祠			
456			磨寨生基坟			
457			地城古道遗址			
458			佘家坡代家宅遗址			
459			羊桥石拱桥			
460			天马石拱桥			
461			天马革命烈士纪念碑			
462			大寨井			
463			养福泉			
464			杨宗墀墓			
465			杨学襄墓			
466			谢嘉麟谢友柏合葬墓			
467			洪景应合葬墓			
468			任之望墓			
469			思州城遗址			
470			何氏墓群			
471			磨寨炼钢炉遗址			
472			郑逢元墓			
473			周仲融墓			
474			岑巩县人民大会堂旧址			
475			陈家公馆			
476			刘氏民宅			

行政区划明细:
- 445 思旸镇龙江村
- 446 思旸镇亚坝村
- 447 水尾镇长坪村
- 448 水尾镇驾鳌村
- 449 水尾镇大树林村
- 450 大有镇塔山村
- 451 大有镇木召村
- 452 大有镇木召村
- 453 凯本镇大寨村
- 454 水尾镇新场村
- 455 水尾镇大树林村
- 456 思旸镇磨寨村
- 457 天星乡地城村
- 458 天星乡山冈村
- 459 羊桥土家族乡羊桥村
- 460 天马镇天马村
- 461 天马镇天马村
- 462 凯本镇大寨村
- 463 思旸镇龙江村
- 464 思旸镇磨寨村
- 465 思旸镇磨寨村
- 466 思旸镇坪坝村
- 467 思旸镇亚坝村
- 468 思旸镇龙江村
- 469 思旸镇龙江村
- 470 思旸镇双龙村
- 471 思旸镇磨寨村
- 472 大有镇茂隆村
- 473 大有镇大有村
- 474 思旸镇龙江村
- 475 凯本镇凯阳村
- 476 天星乡山岗村

续表

序号	水系	保护级别	文物保护单位名称	行政区划		备注
477	沅江水系	市县级	娘子岩摩崖	黔东南州	岑巩县	龙田镇代店村	
478			田氏民宅			注溪镇衙院村	
479			干洞摩崖			天马镇杜麻村	
480			甘塘古道遗址			天马镇甘塘村	
481			高德江民宅			羊桥土家族乡龙湾村	
482			车河化石出土点			羊桥土家族乡两河村	
483			龙统生基坟			羊桥土家族乡龙统村	
484			龙统防匪屯遗址			羊桥土家族乡龙统村	
485			龙田会馆			龙田镇龙田社区	
486			杨鸿尧旧居			思旸镇龙江村	
487			思旸东方红桥			思旸镇龙江村	
488			伍忠勋民宅			天马镇天马村	
489			吴兴达民宅			水尾镇马家寨村	
490			贺龙长征驻地住地			水尾镇大树林村	
491			吴光景民宅			水尾镇马家寨村	
492		市县县	丹江厅城遗址		雷山县	丹江镇教厂村	
493			犀牛潭摩崖石刻			丹江镇响楼村	
494			龙头山遗址			丹江镇长丰村	
495			脚雄聚歼叛苗碑			丹江镇脚雄村	
496			脚雄万人坟碑			丹江镇脚雄村	
497		市县县	芳寨龙船棚		台江县	施洞镇清江村	
498			张忠林老宅			施洞镇施洞社区	
499			毛坪石拱桥（皆基桥）			革一镇茅坪村	
500			交下义军营盘			南宫镇交下村	
501			王牛羊蒋墓			方召镇方召村	
502			方召汛城垣			方召镇方召村	
503			台拱城垣			台拱街道文昌社区	
504			台盘铅锌矿遗址			台盘乡龙潭村	
505			张秀眉誓师遗址			台盘乡平水村	
506			偏寨藏鼓洞			施洞镇岗党略村	
507			一品夫人谢氏墓			施洞镇白枝坪村	

续表

序号	水系	保护级别	文物保护单位名称	行政区划		备注
508			古羊洞屯兵遗址		台盘乡平水村	
509			平水藏鼓洞祭祀遗址		台盘乡平水村	
510			包利王练马道遗址		台拱镇红阳村	
511			包利王营盘遗址		台拱镇红阳村	
512			干打相遗址		革一镇大塘村	
513			松司坳遗址		革一镇大塘村	
514			方白起鼓山遗址		方召镇反排村	
515			八梗码头遗址		施洞镇清江村	
516			张秀眉头颅墓		台拱镇南省村	
517			包利王墓		台拱镇红阳村	
518			芳寨村万人坑		施洞镇清江村	
519			塘龙龙船棚		施洞镇岗党略村	
520			长滩龙船棚		老屯乡长滩村	
521			杨忠老宅		施洞镇小河村	
522	沅江水系	市县	岩脚龙船棚	黔东南州	老屯乡榕山村	
523			施洞码头		施洞镇施洞社区	
524			杨家寨龙舟廊		施洞镇岗党略村	
525			施洞龙舟场		施洞镇清江村	
526			汪江祭祀桥		南宫镇交宫村	
527			榕山龙船棚		老屯乡榕山村	
528			新寨风雨桥		台盘乡台盘村	
529			楚军义山界碑		施洞镇岗党略村	
530			南瓦炼钢土炉遗址		台盘乡南瓦村	
531			台拱九领十三弯公路		萃文街道九里村	
532			铜錞于出土点		台盘乡阳芳村	
533			东门战斗遗址		台拱街道文山村	
534			得胜桥		台拱街道文山村	
535			台江县烈士陵园		台拱街道文山村	
536			禁止放运木材碑		台拱街道文昌社区	
537			倒载杉		台拱街道登交村	
538			楚军义山		施洞镇岗党略村	

序号	水系	保护级别	文物保护单位名称	行政区划			备注
539			南哨观音阁			南哨镇南哨村	
540			奉党古墓			久仰镇奉党村	
541			利在大我名垂千古碑			南寨镇懂达村	
542			李世荣将军墓			南明镇八十村	
543			渡胪碑记			南加镇街上村	
544			小拱桥			南加镇街上村	
545			延寿桥			柳川镇八一村	
546			宜男桥			柳川镇下菜园村	
547			万古千秋碑			南加镇南孟村	
548			公禁后龙山土石竹木碑			南加镇堡上村	
549			永兴桥碑			南加镇柳基村	
550			功德碑			南加镇联明村	
551			柳富碑记			南寨镇柳富村	
552			南包永安桥碑			南寨镇南包村	
553	沅江水系	市县级	功德碑记	黔东南州	剑河县	南加镇联明村	
554			革命烈士陵园			柳川镇上菜园村	
555			两湖馆			柳川镇清江村	
556			永安桥			南加镇新柳村	
557			三星桥			南加镇柳基村	
558			关门岩摩崖			南加镇新柳村	
559			太平桥			柳川镇下菜园村	
560			东山城垣遗址			柳川镇清江村	
561			乃寿桥			柳川镇乃寿村	
562			小广环龙庵			磻溪镇小广村	
563			麻大王墓			南寨镇南包村	
564			永定江规碑			南加镇南孟村	
565			下岩寨民族村			岑松镇下岩寨村	
566			谢寨风雨桥			磻溪镇谢寨村	
567			天河洗甲碑			南明镇河口村	
568			永定风规碑			磻溪镇小广村	
569			剑河县革命烈士陵园			仰阿莎街道办源江村	

续表

序号	水系	保护级别	文物保护单位名称	行政区划		备注
570	沅江水系	市县级	革东寨红军标语	黔东南州	剑河县 仰阿莎街道办革东寨村	
571			沟洞红军烈士墓		敏洞乡沟洞村	
572			柳寨毛泽东行居		南寨镇柳寨村	
573			柳寨红军烈士墓		南寨镇柳寨村	
574			反皓红军烈士墓		南寨镇反皓村	
575			巫莱红军烈士墓		南哨镇大坪村	
576			九当红军烈士墓		南哨镇九当村	
577			高定红军烈士墓		南哨镇高定村	
578			里格红军渡江遗址		南加镇里合村	
579			新柳红军烈士墓		南加镇新柳村	
580			柳川毛泽东行居		柳川镇镇江村	
581			毛泽东送寒衣地		柳川镇镇江村	
582			下革东红军烈士墓		柳川镇下革东村	
583			宋安墓		柳川镇反排村	
584			久吉民族村		久仰镇久吉村	
585			温泉民族村		岑松镇温泉村	
586			小广民族村		磻溪镇小广村	
587			朗洞红军标语		榕江县 朗洞镇朗洞社区	
588		市县级	等溪贞寿坊	黔东南州	三穗县 款场乡等溪村	
589			雪洞渡槽		雪洞镇界牌村	
590			永灵山遗址		文笔街道灵山村	
591			木界风雨桥		武笔街道木界村	
592			圣婆墓		瓦寨镇瓦寨村	
593			瓦寨冷神碑		文笔街道富民社区	
594			钉耙塘战场遗址		台烈镇寨头村和台烈村	
595			三穗烈士陵园		武笔街道木界村	
596			圣德山寺遗址		桐林镇岑坝村	
597			吴氏宗祠		滚马乡下德明村	
598			龙氏祠遗址		桐林镇绞强村	
599			杨昌魁墓		台烈镇绞颇村	
600			复兴宝塔		滚马乡下德明村	

续表

序号	水系	保护级别	文物保护单位名称	行政区划			备注
601	沅江水系	市县级	新寨沟王氏合葬墓	黔东南州	三穗县	八弓镇新寨村	
602			清水塘古井			瓦寨镇瓦寨村	
603			坦洞砖拱门			桐林镇坦洞村	
604			德明文笔塔			滚马乡德明村	
605			塘洞坝渡槽			长吉镇烧巴村	
606			木界小河石拱桥			武笔街道木界村	
607			龙脚古墙			款场乡龙脚村	
608			四寨高架引水桥			长吉镇贵秧村	
609			周志群墓			八弓镇高桥村	
610			陆氏宗祠			长吉镇司前村	
611			新寨沟观音阁			八弓镇新寨村	
612			邛水司城遗址			长吉镇司前村	
613			寨头蚩尤庙			台烈镇寨头村	
614			款场议款坪遗址			款场乡兴隆村	
615			德明杨家大院			滚马乡德明村	
616			新穗街建筑群			文笔街道新穗村	
617			三民桥遗址			瓦寨镇瓦寨村	
618			杨至成将军纪念馆			文笔街道金穗社区	
619			翁心翰殉国纪念地			瓦寨镇调洞村	
620		市县级	北塔桥	黔东南州	黎平县	龙形街道薛家坪社区	
621			成德桥			德凤街道成德社区龙形街道兰溪谷社区	
622			地扪母寨鼓楼			茅贡镇地扪村	
623			吴文彩故居（含粮仓）			茅贡镇腊洞村	
624			黎平古城垣（东城门）			德凤街道双凤社区	
625			黎平古城垣（南城门）			德凤街道南泉社区	
626			"鑑泉"摩崖石刻			德凤街道坚强社区	
627			龙王洞摩崖石刻			中潮镇廖湾村	
628			陆沧浪墓			德凤街道坚强社区	
629			高进鼓楼			茅贡镇高近村	
630			高进花桥			茅贡镇高近村	
631			梅友月墓			德凤街道坚强社区	

续表

序号	水系	保护级别	文物保护单位名称	行政区划			备注
632	沅江水系	市县级	青寨小寨鼓楼	黔东南州	黎平县	坝寨乡青寨村	
633			石门摩崖			龙形街道罗团社区	
634			飞岩摩崖			中潮镇中潮村	
635			城关烈士墓			德凤街道南泉社区	
636			地西红军标语			龙形街道地西村	
637			平甫鼓楼			德顺乡平甫村	
638			红军召开群众大会旧址			德凤街道双凤社区	
639			毛主席在黎平的旧居			德凤街道双凤社区	
640			洪州红军标语			洪州镇洪州村	
641			加池四合院	黔东南州	锦屏县	河口乡加池村	
642			彦洞大卡苗侗义军战斗遗址			彦洞乡彦洞村	
643			楚王妃子墓			铜鼓镇铜鼓村	
644			张应诏墓			隆里乡隆里村	
645			杨光玉墓			启蒙镇地稠村	
646			姜志远墓			河口乡瑶光村	
647			铜鼓凤鸣楼			铜鼓镇铜鼓村	
648			地茶庙			启蒙镇地茶村	
649			偶里荷绣亭			偶里乡寨霞村	
650			者蒙花桥			启蒙镇者蒙村	
651			彦洞花桥			彦洞乡彦洞村	
652			偶里花桥			偶里乡皆阳村	
653			腊洞石拱桥			启蒙镇丁达村	
654			茅坪合龙桥			茅坪镇上寨村	
655			诸葛洞石刻			敦寨镇罗丹村	
656			白云崖石刻			铜鼓镇铜鼓村	
657			铜鼓卫城碑			铜鼓镇铜鼓村	
658			河口渡碑			河口乡凹颈村	
659			新化抗扶役碑			新化乡欧阳村	
660			苗侗义军攻打彦洞碑			彦洞乡彦洞村	
661			高柳永江规碑			铜鼓镇高柳村	
662			河口禁革派佚役荷敛碑			河口乡凹颈村	

序号	水系	保护级别	文物保护单位名称	行政区划			备注
663			偶里红军树纪念碑			偶里乡皆阳村	
664			文斗上寨六禁碑			河口乡文斗村	
665			文斗上寨诰封碑			河口乡文斗村	
666			平江禁革改俗碑			敦寨镇平江村	
667			裕河中山林碑			河口乡裕和村	
668			塘东纳粮碑			河口乡塘东村	
669			书房碑记			铜鼓镇高柳村	
670			八洞渡碑			大同乡八河村	
671			瑶白定俗碑			彦洞乡瑶白村	
672			彦洞牛堂碑			彦洞乡瑶白村	
673			彦洞定俗碑			彦洞乡彦洞村	
674			河口木业碑			河口乡凹颈村	
675			四里塘三营碑			河口乡文斗村	
676			革命烈士陵园			三江镇飞山社区	
677	沅江水系	市县级	平略碉堡	黔东南州	锦屏县	平略镇平略村	
678			天龙山遗址			铜鼓镇小塘村	
679			黄哨山古驿道			茅坪镇上寨村	
680			文斗姜廷财民居			河口乡文斗村	
681			嫩寨杨氏宗祠			铜鼓镇嫩寨村	
682			亮司龙氏宗祠			敦寨镇亮司村	
683			雷屯朱氏宗祠			敦寨镇雷屯村	
684			寨欧龙氏宗祠			偶里乡寨欧村	
685			新化所刘氏宗祠			新化乡新化所村	
686			新化所李氏宗祠			新化乡新化所村	
687			新化寨欧氏宗祠			新化乡新化寨村	
688			新化寨杨氏宗祠			新化乡新化寨村	
689			地茶杨氏宗祠			启蒙镇地茶村	
690			八洋杨氏宗祠			平略镇八洋村	
691			徐之铭故居			铜鼓镇铜鼓村	
692			新化老君桥			新化乡新化所村	
693			偶里赋税石刻			偶里乡皆阳村	

续表

序号	水系	保护级别	文物保护单位名称	行政区划			备注
694	沅江水系	市县级	南堆战事石刻	黔东南州	锦屏县	平略镇南堆村	
695			南堆山场纠纷判词碑			平略镇南堆村	
696			菜园建桥碑群			三江镇菜园村	
697			平翁签诗碑			平秋镇平翁村	
698			龙昭灵故居			茅坪镇阳溪村	
699			王佑求纪念亭			平秋镇魁胆村	
700			清江渡运码头			三江镇排洞社区	
701			铜鼓古城址			铜鼓镇铜鼓村	
702			龙绍纳墓			敦寨镇巨寨村	
703			亮司古井			敦寨镇亮司村	
704			县城王氏宗祠			三江镇飞山社区	
705			南河望星阁			固本乡南河村	
706			龙大道陵园			三江镇飞山社区	
707			新民晓谕碑			启蒙镇新民村	
708			卦治木商会碑			三江镇卦治村	
709			九南植树护林碑			敦寨镇九南村	
710			鄂尔泰为禁筑梁以通水道碑			河口乡河口村	
711			河口施渡碑			河口乡河口村	
712			平敖安民碑			平略镇平敖村	
713		市县级	三星岩摩崖石刻	黔东南州	天柱县	凤城街道凤城村	
714			丰葆抗日阵亡将士纪念碑			高酿镇丰葆村	
715			杨氏先祠			白市镇白市村	
716			吴氏总祠			远口镇远口村	
717			袁氏宗祠			凤城街道东门社区	
718			李世荣将军墓			凤城街道祥和村	剑河迁入
719			白市原湖广靖州汶溪所遗址			白市镇汶溪村	
720			社学龙塘原县城旧址			社学街道社学村	
721			渡马杨柳古楼阁			渡马镇杨柳村	
722			平甫寨脚古亭（青龙阁）			社学街道金凤村	
723			消洞风雨桥			高酿镇甘洞村	

续表

序号	水系	保护级别	文物保护单位名称	行政区划		备注
724	沅江水系	市县级	城南烈士陵园	黔东南州	天柱县	凤城街道南门社区	
725			城西飞机场旧址			凤城街道钟鼓村	
726			高酿碉堡			高酿镇高酿村	
727			邦洞金凤山			邦洞街道永安村	
728			金凤山乾隆主题诗碑			邦洞街道永安村	
729			邦洞狮子口			邦洞街道灯塔村	
730			瓮洞黔东第一关碑			瓮洞镇黔东村	
731			水东门龙王井			凤城街道凤城村	
732			岩寨钟鼓洞			凤城街道钟鼓村	
733			铜鼓坡王天培将军墓			联山街道联山村	
734			金凤山寺遗址			邦洞街道永安村	
735			金凤山石刻			邦洞街道永安村	
736			阳寨祭祀场遗址			坪地镇阳寨村	
737			水洞斗牛场			石洞镇客寨村	
738			舒氏宗祠			白市镇新舟村	
739			辞兵洲遗址			白市镇白市村	
740			雷寨县治遗址			凤城街道雷寨村	
741			朱公堤遗址			凤城街道凤城村	
742			渡马乡七月二十坪歌场遗址			渡马镇杨柳村	
743			三门塘古墓葬二处			坌处镇三门塘村	
744			联山杨氏墓群			联山街道联山村	
745			坌处王氏宗祠			坌处镇坌处村	
746			乐寨杨氏宗祠			凤城街道乐寨村	
747			陈氏宗祠			渡马镇龙盘村	
748			岩门杨氏宗祠			渡马镇龙盘村	
749			吴氏先祠			白市镇新舟村	
750			宋氏先祠			白市镇新舟村	
751			乐氏宗祠			白市镇北岭村	
752			高野郑氏宗祠			邦洞街道高野村	
753			杞寨杨氏宗祠			蓝田镇杞寨村南	
754			地良龙氏宗祠			高酿镇地良村	

续表

序号	水系	保护级别	文物保护单位名称	行政区划			备注
755	沅江水系	市县级	彭氏家祠	黔东南州	天柱县	竹林镇地兴村	
756			大冲石碑群和石围子			坌处镇大冲村	
757			凤鸣馆遗址			坌处镇四康村	
758			孔子会碑记碑			高酿镇高酿村	
759			亘古於兹碑			邦洞街道灯塔村	
760			紫云桥摩崖石刻			凤城街道凤城村	
761			观音洞遗址			凤城街道联山村	
762			龙贤昭故居			凤城街道钟鼓村	
763			周竹铭故居			凤城街道雷寨村	
764			善缘寺			社学街道溪口村	
765			田心寨龙王阁			社学街道社学村	
766			北岭钱塘桥			白市镇北岭村	
767			北岭昌善桥			白市镇北岭村	
768			阳山风雨桥			白市镇地样村	
769			江东庙			渡马镇龙盘村	
770			将军桥			邦洞街道织云村	
771			犀牛洞			蓝田镇东风村	
772			江东桥			江东镇江东村	
773			章寨三拱桥			高酿镇章寨村	
774			地湖风雨桥			地湖乡地湖村	
775			瓮洞码头			瓮洞镇瓮洞村	
776			白市码头			白市镇白市村	
777			鸬鹚码头			远口镇清江村	
778			远口码头			远口镇远口村	
779			坌处码头			坌处镇坌处村	
780			丫婆坳歌场			竹林镇龙凤村	
781			注溪歌场			注溪乡注溪村	
782			平芒歌场			坌处镇中和村	
783			坪地歌场			坪地镇青溪村	
784			远口分县遗址			远口镇远口村	
785			坌处杨公庙遗址			坌处镇坌处居委会	

序号	水系	保护级别	文物保护单位名称	行政区划		备注
786			胡英富宅		瓮洞镇黔东村	
787			江东杨氏宗祠		江东镇江东村	
788			杨通辉宅		白市镇坪内村	
789			杨政孝宅		白市镇坪内村	
790			龙家成宅		白市镇坪内村	
791			舒子玉宅		白市镇兴隆村	
792			新市回龙庵		远口镇远口村	
793			云潭湾杨氏宗祠		远口镇远口村	
794			金鸡冲石拱桥		远口镇远口村	
795			坡脚村要津溪石板桥		远口镇清江村	
796			坡脚石板桥		远口镇清江村	
797			枧冲溪石板桥		坌处镇大冲村	
798			王永泰宅		坌处镇清华村	
799			塘美石拱桥		石洞镇冷水村	
800	沅江水系	市县级	坌处街背石栏杆二处和石阶、古井二口	黔东南州	坌处镇坌处村	
801			仙人洞遗址		天柱县	白市镇白市村	
802			吴盛合葬墓		远口镇远口村	
803			烂草坪遗址		白市镇白市村	
804			辞兵洲遗址		白市镇白市村	
805			辞兵洲城址		白市镇白市村	
806			浮屠庙遗址		坌处镇清华村	
807			启秀堂遗址		社学街道溪口村	
808			江东古建筑群		江东镇江东村	
809			夏寨罗氏先祠		远口镇大样村	
810			潘氏家祠		竹林镇龙凤村	
811			节比松筠牌坊		远口镇大样村	
812			公闪禾翠亭		蓝田镇公闪村	
813			塘涧凉亭		蓝田镇塘涧村	
814			雅地惜字亭		坌处镇清华村	
815			中寨惜字亭		坌处镇中和村	
816			岑板惜字亭		瓮洞镇红星村	

续表

序号	水系	保护级别	文物保护单位名称	行政区划			备注
817	沅江水系	市县级	杞寨保泰桥	黔东南州	天柱县	蓝田镇鸿发村	
818			三寨盘龙桥			高酿镇丰葆村	
819			凸洞石拱桥			高酿镇甘洞村	
820			下达石拱桥			高酿镇章寨村	
821			和党石拱桥			蓝田镇碧雅村	
822			邦寨石拱桥			高酿镇邦寨村	
823			富荣大井			高酿镇上花村	
824			野田井			渡马镇共和村	
825			新民龙王井			蓝田镇楞寨村	
826			老寨井			凤城街道润松村	
827			赖洞古井群			邦洞街道赖洞村	
828			上岳寨大井			邦洞街道三团村	
829			高屯古井			石洞镇石洞村	
830			永兴石拱桥			地湖乡地湖村	
831			邦寨石板桥			高酿镇邦寨村	
832			窑炭井（含古树群）			高酿镇向阳村	
833			岑板石闸子			瓮洞镇红星村	
834			新联石闸子			蓝田镇楞寨村	
835			和党石闸子			蓝田镇碧雅村	
836			岩背宗派渊源碑			蓝田镇地锁村	
837			地垄石碑群			竹林镇地兴村	
838			贡溪禁碑群			蓝田镇凤鸣村	
839			都府族谱碑			蓝田镇都府村	
840			邦寨龙氏族谱碑			高酿镇邦寨村	
841			富荣环保碑			高酿镇上花村	
842			六合不要忘记碑			邦洞街道灯塔村	
843			福寨村史碑			凤城街道润松村	
844			地锁一村关碑			蓝田镇地锁村	
845			王天生故居			凤城街道南门社区	
846			王天敏故居			凤城街道凤城村	
847			高酿烈士墓			高酿镇丰葆村	

序号	水系	保护级别	文物保护单位名称	行政区划		备注
848	沅江水系	市县级	白市制材厂旧址	黔东南州	天柱县	白市镇白市村	
849			鱼塘水库大坝			坪地镇三鑫村	
850			润松水库大坝			凤城街道祥和村	
851			石灰冲水库			蓝田镇楞寨村	
852			平福一号渡槽			邦洞镇平福村	
853			平福二号渡槽			邦洞街道织云村	
854			龙盘知青楼旧址			渡马镇龙盘村	
855			天华山四十八寨公庵遗址			竹林镇龙凤村	
856			王政三墓（夫妻合葬）			坌处镇三门塘村	
857			邦洞历史文化名镇			邦洞街道邦洞社区	
858			抱塘民族村			坌处镇四康村	
859			凤城历史文化名镇			凤城街道	
860			新舟民族村			白市镇新舟村	
861			铜贤溪古石拱桥			江东镇金鸡村	
862			坌处街杨公庙遗址			坌处镇坌处村	
863			竹联点石拱桥			白市镇白市村	
864			青浪村王家梁、王永泰印子屋			坌处镇清华村	
865			石坪石柱岩			凤城街道雷寨村	
866			社学碉堡			社学街道社学村	
867			石洞槐寨紫檀群			石洞镇槐寨村	
868			阳寨杉木王			坪地镇阳寨村	
869			白市香樟场			白市镇新舟村	
870		市县级	孟溪万寿宫	铜仁市	松桃苗族自治县	孟溪镇孟溪社区	
871			甘龙红军烈士纪念碑			甘龙镇甘龙村	
872			石柳邓起义纪念碑			长兴堡镇大地村	
873			龙世昌烈士故居			世昌街道世昌社区	
874			邓堡水井			寨英镇邓堡村	
875			头京节孝坊			孟溪镇头京村	
876			天马寺遗址			乌罗镇毛溪村	
877			普觉高庵遗址			普觉镇普觉社区	
878			乌罗关帝庙			乌罗镇前近村	

续表

序号	水系	保护级别	文物保护单位名称	行政区划		备注
879	沅江水系	市县级	甘龙田坝游击队驻地旧址	铜仁市	松桃苗族自治县	甘龙镇田坝村	
880			石梁乡胜利村红军标语			石梁乡胜利村	
881			红二、红六军团司令部旧址			石梁乡石梁社区	
882			中共（松桃）冷水支部旧址			冷水溪镇渠崩寨村	
883			寨英镇观音山遗址			寨英镇黑冲村	
884			蓼皋街道杨芳侯府遗址及杨芳墓			蓼皋街道桂花社区和太平营街道土屯村	
885			永安乡红七师驻地旧址			永安乡木盆村	
886			迓驾龙塘河红军树			迓驾镇迓驾村	
887			坝木乡苏维埃政权旧址			甘龙镇坝木村	
888			红三军川黔边独立团天堂标语旧址			甘龙镇官坟村	
889			钟鼓坡乡苏维埃政权旧址			永安乡落星村	
890			黄泥堡乡苏维埃政权旧址			永安乡团堡村	
891			磨盘溪乡苏维埃政权旧址			永安乡木盆村	
892			贺龙永安钓鱼台旧址			永安乡永安村	
893			李庚开红军烈士墓			永安乡永安村	
894			雷家祠堂红九师师部驻地遗址			永安乡沙堡村	
895			永安任家院子红三军军部驻地旧址			永安乡永安村	
896			永安苏家沟红三军军部驻地旧址			永安乡永安村	
897			红石板红军烈士纪念碑			石梁乡红石村	
898			黔东特委石响会议旧址			石梁乡百鸟村	
899			红三军七师刘家祠堂标语遗址			石梁乡石梁社区	
900			陈氏宗祠红三军九师师部驻地旧址			石梁乡大河村	
901			红三军田家祠堂标语遗址			石梁乡胜利村	
902			黔东纵队大红岩会议旧址			盘石镇当造村	
903			松桃苗族自治县革命烈士陵园			蓼皋街道蕨萁村	
904			长兴马鞍山解放军烈士纪念碑			长兴堡镇长兴村	
905			大兴街道雅沙塘战斗遗址（解放军文工团遇难处）			大兴街道盘塘村	
906			田家乐故居			世昌街道火连寨社区	

序号	水系	保护级别	文物保护单位名称	行政区划		备注
907			冷家坝剿匪战斗遗址		乌罗镇桃花源村	
908			正大镇龙许保起义纪念地		大兴街道高岩村	
909			罗启疆故居		木树镇张坝村	
910			贺增龄故居		蓼皋街道文山村	
911			妙隘乡龚永明故居		妙隘乡矮寨村	
912			瓦溪乡红军桥		瓦溪乡十字村	
913			大坪场镇万寿宫		大坪场镇大坪村	
914			盘信镇禹王宫		盘信镇盘信社区	
915			盘信镇麦地禹王宫		盘信镇麦地村	
916			石梁乡潘家祠堂		石梁乡胜利村	
917			普觉镇雷家大院		普觉镇半坡村	
918			大路乡后硐文笔塔		大路镇后硐村	
919			乌罗镇城隍庙		乌罗镇岑司村	
920			大坪场镇三家村造纸作坊		大坪场镇后屯村	
921	沅江水系	市县级	普觉镇蒋氏民居	铜仁市	普觉镇岑塘村	
922			普觉镇真武堡民居群		普觉镇真武堡村	
923			寨英镇大水刘氏民居		寨英镇大水村	
924			寨英镇蕉溪杨氏民居		寨英镇焦溪村	
925			孟溪镇头京城		松桃苗族自治县 孟溪镇头京村	
926			大路乡后硐戴氏宗祠		大路镇后硐村	
927			牛郎镇大鹏溪尹家桶子屋		牛郎镇大鹏溪村	
928			木树镇石龙河桥		木树镇木池村	
929			正大镇地所石拱桥		正大镇地所村	
930			冷水溪乡三阳吴氏宗祠		冷水溪镇三阳社区	
931			蓼皋街道水塘河斋庙		蓼皋镇滨江社区	
932			普觉镇后溪屯石棺墓群		普觉镇侯溪屯村	
933			世昌街道龙停姚氏墓		世昌街道龙亭社区	
934			盘信镇欧阳家族墓群		盘信镇盘信社区	
935			牛郎镇吴氏家族墓群		牛郎镇中寨村	
936			平头镇雕花墓碑		平头镇甘子园村	
937			平头镇涂氏墓		平头镇柑子园社区	

续表

序号	水系	保护级别	文物保护单位名称	行政区划		备注
938	沅江水系	市县级	梵净山承恩寺遗址	铜仁市	松桃苗族自治县	乌罗镇桃花源村	
939			梵净山白云寺遗址			乌罗镇桃花源村	
940			蓼皋镇云落屯古战场遗址			蓼皋街道云落屯社区	
941			正大镇南方长城遗址			正大镇正光村	
942			普觉镇真武堡文笔塔遗址			普觉镇真武堡村	
943			大路乡"亲家洞"洞门炮楼遗址			大路镇后硐村	
944			盘石镇盘石城址			盘石镇盘石社区	
945			大路乡白马洞摩崖			大路镇后硐村	
946			孟溪镇六方碑			孟溪镇孟溪村	
947			乌罗镇喻氏花坟石坊			乌罗镇寨安村	
948			普觉镇禁令碑			普觉镇普觉社区	
949			平头镇平头司城楼碑			平头镇平头司社区	
950			蓼皋街道杨老晚卖地碑			蓼皋街道吊井湾社区	
951			正大镇周公泉碑			正大镇边墙村	
952			乌罗镇冷家坝王总爷德政碑			乌罗镇桃花源村	
953			蓼皋街道杨芳题字洞			蓼皋街道云落屯社区	
954			孟溪镇安山衙门石狮			孟溪镇安山社区	
955			乌罗镇冷家坝修路记事碑			乌罗镇桃花源村	
956			盘石镇响水梯田			盘石镇响水洞村	
957		市县级	坝梅寺遗址	铜仁市	江口县	德旺土家族苗族乡坝梅村	
958			朝阳寺			德旺土家族苗族乡德旺社区	
959			李氏墓群			德旺土家族苗族乡净河村	
960			洞下刘宅			德旺土家族苗族乡净河村	
961			桐子河石拱桥			民和镇龙兴村	
962			城隍庙(大佛寺)			双江街道龙井社区	
963			香山寺			双江街道龙井社区	
964			白水洞倒虹吸管			凯德街道明星村	
965			坝梅寺和尚墓群			德旺土家族苗族乡坝梅村	
966			龙山寺			德旺土家族苗族乡交界村	
967			德旺乡风雨桥			德旺土家族苗族乡德旺社区	

续表

序号	水系	保护级别	文物保护单位名称	行政区划		备注
968	沅江水系	市县级	地落水库	铜仁市	江口县	
969			铁厂石拱桥		民和镇龙宿村	
969			铁厂石拱桥		民和镇民和镇双星村	
970			湾头明墓		凯德街道凯市村	
971			林氏祠堂		凯德街道凯市村	
972			省溪司土司衙门遗址		双江街道镇江社区	
973			龙津阁		双江街道龙井社区	
974			提溪司第八世土司官张琼墓		闵孝镇哨上社区	
975			上瓦溪风雨桥		坝盘镇挂扣村	
976			平定风雨桥		太平镇梵净山村	
977			红号军三元屯根据地遗址		桃映镇溪口村	
978			河口石拱桥		怒溪镇河口村	
979			原县委、县政府大楼		双江街道龙井社区	
980			金南桥		双江街道磨湾社区	
981			云舍土法造纸作坊		太平镇云舍村	
982			阴溪石拱桥		闵孝镇渔梁溪村	
983			万寿宫		闵孝镇闵家场村	
984			郑氏宗祠		怒溪镇怒溪社区	
985			张家坡石拱桥		怒溪镇梵星村	
986			神龙潭		太平镇云舍村	
987			盘溪石拱桥		太平镇梵净山村	
988			交界河驿站		德旺土家族苗族乡交界村	
989			併寨石拱桥		太平镇太平社区	
990		市县级	万式炯故居	铜仁市	碧江区	川硐街道板栗园村	
991			茶园山古建筑群		漾头镇茶园山村	
992			莲池庵		灯塔街道寨桂村	
993			黄氏宗祠		六龙山侗族土家族乡兴隆社区	
994			国立三中旧址		锦江街道西门社区	
995			水星阁苏联专家楼		铜兴街道大坳村	
996			白果树烈士陵园		坝黄镇坝黄社区	
997			十三烈士陵园		河西街道双江社区	
998			瓦屋乡革命烈士陵园		瓦屋侗族乡克兰寨村	

续表

序号	水系	保护级别	文物保护单位名称	行政区划		备注
999	沅江水系	市县级	逸群小学	铜仁市	锦江街道江宗门社区	
1000			周逸群烈士塑像		河西街道广场社区	
1001			明德中学旧址		环北街道两板桥社区	
1002			罗树奎烈士墓		滑石侗族苗族土家族乡三寨村	
1003			岩懂遗址		灯塔街道马岩村	
1004			孟溪杨氏宗祠		和平土家族侗族乡孟溪村	
1005			白水石拱桥		滑石侗族苗族土家族乡白水村	
1006			杨氏窨子屋		坝黄镇坝黄社区	
1007			清真寺		河西办事处新庄村	
1008			徐以暹墓		漾头镇茶园山村	
1009			伏魔庵遗址		和平土家族侗族乡遥山沟村	
1010			滑石营遗址		滑石侗族苗族土家族乡滑石社区	
1011			云场坪汞矿遗址		云场坪镇云场坪社区	
1012			东山抗日战争将士纪念碑		锦江街道江宗门社区	
1013		市县级	黄道刘氏宗祠	铜仁市	黄道侗族乡丹阳村	
1014			绣球董烈士陵园		万山镇解放街社区	
1015			中华山寺庙遗址		敖寨侗族乡中华山村	
1016			省溪县南区苏维埃政府主席张麟书故居		高楼坪侗族乡大树林村	
1017			黔东省溪纵队第一支队长姚林芝故居		高楼坪侗族乡赶场坝村	
1018			黔东省溪纵队第二支队长罗殿清故居	万山区	黄道侗族乡丹阳村	
1019			黔东省溪纵队第五支队长杨光贤故居		下溪侗族乡报溪村	
1020			谢桥红军学校		丹都街道挞扒洞村	
1021			张家坪祠堂红三军驻地旧址		万山镇犀牛井社区	
1022			敖寨新寨湾剿匪指挥部旧址		敖寨侗族乡中华山村	
1023		市县级	七眼桥	铜仁市	皂角坪街道野鸡坪村	
1024			玉屏城墙遗址		皂角坪街道四眼塘社区	
1025			许升墓	玉屏侗族自治县	平溪街道红花社区	
1026			文庙遗址		皂角坪街道四眼塘村	

续表

序号	水系	保护级别	文物保护单位名称	行政区划		备注
1027	沅江水系	市县级	钟鼓楼	铜仁市	玉屏侗族自治县	皂角坪街道四眼塘社区	
1028			飞凤桥			皂角坪街道野鸡坪村	
1029			谢家祠堂			皂角坪街道四眼塘社区	
1030			朱家场红军驻地遗址			朱家场镇街上村	
1031			禾梨坳歌场			皂角坪街道铁家溪村	
1032			李氏宗祠			麻音塘街道胜利村	
1033			革命烈士纪念塔			皂角坪街道皂角坪村	
1034			田心岩红军标语			田坪镇田冲村	
1035			田心岩红军渡口			田坪镇田冲村	
1036			崔家湾红军标语			麻音塘街道蔡溪村	
1037			杜氏家族墓群			新店镇沙水坪村	
1038			罗家寨水电站			田坪镇罗家寨村	
1039			汪家溪贺龙驻地遗址			田坪镇长岭村	
1040			抚溪江桥			田坪镇田冲村	
1041			铁柱山寺遗址			朱家场镇街上村	
1042			黄九皋宅			平溪办事处七里塘村	
1043			杨家平宅			田坪镇杨柳新区	
1044			绿坪水库			亚鱼乡郭家湾村	
1045			田心坪战斗遗址			田坪镇田坪村	

附录四 贵州省长江流域赤水河綦江水系文物保护单位分布统计

贵州省长江流域赤水河綦江水系文物保护单位分布统计表

序号	水系	保护级别	文物保护单位名称	行政区划			备注
1	赤水河綦江水系	全国重点	大屯土司庄园	毕节市	七星关区	大屯彝族乡大屯村	
2			茶马古道—金沙清池江西会馆		金沙县	清池镇罗坪社区	
3			茶马古道—金沙清池节孝坊			清池镇坳上社区	
4			茶马古道—金沙塘河古道			清池镇渔河村	
5			茶马古道—金沙渔塘河义渡石刻			清池镇渔河村	
6			敖氏和罗氏墓群—罗家坟			清池镇园坪村	
7			敖氏和罗氏墓群—敖家坟			石场苗族彝族乡鹿崽楼村	
8			茅台酒酿酒工业遗产群	遵义市	仁怀市	茅台镇河滨社区	
9			红军四渡赤水战役旧址茅台渡口（含红军四渡赤水茅台渡口纪念碑、红军四渡赤水纪念塔）			茅台镇观音寺社区	
10			红军四渡赤水战役旧址鲁班场红军战斗遗址（含鲁班红军战斗纪念碑）			鲁班街道黄家田社区	
11			红军四渡赤水战役旧址鲁班场红军烈士墓			鲁班街道双龙社区	
12			红军四渡赤水战役旧址长岗毛泽东住地			长岗镇长征社区	
13			红军四渡赤水战役旧址长岗红一军团干部会议旧址（马店会议）			长岗镇新庄村	
14			红军四渡赤水战役旧址长岗红军医院遗址			长岗镇堰塘坎村	
15			红军四渡赤水战役旧址梅子坳毛泽东住址			盐津街道梅子坳村	
16			红军四渡赤水战役旧址-刘伯承拔枪打乌鸦处			盐津街道梅子坳村	
17			红军四渡赤水战役旧址土城渡口（含土城渡口纪念碑）		习水县	土城镇团结社区	
18			红军四渡赤水战役旧址红三军团指挥部旧址			土城镇长征社区	
19			红军四渡赤水战役旧址土城船业工会旧址			土城镇长征社区	
20			红军四渡赤水战役旧址土城盐号旧址			土城镇长征社区	
21			红军四渡赤水战役旧址土城狮子沟红军司令部驻址			土城镇长征社区	

续表

序号	水系	保护级别	文物保护单位名称	行政区划			备注
22	赤水河綦江水系	全国重点	红军四渡赤水战役旧址青杠坡战斗遗址	遵义市	习水县	土城镇青杠坡村	
23			红军四渡赤水战役旧址大埂上毛泽东指挥战斗处			土城镇五星村	
24			红军四渡赤水战役旧址土城毛泽东、周恩来住处			土城镇长征社区	
25			红军四渡赤水战役旧址土城朱德住处			土城镇长征社区	
26			红军四渡赤水战役旧址土城刘伯承住处			土城镇长征社区	
27			红军四渡赤水战役旧址-土城会议会址			土城镇长征社区	
28			红军四渡赤水战役旧址土城春阳岗酒窖旧址			土城镇长征社区	
29			红军四渡赤水战役旧址-土城博古住处			土城镇长征社区	
30			红军四渡赤水战役旧址二郎滩战斗遗址			习酒镇黄金坪村	
31			红军四渡赤水战役旧址二郎滩渡口			习酒镇二郎庙社区	
32			红军四渡赤水战役旧址元厚渡口（含元厚渡口纪念碑）		赤水市	元厚镇桂圆林村六组	
33			复兴江西会馆			复兴镇新兴社区	
34			天门河水电厂旧址		桐梓县	娄山关街道独石村	
35		省级	七星关麻窝口洞遗址	毕节市	七星关区	团结彝族苗族乡团结村	
36			林口"鸡鸣三省会议"会址			林口镇鸡鸣三省村	
37			大方红九军团政治部指挥所旧址		大方县	瓢井镇瓢井社区	
38			马鞍山赵氏民宅		金沙县	石场苗族彝族乡马鞍山村	
39			契默土目庄园			马路彝族苗族乡金龙村	
40			金沙鹩子洞红军战斗遗址			石场苗族彝族乡新街社区	
41		省级	仁怀茅台陈氏民宅（茅台德庄）	遵义市	仁怀市	茅台镇太平村	
42			仁怀两岔河宋墓			茅台镇芦荣坝村	
43			仁怀怀阳洞摩崖石刻			坛厂街道怀阳洞社区	
44			仁怀红军三渡赤水鄢家渡渡口遗址			茅坝镇立岩村	
45			仁怀陈胡屯红军总部及毛泽东住址			茅台镇元木岩村	
46			仁怀红军四渡赤水渡口遗址			美酒河镇和茅坝镇	
47			仁怀马桑坪红五军团司令部旧址			美酒河镇美酒河村	

续表

序号	水系	保护级别	文物保护单位名称	行政区划		备注
48	赤水河綦江水系	省级	仁怀石火炉军委纵队旧址	仁怀市	喜头镇联合村	
49			仁怀竹林湾毛泽东住地		喜头镇卫星村	
50			仁怀水木洞红军战士殉难处		坛厂街道回龙村	
51			仁怀松林坡毛泽东住地		大坝镇街道社区	
52			仁怀小箐沟军委三局30分队旧址		茅台镇镇尧坝村	
53			习水黄金湾遗址	习水县	土城镇黄金湾村	
54			习水九龙囤遗址		土城镇九龙囤村	
55			习水程寨袁氏宗祠		程寨镇罗汉寺村	
56			习水三锅桩红军战斗遗址		隆兴镇永胜村	
57			习水淋滩红军党支部旧址		隆兴镇淋滩村	
58			习水官店红军军委纵队驻地旧址		官店镇官店村	
59			习水程寨红九军团驻地旧址		程寨镇石门村	
60			习水袁锦道墓（祠）		三岔河镇三岔村	
61			赤水小关子红一军团一师指挥所旧址	遵义市	葫市镇小关子村	
62			赤水古城垣		市中街道太平社区	
63			赤水万寿宫		市中街道太平社区	
64			赤水葫市摩崖造像		葫市镇葫市村	
65			赤水三会水石窟寺		两河口镇大坝村	
66			赤水石鹅咀摩崖造像		旺隆镇朝阳村	
67			赤水官渡宋墓	赤水市	官渡镇和平村	
68			赤水天恩桥		元厚镇陛诏村	
69			赤水官渡崖刻		官渡镇和平村	
70			赤水马鞍山岩墓群		复兴镇长江社区	
71			赤水复兴场红军战斗遗址		复兴镇新兴社区和复兴村	
72			赤水丙安红一军团战斗旧址		丙安镇古景社区和艾华村	
73			赤水红一军团一师战斗遗址		旺隆镇兴旺社区和天台镇星光村	
74			赤水马鹿红九军团驻地旧址		两河口镇马鹿村	
75			赤水元厚红一军团战斗旧址		元厚镇桂圆林村和石梅村	
76			赤水一碗水红军战斗遗址		宝源乡一碗水社区	

续表

序号	水系	保护级别	文物保护单位名称	行政区划		备注
77	赤水河綦江水系	省级	赤水龙泉寺川滇黔边区游击纵队活动旧址	遵义市	宝源乡玉丰村	
78			桐梓周西成祠		海校街道武胜社区	
79			"中华民国海军"学校旧址		海校街道海校社区	
80			桐梓马鞍山遗址		娄山关街道鞍山社区	
81			王家烈故居		小水乡田上村	
82			岩灰洞遗址		九坝镇白盐井村	
83			桐梓狮溪梁氏民宅		狮溪镇白台村	
84			夜郎坝墓群		夜郎镇茶台村	
85			桐梓周市石棺墓		桐梓县	高桥镇兴隆村	
86			桐梓红一军团直属队及保卫局驻地旧址		海校街道武胜社区	
87			桐梓红一军团黄鱼洞战斗遗址		小水乡田上村	
88			桐梓红一军团战斗遗址		娄山关街道西湖社区、燎原镇大关村、楚米镇	
89			桐梓九坝场中革军委指挥部旧址		九坝镇山堡社区	
90			桐梓石牛栏红军战斗遗址		大河镇石牛村	
91			桐梓"川东地下党支部"联络站旧址		水坝塘镇三会村	
92			桐梓061基地3651厂旧址		娄山关街道官渡社区	
93			桐梓71微波通信站旧址		木瓜镇中山村	
94		市县级	余达父墓	毕节市	七星关区	龙场营镇上黄村	
95			层台古城垣		层台镇官厢社区	
96			加嘎桥		林口镇新庄村	
97			鞍山土司庄园		团结彝族苗族乡海嘎村	
98			阿市土司庄园		阿市苗族彝族乡阿市村	
99			康家大营		团结彝族苗族乡营坪村	
100			新庄亭		林口镇新庄村	
101			土司苏氏墓石刻		生机镇镰刀湾村	
102			邹家坟石刻		龙场营镇黄金村	
103			湾溪土司庄园		团结彝族苗族乡青杠村	
104			高家坟石刻		生机镇镰刀湾村	
105			慕德八层衙遗址		大方县	果瓦乡果瓦村	

续表

序号	水系	保护级别	文物保护单位名称	行政区划			备注
106	赤水河綦江水系	市县级	果邦安家营盘遗址	毕节市	大方县	瓢井镇果邦村	
107			杨凤山父子墓			果瓦乡上寨社区	
108			安李玉夫妇墓			果瓦乡上寨社区	
109			花底河石拱桥			三元乡群丰村	
110			人民渡槽			长石镇巨石社区	
111			锅圈洞水利枢纽			长石镇巨石社区	
112			清池烈士纪念碑		金沙县	清池镇罗坪社区	
113			和平水电站旧址			马路彝族苗族乡龙山村	
114			童家百岁碑			马路彝族苗族乡龙山村	
115			王正松合葬墓			马路彝族苗族乡龙山村	
116			敖家大院			石场苗族彝族乡鹿崽楼村	
117			胡氏墓			石场苗族彝族乡新街社区	
118			教思碑			石场苗族彝族乡文兴社区	
119			水井坎煤窑遗址			石场苗族彝族乡新街社区	
120			万年碑			石场苗族彝族乡新街社区	
121			大宝飞云洞摩崖			石场苗族彝族乡文兴社区	
122			万福桥碑			石场苗族彝族乡鹿崽楼村	
123			汪哇遮夫妇墓			清池镇坳上社区	
124			兰土字库塔			清池镇六羊村	
125			癞子桥			清池镇坳上社区	
126			清池粮仓			清池镇罗坪社区	
127			罗国祥合葬墓			清池镇圆坪村	
128			一把伞谢氏合葬墓			清池镇普安社区	
129			沙坡节孝墓			青池镇罗坪社区	
130			兰土石室墓			清池镇六羊村	
131			凤鸣山寺			清池镇圆坪村	
132			上棺山刘氏合葬墓			清池镇坳上社区	
133			金沙烈士陵园			清池镇罗坪社区	
134		市县级	谢厂坡龚氏墓	遵义市	仁怀市	九仓镇仁和村	
135			永安寺			五马镇鱼孔村	
136			天圣寺			火石镇荣华村	
137			刘莘园故居			鲁班街道陶家寨社区	

续表

序号	水系	保护级别	文物保护单位名称	行政区划			备注
138	赤水河綦江水系	市县级	吴公岩摩崖石刻群	遵义市	仁怀市	美酒河镇美酒河村	
139			周林故居			中枢街道葡萄井社区	
140			鲁班碉堡			鲁班街道双龙社区	
141			竹坝明墓			鲁班街道八竹村	
142			茅台贞节坊			茅台镇河滨社区	
143			无水明墓			美酒河镇美酒河村	
144			五马三洞桥			五马镇街道社区	
145			母德广墓			五马镇协农村	
146			生生桥			茅坝镇二合村	
147			团山明墓			火石镇团山村	
148		市县级	七孔子岩墓群	遵义市	习水县	寨坝镇桂圆村	
149			沙溪岩墓群			官店镇里狮村	
150			长老垭墓群			寨坝镇条台村	
151			白骡坝墓群			寨坝镇友谊村	
152			上纸厂修路碑			三岔河镇三岔村	
153			土城宋窖酒酿酒作坊旧址			土城镇长征社区	
154			大合水宋墓			程寨镇大合水村	
155			赵帷藩墓			土城镇团结社区	
156			官店红军烈士纪念碑			官店镇官店社区	
157			锅厂坝锅厂遗址			三岔河镇三岔村	
158			九凤山金龙寺			大坡镇飞鸽村	
159			立石摩崖			隆兴镇淋滩村	
160			鲁城楠木洞摩崖			仙源镇羊久村	
161			坭垭坪古营寨			民化镇坭垭坪村	
162			三岔河宋墓			三岔河镇三岔村	
163			三岔河造纸厂			三岔河镇三岔村	
164			沙罐沟蓝靛厂			三岔河镇三岔村	
165			沙罐沟铁厂			三岔河镇三岔村	
166			天鹅池古墓			杉王街道天鹅池村	
167			同民红军烈士陵园			同民镇长虹社区	
168			文村寺摩崖			土城镇九龙囤村	

续表

序号	水系	保护级别	文物保护单位名称	行政区划			备注
169	赤水河綦江水系	市县级	习水大杉树	遵义市	习水县	杉王街道太平村	
170			陈子宣墓			土城镇天星桥村	
171			袁绍墓			土城镇天星桥村	
172			渔溪摩崖			土城镇高坪村	
173			袁锦道故居			三岔河镇三岔村	
174			袁锦道铸币厂			三岔河镇三岔村	
175			袁咨桐烈士故居			土城镇水狮坝村	
176			招财牌坊			三岔河镇三岔村	
177			芭蕉塘摩崖			同民镇兴隆村	
178			打游洞遗址			双龙乡双龙社区	
179			官院子牌坊			土城镇天星桥村	
180			何国佐墓			温水镇星文村	
181			黄石桥			土城镇青杠坡村	
182			儒溪界碑			醒民镇马蹄村	
183			沙底坝石敢当			土城镇青杠坡村	
184			天堂沟修路碑			三岔河镇三岔村	
185			治安门遗址			土城镇天星桥村	
186			铜鼓溪摩崖			土城镇五七村	
187			小河口界碑			醒民镇钢铁村	
188			醒民石拱桥			醒民镇醒民社区	
189			永安寺遗址			土城镇青杠坡村	
190			袁世盟墓			程寨镇罗汉寺村	
191			茶园红军烈士陵园			良村镇茶园村	
192			梅溪河战斗遗址			良村镇大安村	
193			母氏宗祠			寨坝镇上坝村	
194			天鹅池石寨门			杉王街道天鹅池村	
195			王凤雏故居			民化镇顺龙村	
196			王文彦住宅			九龙街道马皇坝村	
197			醒民文革石砌标语			醒民镇钢铁村	
198			永安碉堡			永安镇白鹿村	
199			渔溪洞遗址			九龙街道白坭村	
200		市县级	永合郑氏节孝坊	遵义市	赤水市	大同镇四洞村	
201			官渡谢氏节孝坊			官渡镇翠华社区	
202			整理赤水河航道碑			市中街道甲子口社区	

序号	水系	保护级别	文物保护单位名称	行政区划		备注
203	赤水河綦江水系		大同陈贡珊碑	遵义市	大同镇大同社区	
204			杨家岩造纸作坊遗址		大同镇华平村	
205			丙安纤道遗址		丙安镇丙安村	
206			大同码头		大同镇大同社区	
207			丙安双龙桥		丙安镇丙安村	
208			太极楼		市中街道太平社区	
209			沈家坝牌坊		长沙镇石场村	
210			复兴宋墓		复兴镇长江社区	
211			欧阳鑫烈士墓		复兴镇长江社区	
212			范公义渡摩崖石刻		赤水市	复兴镇风溪村	
213			板桥遗址		元厚镇米粮村	
214			黔中生佛碑		葫市镇小关子村	
215			小关子谢氏宗祠		葫市镇小关子村	
216			官渡修路诗碑		官渡镇和平村	
217			红岩洞口摩崖石刻		长沙镇长沙村	
218			平滩治安晓谕碑		白云乡平滩村	
219			侯之担公馆		市中街道太平社区	
220			文昌宫遗址		市中街道太平社区	
221			李氏节孝坊		文华街道望城社区	
222			长春桥		文华街道双龙社区	
223		市县级	干壁洞葬	遵义市	播州区	平正仡佬族乡葛藤村	
224			才子洞洞葬		平正仡佬族乡葛藤村	
225			平正大发渠		平正仡佬族乡团结村	
226			红心摩崖		平正仡佬族乡红心村	
227			火烧坡红军标语		平正仡佬族乡红心村	
228			山盆李梓铁索桥		汇川区	山盆镇太平村	
229			蔡家坝岩墓		山盆镇新华村	
230			毛石毛泽东塑像		毛石镇毛石村	
231			毛石镇古街区		毛石镇毛石村	
232			蔡肖氏墓		毛石镇台上村	
233		市县级	孙公桥	遵义市	桐梓县	海校街道东山社区	
234			怀白亭		新站镇新站街道社区	
235			蒙渡摩崖		新站镇蒙渡村	

续表

序号	水系	保护级别	文物保护单位名称	行政区划		备注
236	赤水河綦江水系	市县级	贵州省北界碑	遵义市	桐梓县 尧龙山镇大面坡村	
237			小西湖张学良将军幽禁处		娄山关街道西湖社区	
238			铧尖山营盘遗址		夜郎镇华峰村	
239			桐梓川黔古驿道遗址		大河镇、坡渡镇	
240			官仓蒋在珍旧居		官仓镇红旗社区	
241			凉风垭七十二道拐抗战公路		楚米镇、大河镇	
242			轿子顶营盘遗址		松坎镇茶店村	
243			鼎山城遗址		娄山关街道峰岩村	
244			箭头垭红军烈士墓		尧龙山镇箭头村	
245			红军黔北游击队花秋区公所战斗旧址		风水镇江岩社区	
246			花秋粮食仓库		花秋镇花秋社区	
247			茅石周西成故居		茅石镇新桥村	
248			水坝塘川东地下党綦南工委及绥桐工委活动旧址		水坝塘镇坪头村	
249			青龙庙		燎原镇田坝村	
250			两河口崖墓		高桥镇两河社区	
251			三座红军烈士陵园		楚米镇三座社区	
252			降龙寺		娄山关街道西流水社区	
253			荣德山烈士陵园		海校街道武胜社区	
254			沙湾水堰		松坎镇茅坝社区	
255			"禁止捕鱼"摩崖		夜郎镇华峰村	
256			尧龙山瑞峰寺		尧龙山镇金山村	
257			天池寺		九坝镇天池村	
258			石板溪桥		夜郎镇凉水村	
259			张氏宗祠		狮溪镇狮溪社区	
260			明清城墙遗址		海校街道武胜社区	
261			羊磴河流域渡口遗址		坡渡镇高梁村、羊磴镇桐林村	
262			魁岩摩崖		娄山关街道工农社区	
263			寿星桥		九坝镇白盐井村	
264			穆家寺		官仓镇红旗社区	
265			李鸿清碉楼		芭蕉镇李家沟社区	
266			九盆水水库		花秋镇兴河村	
267			石皇村踩山坪		官仓镇石皇村	

附录五 贵州省长江流域牛栏江横江水系文物保护单位分布统计

贵州省长江流域牛栏江横江水系文物保护单位分布统计表

序号	水系	保护级别	文物保护单位名称	行政区划		备注
1	牛栏江横江水系	全国重点	茶马古道—威宁四堡古道	威宁彝族回族苗族自治县	盐仓镇大路社区和四堡社区	
2			茶马古道—威宁六洞桥长堤		六桥街道六洞桥社区	
3		省级	威宁凤山寺		六桥街道龙凤社区	
4			威宁玉皇阁		六桥街道解放社区	
5			石门坎光华学校旧址		石门乡荣和村	
6			威宁中水汉墓		中水镇中河社区	
7			威宁中水遗址		中水镇花桥社区中河社区新街村	
8			牛棚土目庄园		牛棚镇鱼塘村	
9			威宁雪山解放军威宁游击团活动旧址		雪山镇灼乐多社区	
10			威宁云贵河红军渡河旧址		云贵乡云贵村	
11			辅处古墓群	赫章县	辅处彝族苗族乡辅处村	
12		市县级	张南峰合葬墓	毕节市	双龙镇红光村	
13			孔氏家族墓群		六桥街道大马城社区	
14			杨湾桥清真寺		草海镇卯关村	
15			阵亡将士纪念碑		六桥街道解放社区	
16			野鸡河古墓群		观风海镇野鸡河村	
17			柏格理·高志华墓		石门乡石门坎村	
18			施彦荣墓	威宁彝族回族苗族自治县	海边街道县府社区	
19			万寿宫		六桥街道万寿宫社区	
20			黑神庙		六桥街道万寿宫社区	
21			李氏八世指挥墓园		海边街道西海社区	
22			祖氏宗祠		陕桥街道新河村	
23			双霞洞摩崖		海边街道大洼塘社区	
24			涌珠泉石雕		六桥街道龙凤社区	
25			游击团成立旧址		雪山镇灼甫村三组	
26			李国栋墓		海边街道大洼塘社区	
27			江良墓		海边街道海边社区	
28			赵氏墓群		六桥街道响塘社区	
29			管氏家族墓群		六桥街道星光社区	
30			卯氏家族墓群		海边街道西海社区	

附录六 贵州省长江流域文物调查工作纪事

藏于马家寨组与杨家湾交界溪流上单孔石桥，距大坪石牌坊也不过百米，桥两边各生长出十数米高柏木，树龄已超300年，牌坊、桥及村寨直接古道尚存，且保存较好。

调查瓮溪桥，瓮溪桥位于今务川仡佬族苗族自治县大坪街道龙潭村西南的瓮溪河上，始建于明万历十四年（1586）。

藏于马家寨组与杨家湾交界溪流上单孔石桥，距大坪石牌坊也不过百米，桥两边各生长出十数米高柏木，树龄已超300年，牌坊、桥及村寨直接古道尚存，且保存较好。

调查瓮溪桥，瓮溪桥位于今务川仡佬族苗族自治县大坪街道龙潭村西南的瓮溪河上，始建于明万历十四年（1586）。

芭竹沟古道中段以后泥泞湿滑,十分难行。

参观红军与凤冈陈列室,该陈列室系统展示了凤冈县内长征文化。

从新渡口乘船前往河闪渡古码头。

调查陈正芳父子墓,该墓位于仁怀市九仓镇杜包村。

调查大坪石牌坊。

调查都匀陈蒙坡古道，由都匀市文保中心的蒙富春主任陪同前往，他作为当地人，对古道所经的山水林木和风土人情十分熟悉，且善于表达，让调查组一行受益匪浅。

调查斗篷山古道，斗篷山古道分布在沅江主源清水江源头之一的马腰河畔。

调查凤冈县花坪镇两河口村，因道路已无法满足车行，改为徒步前行。

调查广顺青山村，朱朝伦妻黄氏节孝坊位于长顺县马路乡青山村东北方，为旌表朱朝伦妻黄氏节孝而建，西南东北向，跨定番州至安顺驿道青山段。

调查贵安新区高峰镇狗场村古道。

调查卡鲁村，卡鲁所在就是长江流域沅江水系和珠江流域红水河水系的分水岭，往北走毛尖，往东南走平浪。

调查龙潭村，龙潭村为第五批中国历史文化名村、省级文物保护单位。

调查骆家桥，位于红清镇市枫湖镇骆家桥村东。

调查木耳厂牌坊。

调查四方河寨，四方河是南明河进入区境域的一段河名，四方河寨是葛姓布依族村寨名。据1982年地名调查时寨老葛沛皋介绍，其祖上在明万年间由江西吉安府卢陵县迁来。

调查务川沈家坝陈氏住宅。

调查务川马滚坡建筑群，马滚坡传统民居前皆设置有石座凳，不似居家者所用，更像是为行者提供的休憩之所。

调查务川桃符社区，桃符传统民居前皆设置有木凳，其功能应与马滚坡民居前石凳相同。

调查新渡口古道，县委党研室的周君老师在前面带路，他对红六军团在贵州特别是凤冈的活动情况十分熟悉，且著述颇丰。

调查玉冠山遗址，玉冠山寺遗址位于清镇市犁倭乡北1.5千米玉冠山，明代所建，坐西向东，玉冠山高约140米，三面枣岩壁立，势同刀削，形似道人冠，独中间有狭经通顶。

调查邹绍禄夫妻三人合葬墓,该墓位于仁怀市九仓镇街道社区下棋组。

即将达到赤水河口,因桥梁施工,开山卸石,古道被掩埋,调查组只好在崎岖不平的石头中穿行。

马滚坡住户保存的申允继及妻安氏牌位。

夕阳西下,白茫茫的水汽已横贯江面,调查组返回河闪渡古码头。

行走在凤冈县新渡口古道上。山峦莽莽苍苍,古道隐现于荒野与庄稼地之间,光穿过繁茂的枝头,洒在地上,泛出诱惑的光亮,浮呈出无限的生机。

在莫论章老师的带领下,调查组沿芭竹沟古道一路向下,前往赤水河鄢家渡。古道近三分之一路段保存较好,最后一次大规模整修于清末,由陈焕章出资整修鄢家渡至茂坝熊家台。自熊家台翻越山岭后就是金沙的岩孔。

远眺乌江,两岸翠绿葱郁,重峦叠嶂,奇峰对峙,各显神姿。

参考文献

[1] 梁于涘，扶纲. 铁桥志书 [Z]. 紫阳书院，1665（清康熙四年）.

[2] 丁宝桢. 《四川盐法志》整理校注 [M]. 曾凡英，李树民，孙祥伟，校注. 成都：西南交通大学出版社，2019.

[3] 谷应泰. 明史纪事本末 [M]. 上海：商务印书馆，1937.

[4] 陈子龙，等. 明经世文编（一至六册卷之一百二十一）[M]. 北京：中华书局，1962.

[5] 王士性. 广志绎 [M]. 吕景琳，点校. 北京：中华书局，1981.

[6] 田汝成. 炎徼纪闻 [M]. 北京：文物出版社，1982.

[7] 贵州民族研究所. 明实录：贵州资料辑录 [M]. 贵阳：贵州人民出版社，1983.

[8] 黄彰健. 明史贵州土司传记霭翠奢香事失实辨 [J]. 大陆杂志，1984，68（2）：4—11.

[9] 贵州地方志编纂委员会. 贵州省志：地理志 [M]. 贵阳：贵州人民出版社，1985.

[10] 王世贞. 弇山堂别集 [M]. 北京：中华书局，1985.

[11] 茅以升. 中国古桥技术史 [M]. 北京：北京出版社，1986.

[12] 贵州省文史研究馆. 贵州通志·前事志（第2册）[M]. 贵阳：贵州人民出版社，1987.

[13] 唐寰澄. 中国古代桥梁 [M]. 北京：文物出版社，1987.

[14] 贵州交通厅交通史志编审委员会. 贵州公路史：第一册 古代道路交通 近代公路 [M]. 北京：人民交通出版社，1989.

[15] 中国科学院自然科学史研究所. 中国古代建筑技术史 [M]. 北京：科学出版社，1985.

[16] 贵州地方志编纂委员会. 贵州省志：交通志 [M]. 贵阳：贵州人民出版社，1991.

[17]《续修四库全书》编纂委员会. 续修四库全书：史部·地理类 [M]. 上海：上海古籍出版社，1996.

[18] 贵州省施秉县地方志编纂委员会. 施秉县志 [M]. 北京：方志出版社，1997.

[19] 贵州省长顺县地方志编纂委员会. 长顺县志 [M]. 贵阳：贵州人民出版社，1998.

[20] 何仁仲. 贵州通史 [M]. 北京：当代中国出版社，2003.

[21] 林超民，等. 西南稀见方志文献 [M]. 兰州：兰州大学出版社，2003.

[22] 吴正光，娄清，杨信. 贵州的桥 [M]. 贵阳：贵州科技出版社，2004.

[23] 周作楫，朱德璲. 贵阳府志 [M]. 贵阳市方志编纂委员会办公室，校注. 贵阳：贵州人民出版社，2005.

[24] 黄家服，段志洪. 中国地方志集成：贵州府县志辑（26 光绪平越直隶州志）[M]. 成都：巴蜀书社，2006.

[25] 贵州省文史研究馆古籍整理委员会. 贵州通志：金石志·古迹志·秩祀志 [M]. 贵阳：贵州大学出版社，2010.

[26] 娄清. 触摸贵州文化遗产[M]. 贵阳：贵州科技出版社，2014.

[27] 娄清，彭银，吴晓秋，等. 贵州古代驿道线形文化遗产保护研究[M]. 贵阳：贵州科技出版社，2014.

[28] 黄家服. 中国地方志集成：贵州府县志辑（第27辑）[M]. 成都：巴蜀书社，2016.

[29] 金沙县地方志编纂委员会. 金沙县志（1993—2013）上册[M]. 北京：方志出版社，2016.

[30] 吴晓秋，陈顺祥，娄清. 不断拓展的保护视野：西南地区线性文化遗产保护研究[M]. 杭州：浙江大学出版社，2019.

[31] 贵州省地方志编纂委员会. 贵州省志（1978—2010）：第十六卷水利[M]. 贵阳：贵州人民出版社，2010.

[32] 贵州省自然资源厅. 贵州省自然资源地图集[M]. 北京：中国地图出版社，2010.

[33] 范同寿. 贵州历史笔记[M]. 贵阳：贵州人民出版社，2008.

后记

本书内容根据《贵州省长江流域文物资源调查工作报告》进行适当调整后形成,全书由娄清进行通稿,贵州省文物保护研究中心副主任石斌负责审核,编委会和中心主任董欣负责审定。第二章贵州省长江流域文物资源统计,文字和图表由专班成员邓义镔、李梅、李翠、李宝旭、杨荣建、郑远文、贺云、耿秀福、谢开然、蒙富春(以姓氏笔画为序)等同志,根据贵州省各地提供资料和调查组现状调查数据分工完成,同时得到王江同志的支持;第三章贵州省独具特色的洞穴文化遗存由娄清同志承担完成;第四章贵州省别具一格的山地建筑文化遗存,分别由邓义镔、石斌、娄清、唐秀成(以姓氏笔画为序)等同志承担完成;第五章贵州省分布广泛的红色文化遗存,由唐秀成同志承担完成;第六章贵州文物资源在长江文化中的地位和保护建议,何烨、吴文华、娄清等同志承担完成;本书图片摄影,除部分为地方文物保护管理单位提供外,主要由石斌、娄清、娄樱子、唐秀成(按姓氏笔画排序)等同志承担完成,"贵州省长江流域文物调查工作纪事"由唐秀成同志整理。

本书凝聚了调查组和专班成员的辛苦付出,得到各地文物保护职能部门同仁们的大力支持和协助,吸收了专家们中肯的意见和建议,我们在此向他们一并表示感谢。